HERMANN DECHANT
ARIE UND ENSEMBLE

HERMANN DECHANT

ARIE UND ENSEMBLE

ZUR ENTWICKLUNGSGESCHICHTE DER OPER

Band I. 1600–1800

WISSENSCHAFTLICHE BUCHGESELLSCHAFT
DARMSTADT

Umschlagbild: François Lainé 1721–1810,
Szene aus ›Zemir et Azor‹ von A. E. M. Grétry
(mit freundlicher Genehmigung der Stadt- und Universitätsbibliothek Frankfurt a. M.).

Die Deutsche Bibliothek – CIP-Einheitsaufnahme

Dechant, Hermann:
Arie und Ensemble: zur Entwicklungsgeschichte
der Oper / Hermann Dechant. – Darmstadt:
Wiss. Buchges.
Bd. 1. 1600–1800. – 1993
  ISBN 3-534-09146-9

Bestellnummer 09146-9

Das Werk ist in allen seinen Teilen urheberrechtlich geschützt.
Jede Verwertung ist ohne Zustimmung des Verlages unzulässig.
Das gilt insbesondere für Vervielfältigungen,
Übersetzungen, Mikroverfilmungen und die Einspeicherung in
und Verarbeitung durch elektronische Systeme.

© 1993 by Wissenschaftliche Buchgesellschaft, Darmstadt
Gedruckt auf säurefreiem und alterungsbeständigem Werkdruckpapier
Satz: Setzerei Gutowski, Weiterstadt
Druck und Einband: Wissenschaftliche Buchgesellschaft, Darmstadt
Printed in Germany
Schrift: Linotype Sabon, 9.5/11

ISBN 3-534-09146-9

INHALT

Verzeichnis der Abkürzungen VII

Vorwort IX

I. Einführung

1. Die musikalische Form 3
2. Komponenten der Oper 7
3. Grundlagen des Opernlibretto 10
4. Monolog und Dialog 13
5. Zur Begriffsbestimmung von Arie und Ensemble 16
6. Vorbilder in der Musik des 16. Jahrhunderts 20

II. Die Frühe Oper (1598–1700)

1. Die Camerata fiorentina 25
2. Florenz, Bologna und Mantua 30
3. Rom 37
4. Venedig 45
5. Neapolitanische Oper I 58
6. Paris 67
7. Hl. Röm. Reich Deutscher Nation 74
   7.1 Wien 74

7.2	Hamburg	79
7.3	Ansbach	85
7.4	Bayreuth	85
7.5	Dresden	86
7.6	München	86
8.	London	88

III. Die Oper im 18. Jahrhundert

1.	Neapolitanische Oper II	95
2.	Andere italienische Städte	128
	2.1 Florenz	128
	2.2 Rom	128
	2.3 Venedig	129
	2.4 Mailand	132
3.	Wien	141
4.	Paris	178
5.	London	199

Literatur	203
Register	211

VERZEICHNIS DER ABKÜRZUNGEN

Abt.	Abteilung
AfMw	Archiv für Musikwissenschaft
AMl	Acta Musicologica
Art.	Artikel
Bd.	Band
Diss.	Dissertation
DTiB	Denkmäler der Tonkunst in Bayern
Faks.	Faksimile
FS	Festschrift
Hb	Handbuch
Hs	Handschrift
JAMS	Journal of the American Musicological Society
JbP	Jahrbuch der Musikbibliothek Peters
Jg.	Jahrgang
Jh.	Jahrhundert
KV	Köchel-Verzeichnis
MGG	Die Musik in Geschichte und Gegenwart, hrsg. v. Fr. Blume, Kassel–Basel 1949 ff.
MK	Die Musik
MQ	Musical Quarterly
Ms	Manuskript
MT	The Musical Times
M & L	Music and Letters
No.	Numero
o. J.	ohne Jahr
op. cit.	opus citatum
Phil. Diss.	an einer philosophischen Fakultät angenommene Dissertation
PRMA	Proceedings of the Royal Music Association
RBM	Revue belge de musicologie
RMFC	Recherches sur la musique française classique
RMI	Rivista Musicale Italiana
Sez.	Sezione
SIMG	Sammelbände der Internationalen Musikgesellschaft
SMA	Studies in Music (Australia)
Sp.	Spalte
StMw	Studien zur Musikwissenschaft

v.	van, von, vor
VfMw	Vierteljahresschrift für Musikwissenschaft
ZfMw	Zeitschrift für Musikwissenschaft
ZIMG	Zeitschrift der Internationalen Musikgesellschaft

VORWORT

Die vorliegende Untersuchung hat mehrere Ursachen: Sie setzte anläßlich einer Arbeit über die Oper der deutschen Romantik ein,[35] wurde später im Rahmen einer Behandlung von metrischen Problemen zwischen Sprache und Musik fortgeführt[37] und für eine hochschulische Lehrtätigkeit im Fach Dirigieren weiter vertieft; es galt, den Studenten zur Bewältigung der Opernpartituren mehr an die Hand zu geben als die übliche Tradierung empirischer Erfahrungen.

Operngeschichte beruht in hohem Maße auf einer Kontinuität, die sich erst im Verlauf des 19. Jahrhunderts aus dem lokalen Rahmen einzelner Opernzentren zu nationaler Ebene erhob. Für das 20. Jahrhundert eine internationale oder gar Welt-Opernproduktion anzunehmen hieße das Produkt mit seiner Vermarktung verwechseln; die Oper ist auch unter Einbeziehung neuerer Entwicklungen (Oper in USA und China) erstaunlich national geblieben. Kontinuität bedeutet jedoch gerade bei der Oper keineswegs Stillstand. In ihren vierhundert Jahren Geschichte haben sich ihre Formen immer wieder geändert, neue sind hinzugekommen, die alten wirken selbst in den Beiträgen der jüngsten Avantgarde im Umriß nach.

Um diese Kontinuität bei gleichzeitig laufender Veränderung darstellen zu können, war es notwendig, eine größere Zahl von Opern heranzuziehen, als dies bislang üblich war. Die hier angestellten Beobachtungen beruhen auf der Erarbeitung von etwa 800 Opernpartituren aus allen Epochen, von denen die für die Formengeschichte repräsentativen Werke hier zur unmittelbaren Darstellung gelangten. Angesichts der geschätzten Menge von 50 000 bis 60 000 komponierten Opern hat sich diese Auswahl auf das Allernotwendigste beschränkt.

Bei der Auswahl waren die Spielpläne der Opernhäuser nur wenig hilfreich; das derzeitige Repertoire steht – weltweit gesehen – im Kern seit rund 60 Jahren nahezu unverändert fest, neu Hinzukommendes hat bis auf wenige Ausnahmen akzessorischen Charakter: Aus dem Bereich der frühen Oper sind es einzelne Werke von CL. MONTEVERDI und G. F. HÄNDEL, die Oper nach 1945 ist im Stammrepertoire durch Beiträge von H. W. HENZE, B. A. ZIMMERMANN und L. NONO vertreten. Die in den letzten 15 Jahren verstärkt einsetzende Opernproduktion jüngerer Komponisten läßt allerdings für die Zukunft hoffen.

Vergleicht man das derzeitige Opernrepertoire mit der Opernproduktion seit ihren Anfängen, so fehlen ganz wichtige Teile: Hierzu gehört die frühe

Oper in Italien, Frankreich, Deutschland und England. Ferner der umfangreiche Komplex der Neapolitanischen Oper, wobei es noch erklärlich ist, daß die mit Kastraten besetzte *opera seria* davon besonders stark betroffen ist. Völlig unverständlich ist hingegen der Verzicht auf die höchst originelle *opera buffa* dieses Bereichs, die schon zu ihrer Entstehungszeit hohe Aufführungszahlen erreichte. Aber auch die französische Oper vor GLUCK, die wertvollste Librettodichtungen und Kompositionen aufweisen kann, gelangt allenfalls in Kostproben zu Gehör. Das gleiche gilt für die italienische Oper um VERDI und die französische Oper nach 1850. Die Opernproduktion der osteuropäischen Länder und Rußlands wird zumindest in ihren Entstehungsländern aufgeführt. Aus der Produktion des 20. Jahrhunderts sind zahlreiche Opern völlig aus dem Repertoire verschwunden, deren Aufführung durchaus lohnenswert wäre.

Die hier skizzierte Selektion der Opernproduktion durch Intendanten, Regisseure und Kapellmeister ist in vielen Fällen nicht so sehr einem strengen Qualitätsbewußtsein als vielmehr Gewohnheiten, Trendwenden und Zufällen zu verdanken. Sie verursacht nicht nur ein fehlerhaftes Gesamtbild der Opernliteratur, sondern wirkt auch im Detail nach. Musikalische Ausdrucksmittel und Formen tauchen vor dem Zuhörer ohne ihre Vorläufer und Vorbilder auf; ihre Neuentwicklung wird prompt dem jeweiligen Komponisten, dessen Werk zur Aufführung gelangt, zugeschrieben. Spitzenwerke wie CL. MONTEVERDIS ›L'Incoronazione di Poppea‹, W. A. MOZARTS ›Don Giovanni‹, G. VERDIS ›Otello‹, R. STRAUSS' ›Elektra‹, A. BERGS ›Wozzeck‹ oder B. A. ZIMMERMANNS ›Die Soldaten‹ erscheinen in ihrer Größe wie erratische Blöcke in einer anscheinend von minderwertigen Erzeugnissen besetzten Opernlandschaft, weil das sie vorbereitende und flankierende Opernschaffen unbekannt ist. Die „Feinmechanik" der Oper, der kunstvoll gestaltete Ablauf von unterschiedlich besetzten und geformten Teilen, die sich sowohl voneinander abheben wie aufeinander Bezug nehmen, wird als geniale Leistung einzelner Spitzenkünstler gewertet, während sie in Wirklichkeit auf einer ständigen Auseinandersetzung mit dem hergebrachten Formenkanon der Oper beruht – kritisch verfolgt vom konservativsten Publikum der Welt.

Hier hat sich die Sekundärliteratur gegenüber der verengten Sicht der Opernpraxis große Verdienste erworben. Sie hat das Interesse für die vierhundertjährige Opernproduktion in einem so hohen Maße wachzuhalten verstanden, daß es Verlage neuerdings sogar riskieren, Partituren von Opern herauszugeben, deren Wiederaufführung wahrscheinlich nie erfolgen wird, und dies geschieht nicht nur im Rahmen von Gesamtausgaben des Schaffens einzelner Großmeister. Dem Interessenten bietet sich damit die Möglichkeit, Opern, deren Existenz und Eigenart er bislang nur aus Beschreibungen kennenlernen konnte, selbst untersuchen und zu eigenständigen Ergebnissen kommen zu können. Dies scheint insbesondere deshalb geboten, weil in der Betrachtungsweise Änderungen eingetreten sind. Die Forschung vor, um und noch kurz nach H. Riemann verfolgte das Ziel, das Systematische der Opernproduktion der jeweiligen Epoche darzustellen. Spätere Autoren gingen vom einzelnen Kunstgegenstand aus und versuchten, aus ihm heraus gleichsam eigengesetzlich alle seine Phänomena zu erklären. Beide Richtungen haben wertvolle Erkenntnisse erbracht. Gerade im Hinblick auf die schon angesprochene Kontinuität der Oper scheint eine Kombination beider Betrachtungsweisen heute angebracht: Jeder Kunstgegenstand kann als selbständige Einheit gewürdigt werden; Übereinstimmungen und Entwicklungslinien zwischen den Kunstgegenständen sollen jedoch gleichfalls herausgestellt werden. Diese duale Methode bietet sich für die Aufarbeitung der Oper geradezu an: Bis ins 20. Jahrhundert reicht die konzentrierte Pflege dieser Gattung in bestimmten Aufführungszentren, an denen Textdichter und Komponisten durch permanenten Vergleich und Wettbewerb mit den Produktionen ihrer Kollegen auf dem neuesten Stand der Entwicklung waren. Die Vorstellung, daß unter derartigen Bedingungen ein völlig selbständiger von der Umgebung unbeeinflußter Kunstgegenstand entstehen hätte können, ist unrealistisch. Denn selbst bewußtes Absetzen von der umgebenden Produktion würde Beeinflussung dokumentieren, alles andere wäre im Verständnis früherer Epochen als Dilettantismus gewertet worden.

Wo Opern über größere Zeiträume hinweg an einem bestimmten Ort entstanden sind, soll im folgenden eine übergreifende Betrachtung erfolgen, ohne dabei wichtige Details zu vernachlässigen. Neben den auf Zentren konzentrierten Opernproduktionen mit Seriencharakter hat es in der Geschichte immer wieder Einzelleistungen von künstlerischem Rang gegeben, die sich nicht zuordnen lassen. Sie wurden nur dann berücksichtigt, wenn ihre formale Gestaltung bedeutende Novitäten enthielt, die Schule gemacht haben. Mit dem gesteckten Rahmen hängt auch zusammen, daß auf die Darstellung von Lebensläufen, die als bekannt vorauszusetzen sind, ebenso verzichtet wurde wie auf Inhaltsangaben von Opern, die keine Auswirkung auf die formale Gestaltung haben.

Die vorliegende Untersuchung war ursprünglich einbändig geplant. Im Laufe der Arbeit an ihr hat sich einerseits die Notwendigkeit einer umfangreicheren Behandlung ergeben, um der Vielfalt der Formbildungen, die die Operngeschichte nun einmal aufweist, gerecht werden zu können. Andererseits hat sich aber auch eine Zäsur um das Jahr 1800 immer deutlicher abgezeichnet, die den Gebrauch des heute als eine Art Einheit gesehenen Begriffs „Klassisch-Romantische Epoche", der für die Gattungen Symphonie und Sonate eine gewisse Berechtigung haben mag, für die Oper zusehends fraglicher werden ließ. Zudem konnte beobachtet werden, daß aus der Oper des 19. Jahrhunderts zahlreiche Merkmale in die unseres Jahrhunderts getragen wurden. Die Teilung des Stoffs ist also nicht nur arithmetisch zu verstehen; beide Bände bilden in sich Einheiten.

Schließlich hat es der Verfasser auf sich genommen, den Sprachgebrauch für die Opernbetrachtung neu zu ordnen, wobei ihm die ältere und hierin weiter entwickelte Kunstgeschichtsbetrachtung den Weg gewiesen hat. Nebeneinander wird der Leser also Bezeichnungen wie Rezitativ, *recitativo* und *récitatif* finden, da sie auch für unterschiedliche Satzarten stehen. Den fremdsprachigen Termini wurde im Zeichen eines sich einigenden Europa ihr ursprüngliches Genus wiedergegeben. Danken möchte der Verfasser schließlich den Mitarbeitern der Österreichischen Nationalbibliothek Wien, Civico museo bibl. mus. di Bologna, Zentralbibliothek Zürich, Stadt- und Universitätsbibliothek Frankfurt am Main, Staatsbibliothek Bamberg, die die oft schwer erfüllbaren Wünsche des Verfassers mit großer Geduld behandelt haben.

Kronberg, 5. Mai 1992   Hermann Dechant

I. Einführung

1. DIE MUSIKALISCHE FORM

Jeder vom Menschen hergestellte Gegenstand ist in seiner Erscheinung vom menschlichen *Gestalten* bestimmt. Handelt es sich um einen Gebrauchsgegenstand, so wird das Gestalten von der Zweckmäßigkeit geleitet sein. Bei einem Kunstgegenstand erfolgt das Gestalten unter dem Diktat einer übergeordneten Idee. In den Gegenständen des Kunstgewerbes sind die Grenzen zwischen Gebrauchs- und Kunstgegenstand ebenso bewußt aufgehoben wie in den Beiträgen zur Gattung Spielmusik.

Das menschliche Gestalten erfaßt den Kunstgegenstand in allen seinen Dimensionen: Im Gedicht beginnt es bei der Aneinanderreihung der Silben und reicht bis zur Anordnung der Strophen. Bei der Plastik setzt es beim kleinsten haptisch erfaßbaren Detail ein und erstreckt sich letztlich auf die Konzeption der Gesamtfigur. In der Musik beginnt das Gestalten mit der Ausfüllung der Takte mit Tönen, setzt sich in der Verbindung von Takten zu größeren Einheiten (Gruppen, Perioden) fort, die wiederum in umfangreichere Komplexe (Satzteil, Satz) zusammengefaßt werden, die Bestandteile eines Kunstgegenstands größerer Dimension (Oper, Symphonie, Sonate) sein können.

An den Gegenständen der verschiedenen Kunstdisziplinen lassen sich bei genauerer Betrachtung die Kategorien *Idee* und *Ausarbeitung* auseinanderhalten. Die *Idee* (oder der *Einfall*) erscheint dabei als die Kategorie, die im engeren Sinne das Künstlerische der den Gegenstand gestaltenden Persönlichkeit ausmacht, während das kunstgerechte *Ausarbeiten* auf der Anwendung von Techniken beruht, die auch Personen erlernen können, welche genialer Züge ermangeln. Ergeben Idee und Ausarbeitung ein sinnvolles gelungenes Ganzes, so entsteht ein Kunstgegenstand, der im Betrachter oder Zuhörer einen ästhetischen Genuß hervorrufen kann.

Die nicht immer eindeutig gehandhabte Terminologie der Musikbetrachtung läßt sich anhand der hier verfolgten Gedankengänge eingrenzen: Dem musikalischen Kunstgegenstand wird man als erstes (gleichsam wertfrei) eine *Gestalt* zuerkennen, die durch zusätzliche Aussagen näher bestimmt werden kann. Mit *Struktur* (von lat. struo = aufschichten, bauen, ordnen) wird man alle Erscheinungen des Kunstgegenstands erfassen, die mehr auf die Technik des Komponierens zurückzuführen sind. Der Begriff *Form* (von lat. forma = Gestalt, Figur, Bild) hingegen sollte dem gelungenen Zusammenspiel von Idee und Technik vorbehalten sein. Denn gerade ihm eignet (wie Textstellen bei Ovid, Vergil und Horaz belegen) von alters her eine ästhetische Qualität im Sinne von *schöne Gestalt*, *Wohlgestalt* und *Schönheit* – Sinngehalte, die für die *Struktur* und ihre lateinischen Vorläufer nicht nachweisbar sind. Einschränkungen für die Anwendung der Begriffe ergeben sich im neueren Sprachgebrauch hinsichtlich der Dimensionen des musikalischen Kunstgegenstands: Einer Arie, einem Symphonie-Satz können sowohl Struktur wie Form zuerkannt werden, während von der Form eines einzelnen Taktes üblicherweise nicht ausgegangen wird. Gleiches gilt auch bei der Darstellung von *Melodie* oder *Thema*; erst größeren Einheiten wird eine Form zuerkannt.

Mit dem Begriff Form verbinden sich – analog zum Wechsel des Schönheitsideals – in der Musikgeschichte immer wieder andere ästhetische Vorstellungen, so daß eine Definition wie die Hugo Riemanns keine Allgemeingültigkeit haben kann, weil sie sich allzusehr auf die Vorstellungen der Wiener Klassik bezieht. Die Musikgeschichte kann als eine „Geschichte der musikalischen Formwandlungen" betrachtet werden,[14] der Formbegriff selbst hat seine eigene Geschichte.[105] Der Begriff *Gattung* hat keine ästhetischen Qualitäten. Mit ihm wird lediglich die Familie eines zum Schema verfestigten *Formtyps* bezeichnet, der in der Regel in einer bestimmten musikgeschichtlichen Epoche in den Vordergrund tritt. Da sich auch bei diesem Begriff Dimensionsprobleme ergeben, muß etwa zwischen *Satz*-Gattungen (Dacapo-Arie, Sonatensatz) und *zyklischen* Gattungen (Oper, Symphonie) unterschieden werden.

Die musikalischen Formtypen bilden Teilkriterien eines *Stils* als Ausdruck einer bestimmten Epoche, der sich bis in die kleinsten Details eines Kunstgegenstands manifestiert. Den Stil prägen ferner nationale Eigentümlichkeiten und die Persönlichkeit des Komponisten.

In der bildenden Kunst ist die Form die Grundlage für den ästhetischen Genuß des Betrachters.[52] Ist die Form besonders augenfällig, so wird sie sich dem Beschauer einprägen und ihm helfen, sich des betreffenden Kunstgegenstandes zu erinnern, wenn er ihn nicht mehr vor Augen hat. In der Musik hat die Form hinsichtlich der Gedächtnisbelastung des Zuhörers wesentlich tiefgreifendere Funktionen.[23] Indem die Musik als „flüchtigste unter den Künsten" am Ohr des Zuhörers vorüberzieht, ist seine Merkfähigkeit geradezu auf die Form des Kunstgegenstands angewiesen, die sich ihm im wesentlichen als Wiederholung von bereits Gehörtem (mit oder ohne Abänderungen) darstellt, wobei zwischen dem zuerst gehörten Abschnitt und seiner Wiederholung Teile liegen können, die zu dem ersten Abschnitt kontrastieren (a- und b-Teil der Dacapo-Arie, Haupt- und Seitensatz im Sonatensatz) oder aus ihm entwickelt sind (Durchführung im Sonatensatz, Variation). Einen Sonderfall stellt die isorhythmische Motette G. de Machaults (um 1300–1377) dar, bei der die Rhythmik der einzelnen Stimmen beibehalten wird, die Tonfolgen aber sich von Teil zu Teil ändern; ein früher Beleg für die Merkfähigkeit eines einer musikalischen Hochkultur angehörenden Zuhörerkreises.

Was sich sonst dem Zuhörer an musikalischer Form bietet, wie Ebenmaß oder Unregelmäßigkeit des Aufbaus durch Taktgruppen, Perioden, Satzteile oder Sätze, wird von ihm mehr unbewußt aufgenommen und anhand eines latenten Zählvorgangs[93] abgeschätzt. Es versteht sich von selbst, daß Gegenstände der „Gedächtniskunst" Musik, die auf die Merkfähigkeit des Zuhörers keine Rücksicht nehmen, von diesem sofort vergessen werden, mögen sie ihn beim Hören noch so beeindruckt haben. Hingegen wird der Zuhörer auch bei besonders komplexen Kunstgegenständen (wie etwa A. Bergs ›Wozzeck‹) musikalische Form und Formtypen zwar nicht unbedingt beim ersten Hören wahrnehmen, unbewußt aber eine Ordnung „erspüren" – einer der Gründe für den Publikumserfolg eines Kunstgegenstands.

Die musikalische Form erfüllt aber auch eine wichtige Aufgabe gegenüber dem Interpreten. Gerade in der Oper, in der die Interpretation auf der Bühne von der Merkfähigkeit der Mitwirkenden abhängt, bieten Formtypen (Strophenlied, Dacapo-Arie, Rondo etc.) eine ganz wichtige Hilfe für die Bewältigung der abverlangten Gedächtnisleistung. Es ist geradezu symptomatisch, daß etwa die frühe Singspiel-Produktion des 18. Jahrhunderts, die hauptsächlich von Wanderbühnen zur Aufführung gebracht wurde, die aus wirtschaftlichen Gründen für die Neueinstudierung eines abendfüllenden Werks im Durchschnitt drei Probentage ansetzten, mit den einfachsten musikalischen Formtypen (Strophenlied, vaudeville) operierte, während die finanziell abgesicherten Hoftheater mit langen Probezeiten kompliziertere Gebilde leicht bewältigen konnten. Aber selbst unter diesen günstigen Arbeitsbedingungen sind immer wieder Fälle überliefert, wo Komponisten für besonders gedächtnisschwache Sänger auf einfache Formen zurückgreifen mußten.

Bei den musikalischen Formtypen lassen sich zwei große Gruppen unterscheiden:
1. die in der Instrumentalmusik entstandenen genuin musikalischen Formtypen (sie sind die älteren, wie ein Blick auf die griechische Antike lehrt);
2. Formtypen, die sich im Zusammenhang mit der Vertonung von Texten herausgebildet haben.

Für eine die Oper betreffende Darstellung können die Formtypen der Instrumentalmusik bis auf Ouvertüre und Tänze (für die Auftritte des Balletts) weitgehend vernachlässigt werden. Aus der zweiten Gruppe fallen für die Oper eigenartigerweise alle reinen Vokal-Formtypen heraus; unbegleitete Sologesänge oder Chorsätze spielen in der Oper so gut wie keine Rolle. Die Oper hat sich ihren Formenvorrat weitgehend selbständig entwickelt (s. unten), jedoch an präexistente Formtypen angeknüpft. Hinsichtlich der Vorgabe der Formtypen durch eine Kunstdisziplin und Erfüllung derselben durch die andere haben die Rollen zwischen Textdichter (= Librettist) und Komponist immer wieder gewechselt. Einen generellen Primat der Sprache widerlegt in der Musikgeschichte der weitaus am häufigsten vertonte Text des Meßordinariums: Es hat keinen verbindlichen Formtypus bewirkt, sieht man von der oft stereotypen Kyrie-Vertonung (a b a) ab.

Die Oper ist die größte zyklische Gattung, die die Musikgeschichte hervorgebracht hat; schon allein diese Qualität macht sie zum lohnenswerten Objekt formaler Betrachtung. Eng verzahnt mit den formalen Erscheinungen in der Oper ist die *Besetzungsart* der einzelnen Sätze (= *Nummern*), aus denen sich eine Oper zusammensetzt. Sie hat durchaus ästhetische und stilistische Qualitäten. Besteht etwa eine Oper aus rund 90 Sologesängen mit Instrumentalbegleitung und nur einigen wenigen Duetten, Terzetten oder anderen Ensembles, so handelt es sich um ein Werk von A. SCARLATTI (1660–1725) oder einem seiner Zeitgenossen. Enthält hingegen eine Oper von rund 20 Nummern hauptsächlich Ensembles und nur wenige Arien (oder kleinere Formen mit Sologesang), so kann man von einer neapolitanischen opera buffa um 1800 ausgehen. Auch in der durchkomponierten Oper hat die Besetzungsart der einen Akt bildenden Partiturabschnitte eine ästhetische Bedeutung: Entstehungszeit und -region sowie die Komponistenpersönlichkeit lassen sich aus ihrer Betrachtung erschließen.

2. KOMPONENTEN DER OPER

Wie die Schauspieldichtung und die musikalische Komposition entsteht auch die Oper erst durch ihre öffentliche Aufführung; das Textbuch und die Partitur stellen lediglich Anweisungen für die Aufführung dar, die von spezialisierten Fachleuten aufgenommen und unter Einbringung persönlicher Vorstellungen verwirklicht werden.

Für das Zustandekommen einer Opernaufführung sind Leistungen in folgenden Disziplinen erforderlich:
1. Bühnendichtung
2. musikalische Komposition
3. szenische Interpretation
4. musikalische Interpretation
5. Bühnenbildnerei und Kostümkunst
6. Schauspielkunst
7. Tanzkunst

Die Bühnendichtung enthält die Handlung in Form von Dialogen und Monologen, sie beschreibt die Schauplätze und vermittelt Vorstellungen des Dichters bezüglich der szenischen Gestaltung. Die musikalische Komposition setzt die Bühnendichtung in Musik um, womit eine Reihe von unabänderlichen Festlegungen getroffen werden. Hierzu gehören die zeitliche Anordnung der Handlung, ihr dramatischer Verlauf in der Spiegelung durch die Musik und die Charakterisierung der handelnden Personen mit musikalischen Mitteln.

Die Bühnendichtung (der libretto) wirkt auf mehreren Ebenen auf die musikalische Form ein: Am Anfang steht die Aufteilung der Dichtung in *Aufzüge* bzw. *Akte*. Diese werden wiederum in *Szenen* und *Auftritte* unterteilt. In diesen kleineren Abschnitten ist die Textverteilung auf eine oder mehrere Personen für die musikalische Form von großer Bedeutung. Einen weiteren Einfluß auf die Formgebung in der Musik übt die Gliederung des Textes in Strophen und Zeilen aus. Ebenso vielfältig wie auf die Formgebung sind die Einwirkungen der Bühnendichtung auf die Ausdrucksgestaltung in der Musik: Die Schauplätze der Handlung, die Jahres- und Tageszeiten, in denen die Handlung spielt, finden ihren Niederschlag in der Musik ebenso wie die Inhalte des vertonten Textes. Auch Bewegungen auf der Bühne werden in der Musik dargestellt, so daß sich ganz enge Bezüge zwischen Bühnenbild und Musik sowie zwischen Regie und Musik ergeben. Daß beim Ballett die Bezüge zwischen Bewegung und Musik besonders eng sind, liegt auf der Hand; häufig stellt der Bühnentanz eine szenische Interpretation der Musik dar.

Regisseur und Dirigent erarbeiten aus Textbuch und Partitur (letztere enthält nicht immer oder nur lückenhaft die Beschreibung der Schauplätze und die Regieanweisungen, weswegen der Vergleich mit dem Textbuch notwendig ist) ihre Interpretation der Oper und stimmen ihre Vorstellungen aufeinander ab. Der Regisseur beauftragt den Bühnenarchitekten und den Kostümbildner mit der Ausarbeitung von Bühnenbild und Kostüm. Eine heute immer wichtiger werdende Unterkategorie des Bühnenbilds stellt die Beleuchtung dar, die gleichfalls den Vorstellungen des Regisseurs unterliegt, sofern sie nicht bereits im libretto verbindlich vorgegeben ist und vom Komponisten umgesetzt wurde. Der Regisseur muß für die Erarbeitung einer Operninterpretation nicht nur über eine musikalische Vorbildung verfügen, sondern auch so disponiert sein, daß er für die in der Partitur enthaltenen Umsetzungen der Bühnendichtung empfänglich ist. Denn: Diese gehen stets über das in den Regieanweisungen Angemerkte hinaus; gerade an den Opernkompositionen höchsten Ranges läßt sich in der Musik eine besonders enge Übereinstimmung mit den in der Bühnendichtung enthaltenen Vorstellungen bis hin zur Gestik der Protagonisten feststellen. Andererseits muß der Dirigent über die szenische Interpretation und die Grundlagen der Schauspielkunst unterrichtet sein. In der Oper ist der reine Schauspiel-Regisseur ebenso fehl am Platz wie der ausschließlich auf die Musik fixierte Dirigent.

Dirigent und Regisseur übertragen ihre Interpretation auf die Sänger und Instrumentalisten, die ihrerseits interpretatorische Eigenleistungen einbringen. Hierbei müssen die Sänger neben der Gesangskunst auch schauspielerische Fähigkeiten beherrschen bis hin zur Bühnensprache für gesprochene Dialoge in Singspiel und romantischer Oper (s. unten). Die Tanzkunst ist nur dann gefordert, wenn die Oper ein Ballett enthält oder die handelnden Personen Tänze ausführen müssen.

Die Frage, ob alle hier aufgezählten Komponenten für die Verwirklichung der Oper von gleicher Bedeutung sind, ist eine ästhetische und mit der Geschichte der Oper eng verknüpft. Entstanden ist die Oper bekanntlich in der Übergangsphase zwischen Renaissance und Barock, und es gibt keine Kunstgattung, die diesen Übergang überzeugender repräsentieren könnte. Der von der *Camerata fiorentina* aufgenommene Plan, die antike Tragödie wiederzuerwecken, ist ganz der älteren Stilepoche zugehörig. Die Art und Weise, wie sich diese jedoch gestaltete, entsprach weitgehendst den Vorstellungen des Barockzeitalters. Hierzu gehört als erstes der Multimedia-Charakter der Oper: Möglichst viele Sinne sollten mit ihr gleichzeitig angesprochen werden, indem Text, Musik, Bühnenbild und -aktion zusammenwirkten, ja die frühe Oper zog sogar noch den Einsatz von Duftstoffen heran, wie glaubwürdig verbürgt ist. Die Handlungsvorwürfe der Oper (z. B. die antike Mythologie) basierten auf Vorstellungen der Renaissance; ihre musikalische Umsetzung (homophoner Satz, Generalbaß, Formenkanon) erfolgte mit den Mitteln des neuen

Stils. Mit der Oper wurde aber auch das Bühnenbild erfunden. Die perspektivisch gemalte Kulisse, die Schwebemaschinen und künstlichen Wolken, der ganze Apparat illusionärer Bühnenkunst, an dessen Entwicklung namhafteste Künstler und Techniker beteiligt waren, entstand anhand der Oper und entsprach der „sensationsgierigen Schaulust des Barockmenschen".[81]

Noch einige Gedanken zur Terminologie. Der Begriff *Oper* läßt sich (in seiner italienischen Vorform opera) bis zu F. CAVALLIS ›Le Nozze di Teti e Peleo‹, Venedig 1639 zurückverfolgen. Vorher wurden Bezeichnungen wie *Musiche* (J. PERI, ›L'Euridice‹, Florenz 1600), *Favola in Musica* (CL. MONTEVERDI, ›L'Orfeo‹, Mantua 1608), *Dramatodia* (G. GIACOBBI, ›L'Aurora ingannata‹, Bologna 1608) u. a. verwendet. Auch wenn in Italien und in den anderen europäischen Ländern abweichende Bezeichnungen verwendet und Modifizierungen vorgenommen wurden (opera seria, opera buffa etc.), so hat sich doch der seit Anfang des 18. Jahrhunderts auch in Deutschland eingebürgerte Begriff Oper am längsten gehalten. Er bezeichnet im Sprachgebrauch den Kunstgegenstand, seine Niederschrift (die Partitur) und das Theater, in dem er regelmäßig zur Aufführung kommt. Bei der Bestimmung des Kunstgegenstands Oper sind später eingeführte Begriffe wie Singspiel, Melodram, Operette und Musical hilfreich. Die immense Vielseitigkeit des Begriffs Oper ist davon jedoch nicht berührt; sie wird durch die Operngeschichte belegt.

Hingegen bedeutet die Neuprägung *Musiktheater* keinen Gewinn. Denn mit ihr ist nichts gesagt und bestimmt, was die Oper per historiam nicht schon längst enthalten hat. So gibt es in der „traditionellen" Oper gesprochene Texte, halb gesprochene/halb gesungene Texte, Musik zu pantomimischen Aktionen, improvisierte Orchester- und Gesangspartien und Kombinationen zwischen Lichteffekten und musikalischer Malerei, um nur einige der vermeintlichen Innovationen des Musiktheaters des 20. Jahrhunderts zu nennen. Andererseits sollen mit dieser Neuprägung auch Melodram, Operette und Musical abgedeckt werden,[32] worin gleichfalls kein Fortschritt zu erkennen ist. Auch ist der Hinweis wenig hilfreich, daß Opern Musiktheater sein können und umgekehrt.[127] Eine zeitliche Begrenzung dieser synthetischen Begriffsbildung scheint erst recht unmöglich zu sein. Es ist also nicht einzusehen, warum sie den so vielseitigen und historisch begründbaren Begriff Oper ablösen sollte. Allenfalls als zusammenfassender Begriff für alle Erscheinungen der Kombination Szene/Musik (Oper, Operette, Melodram, Singspiel, Musical, Ballett) ergäbe das Musiktheater Sinn.

3. GRUNDLAGEN DES OPERNLIBRETTO

Mit *libretto* wurde seit Beginn des 18. Jahrhunderts eine kleinformatige Ausgabe der Bühnendichtung bezeichnet. Der libretto wurde zusammen mit Kerzen an das Opernpublikum verkauft, um ein Mitlesen im abgedunkelten Zuschauerraum während der Vorstellung zu ermöglichen. Die Bezeichnung libretto ging im Verlauf des 18. Jahrhunderts allmählich auf den Inhalt der Bühnendichtung über. Der Verkauf an das Publikum bildete nicht selten die einzige Einnahmequelle des Dichters. Der libretto belegt mit seiner Erscheinungsform, daß auch die frühere Opernpraxis mit dem Problem der Textverständlichkeit rang.

Die Frage, welche Handlungsvorwürfe sich (etwa im Gegensatz zum Schauspiel) für einen libretto eignen, ist angesichts der Vielfalt der in den letzten vier Jahrhunderten vertonten Opernsujets nicht leicht zu beantworten. Allenfalls das politische Stück, die kritische Gesellschaftssatire oder das von schlagfertigem Wortwitz lebende Boulevard-Theater scheinen für eine Umsetzung in Musik ungeeignet zu sein, auch wenn sie vereinzelt Musik-Einlagen enthalten können.

Handlungsvorwürfe für Opern müssen Eigenschaften aufweisen, die der Umsetzung in Musik entgegenkommen. Hierzu gehören die Atmosphäre des Schauplatzes der Handlung, die Charaktere der handelnden Personen, ihre sich im Verlauf des Geschehens entfachenden Leidenschaften, die zwischen den Personen entstehenden Spannungsverhältnisse und Bewegungsvorgänge auf der Bühne. Eine Hauptaufgabe für den Komponisten bilden jedoch die Umsetzungen innerer Vorstellungen einzelner Personen in Musik.

Bedingt durch die nur partielle Textverständlichkeit in der Oper müssen ihre Handlungsvorwürfe übersichtlicher gestaltet sein als die des Schauspiels; Libretti enthalten daher in der Regel nur eine Nebenhandlung und beziehen sich häufig auf Vorwürfe, die dem Publikum aus anderen Medien bekannt sind. Hierzu gehören antike Götter- und Heldenmythen, die Bibel, Sagen und historische Berichte aus dem Mittelalter und Märchen, aber auch bereits durch das Schauspiel bekannt gewordene Stoffe aller Arten. Die Umarbeitung zum libretto muß a priori so erfolgen, daß sich die Handlung nicht nur aus dem Wort, sondern auch aus optisch verfolgbaren Vorgängen auf der Bühne ergibt.

Ein weiteres spezifisches Kriterium des libretto bildet seine Gliederung in handlungsfördernde und handlungshemmende Abschnitte.[12] Handlungsfördernd ist in jedem Falle das Rezitativ; es ist der Handlungsträger der älteren

Oper schlechthin. Aber auch in den Teilen, in denen mehrere Personen singen (man nennt sie *Ensembles*), kann sich Handlung vollziehen, bis hin in die kleinste Ensemblebesetzung, das Duett. Eindeutig handlungshemmend sind hingegen die Arien und die Chöre, die eine ganz wichtige Funktion zu erfüllen haben: Sie verhindern das allzu rasche Ablaufen des Geschehens (eine Funktion, die im Schauspiel die Nebenhandlungen haben) und wirken damit auch spannungserzeugend.

Der höhere Zeitaufwand, den das Singen von Texten im Vergleich zum Sprechen verursacht, bringt es mit sich, daß libretti in der Regel kürzer sind als Schauspieltexte. Aber auch die Textgestaltung ist unterschiedlich: Typisch für den libretto sind Hauptsätze oder kurze Verszeilen; komplizierte Satzkonstruktionen oder lange Metren (Blankvers, Alexandriner) lassen sich nur schlecht in Musik umsetzen und stören die musikalische Formbildung im Detail.

Gegenüber dem Schauspiel weist die Oper in ihrer Textgestaltung aber noch andere wichtige Unterschiede auf: Die Grundlage des Schauspieltextes bildet der Dialog; Monologe oder Abschnitte, in denen mehrere Personen gleichzeitig sprechen, sind selten im Schauspiel, ebenso chorisches Sprechen, wenn man von der antiken Tragödie und ihren neuzeitlichen Nachbildungen (Fr. Schiller, Die Braut von Messina) absieht. In der Oper sind aber gerade diese Konstellationen von höchster Bedeutung; vor allem dem Opern-Monolog in Form der Arie hat das Schauspiel an Wirksamkeit nichts Vergleichbares entgegenzusetzen.

Im Schauspiel wechseln Prosa-Abschnitte mit Teilen in gebundener Sprache, die wiederum unterschiedlichen Versmaßen folgen können. Wo der Schauspieldichter Musik-Einlagen in Form von Liedern oder Chören wünscht, faßt er den Text in der Regel in Strophen. Ansonsten dient der Text im Schauspiel ganz der Darstellung des Handlungsverlaufs. In der Oper liegen die Verhältnisse etwas anders: Die Inhalte der Chöre sind meist betrachtender Natur, es gibt aber auch Huldigungs-, Schlacht- und Klagechöre sowie Chöre handelnden Inhalts. Die Arien enthalten in der Regel Schilderungen von Empfindungen und Betrachtungen. Bis in unser Jahrhundert hinein reicht die Konvention, Chor- und Arientexte in der Oper in Strophen zu fassen, während die Rezitativtexte entweder in Prosa oder in freien Reimen (Madrigalstil) abgefaßt wurden. Man könnte im Fall des Rezitativs von ungeformtem Reim sprechen und bei den Arien und Chören von geformtem Reim. Letzterer, der strophische Text, fordert aber den Komponisten, der ihn vertont, heraus, der Textform mit einer musikalischen Form zu entsprechen. Auch Ensembles können, vor allem wenn sie kleiner besetzt sind, strophische Texte zur Grundlage haben. Vor allem in der frühen Oper werden sie von den Komponisten in musikalische Formen gefaßt.

Während das amorphe Rezitativ der älteren Oper lediglich dazu da ist, den handelnden Text dem Zuhörer möglichst verständlich nahezubringen (weswegen sich die Musik auf einfachste Begleitformen beschränkt), gehen die geformten Teile der Oper darüber hinaus, indem in ihnen der Textinhalt dargestellt und kommentiert wird. Dabei kann sich die musikalische Form gegenüber der Textform verselbständigen, um den verschiedenen Aspekten des Textinhalts gerecht werden zu können. Damit verbindet sich aber in der Regel eine Text-Manipulation: Sätze, Satzteile oder einzelne Worte werden wiederholt, Silben gedehnt oder gerafft – ganz, wie es die musikalische Form verlangt. Damit wird jedoch die Form der Textdichtung zerstört. Hier ist eine seit Beginn der Operngeschichte immer wieder aufgeworfene und immer wieder anders beantwortete Streitfrage berührt, die in dem von Abbé Giambattista de Casti verfaßten libretto ›Prima la musica – Poi le parole‹ sogar dramatisiert und 1786 von A. SALIERI vertont wurde. Die ungebrochene Aktualität der Thematik belegt das von Cl. Krauss und R. STRAUSS 1941 verfaßte Konversationsstück ›Capriccio‹. Neben den texttransportierenden Teilen enthält die Oper aber auch Abschnitte, in denen die Musik selbständig zur Geltung kommt. Hierzu gehören die zu Beginn erklingende Ouvertüre, die das Publikum aus der prosaischen Atmosphäre des Alltags in die Welt des Theaters führen soll, Auf- und Abtrittsmusiken, die die Bewegungsvorgänge auf der Bühne begleiten und untermalen, sowie Zwischenaktmusiken, die, bei geschlossenem Vorhang gespielt, den Bildwechsel auf der Bühne zeitlich überbrücken helfen. Ferner kann es in der Oper Balletteinlagen geben. Diese sind in der Regel handlungshemmend und liegen kurz vor oder kurz nach Handlungshöhepunkten. Sind sie an einer anderen Stelle des Handlungsverlaufs postiert, so wirken sie wie Fremdkörper (R. WAGNER, ›Tannhäuser‹, Pariser Fassung). Die richtige Plazierung des Balletts im Handlungsgefüge ist gleichfalls Bestandteil der Librettistik.

4. MONOLOG UND DIALOG

Selbst wenn man davon ausgehen wollte, daß Texte von Bühnenwerken grundsätzlich für das Publikum geschrieben und damit an dieses gerichtet sind, so müssen hier doch (vor allem im Hinblick auf die Oper) Differenzierungen vorgenommen werden. Die Musik sei vorerst ausgeklammert und die verschiedenartige Funktion, die Bühnentexte haben können, an Beispielen aus dem Schauspiel demonstriert.

Wenn am Ende des I. Akts von W. SHAKESPEARES ›Othello‹ die Personen nacheinander die Bühne verlassen, so bleiben vorerst Jago („Was sagst du, edles Herz") und Rodrigo übrig. Zwischen den beiden entspinnt sich ein Dialog, an dessen Ende Rodrigo gleichfalls die Bühne verläßt. Ab den Worten „So muß ein Narr mir stets zum Säckel werden" beginnt der Monolog des Jago, mit dem der Akt höchst beeindruckend schließt.

Bei den vorangegangenen Auftritten (Herzog, Gefolge etc.) und bei dem Dialog zwischen Jago und Rodrigo beschränkt sich die Rolle des Zuschauers auf das Beobachten und Mitverfolgen des Textes, der zwischen den handelnden Personen „spielt". Mit Rodrigos Abgang entfällt jedoch der letzte Ansprechpartner für Jago. Auch wenn dieser in Form eines „reflektierenden Gedankenmonologs"[104] gleichsam mit sich selbst spricht, so ist doch die Rolle des Zuschauers leicht verändert. Er wird partiell zum Ansprechpartner. In noch stärkerer Weise wird er dies im ersten Monolog des Faust in J. W. Goethes gleichnamigem Schauspiel. Die Worte „Habe nun ach! Philosophie ..." sind nach Art des alten deutschen Volksstücks als Vorstellung der Hauptperson an das Publikum gerichtet; mit ihnen werden die Situation und Vorgänge aus der Vergangenheit beschrieben („epischer Monolog"). An das historische Vorbild erinnert der Dichter durch Verwendung des Knittelverses. Unmittelbar angesprochen wird der Zuschauer in den sogenannten „Ad spectatores"-Monologen, wie sie hauptsächlich im älteren Lustspiel begegnen. So etwa in T. de Molinas ›Don Gil von den grünen Hosen‹, IV. Akt, 1. Szene, wo der Diener Caramanchel mit den Worten „Grüne Hosen sind jetzt Mode" auftritt. Ferner gibt es noch den „lyrischen Stimmungsmonolog" (Fr. Grillparzer, ›König Ottokars Glück und Ende‹, III. Aufzug, Monolog des Horneck „Schaut ringsumher, wohin der Blick sich wendet") und den „dramatischen Konfliktmonolog" (Fr. Schiller, ›Die Räuber‹, I. Akt, 1. Szene, Monolog des Franz Moor „Tröste dich, Alter").

Während sich das Aussagespektrum des Monologs mit einigen wenigen Charakterisierungen einordnen läßt (oft enthält ein Monolog mehrere der hier bezeichneten Eigenschaften), ist die überaus große Bandbreite des Dialogs nicht katalogisierbar. Zwischen den Eckwerten „Konversations-Dialog" und „dramatischer Dialog" gibt es unzählige Nuancen, die vom Textinhalt bestimmt werden. Für die hier vorgenommene Betrachtung ist der Status des Zuschauers wichtig; Dialoge spielen zwischen den handelnden Personen.

Wie stellen sich nun Monolog und Dialog in der Oper dar? Monologe können auf einfachste Form in das Rezitativ eingekleidet werden. Dies geschieht hauptsächlich mit Texten von geringem emotionalem Gehalt. Erhöht sich jedoch die Aussagekraft des Textes, so nimmt auch der Anspruch an seine musikalische Einkleidung zu. Mehrere Zwischenstufen in der Gestaltung des Rezitativs führen bis hin zu den geschlossenen Formtypen und schließlich zur Arie, der kunstvollsten Einkleidung, die der Monolog durch die Musik erhalten kann.

Durch die musikalische Einkleidung wird die Ausrichtung des Monologs auf das Publikum jedoch verstärkt, denn die Musik an sich ist grundsätzlich an den Zuhörer gerichtet. Nur in ganz bestimmten Fällen, bei den „Bühnenmusiken", kann die Musik auf die handelnde Person ausgerichtet sein; am deutlichsten vielleicht zu erkennen in No. 24 Finale von W. A. MOZARTS ›Don Giovanni‹, wo die Hauskapelle zwei „Schlager" aus Opern anderer Komponisten dem Titelhelden zur Tafel aufspielt und dieser darauf reagiert, indem er die Stücke den entsprechenden Opern zuordnet («Bravi! Cosa rara!»). In diesem Fall ist das Publikum nur „Mithörer" und nicht Adressat. Hingegen richtet sich alle Musik aus dem „Orchestergraben" an das Publikum, wobei ihr von Anfang an die Aufgabe zufällt, mit ihren Mitteln den Textinhalt zusätzlich darzustellen und zu kommentieren.

In der Arie kommt ein Spezifikum der musikalischen Aufführungspraxis hinzu: Die Konstellation Sologesang/Begleitorchester läßt eigengesetzlich die Situation des „Konzertierens" entstehen; eine Darbietungsform, in der der einzelne, der „Solist", seinen Vortrag unmittelbar an das Publikum richtet. Es ist nicht zufällig, daß die großen Zeiten des Instrumentalkonzerts mit denen der Arie weitgehend zusammenfallen. Mit der Konzert-Arie W. A. MOZARTS ist eine Entwicklung konsequent zu Ende geführt worden. Schon vorher hat eine kritische Musikbetrachtung die opera seria als „Konzertoper" verurteilt. Zu Zeiten, in denen das Soloinstrument im Rahmen des symphonischen Konzerts (z. B. J. Brahms, 2. Klavierkonzert in B-Dur op. 83) im Orchester einen gleichwertigen Partner erhielt, war die Arie so gut wie ausgestorben.

Beim in die Musik eingekleideten Dialog bleibt zwar das Spielen zwischen den handelnden Personen erhalten. Doch auch hier setzt die Musik Nuancen: Während im Rezitativ die Grundtendenz weitgehend erhalten bleibt, können in den Ensembles (Duette, Terzette, Quartette etc.) die Einzelpartien plötzlich Ariencharakter annehmen oder zu chorartigen Sätzen zusammengefaßt werden, die sich gleichfalls an den Zuhörer richten; Konstellationen, wie sie das Schauspiel nicht bieten kann. Hier ist für die richtige Einschätzung, an wen sich die gesungenen Texte richten, auch die Feststellung von Bedeutung, ob diese Ensembles „handelnden" oder „betrachtenden" Charakter haben. Die Texte der ersteren spielen stets zwischen den Personen, der Zuhörer bleibt Beobachter.

Schließlich sei auf die Chöre in der Oper verwiesen. Es handelt sich zumeist um an das Publikum gerichtete Monologe, bei denen das Kollektiv zur Einheit verschmilzt. Doch existieren auch Chorsätze mit dialogischer Haltung zwischen den einzelnen Chorpartien oder mehrchörige Anlagen, in denen Menschengruppen zueinander in Dialog treten.

5. ZUR BEGRIFFSBESTIMMUNG VON ARIE UND ENSEMBLE

Die Herkunft des Begriffs *Arie* liegt im Dunkeln; er leitet sich von der italienischen *aria* und dem französischen *air* ab, die sich wiederum auf das im Mittelalter gebräuchliche Wort *aer* zurückführen lassen. Diese Vorbilder sind bereits in ihrer Verwendungszeit mit einer so hohen Zahl von Bedeutungen befrachtet, daß bislang eine eindeutige Erklärung unmöglich erscheint. Fest steht lediglich, daß die diesen Worten gemeinsamen primären Bedeutungen wie Luft, Luftströmung und Wind in der Musik keine Rolle spielen; es gibt neben Arien für Gesang auch Arien für Instrumente, auf die auch getanzt werden konnte.

Die Bestimmung des Arien-Begriffs muß daher über den Sprachgebrauch erfolgen. Petruccis Frottolensammlungen (Venedig 1505 f.) enthalten von C. v. Brescia *Aer de cantar versi latini*, eine Art Schema, nach dem strophische Dichtung gesungen werden konnte. B. Castiglione verwendete 1528 die aria ebenfalls als musikalisches Modell, doch wurde mit diesem Wort auch die Melodie an sich bezeichnet. 1569 veröffentlichte R. Ballard in Paris sein ›Vingtquatrième livre d'airs et chansons à 4 parties‹. Es handelte sich um homophon gehaltene mehrstimmige Chanson-Sätze auf weltliche Texte, in denen die Melodie in der Oberstimme liegt. 1571 brachte Ballard zusammen mit seinem Kompagnon Leroy erstmals *Air de Cour* heraus; es waren Lieder zur Laute, die die mehrstimmigen Chansons verdrängten und zahlreiche Nachahmer fanden. Untextierte airs und airs in Tanzmusiksammlungen lassen erkennen, daß sie damals auch lediglich gespielt oder zum Tanz verwendet werden konnten.

Eine wichtige Rolle spielten die *Aria di Ruggiero* und die *Aria della Romanesca*. Bei der *Aria di Ruggiero* handelt es sich um ein geradtaktiges Satzmodell von acht Takten Länge über einem weitgehend fixierten Baß für instrumentalen oder vokalen (*aria di cantar*) Gebrauch. A. Einstein nahm an, daß dieses Modell anhand der bekannten Textstelle aus Ariosts ›Orlando furioso‹ («Ruggier, qual sempre fui, tal'esser voglio») entwickelt und danach benannt worden ist.[51] Eine *Aria di Ruggiero* kommt in dem 1584 entstandenen ›Libro d'intauolatura di liuto‹ von V. Galilei vor.

Noch stärker verbreitet als die *Aria di Ruggiero*, die bis ins 17. Jahrhundert nachweisbar ist, war die *Aria della Romanesca*, eine *aria di cantar*, die auch das Modell für zahlreiche Tänze und Themen von Variationszyklen bildete. In den ›De Musica libri septem‹ (Salamanca 1577) des Fr. Salinas (1513–1590) sind Beispiele enthalten. Charakteristisch ist eine abwärtsgehende Melodielinie über einem in Quart- und Sekundschritten sich sequenzartig bewegenden Baß. *Romanesca*-Sätze finden sich auch in den Lauten-Sammlungen der Zeit (A. de Becchi, Venedig 1568, C. Bottegari, Venedig 1574). Noch Cl. Monteverdi verwendete die *Romanesca* im Jahre 1619 «Ohimè dov'è il mio ben»; in: ›Concerto. 7° libro dei Madrigali ...‹, Venedig 1619. Mit der *Aria di Ottava* in G. B. Donis ›Trattato della musica scenica‹ (ca. 1635–39) wurde ein Modell überliefert, das der Stegreifausführung italienischer Epen in Stanzen (= ottavarime) diente. Mit Bezeichnungen wie *Aria di Fedele, Aria di Firenze, Aria di Gazella, Aria di Siciliana* oder *Aria di Zeffiro* wurden bestimmte Charakteristika oder Herkunftsorte und -gegenden umschrieben.

Zusammenfassend kann festgestellt werden, daß unter der Arie des 16. Jahrhunderts eine Art Schema verstanden wurde, nach dessen verschieden geformten Modellen komponiert oder improvisiert wurde. Die Grundcharakteristika waren: regelmäßiger Aufbau, homophoner Satz und Melodie in der Oberstimme. Auslösendes Element war die strophische Dichtung, wie an V. Galileis ›Intavolature di lauto, madrigali e ricercate libro primo‹ (Rom 1563) zu erkennen ist.

In J. Peris ›Euridice‹ von 1600 wurde die Bezeichnung aria für strophisch angelegte Gesänge verwendet, deren Gestaltung sich (mit Ausnahme der durch die Strophen bedingten Wiederholungen) aber nur wenig von den sie umgebenden Rezitativen abhebt. In der römischen und venezianischen Oper erfuhr jedoch die Arie eine liebevolle Ausgestaltung; sie wurde zum Hauptanliegen des Opernkomponisten. Ihre formale Entwicklung mündete schließlich in die *Dacapo-Arie*; ein drei- (a b a) bzw. fünfteiliger Satz (a a1 b a a1) über zwei Textstrophen, der dem Sänger die Möglichkeit einräumte, die Wiederholung des Anfangsteils mit eigenen Verzierungen (Koloraturen) auszugestalten. Denn die von der *Camerata fiorentina* geforderte Unterordnung der Musik unter den Text wurde noch zu Lebzeiten ihrer Mitglieder vom Gesangsvirtuosentum außer Kraft gesetzt; die Arie wurde zum Paradestück hochentwickelter Gesangstechnik.

Noch nach 1700 kommt bei A. Scarlatti und anderen Komponisten die *aria a due* vor. Ansonsten verband sich bereits im 17. Jahrhundert mit dem Begriff ein Satz, in dem lediglich *eine* Vokalstimme von Instrumenten begleitet wird. Innerhalb der Oper erhielt die Arie ein vorgelagertes Rezitativ, mit dem sie eine inhaltliche Einheit bildete: Der Teil der Handlung, der im Rezitativ vorgetragen wurde, erfuhr in der nachfolgenden Arie die Reflexion des einzelnen. Da namentlich in der opera seria immer wieder gleiche oder ähnliche Inhalte von der Arie erfaßt werden mußten, bildete sich eine Reihe von Arientypen aus, auf die der Komponist zurückgreifen konnte. Ihre Differenzierung untereinander erfolgte durch Tonart, Tempo, Melodiestimmenduktus und Instrumentation. Die einzelnen Typen erhielten charakteristische Bezeichnungen.

Der Terminus *Ensemble* ist wesentlich jünger als die Arie. Diese Satzbezeichnung taucht (wenn überhaupt) stets in der französischen Version auf; ihr italienisches Gegenstück *assembléa* konnte bislang in der Oper nicht nachgewiesen werden. Bei A. SCARLATTI wird der meist äußerst kurze Schlußsatz einer Oper, in dem mehrere Protagonisten vereinigt sind, *Ensemble* genannt (›La Principessa fedele‹, Neapel 1710). Dies entspricht dem heutigen Sprachgebrauch; zu den Solisten kann auch der Chor hinzutreten. Das Ensemble ist stets vom Orchester begleitet. Die Zahl der Sänger, ab der ein Satz 'Ensemble' zu nennen ist, läßt sich nicht festlegen. A. SCARLATTI etwa führt neben dem Ensemble auch den *duetto*, den *trio* (= *terzetto*) und den *quartetto* auf; bei ihm entdeckt man aber auch die aria a due. Die Reihe der Satzbezeichnungen mit mehreren Sängern läßt sich anhand der Operngeschichte bis hin zum Septett erweitern.

Auch eine Differenzierung hinsichtlich der dramatischen Funktion und Haltung der Sätze ist nicht möglich. Duette können ebenso handlungsfördernd sein wie großbesetzte Ensembles statisch; wichtig ist in jedem Fall ihr Standort im Handlungsverlauf.

Hier müssen weitere Termini eingeführt werden. Die *introduzione* steht am Anfang des dramatischen Geschehens; sie ist die erste Nummer in der Oper, in der mit Hilfe mehrerer Personen eine Vorstellung der Grundzüge der Handlung erfolgt. Ferner gibt es in der Mitte der Akte Quartette, Quintette etc. mit oder ohne Chor. Sie erfüllen die Funktion eines *Zwischenfinales* und stehen meist vor einem Szenenwechsel. Häufig sind sie handlungshemmend; die Solisten teilen sich die Melodielinie und werden am Ende zu einem homophonen Satz über gleichem Text zusammengefaßt.

Schließlich enthalten die Finale an den Aktenden entweder Ensemble-Abschnitte oder sind insgesamt als Ensembles gebaut wie etwa das 104 Partiturseiten lange Finale zum I. Akt von G. ROSSINIS ›Il Barbiere di Siviglia‹. Auch hier sind die Grenzen fließend; wenn ein Finale längere Abschnitte enthält, in denen Sänger solistisch hervortreten, kann der Satz in Richtung Arie tendieren. Trotzdem sichert seine Stellung im Kontext den Ensemblecharakter.

Andererseits können gerade im *Finale ultimo* die Solisten zu einem homophonen Satz zusammengefaßt werden, in dem alle den gleichen Text singen. Sätze dieser Art nannte G. F. Händel in seinen Opern treffend *Chorus*; trotzdem stellen sie Ensembles dar.

Mit dem Begriff Ensemble verbindet sich im engeren Sprachgebrauch ein handlungsfördernder vom Orchester begleiteter Satz, in dem unterschiedliche Aussagen und Haltungen der Personen zusammengefaßt und wirkungsvoll gegeneinander ausgespielt werden. In einem Satz mit diesen Qualitäten wird ein wesentlich umfangreicherer Text transportiert als etwa in der Arie. Eine so kontrastreiche Haltung weisen Duette und Terzette nicht immer auf. Das

Duett Leonore/Florestan No. 15 ›O Namenlose Freude‹ aus L. v. BEETHOVENS ›Fidelio‹ zeigt nicht nur formal Ariennähe. Die Personen stehen in einem Gleichklang der Gefühle, ihre Gesangspartien enthalten entweder abwechselnd die Melodielinie oder laufen in parallelen Terzen und Sexten einher. Der Terzetto No. 3 Ferrando/Don Alfonso/Guglielmo ›Una bella serenata‹ in W. A. MOZARTS ›Così fan tutte‹ nimmt eine ähnliche Haltung ein, das Quintett ›Selig, wie die Sonne‹ im III. Aufzug von R. WAGNERS ›Die Meistersinger von Nürnberg‹ wurde bereits als „fünffacher Monolog" bezeichnet.[106]

Ungeachtet zahlreicher Gegenbeispiele kann man die kleineren Besetzungen mehrheitlich den handlungshemmenden und die großbesetzten Ensembles den handlungsfördernden Teilen zurechnen. Wesentlich bleibt, wie schon im vorangegangenen Abschnitt dargelegt, die prinzipielle Dialoghaltung des Ensembles gegenüber dem Monolog der Arie und die damit verbundene Änderung der Position des Zuschauers. Eine beabsichtigte Ad-spectatores-Haltung muß im Ensemble ganz markant artikuliert werden, um als solche erkennbar zu sein; wie in der 6. Szene des III. Akts von W. A. MOZART ›Le Nozze di Figaro‹: Susanna, Marcellina, Bartolo und Figaro singen die Worte «E schiatti il signor conte al gusto mio» im homophonen Satz und – singuläre Erscheinung in MOZARTS Opernpartituren – a cappella.

Bei der formalen Gestaltung der Ensembles herrscht naturgemäß eine wesentlich größere Formenvielfalt als bei der Arie und den von ihr abzuleitenden Anlagen. Die Ensembleform hängt im wesentlichen von dem zu vertonenden Text ab: Ist er sehr umfangreich und handlungsintensiv, so werden lediglich Satzteile kettenartig aneinandergereiht. Gibt es eine Textpassage von übergeordneter Bedeutung (Motto), die in Abständen wiederholt werden soll, entwickelt sich ein Rondo. Besonders häufig finden sich dreiteilige Typen (a a b; a b b; a b a). Hierher gehört auch der ab der 2. Hälfte des 18. Jahrhunderts beliebte *pezzo concertante*; es handelt sich dabei um eine Arie mit begleitendem Chor, womit eine Zwischenform zwischen Arie und Ensemble geschaffen wurde.

6. VORBILDER IN DER MUSIK DES 16. JAHRHUNDERTS

Wenn auch die *Camerata fiorentina* sich um die Rekonstruktion der antiken griechischen Musik bemühte, so tat sie dies mit den musikalischen Mitteln ihrer Zeit, über die ihre Mitglieder bestens informiert waren. Entsprechend der zum Programm erhobenen Abwendung der *Camerata* von der Polyphonie können hier Gattungen wie Motette, Kanon, Fuge, ricercar und imitatio außer acht gelassen werden. Neben der Polyphonie hatte die *Camerata* aber auch das sich im 16. Jahrhundert sich schwunghaft entwickelnde Gesangsvirtuosentum zu bekämpfen, das mit seinen Verzierungskünsten gleichfalls die angestrebte Textverständlichkeit und Unterordnung der Musik unter die Sprache gefährdete; ein Kampf, der nur zu bald von den Sängern, auf die die Oper ja angewiesen war, gewonnen wurde. Von den Instrumentalgattungen ist die Kanzone zu berücksichtigen, die für die frühe Opernouvertüre, die sinfonia, vorbildlich wurde; doch konnten Opern auch mit einer toccata, die zumeist von den Blechbläsern ausgeführt wurde, eröffnet werden.

Unter den vokalen Gattungen wurde die aria schon genannt; sie spielt in der Entwicklung der Oper eine ganz große Rolle. Aber auch das Madrigal mehr homophoner Prägung bildete eine bedeutsame Vorstufe. Vor allem die Sätze von C. de Rore (1516–1556) haben die *Camerata fiorentina* beeindruckt, weil in ihnen auf Textverständlichkeit und -ausdeutung größter Wert gelegt war und unter Einbeziehung neuartiger harmonischer Wendungen (Chromatik) eine bis dahin nicht erreichte Ausdruckstiefe erzielt wurde. Die frottola und die chanson mögen als mehrstimmige homophone Vokalsätze einfacher Struktur Vorbilder für die Gestaltung der Chöre in der frühen Oper abgegeben haben, während die Kanzonetten Anregungen für die leicht bewegten und zum Teil gleichzeitig getanzten Chöre von Hirten und Nymphen boten. Schließlich sei auf die von A. Willaert (ca. 1485–1562) begründete *Venezianische Mehrchörigkeit* hingewiesen, die sich ab 1600 in der Römischen Oper niederschlug.[12]

Die von der *Camerata fiorentina* rekonstruierte Monodie, über die sie durch Platons *Gesetze* und die Theaterdichtungen von Euripides und Aristophanes Hinweise besaß, hatte ihre stilistischen und satztechnischen Vorbilder in den Lauten-Liedern von Don L. Milan (ca. 1500–1561) und A. Leroy (?–1598). Inwieweit die *Vers mesurés à l'antique* des in Venedig geborenen französischen Dichter-Komponisten J.-A. Baïf (1532–1589) auf die Entwicklung des Rezitativs in Italien Einfluß nahmen, ist nicht bekannt. Baïfs Bemühungen um Bewahrung des Sprachrhythmus in der Musik unter Berufung auf die Antike zeigen jedenfalls, daß die in Florenz angestellten Überlegungen kein Einzelfall waren; das Thema lag gleichsam in der Luft. Der *Camerata fiorentina* ist aber der Verdienst zuzurechnen, das Rezitativ erfunden zu haben.

Gleichfalls als eine (freilich wesentlich später einsetzende) Neuentwicklung im Zusammenhang mit der Oper muß das Ensemble angesehen werden; seine Vorformen reichen in die erste Hälfte des 17. Jahrhunderts. Die in der Literatur häufig angeführte Vorläufer-Rolle der *Intermedien* für die Oper hat nur bedingt Richtigkeit. Die in ihr erfolgende Verschränkung visueller Eindrücke mit Musik mögen die Theaterbesucher der Spätrenaissance in ähnlicher Weise beeindruckt haben wie der Tonfilm den Kinogänger nach dem Ersten Weltkrieg. Die Musik der Intermedien bestand jedoch überwiegend aus Chören und Instrumentalsätzen. Die wenigen erhaltenen Partituren zeigen, daß selbst dialoghafte Partien der Hauptpersonen durch mehrstimmige Wechselchöre in Musik umgesetzt wurden. Selbst wenn man der Annahme folgt, daß nur jeweils eine Stimme vokal und die anderen instrumental ausgeführt wurden, so trennt diese Sätze gar Vieles von der mit der ersten Oper auftretenden Satzweise des Rezitativs. Sologesänge begannen im Intermedium erst dann eine Rolle zu spielen, als sich diese in der Oper bereits etabliert hatten; von dort wirkten sie auf die noch weitergeführten Intermedien ein.

II. DIE FRÜHE OPER

(1598–1700)

1. DIE CAMERATA FIORENTINA

Um das Jahr 1580 begannen im Hause des florentinischen Adligen G. BARDI Gespräche, die die Wiederbelebung der antiken griechischen Musik zum Thema hatten. An ihnen waren beteiligt: die Musiker V. GALILEI, J. PERI, G. CACCINI und P. STROZZI, der Regisseur und Intendant E. DE'CAVALIERI, der Dichter O. RINUCCINI und der Altphilologe G. MEI. Als der Hausherr 1592 das Amt eines päpstlichen Kämmerers antrat, war es der Edelmann J. CORSI, der die *Camerata* von diesem Zeitpunkt an in sein Haus aufnahm.[114]

Bevor hier auf die Ziele dieser privaten Akademie eingegangen wird, soll der ihr angehörige Personenkreis etwas näher betrachtet werden. Der erste Hausherr Giovanni BARDI Conte di VERNIO (1534–ca. 1614) war vor Gründung der Camerata, die nach ihm auch *Camerata dei Bardi* benannt wurde, bereits Mitglied in zwei anderen Akademien: In der *Accademia della Crusca* führte er Streitgespräche über die Epik von Ariost und Tasso, in der *Accademia degli Alterati* wurden Tagesfragen zur Philosophie und zur Kunst erörtert. Nicht bekannt ist, bei welchem Lehrer BARDI seine musikalischen Studien betrieben hat, die ihn immerhin in den Stand setzten, kontrapunktisch gehaltene Madrigale und Intermedien zu komponieren. Ferner schrieb er Texte zu Intermedien, eine Komödie für die Vermählung von Cesare d'Este mit Virginia dei Medici in Ferrara und einen ›Discorso sopra la Musica Antica‹,[48] in dem er seine Ansichten ausbreitete: Die Musik habe sich dem vertonten Wort unterzuordnen, wie dies schon Platon fordere. Musik sei für ihn nur einstimmig oder mit einer dem Textrhythmus folgenden Begleitung denkbar, der Melodieverlauf müsse dem natürlichen Sprachgefälle entsprechen. Oberstes Gebot sei die Erzielung einer ethischen Wirkung bei den Zuhörern, wobei die Wahl der Tonarten (er bezog sich hier auf die altgriechischen Systeme) von größter Wichtigkeit sei. Wie Platon bevorzugte BARDI das Dorische. Als zeitgenössisches Modell nannte er den stile madrigalesco von Cipriano de Rore (1516–1556). Die Polyphonie seiner sonstigen Zeitgenossen lehnte er ab, da sie die Textverständlichkeit unterbinde und keine ethische Wirkung auf die Zuhörer ausübe.

VINCENZO GALILEI (ca. 1520–1591), der Vater des berühmten Mathematikers und Astronomen Galileo Galilei, war anfangs Lautenist, bildete sich unter dem Einfluß BARDIS theoretisch bei Zarlino in Venedig weiter und trieb Studien über die altgriechische Musik unter der Einleitung von MEI. Er komponierte Sologesänge, Madrigale und Tänze, wies sich als Spezialist für Lautenintavolierungen aus und veröffentlichte 1581 einen ›Dialogo della musica antica et della moderna‹, in dem er fünf Themenbereiche behandelte: Tonhöhenberechnung, Tonartenlehre, Kontrapunkt, Musikgeschichte und Aufführungspraxis. Der dem Kontrapunkt gewidmete Teil enthält eine Verurteilung desselben als ungeeignet zur Darstellung des Textinhalts; weder Textverständlichkeit noch richtige Deklamation könnten mit ihm erreicht werden. Hingegen sei die Monodie die einzig richtige Satzart, Textinhalte in Musik umzusetzen. Seine Theorien verwirklichte GALILEI in drei Kompositionen für die *Camerata*, u. a. schrieb er Klagelieder des Jeremias und des Ugolino (aus Dantes ›Divina Commedia‹), die seine Zuhörer stark beeindruckt haben (sie sind nicht erhalten). Als Madrigalist baute er auf C. DE RORE auf.

Emilio DE'CAVALIERI (ca. 1550–1602) war Schüler seines Vaters Mario de'Cavalieri, wandte sich bereits 1578 der Organisation von Musikveranstaltungen zu und wurde zehn Jahre später mediceischer Generalintendant. Hier kümmerte er sich um Bühnen- und Kostümwesen, komponierte aber auch Madrigale, Sologesänge und als bekanntestes Werk im Jahre 1600 die ›Rappresentazione di Anima e di Corpo‹. Auf ihn geht möglicherweise die Erfindung des *basso continuo* zurück, im *stile espressivo* schuf er Vorbildliches; die genannte *Rappresentazione* wirkte lange im Musikleben Roms nach.

Jacopo PERI (1561–1633) war Organist und vor allem Sänger; er studierte bei Cristofano Malvezzi (1547–1597) aus Lucca, der mit einigen Intermedien hervortrat, in denen der junge PERI (wahrscheinlich im Falsett, denn es handelte sich um Frauenrollen) als Sänger auftrat. PERI bekleidete unter dem Mediceer Ferdinando I. das Amt des Hofkapellmeisters, komponierte für ihn Intermedien und schuf zusammen mit dem Dichter Rinuccini um 1595 die erste (verlorengegangene) Oper ›Dafne‹, die im Hause Corsis aufgeführt wurde. Für die Hochzeit der Maria dei Medici mit Heinrich IV. von Frankreich im Jahre 1600 komponierte er die Oper ›Euridice‹. 1608 arbeitete er anläßlich der Vertonung von Rinuccinis ›Arianna‹ mit MONTEVERDI in Mantua zusammen, wobei er die Rezitative und MONTEVERDI die anderen Sätze komponierten; wie überhaupt PERI in seiner Zeit als Spezialist für das Rezitativ galt und immer wieder für Aufträge dieser Art herangezogen wurde. Daneben schrieb er aber auch Solomadrigale, die als Beginn vokaler Kammermusik angesehen werden. In der *Camerata* wurde er erst nach dem Umzug in Corsis Haus aktiv; seine Position hatte vor ihm CACCINI inne.

Giulio CACCINI (ca. 1550–1618) erhielt als Kind Unterricht in Gesang, Harfe und Laute bei dem der Johanna v. Aragon attachierten Hofmusiker Scipione della Palma. In Florenz und Paris traten CACCINI und seine Frau (später auch seine Töchter) als Gesangsvirtuosen auf. Ferner wirkte er bei Intermedien-Aufführungen als Harfenist mit. Er schrieb neben einer ›Euridice‹ (Florenz 1600) eine Sammlung ›Le Nuove Musiche‹ (Florenz 1602), die sich auch als Gesangsschule eignet, sowie zahlreiche Arien, Duette und Kanzonetten in weiteren Sammlungen. Gegenüber PERI ist sein Kompositionsstil reicher, er enthält Gesangsverzierungen. Seine Behauptung, den stile recitativo erfunden zu haben, wurde bereits von seinen Zeitgenossen zurückgewiesen.

Von dem Florentiner Komponisten Piero STROZZI (ca. 1550–?) sind zwar kaum Lebensdaten überliefert. Doch da ihn GALILEI in seinem ›Dialogo‹ zum einzigen Gesprächspartner BARDIS machte, scheint er anfangs der führende Musiker der *Camerata* gewesen zu sein. Er komponierte 1595 RINUCCINIS ›La mascherata delle accettati‹, beteiligte sich an den Festmadrigalen für die Hochzeit von Francesco dei Medici mit Bianca Cappello (Florenz 1579), schrieb aber ansonsten hauptsächlich Madrigale, für die er Gedichte von Rucellai und Petrarca heranzog. 1600 beteiligte er sich zusammen mit CACCINI an der Komposition des Riesenspektakels ›Il Rapimento di Cefalo‹ mit 75 Mitwirkenden.

Der florentinische Adlige Ottavio RINUCCINI (1562–1621) zeigte schon frühzeitig literarische Neigungen. Bereits mit 17 Jahren lieferte er eine mascherata für die zweite Vermählung von Francesco dei Medici; eine Gattung, in der allegorische und mythologische Szenen, Mimik und Tanz vor einer reichen Dekoration meist von Angehörigen des Hofes aufgeführt wurden. Der mascherata blieb RINUCCINI zeitlebens treu. Er schuf aber auch die ersten Operntexte wie die ›Favola di Dafne‹ (Florenz 1594, 1597) und die ›Euridice‹ (Florenz 1600), bekleidete im Gefolge der Maria dei Medici die Position eines Kammerherrn am Hof zu Paris und arbeitete 1608 in Mantua mit MONTEVERDI zusammen (›L'Arianna in Compendio delle sontuose Feste fatto l'anno MDCVIII …‹). Zusätzlich schrieb er in größerem Umfang höfisch getönte Lyrik. Seine Bedeutung für die Operngeschichte ergibt sich aus der von ihm vorgenommenen Weiterentwicklung der *favola pastorale* Tassos und Guarinis und ihrer Verschränkung mit den Inhalten der Intermedien. Mit der ›Arianna‹ von 1608, die er selbst eine *tragedia* nannte, verließ er die lyrisch-idyllische Grundhaltung der arkadischen Dichtung und begründete das Musikdrama.

Girolamo MEI (1519–1594) studierte an der Universität Florenz bei Piero Vettori Philosophie und alte Sprachen. Er assistierte seinem Lehrer bei einer kommentierten Ausgabe der Tragödien von Aischylos und Euripides sowie von Schriften von Aristoteles und Ptolemaios. Ab 1559 diente er dem Kardinal da Montepulciano in Rom, trieb aber nebenher Studien über Aristoteles und verfaßte Gedichte und Tragödien im Stil der griechischen Antike. Ab 1561 begann er die griechische Musiktheorie und Musikgeschichte zu durchforschen, woraus seine wichtigste Publikation ›De modis musicis antiquorum‹ (Rom 1566–1573) hervorging, in der er die Unterschiede zwischen den antiken und den mittelalterlichen Tonarten herausarbeitete. In einem nur zum Teil erhaltenen Briefwechsel mit Vincenzo GALILEI bezeichnete er die nach seiner Ansicht im antiken Griechenland vorherrschende Monodie als allein geeignet, emotionale Wirkungen hervorzurufen, und verurteilte die Polyphonie seiner Zeitgenossen.[113]

Jacopo CORSI (?–1604), gleichfalls einer Florentiner Patrizierfamilie entstammend, führte ein äußerst gastfreundliches Haus für Künstler. Er scheint eine musikalische Ausbildung absolviert zu haben, denn er war an der Komposition der ›Dafne‹ beteiligt und dürfte in ihrer Uraufführung den Cembalopart wahrgenommen haben.[116]

Eine geeignetere Personengruppe, ein besseres „Team" hätte für die Entwicklung der Oper gar nicht gefunden werden können. Die materielle Basis schufen die kunstverständigen Mäzene BARDI und CORSI. BARDI, GALILEI und MEI sicherten die theoretischen Grundlagen ab, CAVALIERI übernahm Organisation, Regie, Bühnenbild und Kostüm, RINUCCINI schrieb den libretto, PERI und CACCINI den Hauptanteil der Musik, wobei sie auf das künstlerische Programm STROZZIS aufbauen konnten. Doch darf nicht übersehen werden, daß die Ziele der *Camerata* vorerst in einer ganz anderen Richtung lagen. Ihr ging es in erster Linie um die Wiederbelebung der antiken griechischen Musik, von der sie sich eine ethische Wirkung auf die Zeitgenossen erhoffte, sich dabei laufend auf die ›Politeia‹ Platons berufend. Diese moralisierende Haltung der *Camerata* entsprach dem Zeitgeist: Bereits 1563 hatte das Konzil zu Trient den Beschluß gefaßt, in der Kirchenmusik wieder dem Wort (und damit den Glaubensinhalten) den Vorrang vor der Musik einzuräumen; die zeitgenössische Literaturkritik erteilte dem Hedonismus der Hochrenaissance eine scharfe Abfuhr. Die antike griechische Musik erschien den Mitgliedern der *Camerata* als einfach und rein, ihre Wiederbelebung bedeutete für sie eine Rückkehr zum Gesunden, zum Natürlichen. Die diesbezüglichen Ausführungen wirken heute wie ein Vorgriff auf Winckelmann, inklusive der damit verbundenen Irrtümer, was nicht verwunderlich ist; denn der *Camerata* war die antike griechische Musik völlig unbekannt. MEI hatte das Glück, zwei Hymnen des spätantiken Dichters Mesomedes (ca. 150 n. Chr.) aufzufinden, alles weitere mußte aus den Schriften von Platon, Aristoteles, Ptolemaios und Plutarch gefolgert werden. Daß hierbei die Auslegungen subjektiv ausfielen und vom Standpunkt der ausgehenden Renaissance geprägt waren, versteht sich von selbst; authentisch waren nur das antike Tonartensystem, die Bevorzugung der Melodie und das Streben nach rhythmischem Gleichklang mit der Sprache. Alles andere blieb Spekulation und wird es zum Teil immer bleiben müssen.[43]

Aber noch ein weiteres Kriterium antiker Musikpflege war authentisch überliefert: die Einbeziehung der Musik in die griechische Theaterpraxis. Vorausgegangen war ihr als wichtige Vorstufe die Chorlyrik der Alkman, Bacchylides und Pindar (7. bis 5. Jh. v. Chr.); es handelte sich dabei um Lieder zu verschiedenen Anlässen, die zur Kithara und zum Aulos gesungen wurden. Formal folgten sie meist dem Schema Strophe – Antistrophe – Epodos, einem frühen Vorläufer der Barform, die in R. Wagners Bühnenwerken große Bedeutung erlangen sollte. In der älteren Tragödie des Aischylos sang der Chor in der Orchestra die betrachtenden Texte, wozu er sich rhythmisch bewegte. Die Solisten traten allenfalls mit dem Chor in einen Wechselgesang (Kommos) oder rezitierten zur Begleitung des Aulos nach Art des Melodrams. Erst bei Euripides gab es Sologesänge in der Tragödie: Vorläufer der Arie und des Duetts, die unterschiedlich geformt waren. Aristophanes straffte schließlich die musikalischen Formen und fügte als Novität die Parabase in seine Komödien ein; es handelte sich um eine Art musikalischen Intermezzo, in dem der Chor sang und dazwischen die Solisten zum Aulos rezitierten oder ebenfalls sangen.

Es wäre nun für die *Camerata* sehr naheliegend gewesen, mit Hilfe ihres gerade auf diesem Gebiet durch seine herausgeberische Mitarbeit besonders beschlagenen Mitglieds MEI eine der Tragödien von Aischylos oder Euripides nach ihren Vorstellungen mit Musik zu versehen und zur Aufführung zu bringen. Dies unterblieb, statt dessen knüpfte die *Camerata* an Tassos ›Aminta‹ von 1573 an, mit der die arkadische Dichtung für das Theater einsetzte. Damit war ein Vorbild geschaffen, dessen Wirksamkeit sich weit ins 17. Jahrhundert und sogar (in Einzelfällen) bis ins 20. Jahrhundert erstrecken sollte.

Trotzdem muß MEIS Wissen um das antike Theater auf die *Camerata* eingewirkt haben, denn die Verteilung des Textes in der frühen Oper hob sich von Anfang an deutlich von der im Sprechtheater ab: Der Monolog ist viel stärker vertreten, es gibt den kleinteiligen Wechsel zwischen Solo- und Chorgesang als zeitgebundene Nachstellung des Kommos, der Chor spielt generell eine bedeutende Rolle. Bei den meisten Ensembles handelt es sich um Duette, die Parabase konnte über die schon früher entwickelten Intermedien[102] einbezogen werden. Der schlagende Beweis für den Einfluß des antiken Theaters ist aber das Rezitativ, wenngleich seine Entstehung auf grobe Irrtümer zurückzuführen ist; es sollte zum kurzlebigsten Bestandteil der Oper werden. So hat also das antike Theater letztlich doch auf die Oper eingewirkt, jedoch mehr auf seine Form als auf seinen Inhalt.

2. FLORENZ, BOLOGNA UND MANTUA

Die erste Oper der Musikgeschichte, die ›Dafne‹ von J. PERI und O. RINUCCINI, ist bekanntlich nur bruchstückhaft überliefert. Anders die ›Musiche sopra L'Euridice‹ der gleichen Autoren (CACCINI hat auch daran mitgearbeitet), die anläßlich der Hochzeit der Maria dei Medici mit Heinrich dem IV. von Frankreich am 6. Oktober 1600 im Palazzo Pitti in Florenz zur Aufführung gelangten. Sie liegen vollständig im Druck der Offizin Marescotti vor; im Vorwort wird über die *Camerata* und die ›Dafne‹ berichtet.[116] PERIS ›Euridice‹ ist nicht in Akte unterteilt; die Oper scheint ohne Unterbrechung aufgeführt worden zu sein. Sie besteht aus Rezitativen, Arien und Chören, wobei die Rezitative bei weitem überwiegen. Bis auf kurze Vor- oder Zwischenspiele (ritornelli) sind die Instrumente nur begleitend eingesetzt, wobei als Grundlage ein bezifferter Baß dient, über den ein kleines Ensemble (Cembalo, Laute, Chitaronne, Streicher, Flöten) improvisiert hat, wozu der Herausgeber Duffloq treffend anmerkt: mit zahlreichen Verzierungen, wie sie die Schulen der Zeit darstellen. Die Oper eröffnet ein Prolog der Tragedia. Es handelt sich um ein Gedicht von 7 Strophen à 4 Zeilen nach dem Reimschema a b b a. Der Textinhalt (die Wiedererweckung der antiken Tragödie wird angekündigt) ist eindeutig an die Zuschauer gerichtet. Nur die erste Strophe ist mit einem elftaktigen Satz (Singstimme/bezifferter Baß) vertont, in den im letzten Takt ein viertaktiger ritornello einsetzt, der gleichfalls in zwei Stimmen notiert ist. Die anderen Strophen müssen von der Sängerin selbst unterlegt und angepaßt werden. Außer dem textbedingten siebenmaligen Ablauf weist der Prolog keine formale Gliederung auf; innerhalb der elftaktigen Strophe gibt es lediglich Zäsuren an den Zeilenenden, wobei die letzten beiden Silben in charakteristischer Weise gedehnt werden, was der in Sekund-, Terz- und Quartschritten sich gemessen bewegenden Melodielinie einen hymnisch-nachdrücklichen Charakter verleiht.

Das anschließende Rezitativ zwischen einem Hirten und einer Nymphe ist in kleineren Notenwerten notiert; der Duktus der Singstimme ist beweglicher, lebhafter als im Prolog, er zeigt bei passenden Textstellen sogar kurze Koloraturen oder tänzerisch rhythmisierte Einsprengsel. Die Grenzen zwischen Rezitativ und Arie sind fließend. G. B. DONI hat in seinem 35 Jahre später geschriebenen ›Compendio‹[47] im nachhinein zwischen einem stile recitativo, einem stile rappresentativo und einem stile narrativo unterschieden. Dem ersteren würde der Prolog der Tragedia entsprechen, der zweite steht für gesteigerten Ausdruck, während der dritte die schlichteste Art verkörpert: In ihm sollen Erzählungen von Hergängen oder Botschaften gehalten sein. Die hier vorgenommene Klassifizierung ist etwas akademisch, besonders im Hinblick auf die noch unbestimmte Haltung der Gattungen in der frühen Oper; die Nomenklatur spielte im begleitenden Schrifttum jedoch eine große Rolle.

Nach Rezitativen entspinnt sich zwischen dem Hirten, einer weiteren Person und dem Chor ein kurzer Wechselgesang über die Worte «Non vede un simil par d'amanti il Sole», womit ein winziges Ensemble entsteht. Danach geht es erneut mit Rezitativen weiter. Eine weitere Form entsteht durch den Chorrefrain: Zwei Nymphen und der Hirte singen abwechselnd arios gehaltene Variationen über einem feststehenden Baß («Selvaggia Diva»), der Chor fällt zwischen diesen Teilen ein. Es entsteht die rondoartige Folge

Chor – Nymphe I – Chor – Hirt – Chor – Nymphe II – Chor
a   b   a   b1   a   b2   a

Der Auftritt des Tirsi ist der erste als *Aria* bezeichnete Satz der Oper. Der Text (›Nel pur ador‹) besteht aus drei Strophen; zwischen die zweite und die dritte schiebt sich ein längeres Rezitativ. Eine achttaktige *Zinfonia* einer Dreifachflöte im Dreiertakt eröffnet, danach folgen acht Takte Gesang im Zweiertakt, einmal kurz von der Flöte unterbrochen; ein fünftaktiger ritornello beschließt.

Nach weiteren Rezitativen tritt erneut ein Abschnitt mit Chorrefrain ein («Quel bel volt'almo»), der gegenüber dem oben beschriebenen Teil eine formale Steigerung darstellt: Vier Strophen der Nymphe (a), ein weiterer Soloabschnitt (c) sowie ein Terzett der beiden Nymphen mit dem Hirten (d) werden mit einem Chorsatz (b) verschränkt. Es entsteht die Reihung a b a b a b a b c b d b. Anders verhält es sich in der Inferno-Szene: Der dreistrophigen *Aria* des Radamante (›Or di soave plettro‹) stehen zwei Unterweltchöre, von tiefen Stimmen ausgeführt, gegenüber (a b). Folgt man den Anweisungen PERIS, so entsteht a b c a c a b c ^a_b; die beiden in unterschiedlichen Tonarten stehenden Unterweltchöre sollen am Schluß sogar zugleich gesungen werden («e cori insieme») – ein wahrlich „infernalisches" Klangbild. Die Oper schließt mit einem umfangreichen Chor-Finale, in dem Sätze zu drei und fünf Stimmen abwechseln; letztere werden zugleich getanzt.

Die hier beschriebenen Arien und gemischt besetzten Abschnitte sind natürlich nicht Arien und Ensembles im modernen Sinne: Bei den arie gibt es nur strophische Formen, den anderen Teilen fehlt der kontrastreiche Dialog zwischen den Protagonisten und der handlungsfördernde Zug. Auch ist die Frage bezüglich der Begleitung (ihre Differenzierung gegenüber den Rezitativen) offen. Die einfachste Form ist wohl die Aneinanderreihung gleicher Teile a a a a im Prolog der Tragedia. Interessanter und mehr in die Zukunft weisend muß der Abschnitt ›Selvaggia Diva‹ eingeschätzt werden, der auf spätere Finalbildungen, etwa auf den vaudeville des opéra comique hinweist. Im nächsten hier dargestellten Abschnitt wird diese Form noch zusätzlich mit der Variationspraxis der alten aria kombiniert.

Insgesamt gewinnt man den Eindruck einer wesentlich größeren Einheitlichkeit, als dies bei der späteren Oper der Fall ist: Weder die Gesangsstimmen noch die Begleitung erlauben eine scharfe Trennung zwischen dem Rezitativ und allen anderen vorkommenden Äußerungsformen der Solisten. Doch in einem gewichtigen Punkt lassen sich Unterschiede feststellen: Die arie weisen bereits Ansätze von Taktgewichtsfolgen (Wechsel zwischen leichten und schweren Takten und umgekehrt) auf; der zu vertonende Text wird gedehnt oder gerafft, so daß die betonten Silben der hervorzuhebenden Textworte im Zweitaktabstand auf die 1. Note im Takt zu stehen kommen. Dies gibt es im Rezitativ, obwohl es auf madrigaleske Art in einer frei gehandhabten gebundenen Sprache abgefaßt ist, nicht. Die in den arie streckenweise begegnende Taktmetrik zeigt erneut, wie stark sich von Anbeginn an die Musik gegenüber der von der *Camerata* apodiktisch geforderten Textpriorität zu behaupten wußte.[37]

Die ›Dramatodia overo Canti rappresentativi sopra L'Aurora ingannata‹[16] des Bologneser Kirchenmusikers Girolamo GIACOBBI (ca. 1567–1629) wurde 1608 im Hause eines M. Zoppio aufgeführt. Dieses Haus war zugleich Sitz der *Accademia dei Gelati*, in der ebenfalls über Musik und antikes Theater disputiert wurde. GIACOBBIS ›Dramatodia‹ war von der Funktion her als Intermedium gedacht. Sie wurde in Abschnitten zwischen den Akten des *Filarmindo* von R. Campeggi dei conti di Foggia gegeben, der auch der Librettist der *Aurora Ingannata* war; dadurch ist das Werk in vier Intermedien unterteilt.

Im 1. und im 3. Intermedium sind drei Ensembles der Venus mit den Grazien enthalten. Es handelt sich um homophone Damen-Soloquartette von neun bis elf Takten Länge mit jeweils zwei Strophen. Das 2. Intermedium eröffnet ein ganz ähnliches Sätzchen des Jägerchors mit Cefalo, in dem der Held die 2. Stimme mitsingt. Am Ende steht ein terzetto der Grazien. Im 3. Intermedium findet sich ein origineller duetto von Sonno e Morfeo (Traum und Schlaf), gleichfalls Note unter Note gesetzt. Am Beginn des 4. Intermediums steht eine *Aria* des Cefalo (›Monti ò colli‹) mit vier Strophen und einem viertaktigen ritornello. Das abschließende Rezitativ des Sonno («Tanti l'attesi») ist so ausdrucksvoll, daß es zumindest als arioso eingestuft werden muß. Ferner gibt es in diesem Akt eine vierstrophige *aria* der Procris mit ritornello («Ohimè che veggio») sowie einen beeindruckenden Schlußgesang des Cefalo («Perché fuggir»), der den Rezitativ-Charakter weit hinter sich läßt.

Gegenüber PERIS ›Euridice‹ zeigt GIACOBBIS Werk eine größere Zahl von geformten Sätzen, deren Binnenstruktur jedoch primitiver ist. Hingegen ist das Rezitativ biegsamer und reicher an Wechselreden; längere Monologe werden nur der Titelfigur zu Beginn des 1. und in der Mitte des 3. Intermediums zugestanden. Die Arien sind an das Publikum gerichtet, sie und die anderen besprochenen Sätze enthalten keine handlungsfördernden Elemente.

[Musical notation with lyrics:]

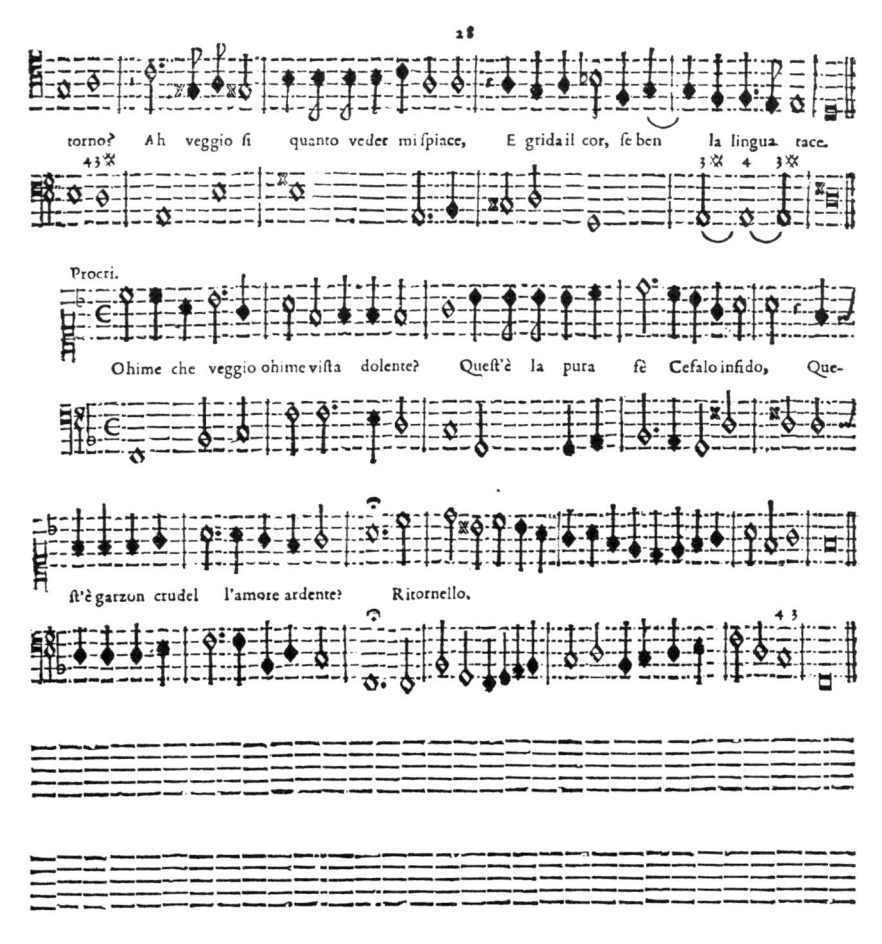

torno? Ah veggio fi quanto veder mi spiace, E grida il cor, se ben la lingua tace.

Procri.

Ohime che veggio ohime vista dolente? Quest'è la pura fè Cefalo infido, Que-

st'è garzon crudel l'amore ardente? Ritornello.

2 O già del mio sperar ricetto, e nido,
   Così tradirmi? hor io l'immenso amore,
   Che per te m'arse il cor sueno ed ancido.
3 Queste lagrime mie, cui verso fuore,
   Sono il sangue di lui, perche nel seno
   Cadendo estingua il mal gradito ardore.

4 Deh perche il pianto, ohime, non è veneno,
   Che beuendolo hor hor mi fora grato,
   Col mio morir farti contento à pieno
   Cefalo traditor, Cefalo ingrato.

Strophen-Aria der Procri mit ritornello am Strophenende. Aus: G. Giacobbi, *L'Aurora ingannata*, Dramatodia, Bologna 1608. Druck: G. Vincenti, Venedig 1608.

Von Bedeutung ist noch ein recht leidenschaftlich gehaltenes Rezitativ («Fugi Garzon feroce») der Aurora gegen Ende des 2. Intermediums, bei dem die Zeilenenden, auf originelle Weise verkürzt, von einem Echo wiederholt werden.

Die dritte frühe Oper, die hier besprochen werden soll, ist die Favola in Musica ›L'Orfeo‹ von Claudio MONTEVERDI (1576–1643), deren Text A. Striggio verfaßt hat. Das Werk wurde vermutlich am 24. Feburar 1607 in der *Accademia degl'Invaghiti* in Mantua uraufgeführt und in der Folgezeit wiederholt. Wie bei RINUCCINI ist auch hier die Sage um den antiken Sänger ins Hirtenmilieu verlegt.

Mit MONTEVERDI hatte sich erstmals ein Großmeister der neuen Gattung Oper angenommen; bereits in seinem Erstling ist eine musikalische Aussagekraft feststellbar, die die Opern PERIS und GIACOBBIS dagegen wie Ingenieurkunst wirken läßt, obwohl in der Charakterisierung der einzelnen Personen und in der Gestaltung des dramatischen Flusses Wünsche offenbleiben. Es ist also nur zu verständlich, wenn die ältere Musikgeschichtsschreibung die Entwicklung der Oper erst mit MONTEVERDIS ›Orfeo‹ einsetzen lassen wollte. Dabei trat MONTEVERDI in diesem Werk nicht ausschließlich als Neuerer auf. Der rezitativische Stil ist von der *Camerata* übernommen, er verwendete die variierten Strophen des aria-Prinzips, sein mit rund 40 Instrumenten ausgestattetes Orchester ist ganz von den Besetzungen der Hofkapellen der Spätrenaissance geprägt, die Chöre zeigen madrigaleske Züge. Die Oper ist nach Art eines Particells auf wenigen Systemen notiert, über die Instrumentation geben meist nur verbale Hinweise Auskunft. Allerdings werden die Klangfarben bereits zur Charakterisierung von Ober- und Unterwelt herangezogen. Die Neuerungen, die MONTEVERDI im Vergleich zu seinen Vorläufern zu bieten hatte, betreffen in erster Linie seine ausdrucksvolle, gebärdenreiche Melodiegestaltung und eine kühne Harmonik, die ganz in den Dienst des Textinhalts gestellt ist – selbst schärfste Dissonanzen werden aufgeboten. Doch diese Mittel verwendete der Komponist in gleicher Weise in Rezitativ und Arie; die Trennung zwischen beiden Satzarten wird dadurch erschwert.

Die Oper eröffnet eine Toccata der Blechbläser, der Prolog wird von der allegorischen Figur der Musica gesungen («Per mio Permesso amato»). Der ritornello (a) ist acht Takte lang, jede Strophe (b) ist vom Komponisten neu vertont und leicht variiert. Es entsteht die Form a b a1 b1 a1 b2 a1 b3 a1 b4 a, wobei die a-ritornelli in d-Moll und die a1-ritornelli in a-Moll einsetzen.

Am Anfang des I. Aktes singt der Pastore 2^{ndo} zwar einen Monolog rezitativischen Charakters, wie die zahlreichen Tonwiederholungen und die statische Harmonik zeigen, doch in einer Dacapo-Form a b a («In questo lieto e fortunato giorno»). Während der erste Chor der Ninfe e Pastori («Vieni, Imeneo») ganz homophon gehalten ist, zeigt der nächste («Lasciate i monti») imitatorische Stimmeinsätze. Die zusätzliche Bezeichnung *Balletto* belegt, daß der Chor auch getanzt wurde. Der erste Auftritt des Orfeo («Rosa del ciel») ist zwar von der Anlage her ein Rezitativ, doch immer wieder mit ariosen Abschnitten durchsetzt. Ähnlich gestaltet sich auch der Auftritt der Euridice («Io non dirò»). Die beiden oben genannten Chöre werden anschließend in umgekehrter Reihenfolge wiederholt. Nach einem ritornello von 16 Takten (a) folgt ein zweistimmiger Chor der Hirten (b), der bis auf wenige Imitationen meist in Terzen gesetzt ist («Alcun non sia»). Der ritornello wird wiederholt, und es folgt nun ein dreistimmiger Chor der Hirten, dem der Baß des zweistimmigen Chors zugrunde liegt (b1). Erneut tritt der ritornello ein und danach eine weitere Variation von b, nun wieder zweistimmig; ein fünfstimmiger Chor beschließt (a b a b1 a b2 c). Das Aria-Prinzip findet hier also auf den Chor Anwendung.

Auch der II. Akt enthält derartige Gebilde, zuerst vom Pastore 1° ausgeführt («Mira, ch'a sé»), danach von Orfeo («Vi ricorda, o boschi ombrosi»). Die *Aria* des Orfeo steht in einem lebhaften homophonen Satz, der tänzerisch beschwingt ist, was durch den ständigen Wechsel zwischen $3/4$- und $6/8$-Takt bewirkt wird. Das anschließende Rezitativ des Pastore 1° («Mira deh Orfeo») könnte man mit E. Wellesz als „Solomadrigal" bezeichnen; es wird nur eine vierzeilige Strophe vertont.[148] Der Monolog der Messagera, die den Tod der Euridice vermeldet, und die Klage des Orfeo («Tu se' morta») sind Rezitative, wenngleich Melodiegestaltung und Harmonik stärksten Ausdruck erzeugen. Beim nächsten Rezitativ der Messagera («Ma io, che in quest' lingua») läßt sich eine Verdichtung des Satzes zum Ende hin feststellen, die Arien-Charakter entstehen läßt; ein bei MONTEVERDI häufiger auftretendes Modell. Nach einer *Sinfonia*, in deren Anfangstakten die auseinandergehenden Außenstimmen des vorangegangenen Messagera-Monologs gleichsam wieder zusammengeführt werden, gibt es erneut einen zweistimmigen Hirtenchor mit vereinzelten Imitationen.

Ein von der Messagera anfangs eingeführtes Motto («Ahi, caso acerbo»), das später von einem Hirten und vom Chor aufgegriffen wird, bildet eine Art Rahmen für die zahlreichen dazwischenliegenden Einsätze der verschiedenen Personen. Dadurch entsteht der Eindruck einer lose gefügten großen Einheit unter dem genannten Motto; sie kann als Ensemble-Vorläufer angesehen werden.

Das Kernstück des III. Aktes, der in der Unterwelt spielt, bildet die Bravour-Arie des Orfeo «Possente Spirito». Die zusätzlich von MONTEVERDI notierten Auszierungen des Sängers und die Einwürfe der Instrumente bilden ein wertvolles Zeugnis für die Musikpraxis am Beginn des 17. Jahrhunderts. Hinzuweisen ist auf den Umstand, daß in dieser Zeit die Bezwingung des Fährmanns Charon nicht durch erhöhten Ausdruck im Gesang, sondern durch höchste Virtuosität gedacht werden konnte – auch von MONTEVERDI. Wieder gibt es dazwischengestellte ritornelli, vom Komponisten als *Intermedien* bezeichnet, die Strophen erweisen sich als stark variiert. Auch im IV. Akt singt Orfeo eine

Strophen-Arie («Quale onor»), am Beginn des Akts ist ihm ein Rezitativ anvertraut («Questi i campi di Tracia»), das zu den umfangreichsten in der Opernliteratur zählt und mehrmals arios vertieft wird. Hinzu kommen Echo-Effekte, wie sie schon bei Giaccobbi beschrieben wurden. Vor dem Schluß begegnet ein bewegungsreicher duetto von Apollo und Orfeo («Saliam, cantand' al Cielo»), in dem die beiden Sänger in notierten Koloraturen fröhlich miteinander wetteifern – eine der fidelsten Himmelfahrten der Operngeschichte. Ein Chor der Ninfe e Pastori, zwei ritornelli und die berühmte *Moresca* als mögliches Sinnbild für den von der Sage überlieferten tragischen Ausgang der Handlung beschließen die Oper. Auffällig an MONTEVERDIS *Orfeo* ist die geringe Zahl geschlossener Formen im größeren Maßstab; Ensemble-Vorläufer sind die Ausnahme. Bewegung kommt hauptsächlich durch die getanzten Chorsätze auf die Bühne. Handlungsfördernd ist ausschließlich das Rezitativ, das aber im Vergleich zu PERI und GIACOBBI viel ausdrucksintensiver ist. Besonders hervorzuheben ist die detailreiche Ausarbeitung der strophischen Formen und der Textbehandlung; die Metrik der Sprache schlägt sich nicht nur in den rhythmischen Verhältnissen der Noten zueinander, sondern auch in deren Postierung im Takt nieder. Selbst die Intervallgrößen und ihre Richtungnahme dienen der Verdeutlichung der Sprachmetrik.

3. ROM

Die römische Opernpflege setzte im Jahre 1600 mit der ›Rappresentazione di Anima e di Corpo‹ des hier schon erwähnten Emilio de' CAVALIERI ein, die im Oratorio della Vallicella ihre erste Aufführung fand.[66,131] Es ist bezeichnend, daß dieses Werk in der Musikgeschichte auch als erstes Oratorium genannt wird. Tatsächlich handelt es sich um eine sacra rappresentazione, wie sie schon früher in Florenz gepflegt wurde. Der religiöse Inhalt erlegte in Ausdruck und Ausstattung zu dieser Zeit noch ein gewisses Maß an Zurückhaltung auf, so daß das Werk in seiner dramatischen Haltung und in seinen Mitteln der Darstellung durch die Musik kaum über die Florentiner hinausgeht. Das Stück setzt sich aus kurzen Abschnitten von Sologesängen und mehrstimmigen Teilen zusammen, die in sich übersichtlich geformt sind: Der leicht kolorierte Gesang der Anima beata «Eterno regno» oder das tänzerische Sätzchen «Nel ciel' è primavera» des Intelletto zeigen die Form a a b. Auffällig ist ein volkstümlicher Tonfall in der Melodie der Sologesänge; die Chöre sind ganz homophon gehalten.

Sechs Jahre nach CAVALIERIS Werk erklang im Seminario Romano das Schuldrama ›Eumelio‹ des Senesen Agostino AZZARI (1578–1640). Der Kapellmeister am Collegium Germanicum gestaltete die Gesangspartien in den Rezitativen schlicht und liedhaft; die Chöre der Laster und der Hirten wurden bis zur Achtstimmigkeit geführt. In den geschlossenen Solosätzen folgte er dem aria-Prinzip und notierte Variationen von virtuosem Anspruch.

Noch blasser ist die von dem Florentiner Filippo VITALI[27] (um 1590–1653) in 44 Tagen komponierte Pastorale ›L'Aretusa‹ ausgefallen, die im Hause der Corsini 1620 aufgeführt wurde. VITALI ging darin kaum über PERI hinaus. Doch war dieses Werk die erste Oper weltlichen Inhalts, die die Römer zu hören bekamen.

Hier bedeutete das Auftreten von Domenico MAZZOCCHI (1592–1665) einen gewaltigen Umschwung. Der komponierende Priester bekannte sich in den Vorworten zu seinen ›Dialoghi e Sonetti‹ und ›Madrigali a 5 vocum ed altri Concerti‹ (beide Rom 1638) offen zum kontrapunktischen Kompositonsstil vor der *Camerata Fiorentina*. In der Vorrede zu seiner Oper ›La Catena d'Adone‹ (1626) verspottete er den «tedio» (= Langeweile) «del recitativo» und kündigte zahlreiche *mezz'arie* als Gegenmittel an, womit er eine ins Ariose umschlagende Gestaltung der Gesangspartie im Rezitativ meinte.[125] Mit der Einführung von Bezeichnungen für Tempo und Dynamik erwies er sich als Pionier. Wenn auch MAZZOCCHIS Chöre durchwegs handlungshemmenden Charakter haben, so sind sie doch durch imitatorische Stimmeinsätze belebt. Der Chor der Zyklopen «Le saette Sovr' i rei» etwa stellt das Hämmern in der Schmiede dar (Form a b a), die Chöre der Nymphen und Hirten tragen teilweise die Zusatzbezeichnung *ballo*. In den Rezitativen verkleinern sich die Notenwerte, es wird auf zügige Deklamation geachtet; eine Tendenz, die durch chromatische Folgen noch angeheizt wird. Dagegen fließen die Arien ruhig dahin, ihr Melos ist schlicht und übersichtlich gehalten. Sie sind in der Regel zweiteilig (a b): *Aria* des Adonis (›Dunque piagge ridenti‹), *Aria* der Falsirena (›Rida L'auretta‹); bei passenden Worten («fiori») und an den Schlüssen der meist sehr kurzen Sätze stehen Koloraturen. Eine Spezialität MAZZOCCHIS sind Inhaltszusammenfassungen am Ende eines Rezitativs, die arios vertont werden. In der Terminisierung der Oper wurden solche Abschnitte als *cavata* bezeichnet. MAZZOCCHI selbst nannte sie (s. oben) mezz'arie. Nicht unbedingt zur römischen Oper gehörend, aber doch mit ihr in Zusammenhang stehend, ist die Ballettoper ›La Liberazione di Ruggiero dall'Isola d'Alcina‹ (Florenz 1626) von Francesca CACCINI[137] (1581 oder 1586–ca. 1640), Tochter des Giulio CACCINI. Mit ihr trat zum ersten Mal in der Operngeschichte eine Komponistin auf. Stilistisch den Vorstellungen ihres Vaters weitgehend verpflichtet, sind ihre Sätze schlicht und homophon gehalten. Formale Gliederungen in den Sologesängen entstehen durch Wiederholung kurzer Melodiepartikel über weiterlaufendem Text (*Aria* der Sirena ›Chi nel fior‹), die Koloraturen gestaltete Francesca CACCINI (sie wirkte vorwiegend als Sängerin) mit großem Einfühlungsvermögen für die Stimme. Entscheidend ist jedoch ihre Leistung, Anregungen aus Frankreich (Verschränkung von Oper und Ballett) nach Italien gebracht zu haben.

Hier muß kurz auf die Rolle der Fürstenfamilie Barbarini in der römischen Operngeschichte eingegangen werden. Sie stammte aus Ancona, zog nach Florenz und im letzten Drittel des 16. Jahrhunderts nach Rom. Ihr bedeutendstes Mitglied war der noch in Florenz geborene Don Maffeo Vincenzo (1568–1644), der ab 1623 als Urban VIII. das Pontifikat bekleidete; ein Mann der Wissenschaften und Künste sowie großer Förderer der neuen Gattung Oper. Die Barberinis stifteten den Teatro delle Quattro Fontane mit 3000 Sitzplätzen, der am 23. Februar 1632 mit S. LANDIS ›Sant'Alessio‹ festlich eröffnet wurde.

Den libretto schrieb der Monsignore G. Rospigliosi, der später als Clemens IX. auf den päpstlichen Stuhl gelangte. Der Reichtum der Barberinis gestattete es, für ihre Opernaufführungen die besten Bühnenbildner und Maschinisten zu verpflichten, wie etwa Jacopo Torello oder Gian Lorenzo Bernini. Damit wandelte sich die im Hirtenmilieu angesiedelte Florentiner Oper mit bescheidenem Requisit und lediglich angedeuteter Szenerie zum Ausstattungsstück, wie es für die römische Oper typisch werden sollte. Hand in Hand ging damit eine permanente Ad-spectatores-Haltung. Bereits 1641 setzte jedoch, bedingt durch den Krieg gegen den Herzog von Parma, ein Verfall ein;

das Vermögen der Barberini, die schließlich 1646 nach Frankreich fliehen mußten, verringerte sich drastisch. Erst ab 1653 leitete Don Maffeos Sohn Antonio eine kurze Nachblüte ein, die er aber als Bischof von Poitiers nur ungenügend beaufsichtigen konnte. Er starb 1661.

Wie schon erwähnt, wurde das Theater der Barberini mit dem ›Sant'Alessio‹ von Stefano LANDI (ca. 1590–ca. 1655) eröffnet.[95] Der in Rom geborene Komponist und Kleriker war als Kapellmeister in Padua und Rom tätig, bevor er als Kapellmitglied an St. Peter berufen wurde. Schon am 1. Juni 1619 war er mit der Tragicommedia pastorale in fünf Akten ›La Morte d'Orfeo‹ hervorgetreten, deren Text möglicherweise von ihm selbst stammt, womit er der erste Dichter-Komponist der Operngeschichte wäre. Im ›Orfeo‹ zeigt LANDI bereits eine große Meisterschaft in der Behandlung des Chores (dreistimmiger Chor der Westwinde «Mentre cantiam», achtstimmiger Chor der Hirten «Ecco dall'orizonte»), der nicht nur imitatorisch gesetzt, sondern auch mit Koloraturen in den einzelnen Stimmen ausgestattet ist. LANDIS Arien folgen dem aria-Prinzip (*Aria* des Orfeo «Gioite al mio natal»), die Strophen werden aber auch unverändert abgesungen (*Aria* des Fileno «Volge Orfeo gli occhi lagrimosi»). Bemerkenswert ist die Einbeziehung des tonus currens: Für eine Reihe von Silben wird wie im gregorianischen Choral nur ein Ton angegeben, dessen rhythmische Teilung dem Sänger überlassen bleibt. Ein Kabinettstück stellt die Szene zwischen Charon und Orfeo dar, in der der unheimliche Fährmann als komische Figur agiert, die über flauen Geschäftsgang klagt. Man könnte nun annehmen, daß es sich bei dem ›Sant'Alessio‹ aufgrund des damit verbundenen Handlungsvorwurfs um eine moralisierende sacra rappresentazione mit statischer Haltung handelt. Doch Rospigliosi verstand es, den Inhalt wirkungsvoll zu dramatisieren und aktuell zu machen; die handelnden Personen gehören nicht der Antike, sondern dem 17. Jahrhundert an und sind psychologisch treffend gezeichnet. Die Musik LANDIS steht dem libretto in nichts nach: Die Sinfonien vor dem Prolog und den Akten II und III gelten in der Operngeschichte als die ersten Operneinleitungen, die den Rang selbständiger Kunstwerke besitzen. Die Sinfonia zum II. Akt nimmt bereits die dreiteilige italienische overtura vorweg. Die Rezitative sind lebendig und ausdrucksvoll; sie gehen harmonisch über MONTEVERDI hinaus. Wechselreden erfolgen in kürzesten Abständen. Neben den meist strophisch gehaltenen Arien, die trotzdem große Ausdruckstiefe zeigen können (*Aria* des Alessio «O morte gradita»), treten kleinere Arietten mit ein oder zwei Stimmen auf, die feine Charakterisierungen enthalten (Spottlied der Pagen «Poco voglia di far bene») und einer volkstümlichen Melodik huldigen. Im Orchester beschränkt sich LANDI auf Streicher, Tasten- und Zupfinstrumente. Besonders gelungen sind die Chöre, in denen Rospigliosis zündende Texte in bewegungs- und abwechslungsreiche Sätze vertont werden, die sich zur Mehrchörigkeit erweitern.

Im Winter 1637 erfolgte die Aufführung des Dramma Musicale ›Erminia sul Giordano‹ von Michel Angelo ROSSI (um 1602–1656). Der aus Genua stammende Geigenvirtuose stellt darin Apoll auf dem Sonnenwagen die Violine spielend dar. Die Oper ist ganz auf Ausstattung und Maschineneffekte ausgerichtet, die kleinbesetzte Musik ROSSIS wirkt daneben geradezu bescheiden. Trotzdem entstehen eine Reihe reizvoller Abläufe: So werden im Prolog die Strophen der *Aria* des Jordan (in denen er die von ihm durchflossenen Gestade lobt) mit dem Rezitativ einer Najade verschränkt, danach singen vier Najaden mit Jordan ein beschwingtes Quintett. Die Arien sind meist zweiteilig, wobei die Teile unterschiedliche Taktarten aufweisen können (*Aria* der Armida «Il nemico attendo»). Wichtig sind zwei Chorsätze: ein Jägerchor mit Echowirkungen «Gia dispongono», in dem keine Hörner mitwirken; ferner ein Soldatenchor «All'armi!», in dem bereits Trompeten mitgewirkt haben dürften. Beide Sätze haben Schule gemacht.

Mit Loreto VITTORI (1604–1670) trat erstmals ein Kastrat als Opernkomponist auf.[122] Der päpstliche Kapellsänger wurde von seinen Zeitgenossen nicht nur als Gesangsvirtuose gefeiert, sondern auch wegen seiner einschmeichelnden Stimme und seines bezwingenden Ausdrucks gerühmt. Den libretto seines Dramma ›La Galatea‹ dürfte er selbst verfaßt haben. Daß der Sänger VITTORI den Vokalpartien seiner Oper alle Kunstfertigkeit widmete, versteht sich von selbst. Dies zeigen vor allem die strophischen Arien, in denen die syllabische Vertonung Ausnahme ist: Häufig kommen zwei Noten auf eine Silbe, die legato zu singen sind; über Worten wie «fugir» oder «laccio» (= Schlinge) stehen veranschaulichende Koloraturen. Die nachhaltigsten Wirkungen erzielte VITTORI aber in seinen Chören: Hirten besingen die Freuden des Fischfangs («Alla barca»), Tritonen vermelden ergreifend den Tod des Acis durch Polyphem («O mostro di fierezza»), worin der Chorsatz durch Stimmimitationen wie zerrissen erscheint; es folgt ein beeindruckender Klagechor («Lagrimiam, sospiriam»). Die Oper schließt mit einem verklärten Schlußgesang von Galatea, Proteus und Acis («Amorosi venticelli»).

Mit VITTORIS ›La Galatea‹ ging die Pastoraloper ihrem Ende entgegen. An ihre Stelle trat die opera buffa, deren Vater G. Rospigliosi (1600–1669), hier schon als Librettist von LANDIS ›Sant'Alessio‹ bekannt, wurde. Rospigliosi wird man nicht unbedingt als großen Dichter einschätzen. Seine Stärke lag jedoch in der Beobachtung seiner Mitmenschen; vor allem die Diener, Bauern, Handwerker etc. hatten es ihm angetan, deren Verhaltensweisen und Sprachausdruck er bis in Dialektfärbungen authentisch wiederzugeben wußte. Dies bedeutete aber auch erhöhte Ansprüche an die Darstellungskunst der Opernkomponisten; Rospigliosis Beobachtungskunst wurde zu einem wichtigen Motor der Opernkomposition.

Den bahnbrechenden libretto des Kardinals bildete die Commedia ›Chi soffre, speri‹. Er wurde von den Komponisten Virgilio MAZZOCCHI und Marco MARAZZOLI vertont.[124] Die Aufführung fand im Jahre 1639 statt. Virgilio MAZZOCCHI (1597–1646) wirkte als Kapellmeister an der Gesù, später am Lateran und schließlich am Petersdom. In seinen geistlichen Werken leitete er mit vielchörigen Anlagen den Hochbarock ein. Gerühmt wurden die raffinierten Klangeffekte, die er durch Verteilung der Chöre im Petersdom bis hinauf zur Galerie des Kuppeltambours bewirkte. Marco MARAZZOLI (um 1619 in Parma–1662) war ab 1637 Tenor in der päpstlichen Kapelle, trat aber auch als Harfenist und Komponist auf. In ›Chi soffre, speri‹ komponierte er die Kirchweih-Szene. Er war an der Entwicklung des recitativo semplice maßgeblich beteiligt; zusammen mit ABBATINI (s. unten) führte er das Ensemble-Finale ein. Der libretto Rospigliosis bot dem Komponisten zahlreiche Möglichkeiten zur Entfaltung: Liebes- und Eifersuchtsszenen, pralles Jahrmarkttreiben, komische Diener verbreiten sich über Tafelfreuden, eine Dame verkleidet sich als Mann, um dem Geliebten näher sein zu können, wird daraufhin prompt von einer anderen Dame geliebt, ein wundertätiger Edelstein weckt Tote, ein Schatz wird gefunden. Selbst die Sprengung eines Gebäudes auf offener Bühne fehlt nicht. Ein Teil des libretto ist in italienischen Dialekten abgefaßt. Musikalisch stellt die größte Errungenschaft der rasche, dramatisch gespannte recitativo semplice dar. Die Begleitung wird auf ein Tasteninstrument und ein Streichinstrument reduziert, um sie beweglicher und anpassungsfähiger zu machen. Die Singstimme eilt in kleinen Notenwerten lebhaft pointiert dahin (Corietto/Zanni «Zanni, Diavol'è»). Das Jahrmarkttreiben ist in schwungvollen Doppelchören («Alla fiera») dargestellt. Es folgen Rezitative der Ausrufer («Che vuol comprare»), die von den Chören unterbrochen werden («Venga qua»); das Ensemble ist zum Greifen nahe. Die geschlossenen Solosätze sind weniger einfallsreich gehandhabt. Herausragend ist lediglich der als *Passagagli* bezeichnete *Duetto* von Alvida und Rosilda («Ombra lieve lampo»), der reizvolle Stimmverflechtungen und kühne harmonische Wendungen enthält.

Rospigliosi hatte von 1646–1653 als päpstlicher Nuntius in Madrid Gelegenheit, das spanische Theater und vor allem Calderón de la Barca kennenzulernen, dem die Italiener zu dieser Zeit nichts Vergleichbares entgegenzusetzen hatten. Nach Rom zurückgekehrt, verfaßte er eine weitere Komödie ›Dal Male il Bene‹, zu der MARAZZOLI und A.M. ABBATINI die Musik schrieben. Antonio Maria ABBATINI (um 1595–1677) war Kapellmeister am Lateran, wirkte danach in Orvieto und an Notre Dame di Loreto in Rom.[30] In seinen geistlichen Werken gilt er als einer der Hauptvertreter des römischen Kolossalstils (Werke bis 48 Chorstimmen), für das Kaiserhaus komponierte er 1666 in Wien ein ›Ione‹, 1668 für Rom ›La Baltasara ovvero La comica del cielo‹. In ›Dal Male il Bene‹ stammen der I. und der III. Akt von ihm. ABBATINI brachte die Sechzehntelnote ins Rezitativ und setzte mit der kleinen Notation die endgültige stilistische Trennung zwischen Rezitativ und Arie durch. Damit verschwand das gleichförmige pastorale Pathos der Florentiner aus der Oper.

Ferner bemühte er sich um eine noch realistischere Darstellung der Handlung in der Musik, er verfügte über ein Gespür für dramatische Wirkungen und einen unerschöpflichen buffo-Geist. Auch in diesem nun in Spanien spielenden libretto Rospigliosis gibt es dankbare Liebes- und Eifersuchtsszenen, komische Alte und kluge Domestiken; die Personen sind insgesamt noch besser getroffen als in ›Chi soffre, speri‹. In ›Dal Male il Bene‹ brachte ABBATINI den recitativo semplice zu einem Höhepunkt sinnvoller Deklamation; er gibt alle Nuancen vom vornehm abrollenden parlando bis hin zum leidenschaftlichen Ausbruch glaubwürdig wieder. Die Rezitative klingen häufig in einem arioso aus, in dem Wichtiges zusammengefaßt wird; eine Technik, die noch bei MOZART beobachtet werden kann. In den Sologesängen gibt es feine musikalische Bilder: Die *Canzona* der Marina («E che farete, amanti») mit dreistimmigen Streicherritornellen weist schon auf die der Soubrette vorbehaltenen Kleinformen hin, die kurze, aber ausdrucksvolle *Aria* der Donna Elvira («Che farò») gewinnt Tiefe durch die Wiederholung wichtiger Worte («Io morirò»). Die *Arietta* des Dieners Tabacco («Il più bello dell'età») stellt auf burleske Weise eine Person vor, die das Leben von der leichten Seite nimmt. Eine Verballhornung der italienischen Tonnamen do-re-mi-fa-sol-la als sinnloser Refrain tut noch ein übriges dazu.

Die von ABBATINI vertonten Akte I und III enthalten *finali* im modernen Sinne. Im I. Akt ist es ein *Terzetto* (Elvira, Fernando, Tabacco), in dem der Titel der Oper zitiert und kommentiert wird. Am Schluß des III. Aktes steht ein *Sestetto* («Ecco il giorno sereno»), in dem zuerst die hohen und die tiefen Stimmen blockweise kontrastieren, sich aber bald in rasch abwechselnden Einzeleinsätzen ablösen. Die Oper schließt mit den Titelworten. Auch wenn hier keine Handlung mehr vorliegt, so ist dieser Teil als Ensemble anzusehen. In seiner Zeit wurde er als Vorbild wirksam.

Die letzte hier zu besprechende Oper befindet sich gleichsam bereits auf halbem Wege nach Venedig, dem Schauplatz des nächsten Kapitels.[62] Es handelt sich um ›La Tancia, overo Il Podestà di Colognole‹, aufgeführt im Jahre 1656 in Florenz und danach in zahlreichen italienischen Städten wiederholt. Ihr Textdichter G. A. Moniglia (1624–1700), von Beruf Professor an der medizinischen Fakultät der Universität seiner Heimatstadt Florenz, kann als einer der fruchtbarsten Librettisten seiner Zeit gelten, dessen Texte u. a. von CAVALLI, CESTI und ZIANI vertont wurden. Das Besondere an der ›Tancia‹ ist ihr Schauplatz: Sie spielt ganz und gar im ländlichen Milieu der Toskana; nur eine der handelnden Personen spricht noch Hochitalienisch. Neben den hier schon mehrfach aufgezählten Szenen der opera buffa gibt es in der ›Tancia‹ als Novitäten den stotternden Bauerntölpel Besso (eine aus Venedig stammende Figur), eine Teufelsbeschwörung als Persiflage der ernsten Oper, ein Ständchen auf der Bühne mit anschließender Massenprügelei, einen durch Magie vorgetäuschten Aufenthalt in Deutschland und eine wilde Jagd auf eine Mitgift. Im Zentrum des Geschehens intrigiert der schlaue Diener Bruscolo die Personen wie Marionetten durcheinander, während die Titelfigur, die schöne und kluge Bauerntochter Tancia, nur eine Nebenrolle spielt.

Die Komposition der ›Tancia‹ stammt von Jacopo MELANI (1623–1676), einem Abkommen einer weitverzweigten Musikerfamilie, der ab 1647 als Kapellmeister am Dom zu Pistoia wirkte. Mit MARAZZOLI, MAZZOCCHI und ABBATINI gehört er zu den frühen Vertretern der frühen opera buffa. Ihm eigneten eine reiche melodische Erfindungsgabe und ein außergewöhnliches Formgefühl.

Die zweiteilige *Aria* der Isabella «Son le piume» fließt in der sanften Bewegung eines Dreiertakts dahin. Nach 24 Takten Gesang + continuo setzt ein Streicherritornell ein, über dem Isabella noch einmal die letzte Zeile der 1. Strophe rekapituliert; die Melodie verbleibt in der 1. Violine. Der 2. Teil der Arie setzt in der Mollparallele der Haupttonart F-Dur ein; textbedingt («Misera!») gestaltet er sich dramatischer. Am Ende der Arie singt Isabella wieder über dem Streicherritornell. Die *Aria* der Lisa «Se d'amore un cor legato» scheint die erste Dacapo-Arie der Operngeschichte zu sein: Nach 25 Takten Gesang + continuo (a) setzt ein ritornello von 11 Takten ein (b). Es folgt ein längerer Mittelteil mit zwei ritornelli (c), danach wird der ritornello b wiederholt; die Arie beginnt erneut von vorne und endet mit dem letzten Takt von b (ab cb ab).

Das Rezitativ «Così dunque crudele» und die *Aria* «Sovra il banco di speranza» des Leandro bilden bereits eine dramatische Einheit, wie dies erst später in der Oper üblich ist. Dies gilt auch für das Rezitativ «Lassa che fo» und die *Aria* «Se mi fuggi» der Isabella, in der sie ihrer Enttäuschung über den sie scheinbar verschmähenden Liebhaber Ausdruck gibt. Die Arie hat einen ostinato als Grundlage, der eine chromatische Abwärtsbewegung enthält. Damit ist sie einer der zahlreichen Absenker des im 17. Jahrhundert mehrfach als Vorbild nachweisbaren ›Lamento d'Arianna‹ von CL. MONTEVERDI, der auch im Druck vorlag.[110]

Den äußersten Gegensatz bildet dazu die muntere Auftritts-*Aria* «S'io miro il volto» der Tancia, die auf Pergolesi vorausweist. Viermal erklingt die Folge 6 Takte Gesang/continuo + 2 Takte Streicherritornell; die Gesangsabschnitte über dem identischen Baß sind leicht variiert. Ins Drastische führt die *Aria* des Bauern Ciapino («Talor la granocchiella»), in der er Fröschequaken, Grillenzirpen, Schafsgeblöke und andere Tierlaute imitiert. Zwischen Besso und dem Diener Bruscolo gibt es einen regelmäßig gebauten *Duetto* «Tolgami l'oro», in dem der erstere ständig dazwischenstottert. Mit der scheinhaften Beschwörungsszene des Bruscolo im pathetischen Sechsertakt wird ironisch an die Unterweltszenen der älteren Oper erinnert.

Auch in den Ensemblesätzen verbinden sich MELANIS Einfall und Formgefühl bestens: Das dreistimmige Ständchen «Placida Teti» basiert auf einem zweitaktigen Baßostinato, dessen synkopischer 2. Teil für eine permanente Belebung des Satzes sorgt. Alle drei Akte schließen mit Ensembles, wobei im Finale des II. Akts die Handlung bis zum letzten Ton fortschreitet. Das Schlußquartett im letzten Akt beginnt wie ein Madrigal, wird jedoch ab dem 8. Takt als Fugato höchst kunstvoll zu Ende geführt; einer der gelungensten Finalsätze in dieser Epoche.

4. VENEDIG

Im Jahre 1637 wurde ›L'Andromeda‹ von Francesco MANELLI (ca. 1595–1667) auf ein Libretto von Benedetto Ferrari (1597–1681) in dem für die Oper umgebauten Sprechtheater S. Cassiano gegeben.[117] Damit setzte in Venedig eine etwa 60 Jahre andauernde Blüte der Oper ein, die in der Musikgeschichte einzigartig ist: Bis zu acht Opernhäuser (traditionell nach den benachbarten Kirchen benannt) wurden gleichzeitig von den opernbesessenen Bewohnern der damals 140 000 Einwohner zählenden Lagunenstadt gefüllt. Diese Theater waren nicht oder nur teilweise (durch Logenmieten) vom Stadtadel getragen; meist handelte es sich um privatwirtschaftliche Unternehmen, die bei der Wahl der Opern und bei der Ausstattung auf die Wünsche des großen Publikums einzugehen hatten. Dies blieb nicht ohne Konsequenzen für die Entwicklung der Oper.

Die erste Änderung betraf den Chor. Er war in der Unterhaltung zu kostspielig und wurde ohnehin mehr der geistlichen Musik zugerechnet.[20, 30] Damit fielen nach einer noch von der römischen Oper beeinflußten Anfangsphase die großen Choranlagen weg. Lediglich kurze Einwürfe oder Rufe wie «All'armi!», die auch von leidlich begabten Statisten ausgeführt werden konnten, blieben erhalten.

Die zweite große Veränderung betraf die Opernstoffe. Anfänglich waren auch die venezianischen Opern den antiken Mythen verpflichtet, wie dies bei den Florentinern und der ernsten römischen Oper der Fall war. Doch bald erfolgte ein Wechsel in Richtung Historie. Realistische Szenen aus dem Leben antiker Persönlichkeiten interessierten das Stadtpublikum weit mehr als die zum Überdruß bekannten Sagen aus der Götterwelt. Dabei wurden die überlieferten Viten reichlich mit frei erfundenen Handlungsmomenten und bühnenwirksamen Situationen angereichert. Neben den üblichen Liebes- und Eifersuchtsszenen gab es nun Intrige, Heuchelei, List und Verstellung als (im Sinne Machiavellis) keineswegs zu verurteilende Mittel zum Erfolg; Kämpfe, Überfälle, Schiffbrüche, Giftmorde, Kinder- und Mädchenraub, Beschwörungen und Träume erhöhten die Dramatik des Geschehens. Beliebt war die Konterkarierung besonders tragischer Momente mit burlesken Szenen. Der Prolog der alten Oper entfiel; die Gattung mußte nun nicht mehr nahegebracht oder propagiert werden.

An seine Stelle trat (vor allem bei Festopern) die *licenza*, ein Huldigungs-Epilog, der mehr oder weniger kunstvoll mit der Handlung der Oper verknüpft wurde. Das Kastratenwesen, das mit der Titelrolle von LANDIS ›Sant

'Alessio‹ in die Oper eingezogen war, blühte üppig und begünstigte Verkleidungsszenen. Nach Wolff[153] läßt sich die venezianische Oper in drei große Kategorien einteilen:
1. die heroische Oper älteren Zuschnitts (etwa bis 1655),
2. die heroisch-komische Oper und
3. die parodistisch-komische Oper.
Dazu gab es zahlreiche Zwischenformen.

Aus all dem sprechen der Geist und der Zustand der venezianischen Gesellschaft im 17. Jahrhundert; die Oper wurde ein getreulicher Spiegel derselben, die historischen Vorlagen bildeten lediglich die Grundlage für die neugeschaffenen Opernhandlungen. Insofern kann diese Epoche, bestimmt von der raschen Auffassungsgabe, dem Witz und der Sensationslust eines Weltstadtpublikums, für sich in Anspruch nehmen, eine der fortschrittlichsten der Operngeschichte gewesen zu sein. Für die Entwicklung der Opernformen erwies sie sich jedoch nicht als übermäßig fruchtbar.

Der schon genannte MANELLI, ursprünglich Chorsänger an San Marco und ab 1653 Hofkapellmeister in Parma, hat zwischen 1637 und 1664 fünf Opern in Venedig zur Aufführung gebracht. Leider konnte keine von ihnen bislang aufgefunden werden. Ähnlich verhält es sich mit den Opern des MONTEVERDI-Schülers Giovanni ROVETTA (ca. 1596–1668), der Nachfolger seines Lehrers an San Marco wurde.[156] Auch von Francesco Paolo SACRATI (ca. 1600–1650) scheint keine Oper erhalten zu sein. SACRATI, möglicherweise ein Schüler MANELLIS, schrieb 1639 die Festoper ›Delio o la Sera sposa del sole‹ für die Einweihung des Teatro SS Giovanni e Paolo und 1641 ›La Finta pazza‹ für die Eröffnung des Teatro Nuovissimo, den er anschließend vier Jahre als Intendant leitete. Die Wiederholung der ›Finta pazza‹ in Paris im Jahre 1645 auf Betreiben des Kardinals Mazarin machte die Franzosen erstmals mit der Oper bekannt.

Hingegen ist das Schaffen von Pier Francesco CAVALLI (1602–1676) reich belegt. CAVALLI war Sängerknabe an San Marco unter MONTEVERDI und wohl auch dessen Schüler; er schrieb 42 Opern und bekleidete in späteren Jahren die Ämter eines Organisten und Kapellmeisters an der gleichen Kirche. CAVALLI war nicht nur der fruchtbarste, sondern auch der erfolgreichste venezianische Opernkomponist. Er bewegte sich vorerst in den Bahnen der römischen Oper, jedoch mit einem großen Unterschied: Seine Opern enthielten von Anfang an wesentlich weniger geschlossene Sätze als die der römischen Komponisten; dies dürfte auf den Einfluß MONTEVERDIS zurückzuführen sein. Hingegen legte er den Schwerpunkt auf die Ausgestaltung des Rezitativs, das häufig arios behandelt ist. Erst durch seine Zusammenarbeit mit dem späteren kaiserlichen Hofdichter Nicolò Conte Minato (?–ca. 1698), die 1650 mit dem ›Orionte‹ begann, war er aufgrund entsprechender Textvorgaben gezwungen, Rezitativ und geschlossene Satzform stärker zu unterscheiden.

Unerschöpflich war CAVALLI in der Entwicklung einer symbolhaften Musiksprache; auf ihn gehen zahlreiche Modelle der Textvertonung zurück, die noch lange in der Operngeschichte wirksam blieben. Dazu gehören eine Dreiklangmelodik bei pathetischen oder kriegerischen Textpassagen, die Steigerung der dramatischen Aussage durch mehrfache Wiederholung kurzer Textstellen, auch in Form von Sequenzen, die sowohl im Rezitativ wie in den geschlossenen Formen eine wichtige Rolle spielen. Ferner schuf CAVALLI bildhafte Koloraturen für die Vertonung von Worten wie „Laufen", „Eilen", „Trinken" etc. Es lassen sich bereits Ansätze einer Tonartencharakteristik erkennen; Texteinheiten sind durch Einhaltung eines tonalen Zentrums gegenüber anderen abgesetzt. Für wichtige Wortfolgen wird der tonus currens verwendet.

Bei CAVALLI stand das Rezitativ im Vordergrund seiner Bemühungen; ihm gehörte sein ganzes Interesse, seine ganze Gestaltungskunst. Er stattete es mit Satzkriterien aus, die mehr den geschlossenen Satzformen zuzurechnen sind, wie das Ritornell als Gliederungsmittel und die schon genannten Sequenzen. Im Prolog zu der 1654 aufgeführten Oper ›Il Ciro‹ (Text: G. C. Sorrentino) sind Poesia, Pittura, Architettura und Musica dabei, gemeinsam eine Oper zu beenden. Die Curiosità erscheint und stellt im Rezitativ Fragen zu dem Werk («In questo del diletto»), wobei ihr Gesang immer wieder von kurzen ritornelli unterbrochen wird. Die anderen versichern den baldigen Abschluß in einem kurzen homophonen A-cappella-Satz. Poesia und Pittura geben sich gegenseitig im nächsten Rezitativ die Schuld für Verzögerungen, die darauffolgenden kurzen Einsätze von Musica und Architettura verlassen den Rezitativton in Richtung arioso bis hin zu brillantem Koloraturwerk. Nach einem kurzen Ritornell folgt die 1. Strophe einer zweiteiligen *Aria* der Musica («Chi non provalo») in verschiedenen Taktarten. Die Poesia lobt sie in einem kurzen Zwischenrezitativ und verlangt die nächste Strophe zu hören, die prompt gesungen wird. Die Pittura zeigt ihre Kulissen, die Architettura führt eine Maschine vor, über deren rasche Bewegung die anderen erschrecken. Kurze Rezitative wechseln mit homophonen Ensemblesätzen, die teilweise unbegleitet sind. Dieser Prolog zeigt im Kern CAVALLIS Bestrebungen, Beweglichkeit und raschen Wechsel durch kurze Einzelteile und Verschränkung verschiedener Satzarten zu erzielen; die Musik steht ganz und gar im Dienst des Dramas.

Bei den Arien herrscht die variierte Strophenform vor. Die Arien sind sehr abwechslungsreich in der Begleitung: Neben der reinen Continuo-Arie (*Aria* des Amore «Per me la vita» in ›La Virtù degli Strali d'Amore‹, Text: G. Faustini, 1642) verwendete CAVALLI die Continuo-Arie mit Streicherritornell zwischen den Strophen (*Aria* der Dafne «O più d'ogni richezza» in ›Gli Amore di Apollo e di Dafne‹, Text: G. F. Busenello, 1640), die Continuo-Arie mit charakteristischen Einwürfen bei entsprechenden Textstellen (*Aria* des Giasone

«All'armi» in ›Il Giasone‹, Text: G. A. Cicognini, 1649) sowie die *Aria con tutti gl'instrumenti* (Arie der Jarba in ›La Didone‹, Text: G. F. Busenello, 1641), bei der die vollstimmige Begleitung den Satz hindurch beibehalten wird. Ferner gibt es noch in der ›Doriclea‹ (Text: G. Faustini, 1645) den accompagnamento, ein Sologesang mit durchgehend vollstimmiger Begleitung, aber nicht in Arienform. In den Baßarien verstand es CAVALLI, die Solostimme aus dem unisono mit dem Instrumentalbaß zu lösen (ARIA des Nerbulone in: ›L'Eliogabalo‹, Text: A. Aureli, Entstehungsjahr unbekannt), was bis dahin die Regel war. CAVALLI verwendete häufig den lamento (*Aria* der Dafne «Misero Apollo» in ›Gli Amore di Apollo e di Dafne‹, s. oben) und daneben die Ostinato-Arie: Sie ist über einem permanent wiederholten Baßmodell errichtet, das jedoch keinen Lamentocharakter hat (*Aria* des Amore in ›La Virtù degli Strali d'Amore‹, s. oben). Eine Spitzenleistung an dramatischer Kunst stellt die Furienbeschwörung der Medea «Dell antro magico» im ›Giasone‹ dar; durch ständige Beibehaltung eines langsamen Begleitrhythmus wird ein Höchstmaß an Spannung erzeugt.[63]

Bei den Ensembles herrschen kurze homophone Sätze vor, in denen alle Personen den gleichen Text singen. In CAVALLIS wohl bedeutendster Oper, dem ›Giasone‹, findet sich ein *Duetto* Medea/Giasone («Scendi, scendi!»), der besonders reich an Einfällen ist und weit in die Zukunft weist; Imitationen finden nicht nur zwischen den beiden Gesangspartien, sondern auch zwischen Gesang und Orchesterstimmen statt. Durch Taktwechsel werden die unterschiedlichen Grundhaltungen des Textes charakterisiert, eine Fülle kleiner Figuren malt die Wortinhalte aus. Am Schluß steht eine *Aria a due* von Medea und Giasone: Letzterer wiederholt die Melodie eine Oktave tiefer. Ferner ist der *Duetto* zwischen Oreste und dem stotternden Demo «Son qui, che che che chiedi» zu erwähnen (›Il Giasone‹), der den Charakter der beiden Personen neben einer humoristischen Darstellung des Sprachgebrechens fein differenziert.

Hinzuweisen wäre noch auf die bedeutende Rolle der Instrumentalmusik in CAVALLIS Opern, die nicht durch Quantität, sondern durch ihre Qualität hervorsticht. Besonders reich ausgestattet ist der ›Ercole Amante‹ (Text: F. Buti, Paris 1662), den CAVALLI für die Hochzeitsfeierlichkeiten Ludwigs XIV. schrieb. Doch ist diese Oper zu sehr dem französischen Geschmack verpflichtet, um für Venedig repräsentativ sein zu können.

Antonio SARTORIO (ca. 1620–1681) wurde in Venedig geboren und vermutlich auch dort ausgebildet. Ab 1661 sind rund 25 Opern nachweisbar, die zuerst in Venedig, von 1666–1675 jedoch in Hannover zur Aufführung kamen, wo SARTORIO als 1. Hofkapellmeister wirkte. Danach kehrte er wieder in seine Vaterstadt zurück und bekleidete bis zu seinem Tode die Position eines Vizekapellmeisters an San Marco. Er ist bereits zu jener Gruppe venezianischer Opernkomponisten zu rechnen, deren Werke „exportiert" wurden und außerhalb Venedigs stilbildend wirkten; SARTORIOS Opern wurden u. a. in Mailand, Neapel, Rom, Wien, Hannover und Braunschweig gegeben. Der Erfolg von SARTORIOS Werken lag in der Wahl der libretti begründet (er bevorzugte das heroische Intrigendrama) sowie in einer dramatischen Haltung seiner Musik, die die Zeitgenossen stark beeindruckt hat, wie aus der Vorrede des Dichters G. F. Bussani zur Oper ›Antonio e Pomejano‹ aus dem Jahre 1677 zu erkennen ist.

Die geschlossenen Formen treten bei SARTORIO wieder mehr in den Vordergrund. In den Arien werden Wortgruppen wiederholt (Aria der Gisilla «Gioisci, alma mia» in ›L'Adelaide‹, Text: P. Dolfin, 1672), aber auch ganze Teile. Die Arien können nach Art der Ostinato-Arie auf einem sich wiederholenden Baßmodell errichtet sein, das allerdings leicht abgewandelt wird (Aria des Ottone «S'un ercole amante» in ›L'Adelaide‹). Mehrfach begegnet bereits die Arie mit obligatem Instrument, vor allem mit Trompete (Aria der Fama «Voi Ninfe d'Amore» in ›Antonio e Pompejano‹). SARTORIO setzte aber auch Trompeten in den Instrumentalsätzen seiner Opern ein. Besonders gelungen sind seine brillanten Koloraturen in den Arien (Aria der Adelaide «Vitrici schieri» in ›L'Adelaide‹). In den Ensembles ging SARTORIO nicht über CAVALLI hinaus.

Hatte SARTORIO die führende Rolle CAVALLIS nicht antasten können, so lagen die Dinge im Falle von Pietro Marc Antonio CESTI (1623–1669) anders. CESTI wurde in Arezzo geboren, wirkte dort zeitweilig als Sängerknabe und trat früh dem Franziskaner-Orden bei. Über seine musikalische Ausbildung ist nichts bekannt. 1645 wurde er aber bereits zum Domkapellmeister in Volterra ernannt. Vier Jahre später kam in Venedig seine erste Oper ›L'Orontea‹ (Text: G. A. Cicognini) zur Aufführung, die ihn schlagartig berühmt machte. Ab 1652 wirkte CESTI als Kammerkomponist am Hof in Innsbruck, wo er 1655 ›L'Argia‹ (Text: A. Apolloni) herausbrachte. Aufführungen weiterer Opern in Florenz, Venedig und Wien folgten. Seine glänzende Laufbahn wurde mit der Ernennung zum kaiserlichen Vizekapellmeister in Wien bekrönt, wo er für die Hochzeitsfeierlichkeiten von Kaiser Leopold I. und Margarita v. Spanien im Jahre 1668 die Festoper ›Il Pomo d'Oro‹ (Text: F. Sbarra) komponierte. Die Aufführung dieses Werks wurde in der Folgezeit mehrfach wiederholt und allen Ständen zugänglich gemacht. Ihre Kosten entsprachen dem Wert eines kleinen Fürstentums. ›Il Pomo d'Oro‹ kann als die bekannteste Oper im 17. Jahrhundert gelten.

CESTI unterscheidet sich von CAVALLI durch seine verstärkte Hinwendung zu den geschlossenen Formen, während das Rezitativ spürbar zurücktritt. Vor allem der Arie widmete CESTIE seine ganze Aufmerksamkeit. Er verwendete neben der alten Strophen-Arie mit und ohne Variationen die Dacapo-Arie a b a, die dreiteilige Arie nach dem Schema a a b und den lamento. Zudem verstand er es, unter Umgehung der Rezitative Arien zu größeren Zyklen aneinanderzureihen oder miteinander zu verflechten (z. B. Strophenarien verschiedener Personen), wodurch neuartige Großanlagen entstanden.

Bedingt durch die Prunkentfaltung an den Höfen in Wien und Innsbruck kam bei CESTI wieder der Chor zu Ehren, den er konstruktiv in seine großen Architekturen einzubauen bemüht war. Typisch für CESTI ist die Bildung größerer Einheiten aus Arien, Ensembles und Chören in symmetrischer Anlage, wobei die groß besetzten Teile von souveräner Beherrschung des Satzes und überlegener Klangdisposition zeugen. Aber auch in der Instrumentation wich CESTI von den venezianischen Normen ab: Dem Streichorchester ordnete er fast alle in seiner Zeit verfügbaren Blasinstrumente zu, worin erneut ein Einwirken des Innsbrucker Hofes zu sehen ist, an dem sich aus der Spätrenaissance eine bedeutende Spieltradition erhalten hatte.

›Il Pomo d'Oro‹ geht ein Prolog voran, der CESTIS Formvorstellungen exemplarisch verkörpert: Nach einer mehrteiligen *Sinfonia*, in der die Streicher einen nachfolgenden Vokalsatz zukunftsweisend vorweg zitieren, singen acht Allegorien (Ungarn, Spanien, Böhmen etc.) einen Doppelchor zu zwei mal vier Stimmen «Di feste, di giubili». Es folgt ein *Duetto* von Amore und Himeneo, danach eine *Aria* der Gloria Austriaca, ein kurzes Rezitativ von Ongheria und Boemia sowie ein koloraturenreicher *Duetto* der beiden. Danach singen Amore und Himeneo erneut einen *Duetto* («Se di glorie»), es folgen Arien von Ongheria, Italia und Gloria Austriaca. Alle Allegorien vereinigen sich zum achtstimmigen Chor «Godiamo Noi Regni», bei dem im Orchester zwei Trompeten mitwirken. Nach einer Solo-*Aria* der Spagna «Gia parmi tra l'armi» setzte eine *Aria a cinque* ein («Mie sponde tra l'onde»), in der Sardegna, Boemia, Ongheria, Imperio und America abwechselnd eine Verszeile singen. Dann wird der Chor «Godiamo Noi Regni» wiederholt.

Im anschließenden Rezitativ «Ma del giubilo vostro» entschwebt die Gloria Austriaca, während sie aufwärtssteigende Koloraturen singt, auf dem Pegasus in die Lüfte. Nach einem Rezitativ von Imperio und Himeneo und einem *Duetto* Amore/Himeneo «Alme più grandi» schließt der Prolog mit einem Doppelchor, in dem die beiden Chöre blockhaft gegeneinandergestellt sind, aber auch weitaufgefächerte Stimmimitationen vorkommen.

Die Chorsätze bilden also einen Rahmen mit Mittelachse, der die zahlreichen anderen Sätze umfaßt. Der Prolog erhält dadurch den Charakter einer in sich geschlossenen Großeinheit, die zahlreichen Arien lassen einen lyrischen Grundton vorherrschen. Das Rezitativ ist ganz sparsam eingesetzt.

Die den I. Akt eröffnende *Aria* der Proserpina «E dove faggiri» ist eine Continuo-Arie mit ritornelli und instrumentalen Einwürfen, die von zwei Zinken und zwei Posaunen ausgeführt werden. Für den continuo setzte CESTE hier Fagott, Posaune und Regal ein, ansonsten verwendete er meist Gambe und Graviorgano. Die Arie zeigt folgenden Aufbau: Ein ritornello (a) eröffnet, hierauf erfolgt der erste Einsatz der Proserpina (b). Der ritornello (a) wird auf drei Takte verkürzt wiederholt (a1), dann kommt ein neuer Einsatz der Singstimme (c), der keine Verwandtschaft zu b erkennen läßt. In ihm erfolgen Einwürfe der Instrumente bei Worten wie «orror», «strida» oder «querele». Sie gehen in eine weitere verkürzte Wiederholung des ritornello (a2) über. Der nächste Gesangsabschnitt ist eine Variation von c (c1), danach wird der ritornello a in voller Länge wiederholt. Es folgt eine Variation von b (b1), ein verkürzter ritornello a3 und zwei weitere Variationen von c (c2 c3), in denen das Instrumentarium die Singstimme flächig begleitet. Ein kompletter ritornello a beschließt. Das zugehörige Rezitativ folgt danach.

Es entsteht eine zweiteilige Großform:

⌊a b⌋⌊a1 c⌋⌊a2 c1⌋   ⌊a b1⌋⌊a3 c2⌋⌊c3 a⌋

Die beiden Teile sind bis auf die Herausnahme des verkürzten a-ritornello zwischen c2 und c3 identisch. Die drei ritornelli in ungekürzter Länge rahmen den Satz ein, geben ihm eine Mittelachse und trennen die beiden Großteile voneinander. Die Arie folgt also zweimal dem schon genannten Typus a b b.

Hinzuweisen wäre ferner auf die dreiteilige *Aria* der Venus «Cingetemi crini» in der 15. Szene. Die drei Strophen sind durch gleiche ritornelli getrennt. Die 2. Strophe ist mit einer Variation der Musik der 1. Strophe vertont, die 3. Strophe erhält eine völlig neue Musik. Arienteilungen gibt es in der 14. Szene, wo Momo (Baß) beginnt («Sventurato il soldato») und Paris (Tenor) die 2. Strophe auf die gleiche Melodie singt, jedoch um eine Terz höher transponiert; im IV. Akt/12. Szene singt Venus die 1. Strophe, Mars die 2., um eine Oktave tiefer gesetzt.

Die Personalliste des ›Pomo d'Oro‹ enthält nicht nur ernste Figuren; es finden sich darin auch der Baßbuffo Momo, eine Art Hofnarr der Unterwelt, die kauzige Amme Filaura (Alt) und Charon als komischer Diener (Baß). Diese Figuren erhalten in der Regel Strophen-Arien, für die die des Momo aus dem I. Akt/9. Szene typisch ist («Che bell'andare»): Der Sänger setzt zuerst ein, jede Strophe wird von einem ritornello abgeschlossen, das die ersten Takte des Gesangsteils, fünfstimmig ausgesetzt, wiedergibt. In der Zeichnung der Figuren und in der Wortdarstellung ist CESTI sehr einfallsreich. Bei den Worten «volo» und «sbalzato» gibt es in Momos Arie komische Koloraturen, die *Aria* des Cecrops im II. Akt/10. Szene enthält große Intervalle zur Darstellung des Kampfesmutes, virtuose Koloraturen in der der Pallas im IV. Akt/4. Szene stellen die Rachegefühle dar. Besonders gut gelungen sind die Ensembles: Die großbesetzten Abschnitte glänzen durch lebhafteste Stimmführung und Abwechslungsreichtum. So die 4. Szene des I. Akts: Die Götter sind versammelt, ein Coro di Semidei trägt Speisen auf, es wird groß getafelt. Momo kritisiert die Freßlust des Mars (2 Kapaune, 6 Küken und 3 Fasane rechnet er ihm vor) und den Durst der Götter, der mit dem berühmt gewordenen Satz:

«Come trincan questi Dei!» glossiert wird. Die in sich stark gegliederte Szene ist ein großangelegtes Ensemble voll Witz und Einfallsreichtum. Aber auch die kleineren Besetzungen sind von CESTI liebevoll behandelt. Hierher gehört das neckische Frage- und Antwortspiel zwischen Paris und Ennone im I. Akt/7. Szene, der bewegte *Terzetto* «Andiam voliamo» der Furien im II. Akt/7. Szene und der zupackende *Duetto* von Venus und Merkur im IV. Akt/13. Szene («Presto all'armi!»). Diese Sätze sind zumeist zweiteilig gestaltet.

Als nächster Komponist ist Giambattista ROVETTINO-VOLPE (ca. 1625– 1692) zu erwähnen. Er ist ein Neffe von ROVETTA, war möglicherweise Schüler von CAVALLI, dessen Stil er weiterverfolgte. Ab 1645 stand er im Dienst der Cappella Ducale, 1690 wurde er Kapellmeister an San Marco. Er hat vier Opern komponiert, wovon zwei erhalten sind. In ihnen bevorzugte er das Rezitativ gegenüber den geschlossenen Formen; wie sein Vorbild CAVALLI führte er es häufig zum arioso.

Giovanni LEGRENZI (1626–1690) kam aus einer Musikerfamilie und dürfte bei VITALI in Bergamo studiert haben, wo er auch zum Priester geweiht wurde.[25] Nach Positionen in Bergamo und Ferrara, wo er seine ersten Opern zur Aufführung brachte, wurde er 1672 Direktor des Conservatorio dei Mendicanti in Venedig. Ab 1681 war er Kapellmeister an San Marco. LEGRENZI hinterließ ein umfangreiches Opernschaffen, das der heroisch-komischen Richtung verpflichtet ist. Mit ›Totila‹ (Text: M. Noris, 1677), ›Il Giustino‹ (Text: N. Beregani, 1683) und ›Odoacre‹ (Textdichter ungeklärt, 1680) schuf er drei Opern, die in zahlreichen Städten, auch außerhalb des italienischen Sprachgebiets, nachgespielt wurden und LEGRENZI weithin bekannt machten. Noch G. F. HÄNDEL und J. S. BACH haben Sätze von ihm verwendet.

Stilistisch knüpfte er an MONTEVERDI und CAVALLI an, das Rezitativ, häufig zum arioso umgewandelt, steht auch bei ihm an erster Stelle. Gerühmt wurde bereits von Zeitgenossen die äußerste Lebhaftigkeit des Ausdrucks seiner Musik. In bezug auf die Arie sind LEGRENZI Neuentwicklungen zu verdanken, die lange nachgewirkt haben. Zwar sind seine Arien noch meist strophisch gehalten (die Dacapo-Arie verwendete er gleichfalls), doch in der musikalischen Sprache typisiert: Von ihm leitet sich die *Schlummer-Arie* mit mäßig bewegter Begleitung her, die wehmütige *Abschieds-Arie* und die *Kampf-Arie* mit obligater Trompete. Auch an der Ausprägung der *Devisen-Arie* war er beteiligt; in ihr wird ein kurzer Abschnitt des Anfangs der Gesangpartie dem einleitenden Ritornell als „Devise" vorangestellt.

Ein Beispiel für LEGRENZIS feine Gestaltungskunst bietet die Szene «Vitaliona il di cui» zwischen Polimante, Arianna und Anastasio aus ›Il Giustino‹. Nach einem erregten Wechselrezitativ, das über dem Wort «guerra» in einer wütenden Koloratur des Polimante endigt, singt Anastasio die *Aria* «Un tuo gardo», in der eine geschmeidige Gesangslinie in Achteln seine Liebeserklärung an Arianna, die er als Kriegsbeute an den Gegner verlieren soll, plastisch darstellt. Auch die nachfolgende *Aria* der Arianna «Senza te mio ben» ist anfangs von einer Melodiebildung geprägt, die die Hinwendung zu ihrem Gemahl versinnbildlicht. Am Ende steht die Abschieds-*Aria* «Ti lascio l'alma» des Anastasio, eine passacaglia. Der sanft bewegte 6/4-Takt und die auf langen Noten ausklingenden Sängereinsätze schildern eindrucksvoll die Wehmut des Gatten.

Auch Pietro Andrea ZIANI (ca. 1625–1684) gehört zu den venezianischen Opernkomponisten weitreichender Reputation. Über seine Ausbildung ist nichts bekannt, möglicherweise war er Augustiner-Chorherr. 1654 brachte er seine erste Oper heraus (›La Guerriera spartana‹, Text: G. Castoreo), der eine große Zahl weiterer Werke folgen sollten. Er wirkte gleichfalls am Innsbrucker Hof, schrieb eine ›Galatea‹ (Text: A. Draghi, 1660) für Wien, war dort ab 1663 kaiserlicher Hofkapellmeister, ging 1665 nach Innsbruck zurück und wurde 1666 nach Dresden berufen, wo das Comoedienhaus mit seiner ›L'Inconstanza trionfante overo il Teseo‹ (Text: F. M. Piccoli) eröffnet wurde. Ab 1677 lebte er in Neapel.

Auch ZIANI begann im Stil von CAVALLI, doch der Einfluß CESTIS war auf die Dauer stärker. Er bevorzugte libretti parodistisch-komischen Inhalts, womit der Einbruch von Volksliedern und -tänzen (vor allem der später so benannte siciliano) in die Oper erfolgte. Gleichzeitig mit LEGRENZI entwickelte er Modelle der Textvertonung; auch in seinen Werken gibt es lamenti, Ostinato-, Schlummer- und Trompeten-Arien. Die Art seiner libretti begünstigte jedoch mehr die anspruchsloseren Formen. Typisch für ZIANI sind kurze Gesangsstücke in gefälligem Tonfall und mit beschwingter tänzerischer Rhythmik nach Art der seit 1592 in Italien nachweisbaren canzonetta. ZIANI wird deswegen den Vertretern des „Kanzonetten-Stils" zugerechnet. Andererseits war er der erste Opernkomponist, der (mit seinem ›L'Annibale in Capua‹, Text: N. Beregan, 1661) eine Zauberoper auf die Bühne brachte und dafür eine adäquate musikalische Darstellung fand. Die Zauberoper sollte sich im 18. Jahrhundert in Frankreich noch größter Beliebtheit erfreuen (comédie-féerique). Besonders erfindungsreich behandelte ZIANI die Harmonik; mit neuartigen kühnen Akkordverbindungen begegnete er einer zu schematischen Textausdeutung. Die gewünschten Tempi und Dynamiken legte er in seinen Partituren bereits fest.

In der Oper ›Il Candaule‹ (Text: A. Morselli, 1679), in der der Stoff um den syrischen König Kandaules und seinen Freund Gyges als Komödie behandelt ist, zeigt die Strophen-*Aria* der Alinda «Bei fioretti» (sie singt sie, während sie sich vor einem Spiegel mit Blumen schmückt) jenen gefälligen Tonfall, von dem oben die Rede war. Wohl gibt es Koloraturen; doch diese sind – dem Textinhalt entsprechend – ganz undramatisch gehalten und laufen glatt ab. Der ritornello (Streicher) folgt der Melodie des Gesangsteils. Anders die *Aria a due* von Alinda und Candaule «Si bella bocca», im Presto zu singen, die vom Komponisten mit «Aria allegro affettuosa e bizzarra» überschrieben ist. Kurze Melodiefloskeln werden, durch Pausen voneinander getrennt, gleichsam atemlos hervorgestoßen und suggerieren drastisch Wut und Zorn. In der frei gestalteten Dacapo-*Aria* des Caudaule «Che ti feci, idol mio» gibt es (in h-Moll stehend) eine Liebesklage, deren schmerzlichen Inhalt eine spannungsreiche Harmonik wirkungsvoll darstellt.

Carlo PALLAVICINO (um 1630–1688) wurde in Salò geboren und wirkte als Kirchenmusiker in Padua.[138] Von 1666–1673 war er unter Aufsicht von H. SCHÜTZ Kapellmeister am Dresdner Hof, danach in Venedig in gleicher Eigenschaft am Ospedale degli incurabili tätig. Berühmtheit erlangte er mit der Aufführung von ›La Gerusalemme liberata‹ (Text: G. C. Coradi) in Dresden im Jahre 1687; eine Oper, die schon ein Jahr zuvor in Venedig herausgekommen war. PALLAVICINO bevorzugte historische Sujets, die durch erfundene Zusatzhandlungen angereichert wurden.

In seinen 22 Opern erweist sich PALLAVICINO als typischer Vertreter der späten venezianischen Oper, in der der Wille zu formaler Abrundung stärker ausgeprägt war als der zu dramatischer Aussage. Die Folge von Arien mit vorgelagerten Rezitativen beginnt bei ihm zunehmend in den Vordergrund zu treten, die Ensembles sind einfach und kurz gehalten oder fehlen (wie in ›La Gerusalemme liberata‹) ganz. Die meisten seiner Opern sind mit einem Prolog ausgestattet. Gerne verwendete PALLAVICINO Volkslied- und Volkstanzgut. Typisch ist für ihn ein in Moll stehender schwermütiger siciliano (*Aria* der Lidia «Nella selva d'un bel crine» in ›Gallieno‹, Text: M. Noris, 1676) sowie der häufige Gebrauch des Barcarolen-Rhythmus. Die Arien in seinen älteren Opern sind häufig zweiteilig; später verwendete er nur noch die Dacapo-Form, die z. T. in apodiktischer Kürze erfüllt wird: Teil a 6 Takte, Teil b 4 Takte. In den Arien-Ritornellen erweist sich PALLAVICINO als brillanter Instrumentierer (sechsstimmiger Streichersatz, aber auch andere Instrumente), wie überhaupt seine Instrumentalsätze mit besonderer Aufmerksamkeit gestaltet sind. In seinem Erstling ›Demetrio‹ (Text: G. Dall'Angelo, 1666) sind zwei Devisen-Arien enthalten; in ›La Gerusalemme liberata‹ werden in der *Aria* der Clorinda «Dite pur quanto» Strophen-Arie und Dacapo-Arie miteinander gekreuzt. Im Detail gelangen PALLAVICINO wirkungsvolle Charakterisierungen: In seiner ›Messalina‹ (Text: F. M. Piccioli, 1680), in der er zum ersten Mal in der Operngeschichte in der Gestalt der nymphomanischen Titelheldin die Stimmgattung der *Soubrette* auf die Bühne brachte, singt diese in Correnten-Bewegung die *Aria* «Voglio goder ogn'ora». Der eifersüchtige Kaiser Claudio artikuliert seine Wut in daktylischen Rhythmen (Dacapo-*Aria* «Lasciami gelosia»). Eine Spezialität PALLAVICINOS sind stimmungsvolle Nachtszenen.

Bevor mit der Betrachtung von MONTEVERDIS ›L'Incoronazione di Poppea‹, die als bedeutendste Oper des 17. Jahrhunderts hier außerhalb der zeitlichen Folge an den Schluß gestellt ist, begonnen wird, muß noch einmal die dramatische Haltung der bislang erwähnten venezianischen Opern kurz rekapituliert werden. Man kann davon ausgehen, daß Fest- und Repräsentationsopern generell eine Ad-spectatores-Haltung einnehmen.

Das gleiche gilt für die ältere heroisch-mythologische Oper; selbst die in ihr enthaltenen Wechselrezitative sind häufig scheinhafter Natur. Bei der heroisch-komischen Oper sind es vor allem jene Abschnitte, in denen die lustigen Personen die Handlungen der heroischen kommentieren und persiflieren, die ans Publikum gerichtet sind. Anders verhält es sich mit der parodistisch-komischen Oper: In ihr „spielt" die Handlung zwischen den Personen, das Publikum wird zum Beobachter. Dies schließt nicht aus, daß gerade in dieser Gattung um des Effekts willen kurzfristig das Publikum angesprochen wird.

Aber auch die Formen in der Oper zeigen unterschiedliche Haltungen. Das handlungsfördernde Wechselrezitativ wendet sich nie unmittelbar an das Publikum, wie schon oben hervorgehoben. Anders die handlungshemmenden Arien; doch kann ihre Haltung durch ihre Anlage im Gesamtkonzept der Oper unterschiedliche Grade annehmen. Ist die Arie sehr ausgedehnt, koloraturenreich, mit zahlreichen Ritornellen und vielleicht sogar mit einem obligaten Instrument ausgestattet, so ruht während ihres Ablaufs die Handlung – die Oper kann hier in Extremfällen bis zum Konzert pervertieren; den Unterschied machen lediglich Kostüm und Bühnenbild aus. Ist die Arie hingegen kurz gehalten und ihr Textinhalt geeignet, Aufschluß über die psychologische Situation zu geben, in der sich die singende Person im Moment der Handlung befindet, so dient sie sogar dem Handlungsverlauf in der Vorstellung des Publikums. Es erhebt sich immer wieder die Frage, welchem Medium der jeweilige Komponist größere Rechte zugesteht: dem Text oder der Musik. CAVALLI hat unter den bislang besprochenen venezianischen Komponisten den Text am meisten begünstigt, LEGRENZI, CESTI und ZIANI standen mehr auf der Seite der Musik. Im Hintergrund wirkte jedoch als permanenter Maßstab an die Wahrhaftigkeit des Dramas das Werk MONTEVERDIS, das in einer langen Entwicklung (mehrere Opern sind nicht erhalten) zu einer einmaligen Balance und Übereinstimmung von Musik und Handlung führte. Die Besonderheiten der bereits 1642 in Venedig aufgeführten ›L'Incoronazione di Poppea‹ beginnen beim libretto. Der Librettist G. F. Busenello (1598–1659), von Beruf Anwalt und daher mit den menschlichen Schwächen eingehend vertraut, hat eine Handlung geschaffen, die ganz auf Leidenschaft, Karrierestreben und Intrige aufgebaut ist, womit sie in Venedig Vorbildcharakter erwarb. In diesem libretto, dem die heutigen Epitheta "sex and crime" ohne Abstriche entsprechen würden, bilden die mythologischen Figuren nur noch eine Staffage. Die abwechslungsreiche Handlung, in der das Böse siegt, spielt in raschem Ablauf zwischen den Personen, die (bis auf die unrömische Milde Neros am Ende) ganz realistisch aufgefaßt sind. Es versteht sich, daß in einem libretto von derartiger Beschaffenheit ausgedehnte Arien, Ensembles oder Chöre keinen Platz haben können. Das Rezitativ als Handlungsträger muß hier die erste Rolle spielen, alle geschlossenen Formen wachsen gleichsam aus ihm heraus. So verhält es sich auch in MONTEVERDIS Partitur; das Rezitativ bildet den Hauptteil des Werks. Nun steht MONTEVERDI in der Beobachtung und Darstellung menschlichen Verhaltens Busenello in nichts nach. Sein Rezitativ ist in Satz und Ausdruck höchst kunstvoll und abwechslungsreich gehalten, es wechselt häufig in den Tonfall geschlossener Formen wie der Kanzonette und dem Madrigal über; die Arien sind gleichsam in ihm eingebettet, so daß übergreifende szenische Anlagen entstehen.[111] Ihre Einzelteile werden durch Wiederverwendung kurzer Baßmodelle zueinander in Beziehung gesetzt.

Bis auf zwei imitatorisch gehaltene Sätze der Hausgenossen des Seneca («Non morir, Seneca») und der Konsuln und Tribunen («A te sovrana Augusta») gibt es keine Chöre; Duette finden sich im Prolog (Fortuna/Virtù «Human non é»), im II. Akt (Nero/Lucano «Cantiam Lucano») und im Schlußakt (Poppea/Nero «Non più s'interporrà» und «Pur ti miro»). Das letzte Duett zeigt eine Dacapo-Anlage und ist über einem viertönigen abwärtssteigenden Ostinato-Baß errichtet. Daneben gibt es das Wechselrezitativ (Zwei Soldaten: «Chi parla», Nerone/Seneca «Son risoluto»), das an lyrischen Stellen nach Art der aria a due behandelt ist und sich am Ende kurz zum Duett erweitert.

Nur ein Satz in der Oper ist mit *Aria* überschrieben (II. Akt/13, *Aria* des Amor «O sciocchi o frali»), dem ein Rezitativ vorangeht. Ihre vier Strophen sind unterschiedlich nach dem Prinzip a b b a vertont, ritornelli stehen zwischen den Gesangsteilen. Strophische Anlagen haben ferner die Arien des Ottone «Apri un balcon» und «Sprezzami quanto sai», die leicht variiert sind. Innerhalb der Sätze wird eine Geschlossenheit der Anlage durch Satzdetails wie ostinato, Sequenz und gehende Bässe erzielt. Ein wesentliches Werkzeug der Ausdruckssteigerung ist für MONTEVERDI die Wiederholung kurzer Wortfolgen mit sich nur geringfügig ändernden Motiven.

Der große Fortschritt, den der Musikdramatiker MONTEVERDI seit dem oben besprochenen ›Orfeo‹ zurückgelegt hat, zeigt sich aber am deutlichsten in der Behandlung und musikalischen Differenzierung der einzelnen Personen. Für den herrischen Nero, die libidinöse Poppea, den aufrechten Ottone benützte MONTEVERDI eine differenzierende Tonsprache, deren aus der Operntradition erwachsene Floskeln er überhöht und beinahe leitmotivisch anwendete. Von besonderer Bedeutung ist zudem die der Musik MONTEVERDIS innewohnende Gebärde. Es mag dahingestellt sein, ob sich hier die typische Eigenschaft des mediterranen Menschen, seine Rede auch mit verdeutlichenden Gesten zu unterstreichen, niederschlägt (eine Erklärung für die Eigenart von MONTEVERDIS Tonsprache wird in einem Einfluß des französischen Theaters gesehen). Jedenfalls legen MONTEVERDIS zum Teil standardi-

Aria des Amor. Aus: Cl. Monteverdi, *L'Incoronazione di Poppea*, Venedig 1642. Hs Venedig, Bibl. Marciana (Cod. Containiani).

sierte Tonfolgen für bestimmte Worte oder Wortinhalte eine begleitende Gebärde nahe. Hierin hebt sich nun MONTEVERDI zusätzlich von den anderen venezianischen Komponisten ab. Allenfalls sein Schüler CAVALLI hat hier Ähnliches, aber kaum Gleichwertiges geschaffen. Die spätere Oper hat MONTEVERDIS Errungenschaften nicht weiterverfolgt.

5. NEAPOLITANISCHE OPER I

Wenn auch vereinzelte Aufführungen am französischen Königshof bis in das Jahr 1644 zurückreichen, so war doch Neapel der nächste wichtige Schauplatz der Oper. Die ständige Einführung der neuen Gattung (einzelne Festaufführungen erfolgten bereits vorher) begünstigten politische Ereignisse; nach der Niederschlagung des von dem jungen Freiheitskämpfer Masaniello geführten Aufstands gegen die spanische Fremdherrschaft wurde der spanische Botschafter in Rom Graf Oñate als Vizekönig nach Neapel entsandt. Er brachte aus Rom die Oper mit und ließ 1650 (oder 1651) durch die römische Operntruppe Febi armonici MONTEVERDIS ›L'Incoronazione di Poppea‹ aufführen, die unter dem Titel ›Il Nerone‹ gegeben wurde. Es folgten Opern von CAVALLI, CESTI, CIRILLO und dem Neapolitaner Giuseppe ALFIERI (nichts erhalten). Neben dem unter Obhut des Vizekönigs stehenden Unternehmen wurde der Teatro S. Bartolomeo, der bereits seit 1620 als Sprechbühne existierte, als Opernhaus benützt. Später kamen andere Theater dazu; eine mit Venedig vergleichbare Fülle hat sich jedoch nie eingestellt. Mit der Neapolitanischen Oper verbinden sich heute ganz bestimmte Vorstellungen. Ihr Hauptgegenstand war die opera seria. Die Opern haben in der Regel drei Akte, denen kurze instrumentale Einleitungen vorangehen. Die Akte selbst setzen sich hauptsächlich aus recitativi semplici und Arien zusammen, wobei eine strikte Trennung zwischen handlungsfördernden (Rezitative) und handlungshemmenden (Arien) Teilen besteht. Die Ensembles sind äußerst kurz und meist sehr schlicht gehalten; sie sind gleichfalls handlungshemmend. Die weitgehende Beschränkung auf Rezitativ und Arie führte zu einer Ausprägung und Verfeinerung der beiden Gattungen, die bis zum Ende des 18. Jahrhunderts vorbildlich wirkte. Dies wurde auch durch die Harmonik begünstigt, die anhand der überwiegend homophonen Satzweise die letzten Reste kirchentonartlicher Prägung abstreifte und ganz im Dur-Moll-System aufging. Beim neapolitanischen Rezitativ stehen musikalische Wirkungen im Hintergrund. Der formelhafte recitativo semplice dient ausschließlich dazu, den handelnden Textteil so plastisch wie möglich zu transportieren. Nur da, wo der Text von der Haltung des Berichts abweicht und ausdrucksvoll wird, kommt der recitativo accompagnato oder stromentato zur Anwendung, in dem dann auch die Gesangspartie kunstvoller und einfallsreicher behandelt wird. In der Arie dominiert die dreiteilige Dacapo-Anlage: Um einen Mittelteil b gruppieren sich zwei a-Teile, von denen der zweite durch den Sänger mit Verzierungen ausgestattet wurde. Ab Apostolo Zeno (1668–1750) und Pietro Metastasio

(1698–1782), den beiden größten Seria-Librettisten in der Operngeschichte, wurden dafür zwei vierzeilige Textstrophen zur Norm.

Die Dacapo-Anlage kam aber auch in den kleinbesetzten Ensembles zur Anwendung. Duette oder Terzette können ihr folgen, falls es sich nicht ohnehin um Ariensätze handelt, in denen die Gesangspartie lediglich auf mehrere Stimmen verteilt ist (aria a due, a tre etc.). Daneben bestanden jedoch die älteren meist zweiteiligen Formtypen weiter, die später zur Bildung der cavatina und der arietta führten. Der Ausbildung größerer und dramatisch wirkungsvollerer Ensembles stand die zur opera seria gehörende Konvention entgegen, wonach es als unschicklich galt, andern ins Wort zu fallen.[42] Am Rande sei erwähnt, daß die der Neapolitanischen Oper vorangehende sinfonia ebenfalls eine dreiteilige Anlage aufweist und als wichtige Vorstufe zur Konzertsymphonie gilt.

Für den Gesamtcharakter der Neapolitanischen Oper kann die Tendenz zum stilbildenden Ritual konstatiert werden, und es stellt sich hier die Frage, inwieweit das auch im Vizekönigtum geltende spanische Hofzeremoniell auf die Oper eingewirkt hat. Die Rangfolge der handelnden Personen (Gott, König, Graf, Diener, Bauer etc.) schlug sich in der Zahl der Auftritte, aber auch in der Zahl der Arien für die einzelnen Personen nieder. Innerhalb der Arien gingen die Differenzierungen weiter, indem Orchesterbesetzung und Koloraturen abgestuft eingesetzt wurden. Der Primo Uomo (ein Kastrat) und die Prima Donna hatten das Recht, auf diesbezügliche Gestaltungen der ganzen Oper Einfluß zu nehmen.

Die kleineren Rollen wurden von Tenören und Frauenstimmen ausgeführt. Der Baß verschwand fast vollständig aus der opera seria. Anders in der opera buffa: In ihr herrschte auch in Neapel eine geradezu unkonventionelle Gestaltungsfreude, die nur das gelten ließ, was sich für die Darstellung der Handlung und der in ihr enthaltenen Situationskomik als wirkungsvoll erwies. In der opera buffa reichen die Typen der Sologesangs-Nummern vom einstrophigen Liedchen bis zur fünfteiligen Arie, die Ensembles sind aus zahlreichen Einzelsätzen zusammengefügt. Demgemäß zeigt die Gesamtanlage einer opera buffa einen anderen Aufriß als die der opera seria. Am Beginn des I. Akts steht die introduzione; ein Ensemble, in dem bereits die wichtigsten Personen der Handlung vorgestellt werden. Die (meist drei) Akte werden mit Ensembles beschlossen, wobei der finale ultimo das umfangreichste Ensemble bildet. Zahlreiche Einzelnummern nehmen Volkslied- und Volkstanzgut herein (z. B. den siciliano); die Solonummern sind in der Regel kürzer als in der opera seria. In der opera buffa gab es keine Kastraten. Hingegen wurden komische alte Frauen-Rollen von Tenören gesungen, die Stimmgattung Baß bildete die Stütze des Ensembles.

Während das Rezitativ der opera seria von einer gewissen deklamatorischen Würde bestimmt ist, ist das der opera buffa auf flüssigen parlando ausgerichtet. Das rasche, zum Teil plappernde Absingen des Textes wurde zu einem Stil, der im letzten Drittel des 18. Jahrhunderts zuerst in die opera semiseria und später sogar in die opera seria vordrang.

In den Arien und Ensembles der opera buffa sind die Gesangspartien auf leichte Ausführbarkeit angelegt, da sie häufig von Schauspielern gesungen werden mußten. Koloraturen bilden im frühen Stadium der opera buffa meist Persiflagen der opera seria; etwa so als wenn eine Figur in einem Mundart-Stück des Sprechtheaters plötzlich hochdeutsch zu sprechen beginnt. Die Hereinnahme der Koloratur in die opera buffa ohne karikierende Absicht im Verlaufe des 18. Jahrhunderts bedeutet stilistischen Verfall.

Die hier beschriebenen Eigenheiten der Neapolitanischen Oper wurden erst in ihrer Hochblüte nach 1700 erreicht. Ihr vorgelagert war eine Phase der Entwicklung, für die die Namen P. A. ZIANI, F. PROVENZALE und A. SCARLATTI stehen, wobei letzterer mit seinem umfangreichen Schaffen die Entwicklung zur Hochblüte vollzog. Der aus Venedig schon bekannte ZIANI reiste bereits 1673 erstmals nach Neapel, um Aufführungen seiner Werke durch die Febi armonici zu überwachen. ZIANI stellt also das Bindeglied zwischen Venedig und Neapel dar; er blieb ab 1677 bis zu seinem Tod in Neapel. ZIANI war jedoch stilistisch ganz und gar der venezianischen Oper verpflichtet, wie seine Rezitative, Arien und Ensembles zeigen. Doch dürfte er es gewesen sein, der die mit Streichern begleitete Arie, den siciliano und die Verwendung von Volkslied- und Volkstanzgut in Neapel heimisch gemacht hat.

Als wesentlich stärker in die Zukunft weisend stellt sich hier das Werk des in Neapel geborenen Francesco PROVENZALE (1627–1704) dar, der bereits in jungen Jahren mit Opern hervortrat und nach mehreren führenden Positionen 1680 zum Maestro Onorario der Vizeköniglichen Kapelle berufen wurde. Er gilt als „das Haupt der neapolitanischen Schule schlechthin".[66a] Nur zwei seiner Opern sind erhalten: ›Il Schiavo da sua moglie‹ (Text: A. Peruccio, 1671) und ›La Stellidaura vendicata‹ (Text: A. Peruccio, 1674). In ihnen erweist sich PROVENZALE zwar als Nachfolger der Venezianer CESTI und ZIANI in der Buntheit der Anlage seiner Werke, die eben noch nicht die oben beschriebene Formelhaftigkeit der Neapolitanischen Oper aufweisen; er erreichte aber auch nicht die dramatische Stringenz MONTEVERDIS. PROVENZALE war in erster Linie Musiker; er faßte den Opernstoff ganz musikalisch auf, die Schwerpunkte seiner Partituren liegen auf den handlungshemmenden Teilen. Dies bedeutet nun nicht, daß das Rezitativ bei PROVENZALE vernachlässigt wäre. Im Gegenteil: Es ist flüssig gehalten und deklamatorisch ausbalanciert; es läßt nur eben dramatische Verve vermissen. In die Rezitative baute PROVENZALE wie CESTI gerne ariose Abschnitte ein; an den Rezitativenden stehen kleine kunstvoll gearbeitete Ensemblesätze.

In der Gestaltung der Arien zeigt sich die Meisterschaft PROVENZALES jedoch am deutlichsten. Die Arien sind zwei- bis vierteilig, die Dacapo-Anlage wird durch dazwischengesetzte kurze Rezitativabschnitte aufgelockert. Häufig werden ganz knappe Formate gewählt, die liedhaft wirken. In der musikalischen Ausdeutung des Textinhalts gelangen PROVENZALE besonders glückliche Lösungen. Seine lamenti sind ebenso überzeugend wie seine komischen Abschnitte. Die Unterwerfungs-*Aria* «Lasciatemi morir» der Amazone Menelippa aus dem ›Schiavo‹ ist mit „hinfälligen" chromatischen Gängen in den Streichern ausgestattet. An der *Aria* «Addio, Marte» der Ippolita ist die reiche imitatorische Arbeit zwischen Gesangspartie und Orchesterstimmen auffällig. Die *Aria* der Stellidaura «Su mio core» aus der gleichnamigen Oper ist mit glanzvollen Koloraturen versehen, im Duett von Stellidaura und Armidoro am Ende des I. Akts findet nicht nur der für PROVENZALE typische Wechsel zwischen Dur und Moll statt, sondern gibt es auch ein kunstvolles Melisma von mehreren Takten Länge, das die Schwermut überzeugend darstellt.

Die komischen Partien sind von PROVENZALE in gleicher Weise liebevoll behandelt. In der *Arietta* des Lucillo «Zerbinotti che cercate» aus dem ›Schiavo‹ stellen hüpfende Terzen das Amusement des Dieners über Mitgiftjäger anschaulich dar; die *Aria* des Giampetro in der ›Stellidaura‹, in kalabresischem Dialekt gehalten, besticht durch rasche Silbenfolgen in kleinen Notenwerten. («L'airu chiù»). In den Arien PROVENZALES lassen sich bereits systematische Anlagen für die Tonarten feststellen:

Dreiteilige Arie
   a) Teil   I   Durtonika
       Teil II   Mollparallele
       Teil III   Durtonika
   b) Teil   I   Molltonika
       Teil II   Durparallele
       Teil III   Durparallele – Molltonika

Vierteilige Arie
   a) Teil   I   Tonika – Dominante – Tonika
       Teil II   Tonika – Wechseldominante
       Teil III   Wechseldominante – Dominante
       Teil IV   Dominante – Tonika
   b) Teil   I   Tonika
       Teil II   Tonika – Dominante der Wechseldominante
       Teil III   Dominante der Wechseldominante – Dominante
       Teil IV   Dominante – Tonika. [66b, S. 630f.]

Vor allem die dreiteiligen Anlagen blieben noch lange wirksam. Auch wenn GOLDSCHMIDT PROVENZALE als „Haupt" der Neapolitanischen Schule bezeichnet hat (er hat damit sicherlich mehr an die Bedeutung „Anführer" gedacht), so ist doch Alessandro SCARLATTI (1660–1725) ihr wichtigster Vertreter.[42] Die 114 Opern des gebürtigen Sizilianers bilden gleichsam ihren 1. Teil; mit SCARLATTIS Tod ging dieser Abschnitt zu Ende. SCARLATTI könnte in Rom ausgebildet worden sein; jedenfalls errang er mit seiner ersten Oper ›Gli equivoci del sembiante‹ (Text: D. Contini, 1679) in Rom einen großen Erfolg, der ihm den Posten eines Kapellmeisters der Christine v. Schweden einbrachte. 1683 verpflichtete ihn dann nach weiteren römischen Erfolgen der neue Vizekönig Marchese del Carpio nach Neapel, wo er 1684 Kapellmeister der Cappella Reale wurde und dieses Amt bis 1703 ausfüllte. Dort entwickelte er eine geradezu gigantische Produktivität; seine Opern wurden zudem in ganz Europa aufgeführt. Danach wirkte SCARLATTI in Florenz, Rom, Urbino und Venedig, kehrte jedoch 1708 nach Neapel zurück, wo er noch rund 20 Opern komponierte.

SCARLATTI knüpfte an die römische und die venezianische Opernproduktion an.[98] Der genannte Erstling von 1679 war noch eine Pastoraloper. Doch schon an ihm zeigt sich eine deutliche Trennung zwischen Rezitativ und Arie, die in die Zukunft weist. Bei den Arien herrscht bereits die Dacapo-Anlage vor. In der ein Jahr darauf komponierten Oper ›L'Honestà negli amori‹ (Text: L. Bernini [?]) ist dann wieder eine größere Vielfalt der Arienformen festzustellen; sie sind über ostinati errichtet, folgen dreiteiligen Reihungen (a a b, a b b) oder sind vierteilig (a a b b, a b b c etc.). Die Arien der frühen Opern sind zumeist vom continuo begleitet; allenfalls die ritornelli werden vom Streichorchester ausgeführt. Im Rezitativ gibt es noch ariose Abschnitte. An der Oper ›Il Pirro e Demetrio‹ (Text: A. Morselli, Neapel 1694) ist SCARLATTIS Stil weitgehend festgelegt: Nun bestehen seine Opern im wesentlichen aus recitativi semplici und Dacapo-Arien. Ensembles und Instrumentalsätze bilden kalkuliert sparsam eingesetzte Zutaten. Unter den Arien ist die Devisen-Arie häufig. Zur Verdeutlichung von SCARLATTIS Opern-Aufriß hier drei statistische Beispiele:

›La principessa fedele‹ (Text: A. Piovene, Neapel 1710)
Sinfonia, 3 Akte
117 Nummern, davon
8 Duette, 1 Quartett, 1 Schlußensemble.

›Marco Attilio Regolo‹ (Text: M. Noris, Rom 1719)
Sinfonia, 3 Akte
115 Nummern, davon
3 Chöre, 5 Duette, 1 Quartett.

›Griselda‹ (Text: A. Zeno, Rom 1721)
Sinfonia, 3 Akte
93 Nummern, davon
1 Chor, 2 Duette, 1 Trio (= Terzett), 1 Quartett, 1 Ensemble.
Alle anderen Nummern sind Rezitative und Arien.

Die Rezitative in diesen drei Opern sind meist recitativi semplici, im ›Marco Attilio Regolo‹ sind accompagnati häufiger, die mit *recitativo stromentato* überschrieben sind. Das früheste dieser Art scheint SCARLATTI in der ›Olimpia vendicata‹ (Text: A. Aureli, Neapel 1685) geschrieben zu haben (*Recitativo* des Bireno «Quanto tardate»). Die Arien folgen beinahe ausnahmslos der Dacapo-Form; mehrmals handelt es sich um Devisen-Arien, z. B. in ›Griselda‹:
No. 17 *Aria* der Costanza «Bel labbro»
No. 51 *Aria* des Roberto «Se di altri»
No. 79 *Aria* der Griselda «Sei il mio dolor»
Bei den Arien treten folgende Orchesterbesetzungen auf:
(1) ganze Arie nur continuo
(2) continuo + Violine 1 und 2 unisono
(3) continuo + Violinen unisono + Bratschen
(4) continuo + Streichorchester
(5) continuo + Streichorchester + 1 Oboe
(6) continuo + Streichorchester + 2 Oboen
(7) continuo + Streichorchester + Oboen + 2 Hörner.
In der musikalisch besonders reichen Oper ›La Caduta de' Decemviri‹ (Text: S. Stampiglia, Neapel 1697) gibt es ferner Arien mit Solovioline oder Solocello sowie Trompeten-Arien. In der gleichen Oper sind mehrere arie a due enthalten; z. B.:
No. 2 Valeria/Icilio «Non avvrei»
No. 22 Claudia/Valeria «Come va»; aber auch die *Aria a tre* No. 25 Virginia/Valeria/Claudia «Io vi chieggio».
Die Dacapo-Arie ist zugleich die Grundlage des in Neapel zur Hochblüte gelangenden Gesangsvirtuosentums. Hier konnte der hochbezahlte Gesangsstar seine Technik ebenso vorführen wie seinen Geschmack, seine Erfindungsgabe und – last not least – seine Eitelkeit.

Auch wenn SCARLATTI immer wieder betonte, daß seine Musik ganz dem Affekt der Handlung folge, so ist der Grundtenor der Neapolitanischen Oper doch die Zurschaustellung, die Prunkentfaltung, wie sich auch an der kostspieligen Ausstattung durch weltberühmte Maler ablesen läßt. Es handelt sich also um eine radikal dem Publikum zugewandte Opernkunst, deren Grundhaltung monologisch ist, wie die überwiegenden Solorezitative und Arien zeigen. Der Dialog wird auf das Notwendigste beschränkt, die Handlung spielt nicht wirklich zwischen den Personen; sie ist das Ergebnis intellektuellen Kalküls und nicht Ausdruck emotionellen Verhaltens.

Hier nun einige Beispiele für den reifen Stil SCARLATTIS. In dem 1707 in Venedig herausgebrachten ›Mitridate‹ (Text: G. F. Roberti) findet sich ein besonders ausdrucksvoller *Recitativo* der Schwester des Titelhelden Laodice «O Mitridate mio». Charakteristisch ist die „moderne" Notation der syllabischen Vertonung in Achtel- und Sechzehntelnoten, die häufig daktylische

Rhythmen entstehen läßt. Die Notenwerte sind genauestens auf die Hebungen und Senkungen im Text abgestimmt. Der durch zahlreiche Interpunktionszeichen verdeutlichten Gliederung des Textes wird durch Pausen in der Musik entsprochen. Die Betonungsgrade der Worte werden zusätzlich durch unterschiedliche Intervallgrößen dargestellt. Bei der Textstelle «O vana speme» etwa liegen die ersten drei Silben auf ansteigenden Sekunden in Achtelwerten, zu «speme» hin erfolgt ein Abwärtssprung einer kleinen Sext. Die aufwärtsführenden Noten drängen gleichsam zu dem Wort «speme» hin, das große Intervall läßt die erste Silbe verstärkt betont erscheinen. Doch diese Melodieführung gibt gleichzeitig in vollendeter Weise den Textinhalt wieder: Die aufsteigenden Sekunden symbolisieren die aufkeimende Hoffnung, der Sextfall die Vergeblichkeit derselben.

Diese Präzision in der Übereinstimmung von Wort und Musik beherrscht ab dem schon erwähnten ›Pirro e Demetrio‹ das Rezitativ SCARLATTIS in steigendem Maße. Am Ende stehen so einfache und zwingende Lösungen, daß sie zum Vorbild für die Rezitativkomposition bis zum Ende des 18. Jahrhunderts werden sollten. Hinzu kam eine den Tonraum weit bestreichende Harmonik: Auch die Septakkorde verwendete SCARLATTI in allen Umkehrungen, der verminderte Septakkord diente ihm nicht nur zur Darstellung von Trauer und Schmerz, sondern auch als Vermittler zwischen weit entfernten Tonarten.

Bei den Arien fällt als erstes das Fehlen venezianischer Flächigkeit auf. Der Satz weist in Notation und Struktur auf den Hochbarock hin, die starre homophone Haltung der älteren Oper ist einem kontrapunktisch bestimmten Duktus, in den die Gesangspartie voll integriert ist, gewichen. Auch SCARLATTI trennte in seinen ersten Opern noch zwischen blockhaften ritornelli und vom continuo begleiteten Gesangsteilen. Doch diese Anordnung begann sich immer mehr aufzulösen: Unter die Gesangspartie schoben sich zuerst Begleitakkorde und -flächen der Streicher, später imitatorische Einwürfe, die ritornelli innerhalb der Arie wurden kürzer, bis in SCARLATTIS wohl reifstem Werk, der *Griselda*, der Ariensatz zum filigranen Wechselspiel zwischen Gesang und Orchester wurde. Nur am Anfang und am Ende der Arie gibt es noch ritornelli von mehreren Takten Länge. Der Gesang setzt nach dem ersten ritornello ein und singt die beiden ersten Textzeilen ab; danach kommt es anhand von Wiederholungen einzelner Wortgruppen dieses Textteils zu dem schon genannten Wechselspiel zwischen Gesang und Orchester. Im Mittelteil b gibt dann die Gesangspartie die nächsten beiden Textzeilen meist etwas geschlossener wieder. Am Ende von b stehen häufig Koloraturen, die wie ein Vorgeschmack auf die vom Sänger verzierte Wiederholung des a-Teils wirken.

In der Darstellung der Affekte war SCARLATTI schier unerschöpflich. In der *Aria* des Mitridate «Tormentosa gelosia» wird die wütende Eifersucht des Helden in permanenten Synkopen ausgedrückt, den Schlaf der Olimpia (in *Olimpia vendicata*) symbolisiert ein langsamer ritornello der Streicher mit

„kriechenden" Fortschreitungen. Im Halbschlaf singt Olimpia einige Worte («Dolce amor»), ehe sie ganz erwacht und im recitativo semplice weitersingt. Die ganze Arie dient der Darstellung dieses Erwachens. Die umgekehrte Situation stellt SCARLATTI in den *Caduta de'Decemviri* dar, wo der Diener Flacco bei den Worten «Mi stiro, badiglio» gähnt und unterm Singen einschläft, wobei er immer wieder die gleichen Worte murmelt. Von höchster Dramatik hingegen ist die *Aria* der Griselda «Figlio! Tiranno!», in der aufpeitschende Begleitrhythmen und Zweiunddreißigstel-Läufe, die später von der Singstimme übernommen werden, die Erregung der Titelheldin widerspiegeln. Die Gesangspartien SCARLATTIS sind durchweg anspruchsvoll. Die von ihm notierten Koloraturen stehen allerdings stets in Zusammenhang mit den im Text vorgegebenen Affekten, wie etwa in der *Principessa fedele*, wo die Worte «Lampo, fulmine e saette caderan sul traditor» mit abwärtsführenden Sechzehntelpassagen ins Auditorium geschmettert werden. SCARLATTI setzte die Koloratur aber auch sanft ein: In der *Aria* der Cunigonda wird der Sultan Saladino mit einer viertaktigen Koloratur in den Schlaf gesungen; diese wirkt tatsächlich beruhigend.

Die Ensembles sind an und für sich Nebenerscheinungen in SCARLATTIS Opernschaffen. Trotzdem weisen sie z. T. originelle Lösungen auf. Die schwächsten Vertreter bilden die am Ende der Oper stehenden Schlußensembles von oft unter 24 Takten Länge, in denen die Personen zu einem homophonen Chorsatz zusammengefaßt werden. Sie wirken wie ein Anhängsel, das zum Auszug des Publikums aus dem Theater gesungen wurde. Die Duette sind häufig als aria a due gearbeitet. Sie sind nicht selten für die komischen Figuren aufgespart, wie etwa im ›Tiberio imperatore d'Oriente‹ (Text: D. Pallavicino, Neapel 1702), wo in dem *Duetto* «Non ti voglio» plappernde Wortfolgen in Sechzehntelnoten vorgeschrieben sind, die so auch bei Rossini stehen könnten. Anders der *Duetto* «Tu troppo m'offendi» in ›La Teodora Augusta‹ (Text: A. Morselli, Neapel 1692), der einen wütenden Streit darstellt. Das System der aria a ... wurde von SCARLATTI stark erweitert. In ›L'Eraclea‹ (Text: S. Stampiglia, Neapel 1700) ist sogar eine aria a sette («Che maestà!») enthalten, in der sich sieben Personen die eine Melodielinie teilen, ein Experiment, das SCARLATTI erst 20 Jahre später wiederholen sollte. Trotz dieser Simplifizierung der Satzstruktur entsteht durch den raschen Wechsel zwischen den Singstimmen der Eindruck eines handlungsfördernden Ensembles. In ›La Griselda‹ (Text: A. Zeno, Neapel 1721) gelang SCARLATTI eine feinsinnige Gegenüberstellung durch die beiden Textteile «Ti voglio sempre amar» und «Ti voglio sempre odiar»; in diesem duetto kommt es zu zweistimmigen Koloraturen in Terzen und Sexten. Doch die meisten der kleinbesetzten Ensembles sind eher statisch. Die Behandlung der Stimmen wechselt zwischen kurzen imitatorischen Einsätzen und chorhaften Abschnitten größerer Länge. (*Eraclea* No. 107 *Quartetto* «Il Laccio tenace»).

Zur ersten Gruppe der Neapolitaner ist auch der junge Georg Friedrich HÄNDEL (1685–1759) zu zählen. Nach einer Tätigkeit an der Oper in Hamburg unter den Fittichen Matthesons, die er jedoch bald beendete, machte er 1707 eine Bildungsreise nach Venedig, Florenz und Rom und kam 1708 auch nach Neapel. SCARLATTI scheint er schon vorher in Rom kennengelernt zu haben. In Neapel schrieb HÄNDEL die Serenata ›Aci, Galatea e Polifemo‹ und vertonte den von dem Vizekönig Kardinal Vincenzo Grimani verfaßten libretto zur ›Agrippina‹, die allerdings 1709 in Venedig zur Aufführung gelangte.

In beiden Werken gibt es zweiteilige- und Dacapo-Arien und – als Spezialität Händels – die reiche Verwendung der Oboe im Orchester und als obligates Instrument. Die Ensembles sind kurz und selten. Zwischen Rezitativ und Arie ist bereits ein deutlicher Unterschied in der Satzstruktur festzustellen; der Orchestersatz der Arien enthält imitatorische Einwürfe, feine Klangwirkungen (z. B. *Aria* des Ottone in *Agrippina* «Vaghe fonti che momorano» mit Flöten, gedämpften Violinen, Baß und ohne Cembalo), aber auch brillantes Laufwerk in den Violinen. Insgesamt sind diese beiden Partituren mehr von Neapel als von Venedig her beeinflußt. Später hat dann HÄNDEL Gelegenheit gehabt, SCARLATTI-Opern in Aufführungen in London kennenzulernen, womit die kurzfristige Beeinflussung in Neapel ihre Fortsetzung gefunden hat.

6. PARIS

Wie in Italien gab es auch in Frankreich im 16. Jahrhundert Interessenten für das antike Theater. Vor allem die Dichter der *Pléiade* Ronsard, Du Bellay, Baïf, Belleau, Jodelle, Dorat und Ponthus de Thiard befaßten sich mit ihm. Im Unterschied zur *Camerata Fiorentina* hatte die *Pléiade* jedoch nicht so sehr die Absicht, die antike Tragödie zu rekonstruieren. Sie nahm sie mehr zum Vorbild für eine neuzuschaffende französische Dichtung, für die sie in Inhalt und Sprachqualität richtungweisend sein sollte. Um 1550 bildete sich am französischen Hofe aus einer Reihe älterer Festspielformen der ballet de cour, in dem Tanz, Vokal- und Instrumentalmusik, prunkvolle Kostüme und reiche Ausstattung zusammenwirkten. Als Vorwürfe dienten antike Mythen und Allegorien.

Entscheidend war von Anbeginn der italienische Einfluß auf das französische Aufführungswesen, der nicht nur durch die Heirat von Heinrich II. mit Catharina de'Medici, sondern auch durch eine eng mit Italien verknüpfte französische Kulturpolitik hervorgerufen wurde. Galt es doch, den sich in Italien verstärkenden Einfluß der Habsburger aufzuhalten und damit einer Einkreisung Frankreichs zu begegnen. Aus Italien holte sich der französische Hof neben Malern, Bildhauern und Architekten auch Musiker. So den bedeutenden Tanzlehrer Pompeo Diobono, den Komponisten und Kapellenleiter Baldassare BELGIOIOSO (= Balthazar DE BEAUJOYEULX, ?–ca. 1587) sowie italienische Streicher. Diobono und BEAUJOYEULX brachten den italienischen balletto mit, der nicht mit festen Tanzfiguren arbeitete, sondern immer wieder neu choreographiert wurde. Daraus entwickelte sich der grand ballet, ein getanztes Schlußtableau, das bei keinem ballet und bei keiner mascarade fehlen durfte.

Im Jahre 1570 gründete BAÏF die *Académie de Poésie et de Musique*. Sie war in der Folgezeit unter seiner Leitung bemüht, die von ihm entwickelten *vers mesurés à l'antique*, von denen schon oben die Rede war, mit dem Tanz zu verbinden. Der dabei entstehende ballet mesuré war als Rekonstruktion der Aufführungspraxis der antiken Tragödie gedacht. Bereits 1572 wurde im Louvre anläßlich der Hochzeit von Heinrich v. Navarra der ballet ›Le Paradis d'Amour‹ aufgeführt, der von BAÏFs Akademie geschaffen worden war.

Eine andere Entwicklungslinie führte zum ballet comique, in dem gesprochene Dialoge, Musik, Tanz und Dekoration samt Kostüm zusammenwirkten. Hiervon ist eine erste Aufführung am Hofe aus dem Jahre 1781 bezeugt *(Ballet de la Royne Circé)*; auch diese Gattung geht auf Baïfs Akademie zurück. Eine besondere Rolle spielten in den französischen ballets von Anfang an die entrées. Es handelte sich um zeremoniös wirkende Auftrittsmusiken für einzelne Personen oder auch Personengruppen, die auch getanzt wurden. Später wurde statt der Bezeichnung entrée für die Orchestereinleitungen von Rezitativen der Begriff prélude eingeführt. Hier muß auch an die in Frankreich schon lange gepflegten airs de cour erinnert werden. Es handelte sich um Lautenlieder, bei denen ab der 2. Strophe (double) von den Sängern Verzierungen eingebracht werden konnten, falls sie nicht schon vom Komponisten notiert waren.

Von 1601–1605 waren RINUCCINI und CACCINI auf Einladung der Maria de'Medici am französischen Hof tätig. Auch der in den Abruzzen geborene Kardinal Mazarin (= Giulio Mazzarini) holte immer wieder italienische Komponisten (u. a. L. ROSSI und P. F. CAVALLI) nach Paris. Ihrem Einfluß dürfte es zu verdanken sein, daß sich der französische ballet zur Oper weiterentwickelte. Dabei erwies sich das Rezitativ als das größte Problem. In der Art, wie es sich in Italien herausgebildet hatte, konnte es schon wegen der Sprachunterschiede, aber auch wegen der mehr intellektuell geprägten Einstellung der Franzosen zu ihrer Sprache nicht einfach übernommen werden (noch heute ist die Frage der Endsilben beim Singen nicht restlos geklärt). In der Folgezeit waren daher Werke mit gesprochenem Dialog zwischen gesungenen airs und Chören, entrées und ballets an der Tagesordnung.

Der Verdienst, den französischen récitatif entwickelt zu haben, ist Robert CAMBERT (1628–1677) zuzusprechen.[79] Von Hause aus Organist, gründete er zusammen mit dem Dichter Pierre Perrin eine Akademie, die sich der Entwicklung einer eigenständigen französischen Oper verschrieb. CAMBERT stellte 1658 in seiner Elégie ›La Muette ingrate‹ einen diesbezüglichen Versuch vor. Nach weiteren Werken, deren Musik nicht erhalten ist, trat er im Jahre 1671 mit der Pastorale ›Pomone‹ (Text: P. Perrin) hervor, in der bereits die wichtigsten Teile der französischen Oper enthalten waren: sinfonie, entrée, récitatif und air. Vor allem CAMBERTS Verdienst um die Entwicklung des Rezitativs wurde von den Zeitgenossen erkannt, wie eine Notiz im ›Mercure galant‹ von 1677 belegt. Vergleicht man CAMBERTS récitatif, der gleichfalls mit Cembalo und Zupfinstrumenten begleitet wurde, mit dem recitativo der Italiener, so fällt als erstes der häufigere Taktwechsel ins Auge. Auch wenn sich in Italien die Setzung des Taktstrichs in der Oper im 17. Jahrhundert erst allmählich durchsetzte (meist wurden nur größere Sinneinheiten durch Striche voneinander abgegrenzt), so läßt sich doch erkennen, daß der recitativo überwiegend im Vierertakt (mit eingeschobenen Zweiertakten) gedacht war. Ab dem 18. Jahrhundert wurde er bis hin zu Puccini ausnahmslos im $^4/_4$-Takt notiert. Anders bei den französischen Komponisten: Entsprechend der Sprachmetrik wurden die Takte angepaßt. Ferner gibt es in den französischen récitatifs mehr unterschiedliche Notenwerte als in den italienischen. Um 1670 verwandten die Italiener Viertel-, Achtel- und Sechzehntelnoten pro Silbe. Beim CAMBERT (*Pomone*, I. Akt/2. Szene; Flore/Pomone «Ah, ma sœur«) werden auch Halbe eingeführt, Worte wie «penses», «fécondes» oder «delices» erhalten kleine Melismen, es wird zwischen 3/2-, 2/2-, 4/4- und 3/4-Takten gewechselt. Mehrmals erfolgt ein Umschlagen ins Ariose, einmal sogar in den Duett-Stil.

Aber noch ein weiteres Moment muß bei der Unterscheidung zwischen recitativo und récitatif beachtet werden: Der recitativo hat sein Vorbild in einer klaren, den Textsinn verdeutlichenden, gesprochenen Deklamation, die durch die Musik überhöht wird. Der récitatif hingegen folgt der dramatischen Rezitationskunst des französischen Sprechtheaters, das zur Entstehungszeit der Oper bereits einen hohen Stand erreicht hatte. Im Jahre 1680 wurde der Théâtre français gegründet, der 1687 in der Comédie Française aufging. Die Epoche bestimmten Dichter wie P. Corneille (1606–1684), P. Scaron (1610–1660), Molière (1622–1673), Ch. Perrault (1628–1703) und Ph. Quinault (1635–1688).

CAMBERT war in der Folgezeit weder finanziell noch nervlich seinem mächtigen Rivalen Jean-Baptiste LULLY (1632–1687) gewachsen.[19] Der in oder bei Florenz geborene Giovanni Battista Lulli begann als Musikpage bei der Prinzessin de Montpessier, trat in deren Hauskapelle als Violinist ein und nahm eifrig an den Ballettvorführungen teil, für die er eine große tänzerische Begabung zeigte. Er hatte das Glück, mit dem jungen König Louis XIV. bekannt zu werden und erhielt nach der Komposition einer Reihe kleinerer Werke für den Hof von ihm den Titel eines Compositeurs de la musique instrumentale. Er komponierte gesungene und getanzte Einlagen (divertissements) zu anderen Stücken sowie Ballette und leitete ein mit Spitzenkräften besetztes Streicherensemble. Im Jahre 1661 wurde er Surintendant de la musique und im selben Jahr eingebürgert. Zusammen mit Molière schuf er comédie-ballets und pastorales. Der ›Pomone‹ von CAMBERT fand aber größeren Anklang. Erst mit ›Cadmus et Hermione‹ (Text: Ph. Quinault, 1673), einem Spektakel- und Maschinenstück ersten Ranges, konnte LULLY eine Oper vorlegen. Mit ihr wurde er zum Schöpfer der tragédie lyrique (dem französischen Gegenstück zur italienischen opera seria), für die LULLY bis 1687 noch eine Reihe von Werken schaffen sollte.[108] Daneben lief die Produktion der comédie-ballets weiter, womit LULLY zum Hauptvertreter der ernsten und der komischen Richtung wurde.

Weil die comédie-ballet die ältere Gattung ist, soll ihre Betrachtung zuerst erfolgen. ›Le Mariage forcé‹ (Text: Molière, 1664) wird von einer zweiteiligen *Ouvertüre* eingeleitet, deren beide Teile wiederholt werden. Danach setzen gesprochene Dialoge ein. Die folgende Sologesangs-Nummer «Si l'Amour vous soumet» hat eine arienartige Anlage in der Folge ritournelle – 1. Strophe – ritournelle – double – ritournelle. Die letzte ritournelle ist verkürzt, die Verzierungen des double sind ausgeschrieben. Es folgen zwei entrées (jeweils a a b b), danach gesprochene Dialoge, hierauf eine getanzte (jedoch nicht gesungene) air etc.

Mit dem Auftreten eines magicien (Zauberei spielte in den französischen Opernvorläufern eine wichtige Rolle) zeichnet sich wieder eine Satzanlage ab: Ein kurzer *Récitatif* des magicien «Hola! qui va là?», dann ein liedhaftes Sätzchen von 16 3/4-Takten «Dismoi vite quel souci». Diese Kombination Rezitativ/Liedsatz wird noch zweimal mit neuem Text, aber auch mit neuer Musik wiederholt; dazwischen schieben sich gesprochene Sätze einer anderen Figur. Die nächste *Entrée* stellt den magicien dar, wie er vier Dämonen austreibt. Nach einem weiteren Dialog folgen nur noch Instrumentalstücke (Gavotte, Rondeau, Bourée), darunter der bekanntlich von LULLY am Hof eingeführte *Menuet*. Diese Instrumentalstücke geben dem Maître à danser und verschiedenen Personen des Stücks Gelegenheit für entrées. Ihre normale Orchesterbesetzung ist der fünfstimmige Streichersatz (2 Bratschenstimmen) mit continuo. Nur eine dieser entrées mit dem Titel ›Un charivari grotesque‹ wird von Oboen, Englischhörnern und Fagotte ausgeführt.

Die nächste comédie-ballet ›L'Amour médicin‹ aus dem darauffolgenden Jahr, deren Text gleichfalls von Molière stammt, ist etwas länger und abwechslungsreicher gestaltet. Es gibt einen *Prologue*, der mit einer chaconne der Streicher eröffnet wird; in ihm singen La Musique, Le Ballet und La Comédie ein homophon gehaltenes Terzett; eine ritournelle (a) eröffnet, es folgt ein Solo der Comédie (b), danach der Terzett-Satz (c). Die Anordnung wird wiederholt, das Solo singt nun La Musique. Eine neue ritournelle, die wahrscheinlich von *Le Ballet* getanzt wurde, schließt an (d). Form: a b c a b1 c d. Im I. Akt gibt es nur gesprochene Dialoge. Als entr'actes werden zwei entrées verwendet, der 2. Akt beginnt mit Dialogen. In seiner 7. Szene ist eine zweistrophige *air* «L'or de tous de climats» enthalten, in der jede der Strophen dreifach untergliedert ist; sie beginnt in gemessener Bewegung im 2/2-Takt. Darauf folgt ein rascher Abschnitt im 3/8-Takt, der etwas Bänkelsängerisches an sich hat; ein ruhig im 3/4-Takt ausschwingender Teil beschließt. Danach gibt es wieder eine entrée als entr'acte.

Die *Scène dernière* der comédie-ballet bildet ein ganz homophon gehaltenes Terzett der drei Allegorien des Anfangs, das auch getanzt wird. Daran schließt sich eine Wiederholung der ouverture an. Was LULLY hier vorweist, ist wenig mehr als eine Schauspielmusik. Alle gesungenen Teile sind denkbar einfach gehalten, die Melodiebildung ist schlicht und ebenmäßig, die Instrumentalsätze (Tänze) überwiegen. Interessant ist der double aus *Le Mariage forcé*, weil in ihm festgehalten ist, wie in der damaligen Zeit verziert wurde. Randbemerkungen zu den einzelnen Sätzen geben Aufschluß über die Darsteller; u. a. werden der König und Lully selbst genannt.

Die tragédie lyrique *Cadmus et Hermione* (Text: Ph. Quinault, 1673) ist ein Werk von ganz anderen Dimensionen:

Ouverture
Prolog (5 Szenen)
 I. Akt (6 Szenen)
 II. Akt (5 Szenen)
 III. Akt (7 Szenen)
 IV. Akt (7 Szenen)
 V. Akt (4 Szenen)

Auch die Besetzung ist imponierend: Auf der Bühne stehen 26 Einzelpersonen sowie 16 Personengruppen (teils Chöre, teils Tänzer), im Orchester treten zum fünfstimmigen Streichersatz und dem continuo alle möglichen Instrumente, darunter auch Trompeten, hinzu. Die *Ouverture* ist zweiteilig (langsam/rasch), jeder Teil wird wiederholt (a a b b); ihr Anfang zeigt schon jene punktierten Rhythmen, wie sie für die spätere dreiteilige französische ouverture (langsam/rasch/langsam), die LULLY gleichfalls entwickelt hat, typisch sind. Die Szenen bestehen immer aus mehreren Einzelsätzen, die ineinander übergehen. In der 1. Szene des Prologs beginnen Palès und Mélisse mit einem *Duo* «Hâtezvous, Pasteurs!», in dem sich anfangs mit dem Personenwechsel auch immer der Takt ändert. Nachdem die beiden mehrere Takte homophon zusammen gesungen haben, fallen der Chor und das Orchester ein und wiederholt die beiden letzten Textzeilen der Solosänger etwas rascher, woran sich dann ein längerer selbständiger Chorsatz anschließt («Que tout le monde»). Die nächste Szene beginnt mit einem *Rondeau* (a), eine getanzte air für die den Gott Pan begleitenden Faune. Sie wird verschränkt mit einer gesungenen *Air* (b) des Pan «que chacun se ressente». a wird wiederholt, Pan erhält eine neue air (c), danach erklingt die 2. Hälfte von a (a b a c a1), die in einen stark gegliederten Chorsatz «Quel desordre soudain» überleitet. In ihm wird dem großen Chor ein Favoritchor gegenübergestellt. Die 5. Szene des Prologs eröffnet eine ritournelle. Danach kommt ein *Récitatif* von Le Soleil «Ce n'est point par l'éclat», das in eine air von zwei Textstrophen übergeht. Die ritournelle wird wiederholt, danach werden récitatif und air mit neuem Text und neuer Musik fortgesetzt. Die anfängliche ritournelle erklingt erneut und leitet in einen ausgedehnten duo mit Chor von Palès und Mélisse über («Suivons tous la même envie»). Es folgt ein *Menuet* für die Landleute sowie eine *Air* des Waldgottes Archas «Peuton mieux faire» mit kleinem Chor, der die Strophen des Archas vierstimmig ausgesetzt wiederholt. Am Schluß erfolgt eine Wiederholung der gleichen Musik nun als Orchestersatz (Menuet), zu dem die Waldleute tanzen. Ähnlich sind auch die Szenen in den Akten gebaut. Die bunte Vielfalt und das Ineinander-Übergehen der kurzen Einzelsätze wirkt venezianisch; CAVALLI scheint die Franzosen stark beeindruckt zu haben. Doch gegenüber der venezianischen Opernproduktion hebt sich LULLYS Musiksprache in vielen Einzelheiten ab. Die Gestaltung seiner Rezitativpartien läßt jede Nähe zu CAVALLI u. a. vermissen: Es wird vielmehr auf das Zustandekommen einer abwechslungsreichen Geangslinie geachtet, die zahlreichen Tonwiederholungen der Italiener finden sich bei LULLY nicht. Bei passenden Worten werden kleine Verzierungen notiert. Hinzu kommen die Taktwechsel und die verstärkte rhythmische Gliederung, von der schon bei CAMBERT die Rede war. Aber auch die Bässe in LULLYS récitatif sind beweglicher als bei den Venezianern. Langes Verharren auf einem Ton ist selten, dafür gibt es Baßfiguren mit punktierten Rhythmen, die für den Augenblick den Rezitativ-Charakter aufheben. Bei den gesungenen airs fällt ein teils zeremonieller, teils beschwingter Charakter auf, der eine Affinität zu den getanzten airs herstellt. Die Melodiebildung der airs ist einfach und klar, meistens sind die airs so syllabisch gehalten wie der récitatif. Sie wirken wie Lieder, besser gesagt, wie Tanzlieder.

LULLYS duos und trios sind, so wie seine sonstigen Ensembles, homophon gesetzt. Hin und wieder gibt es Soli für einzelne Stimmen (auch im Chor!), ansonsten ist wirkungsvolles blockhaftes Eintreten die Regel. Die Chorsätze enthalten häufig Wiederholungen, wodurch sie sich beim Zuhörer gut einprägen. Auffällig sind die unterschiedlichen Einsatzarten des Chors: Er begegnet in duo und trio und wird in einen kleinen und einen großen Chor unterteilt. All dies gibt es bei den Italienern nicht. Dazu die starke Einbeziehung des Tanzes, in dessen Orchestersätzen ebenfalls zwischen großen und kleinen Besetzungen differenziert wird, womit das Concerto-Prinzip selbst hier Eingang findet.

Stellt man abschließend die Frage nach der dramatischen Grundhaltung der frühen französischen Oper, so muß als erstes auf ihre Entstehungsorte verwiesen werden. Der mehr im Privaten operierende CAMBERT mochte noch an eine Oper denken, die von einem dramatischen Innenleben erfüllt ist und in der die Handlung wirklich zwischen den Personen „spielt". LULLY waren solche Möglichkeiten von vornherein versagt; seine tragédie lyrique war von der ersten Note an Repräsentation für einen Hof, der in der Kunst der Selbstdarstellung vorbildlich für ganz Europa werden sollte. Hinzu kam die aus den früheren Opernvorläufern hereingenommene „Hypothek" Ballett. Wenn der Tanz an bestimmten Punkten des Handlungsgeschehens eingesetzt wird, so kann er die eine oder die andere Handlungssituation glaubwürdig darstellen, jedoch kaum die Handlung weiterführen; es sei denn, es handle sich um den Tanz der Olimpia in OFFENBACHS ›Les Contes d'Hoffmann‹ vor ihrer Zerstörung durch Spalanzani oder um Salomes Tanz in der Oper von R. STRAUSS. Ballette sind in der Regel handlungshemmend und werden gerade in dieser Funktion gezielt in der Oper eingesetzt. Noch eindeutiger verhält es sich mit der der französischen Oper eigentümlichen entrée. Sie ist die in Musik gesetzte Repräsentation schlechhin und völlig undramatisch; allenfalls erzeugt sie Spannung beim Publikum durch das Warten auf die Hauptpersonen (G. VERDI, Aida, II. Akt, Gran Finale secondo; R. WAGNER, Tannhäuser, II. Aufzug, 4. Szene). Hinzu kommt die generelle Haltung der französischen

Kunst in dieser Zeit: Einen Barock hat es in Frankreich bekanntlich nie gegeben, statt dessen den klassischen Grand style, dessen Vertretern barocker Überschwang und Lebenswärme ein Greuel waren. Die von P. P. Rubens im Auftrag der Maria de'Medici gemalten Bilder für das Palais de Luxembourg etwa blieben in Frankreich 200 Jahre lang Fremdkörper; erst ein Delacroix hat aus ihnen Anregungen für die französische Malerei gezogen. Barock war an der frühen französischen Oper lediglich das Bühnenbild; es wurde zumeist von Italienern geschaffen. Ansonsten war sie ganz dem Grand style angepaßt. Die kunstvoll gedrechselten Dialogtexte sind in ihrem récitatif so gut umgesetzt, daß ihre Qualitäten erhalten bleiben, oder sie werden gesprochen wie in der comédie-ballet. In den airs wird nur so viel an Gefühl gezeigt, daß der Zuhörer sich nicht durch allzu Persönliches belästigt fühlt. Bei den klein besetzten Ensembles wird darauf geachtet, daß die Worte nicht durch imitatorische Einsätze unverständlich werden. Das gleiche gilt für die Großensembles und Chöre, die zudem unter dem Aspekt einer szenischen Architektur entwickelt sind: Im Vordergrund steht die optische und die klangliche Wirkung – die dramatische tritt dagegen zurück. Die frühe französische Oper stellt sich dem Betrachter als höchst kunstfertig, detail- und abwechslungsreich dar – nichts ist dem Zufall überlassen, alles kalkuliert; sie wird ihn beeindrucken. Die italienische Oper wird ihn aber ergreifen.

7. HL. RÖM. REICH DEUTSCHER NATION

7.1 Wien

Bei Betrachtung der Oper im deutschen Sprachraum muß man sich als erstes vergegenwärtigen, daß diese Gattung gerade in ihrem Anfangsstadium so sehr mit den Italienern identifiziert wurde, daß sie lange Zeit „Importware" blieb; italienische Komponisten, italienische Librettisten, Bühnenbildner, Ballettmeister, Sänger und Musiker wurden an deutsche Höfe geholt, um die Oper einzurichten und zu betreiben. Hier können nur diejenigen Werke betrachtet werden, die sich deutlich von den bereits besprochenen Vorbildern aus Italien abheben.

Im Falle der Reichshauptstadt Wien lagen die Dinge zudem noch etwas anders: Der Kaiserhof hatte hier die Musikkultur eines ganzen Reiches zu präsäntieren und lag in einem ideellen Wettstreit mit dem französischen Hof.[149] Doch war diese Repräsentation den Habsburgern die leichteste aller Pflichten; in ihrer Familie gehörte eine gründliche Musikausbildung zu den Selbstverständlichkeiten einer umfassenden Bildung, die durch erstklassige Privatlehrer vermittelt wurde. Mehrere ihrer Mitglieder sind als Komponisten, Sänger und Musiker hervorgetreten.[36]

Ferdinand II. war seit 1622 mit Eleonore v. Gonzaga verehelicht, was die Einführung der Oper in Wien begünstigte. Bereits im Jahre 1628 erfolgte eine Aufführung von MONTEVERDIS ›Il Ballo delle ingrate‹ unter Leitung des dafür aus Venedig herbeigeholten Ballettmeisters Santo Ventura in Wien; ›L'Incoronazione di Poppea‹ gilt als Auftragswerk des Habsburger-Hofes, 1642 (›Egisto‹) und 1650 (›Giasone‹) wurden Opern von CAVALLI in Wien aufgeführt. Ferdinand hatte schon als Statthalter der Steiermark in Graz den Venezianer Giovanni Priuli (um 1575–1629), möglicherweise ein Schüler G. Gabrielis, als Hofkapellmeister verpflichtet, der eine mit italienischen Musikern durchsetzte Hofkapelle aufbaute. Diese folgte Ferdinand nach Wien und löste die noch mit Niederländern besetzte Hofkapelle von Kaiser Matthias ab. Auf Priuli folgte der Venezianer Giovanni Valentini (um 1582–1649), der wie Priuli keine Opern schrieb.

Mit Antonio BERTALI (1605–1669), der bereits 1637 das ›Te Deum‹ zur Thronbesteigung Ferdinand III. geschrieben hatte, amtierte erstmals in Wien ein Hofkapellmeister, der auch als Opernkomponist hervortrat. Seine Werke, von denen nur drei erhalten sind (sowie eine *Operetta* genannte Kurzoper), folgen dem venezianischen Stil. Immerhin wurde seine Oper ›L'Inganno d'Amore‹ (Text: B. Ferrari) auf dem Reichstag des Jahres 1653 zur Aufführung gebracht, wofür der berühmte venezianische Architekt G. Burnacini eigens ein zerlegbares (!) Opernhaus konstruierte, das auf der Donau nach Regensburg befördert wurde. In BERTALIS Amtszeit fiel die legendäre Aufführung von P. A. CESTIS ›Il Pomo d'Oro‹ (s. oben) anläßlich der Hochzeit Leopolds I. mit Margarita v. Spanien. CESTIS Werk, das ein Jahr lang wöchentlich dreimal wiederholt wurde, warb so nachdrücklich für die neue Kunstgattung, daß die Einrichtung einer ständigen Hofoper unausweichlich wurde.

In LEOPOLD I., der 1658 zum Kaiser gekrönt wurde und danach 47 Jahre regierte, hatten das Hoftheater und die Hofmusik einen äußerst sachkundigen Herrn. Er berief führende Künstler nach Wien und vergrößerte sein künstlerisches Ensemble auf etwa 100 Personen. Wie sein Vater Ferdinand III. trat er als Komponist hervor, u. a. mit Festopern. Als Italophile fand er seine Vorbilder auch in der Komposition in Venedig; er machte die italienische Sprache zur zweiten Hofsprache, was bewirkte, daß der Wiener Adel der italienisch gesungenen Oper mühelos folgen konnte. LEOPOLDS feste teatrale zeigen die gleiche Anordnung wie die venezianische Oper seiner Zeit. Seine Rezitative unterscheiden sich satztechnisch und im Ausdruck nur wenig von seinen Arien, die Ensembles sind selten und ganz homophon gesetzt. Trotzdem erhält seine Musik eine persönliche Note, indem der begabte Tänzer seinen Opernkomponisten tänzerischen Schwung und periodische Regelmäßigkeit verlieh; die meisten seiner Arien folgen dem Viertaktschema. Die Melodik ist schlicht, Verzierungen sind nicht notiert, was jedoch nichts besagen will, da die Wiener Hofoper die besten Sänger ihrer Zeit verpflichtete. In seinen stilistischen Ansichten blieb der Kaiser konservativ und wirkte auf seine Hofoper ritardierend; selbst Aufführungen von Opern des Neapolitaners A. SCARLATTI (ab 1681) änderten nichts. Dafür brachte LEOPOLDS Vorliebe für den Tanz in verstärktem Maße das Ballett in die Oper, jedoch nicht in gleichem Ausmaß wie in Frankreich. 1683, im Jahr der zweiten Wiener Türkenbelagerung, fand er Muße, mit der Oper ›Der thoreichte Schäffer‹ die erste deutschsprachige Oper in Wien herauszubringen.

Auch BERTALIS Nachfolger Giovanni Felice SANCES (um 1600–1679), der schon ab 1635 als Sänger in der Wiener Hofkapelle gewirkt zu haben scheint, ist in seinem nicht allzu umfangreichen Opernschaffen zu den Venezianern zu zählen. Mit ihm begegnet aber ein erster Vertreter der in Wien zur Tradition erstarkenden Gattung sepolcro; eine Oper biblischen Inhalts, die in der Karwoche vor dem Heiligen Grab in der Kirche gespielt wurde. Auf sie wird weiter unten noch eingegangen, da in ihr die Satztypen zum Teil eine andere Behandlung erfahren als in der weltlichen Oper.

Nach SANCES rückte Johann Heinrich Schmelzer (um 1623–1680) auf seine Position nach. Der Violin-Virtuose und Konzertmeister der Hofkapelle hatte sich vor allem bei der Aufführung von CESTIS ›Il Pomo d'Oro‹ Verdienste erworben, indem er die dafür anfallenden Ballette komponierte. Auch ein die Hochzeitsfeierlichkeiten einleitendes Roßballett stammte von ihm. Da sowohl er wie auch SANCES nicht in erster Linie Opernkomponisten waren, wurde schon zu ihren Lebzeiten Antonio DRAGHI (um 1635–1700), ursprünglich Hofkapellmeister der Kaiserwitwe Eleonora, in der Funktion eines Intendente delle Musiche teatrali di S. C. M. (1673) an das Hoftheater verpflichtet.[71] Mit ihm betrat der erste Wiener Großmeister der Oper die Bühne der Musikgeschichte, der in einem rund vierzigjährigen Wirken über 170 Opern, feste teatrale und serenate schuf. 1682 wurde er zum Hofkapellmeister ernannt, sein Textdichter wurde der Hofdichter N. Conte Minato, A. Burnacini sein Hoftheater-Architekt. Diese drei Persönlichkeiten bestimmten die Wiener Hofoper in so nachhaltiger Weise, daß sie selbst nach Beendigung ihrer Dienstverhältnisse noch lange Zeit die gleichen stilistischen Vorstellungen weiterverfolgte.

Bevor DRAGHI als Opernkomponist hervortrat, schrieb er für andere Musiker libretti, u. a. auch für BERTALI. Mit dem Conte Minato hatte er für sich und für Wien den idealen Textdichter gefunden, der es verstand, in die Seria-Stoffe heitere Episoden einzustreuen, die spürbar vom Wiener Stegreiftheater beeinflußt waren. Eine Vermischung der Gattungen, die vom nachfolgenden Hofdichter A. Zeno verworfen wurde; er sollte zur einen opera seria zurückkehren.

DRAGHIS Opernpartituren sind im Aufbau und in der Gestaltung der einzelnen Sätze ganz venezianisch; Unterschiede entstehen vor allem durch den durchsichtigen Orchestersatz DRAGHIS, in den die Bläser bereits feine Farbschattierungen einbringen. Die Vokalformen sind knapp und übersichtlich gehalten. Bei den Arien dominieren die strophischen Anlagen (Arie der Psiche «Torn' o caro, torna sì» in ›Psiche cercando Amore‹, Text: N. Minato, 1688); die Ensembles sind meist nur wenige Takte lang und ganz homophon gehalten. Häufig ergeben sie sich aus dem Rezitativ und kehren sofort wieder in dasselbe zurück. Was allerdings der Komponist an Gesangstechnik bei seinen Sängern voraussetzt, zeigt sich an der Koloratur-Arie der Psiche im gleichen Werk «Il Giro snell' e rapido». Sie steht der Arie der Rosina in G. ROSSINIS ›Il Barbiere di Siviglia‹ technisch kaum nach.

In der 2. Szene des I. Akts aus seinem Scherzo drammatico ›La Pazienza di Socrate con due moglie‹ (Text: N. Minato, 1680) läßt sich anhand des recitativo semplice «Arrogante! Insolente!» zwischen Socrate, Santippe und Amitta DRAGHIS meisterhafte Beherrschung des Rezitativs ablesen. Nachdem sich die beiden Gattinnen des Philosophen wegen eines Hühnereis kräftig beschimpft haben, versucht Socrate sie zu besänftigen. Dabei wechselt der Satz rasch zwischen dem aufgeregten Plappern der Frauen, den ruhigen Ausführungen des Philosophen und kurzen Duett-Sätzen, in denen die Frauen sich beruhigt zeigen. Der Anteil von Werken des komischen Genres ist bei DRAGHI erstaunlich hoch, wenn man bedenkt, daß er für eine Hofoper schrieb. Doch scheint LEOPOLD ihn sogar dazu ermuntert zu haben. Mit der mascherata ›Il trionfo del Carnevale‹ (Text: N. Minato, 1685) schuf DRAGHI Wiens erste Faschingsoper, gleichsam die Urahnin von J. STRAUSS' ›Die Fledermaus‹.

Aus dem schon genannten Jahr der zweiten Wiener Türkenbelagerung (1683) stammt der sepolcro ›Sant'Elena‹ des Hofkapellmeisters der Kaiserwitwe Eleonore Giovanni Battista PEDERZUOLI.[149, S.5f.] Der ehemalige Kapellmeister an St. Maria Maggiore in Bergamo hinterließ ein ungemein vielfältiges Schaffen, das vom sepolcro bis zum scherzo musicale in modo di scenica rappresentazione reicht. Der sepolcro ist, wie schon erwähnt, eine Oper für die Karwoche, die helfen sollte, die opernlose Zeit vom Aschermittwoch bis Ostern zu überstehen. Als Handlungsvorwürfe wurden das Alte Testament und die Heiligenlegenden herangezogen. Aufführungen fanden jeweils am Gründonnerstag und am Karfreitag in der Kirche vor dem Heiligen Grab statt, wobei die Personen wohl kostümiert waren, ansonsten aber auf jegliche Ausstattung verzichtet wurde. PEDERZUOLIS sepolcro, der den zu beachtenden Untertitel *Oratorio* trägt, ist in zwei Teile gegliedert, was bei sepolcri die Regel ist; möglicherweise fand dazwischen eine Andacht statt. Die beiden Teile enthalten insgesamt 49 kurze Sätze, die ineinander übergehen. Nur die Arien und Ensembles haben abgesetzte Schlüsse. Der libretto behandelt die Geschichte der Kreuzauffindung auf dem Berg Golgatha durch die Heilige Helena, Mutter von Kaiser Konstantin, an der sie die Mächte der Finsternis immer wieder hindern wollen. Schauplätze sind der Himmel der Seligen, Jerusalem und die Hölle. Neben der Heiligen treten die Religion (La Fede), die göttliche Liebe (Amore Divino), die Furcht vor dem Laster der Hölle (Il Timore Vitio Infernale), Pluto (Plutone), der Chor der Engel (Coro d'Angeli) und der Chor der Geister der Unterwelt (Coro di Demonii) auf. Der Reiz des libretto liegt in der unbekümmerten Mischung von antiken und christlichen Figuren und Symbolen.

Das Werk wird von einer *Sinfonia avanti* der Streicher in unterschiedlichen Taktarten und Tempi eröffnet; auch dies findet sich häufig bei sepolcri. Danach folgt ein Engelschor «Scendi Amore» in Form eines dreistimmigen Frauenchors, mit leichten Stimmimitationen und Koloraturen versehen. Ein *Arioso* des Amore Divino von 5 Takten Länge schließt an («Giù non suolo ratto»), dann setzt der Engelschor seinen Gesang fort. Nach einem erneuten *Arioso* des Amore Divino («Ferirò sia cagion») von 7 Takten folgt eine zweiteilige Continuo-*Aria* («Son ferita») von 23 Takten Umfang. Ein Wechselrezitativ zwischen dem Amore Divino und Sant'Elena schließt sich an («Vibra il tardo fatal»), dessen Gesangspartien in Vierteln und Achteln notiert sind. Die *Aria* des Amore Divino («Se il mio stral») beginnt mit Continuobegleitung und hat lediglich ein Streicherritornell, das als Nachspiel dient; auch dies ein Typikum des frühen sepolcro. Die nachfolgende *Aria* der Sant'Elena «S'è il mio sen d'Amor» hat die gleiche Anlage. Der 1. Teil enthält zudem neben Rezitativen und Continuo-Arien zwei Duette, ferner eine *Aria con instrumenti* «Cara fede» der Sant'Elena, in der allerdings die Streicher in den Gesangsabschnitten meist pausieren, eine rasche (6/8-Takt) und finstere getönte Continuo-*Aria* des Plutone «Furie dell'Erebo» sowie Chöre der Demonii, die mit drei Baßstimmen besetzt sind.

Die *Aria* der Sant'Elena im 2. Teil «Signor, che far poss'io» ist mit Streichorchester besetzt, und hierin bleiben die Streicher begleitend unter der Gesanglinie an einigen Abschnitten stehen. Zu erwähnen ist ferner ein Engelschor («Vittoria»), der von der ein- bis zur dreistimmigen Besetzung wechselt; mit ihm wird die Kreuzauffindung besungen. In der Strophen-*Aria* der Sant'Elena «Pondo amato in dolci amplessi» steht in der Mitte zwischen den Strophen ein ritornello (Streicher). Mehrere Dämonenchöre, eine Rache-*Aria* des Plutone «Aspidi e Cerberi» sorgen für dramatische Abwechslung; im *Duetto* Amore Divino/Fede «Peri Averno» gibt es Sechzehntelkoloraturen. Es folgt ein homophon gehaltener *Terzetto* der beiden Allegorien mit der Heiligen sowie ein sechsstimmiger *Finale* «L'alma fida», bei dem zu den Vorigen der dreistimmige Engelschor hinzutritt.

An den hier vorgestellten Teilen von PEDERZUOLIS Werk lassen sich die Konzeptionsschwerpunkte des sepolcro deutlich erkennen: Verkürzung des Gesamtumfangs (die Möglichkeiten des Kirchenraums sind beschränkt), noch knappere Fassung der Einzelsätze als in Venedig, Verzicht auf aufwendige Instrumentation, jedoch nicht auf dramatische Aussage in den Gesangspartien; verstärkte Heranziehung des Chors als Querverbindung zur musica sacra, was gleichzeitig einen anspruchsvolleren Chorsatz nahelegt als auf der Opernbühne.

Man kann den sepolcro als diejenige Operngattung ansehen, die am wenigsten zur Ad-spectatores-Haltung neigt. Ihre Grundhaltung ist der Dialog, wie schon der Text des unbekannten Librettisten erkennen läßt; selbst die Arientexte beziehen sich stets auf die Personen und die Handlung und sind nie verallgemeinernd oder gleichnishaft. Die am Wiener Hof gepflegte weltliche Oper war hingegen weitgehend Repräsentation; dies belegt allein die große Rolle, die das Ballett in ihr spielt. Doch die frühe Wiener Oper enthielt bis A. Zeno viel Komisches und Volkstümliches, womit der reine Repräsentationscharakter, der einer kaiserlichen Hofoper durchaus angemessen wäre, z. T. sogar ironisch gebrochen wurde. Dies konnte man sich am Kaiserhof leisten, an einem Königshof jedoch nicht. Dieses Nebeneinander, das Sowohl-als-Auch sollte als lokales Spezifikum alle klassizistischen Tendenzen aus Italien überdauern und die Grundlage für die Oper MOZARTS bilden.

7.2 Hamburg

Einen wirksamen Gegensatz zur Opernpflege am Kaiserhof in Wien bildete die Hamburger Oper. Sie erstand aus der Musikbegeisterung und dem Interesse am Theater der Hamburger Bürgerschaft, die ihre Oper durch Mäzenatentum über Jahrzehnte hinweg so großzügig ausstattete, daß sie nicht nur mit Wien in Wettstreit treten, sondern auch Sonderentwicklungen kreieren konnte. Die ersten Aufführungen scheinen in einem klösterlichen Speisesaal am Dom stattgefunden zu haben;[21] doch bald wurde der Opernhof am Gänsemarkt gebaut, der noch vor J. THEILES ›Adam und Eva‹ im Jahre 1678 mit einem ›Orontes‹ eröffnet worden sein dürfte, an dem J. THEILE und N. A. STRUNGK gearbeitet haben, während eine früher vermutete Mitarbeit von J. G. FÖRTSCH heute als unwahrscheinlich gilt.

Johann THEILE (1646–1724) war in jungen Jahren Schüler von H. SCHÜTZ, unterrichtete Buxtehude, Zachow und HASSE in Komposition und suchte 1677 in Hamburg um das Opernprivileg nach, das er erhielt.[154] Als Lehrer und Kirchenkomponist vertrat er einen strengen kontrapunktischen Stil, wobei ihm Palestrina als Vorbild vorschwebte. Sein Opernstil erweist sich hingegen als ungemein schlicht und in den geschlossenen Formen dem Tanzlied angenähert. Die Arie der Dorisbe „Komm, ach komm! O süßer Tod!" aus dem ›Orontes‹ (Textdichter unbekannt) hat Strophen ohne Ritornelle. Die Melodielinie ähnelt dem protestantischen Choral, kleine Koloraturen beleben sie. Auffällig ist eine sprunghafte Baßführung und eine abwechslungsreiche Harmonik. Im Streichersatz (fünfstimmig, geteilte Bratschen) zeigt sich THEILE von LULLY beeinflußt.

Nicolaus Adam STRUNGK (1640–1700) war Schüler seines berühmten Vaters, des Organisten Delphin Strungk, wirkte als Konzertmeister in den Kapellen in Celle, Hannover und Wolfenbüttel und hielt sich zeitweise in Wien bei Schmelzer auf, wo er mit der Oper in Berührung kam. Im Jahre 1679 wurde er Musikdirektor der Rats- und der Dommusik in Hamburg. Später trat er in sächsische Dienste und erwarb sich als Initiator von Opernaufführungen und -unternehmungen in Dresden und Leipzig große Verdienste. So wie die anderen frühen Hamburger Opernkomponisten benützte STRUNGK Vorwürfe aus der Bibel, aber auch der antiken Mythologie, wobei er sich der Textbücher von Quinault und Pallavicino bediente, die dafür übersetzt wurden. STRUNGK brachte den venezianischen Stil nach Hamburg, den er sich in einem so starken Maße zu eigen machte, daß seine Oper *Antiope* (Text nach Pallavicino, Dresden 1689) als Stilkopie gelten kann. Charakteristisch sind für STRUNGK strophische Arien, deren Gesangspartien kleine Melismen aufweisen oder nach Art des double variiert sind. Die Arien sind durch Ritornelle aufgelockert, unter den Ensembles stehen die Duette im Vordergrund.

Johann Philipp FÖRTSCH (1652–1732) studierte bei J. Ph. Krieger und trat nach mehreren Reisen, die ihn auch nach Holland und Frankreich führten, in die Hamburger Oper als Sänger ein.[146] Hier betätigte er sich aber auch als Librettist und Opernkomponist. Er brachte Handlungsvorwürfe von Lope de Vega, Minato und Marlowe nach Hamburg und arbeitete mit dem führenden norddeutschen Librettisten seiner Zeit Christian Heinrich Postel (1658–1705) zusammen. Der Opernstil des Komponisten FÖRTSCH unterscheidet sich nur wenig von dem der THEILE und STRUNGK. An seinem Satz ist die Linearität der Gesangspartien und eine noch von den Kirchentonarten geprägte Harmonik bemerkenswert (Arie der Murat „Bleibt immer der Schmerze" aus *Bahjazet und Tamerlan* (Text: C. H. Postel, Hamburg 1690).

Mit Johann Wolfgang FRANCK (1644–ca. 1710) wird zugleich die Operngeschichte von Ansbach berührt, wo FRANCK im Jahre 1665 Hofbeamter wurde. Sein Herr scheint ihm einen Bildungsurlaub nach Venedig finanziert zu haben; nach seiner Rückkehr wurde FRANCK zum Director der Comoedie ernannt, baute eine leistungsfähige Hofkapelle auf, die sich bald eines überregionalen Rufs erfreute, und stellte Opern anderer Komponisten vor. Im Jahre 1676 brachte er dann seine Oper *Andromeda* (Textdichter unbekannt, Vorwurf eventuell nach Corneille) heraus, zwei Jahre später den ›Phoebus‹ und 1679 als eines seiner Hauptwerke den ›Cecrops‹ (Text: Maria Aurora v. Königsmarck). Nachdem er einen Kollegen aus der Hofmusik umgebracht hatte, mußte FRANCK fliehen und ging nach Hamburg, wo er als Opernkomponist bald THEILE, STRUNGK und FÖRTSCH überflügelte.

FRANCK, der auch auf dem Gebiet des geistlichen Liedes Bedeutendes hinterlassen hat, war der erste in Hamburg wirkende Komponist, der italienische und deutsche Stilkriterien der Oper zu einer persönlichkeitsgeprägten Synthese zu bringen verstand. Den *Cecrops* aus Ansbachischer Zeit hat er für Hamburg neu bearbeitet und zur Aufführung gebracht. Das Werk enthält eine *Vorrede* (= Prolog) und fünf *Handlungen* (= Akte) und trägt den Untertitel *Sing=Spiel*, obwohl in ihm keinerlei gesprochene Dialoge enthalten sind. Auch FRANCK benützte den fünfstimmigen französischen Streichersatz mit geteilten Bratschen für die Orchestersätze, die im ›Cecrops‹ eine wichtige Rolle spielen. Auch ein Ballett fehlt nicht.

In den recitativi semplici bemühte sich FRANCK zwischen den in der römischen und in der frühneapolitanischen Oper üblichen häufigen Tonwiederholungen und einer mehr melodiös gestalteten Linie der Gesangspartien eine Balance herzustellen; die italienische Richtung dominiert allerdings meistens und erzeugt damit einen deutlichen Abstand zur Melodiebildung in den Arien. Diese ist einfallsreich gestaltet und wirkt in der Ausgewogenheit ihrer Bewegung häufig wie ein Vorgriff auf Händel. Die Arienformen und -besetzungen sind vielfältig abgewandelt. Die Continuo-Arie der Venus „Ich glückliche Göttin" ist zweiteilig; die letzten beiden der insgesamt sechs Textzeilen der Arie werden von „Drey Amores" im Chorsatz wiederholt. Die Continuo-Arie der Königstochter Pandrose „Ihr Bäume schweigt" ist zweistrophig, beginnt wie zahlreiche andere Arien in dem Werk mit einer Devise, unter die sich zwei Takte Orchesterbegleitung schieben. Nach einem größeren Continuoabschnitt begleitet das Orchester erneut den Gesang. Am Ende steht dann noch zusätzlich ein Orchesterritornell. Die Arie des Pirante „Amor höre doch" ist ebenfalls zweiteilig, doch nun mit unterschiedlichen Taktarten (4/4, 3/4), der zweite Teil wird als Orchesterritornell wiederholt. Die Strophen-Arie des Sylvander „Das leere Hoffnungsfaß" folgt dem Schema a a b b b1. Philomene und Sylvander teilen sich eine aria a due („Die Mägdgen, die heute"), die hier „Gegenarie" heißt und für die Männerstimme eine Quart tiefer gelegt wird. Die Arie der Minerva „Ermuntre dich, du tapfre Schar" ist ein pompöses, mit fanfarenartigen Streicherpassagen ausgestattetes Stück, in dem der Sängerin virtuose Aufgaben zugestanden werden. Dagegen ist die mit *Adagio. Lamentoso* bezeichnete Arie der Aglaure „Ich kann und mag mich länger nun nicht leiden" mit einem klagenden Streicher-Piano unterlegt, das im Schlußritornell durch die Wendung von B-Dur nach b-moll noch an Wehmütigkeit gewinnt. Die Arie der Pandrose „Es sey gewagt!" ist hingegen von strahlender Selbstsicherheit erfüllt und kann mit ihren virtuosen Sechzehntelpassagen in der Gesangspartie als aria di bravura gelten.

Genauso einfallsreich wie in den Arien erweist sich FRANCK in den Ensembles: Immer wieder wird die sich bei ihm bereits deutlich abzeichnende neapolitanische Schematik Rezitativ und Arie durch größere oder kleinere Ensembles durchbrochen. Die drei Amores oder Cupidines schmettern in der Vorrede fröhliche Sätze nach Art der drei Knaben in MOZARTS ›Zauberflöte‹, die Personen werden zu den verschiedensten Duett-Besetzungen herangezogen. Die Duette zeichnen sich durch einen permanenten Wechsel zwischen Stimmimitation und homophoner Zusammenfassung aus. Es gibt aber auch Ensemblebesetzungen, die bis zu fünf Stimmen reichen („Wozu dient die Grausamkeit", „Kommt alle, Minerven zu Ehren" etc.), in denen die Stimmen teils en bloc, teils im Fugato einsetzen, was weit über die damals üblichen Anforderungen hinausgeht. Die ›Cecrops‹-Partitur macht also den Eindruck größten Einfallsreichtums und absoluter Beherrschung der dramatischen Mittel. Neben dem bereits erwähnten italienischen Einfluß sei noch einmal auf andersgeartete Stilkriterien des ›Cecrops‹ hingewiesen: Prolog, 5 Akte, melodische Gestaltung der Rezitative, fünfstimmiger Streichersatz. Eine Fülle an Details (z. B. die stets mit den Singstimmen abschließenden Schlußkadenzen in den Rezitativen) läßt hier die Frage aufkommen, ob FRANCK nicht doch mit der französischen Oper engere Kontakte hatte, auch wenn in Ansbach bislang keine Aufführung einer französischen Oper unter seiner Leitung nachgewiesen werden konnte.

Johann Sigismund KUSSER (1660–1727) wurde in Preßburg geboren, übersiedelte als Protestant mit seinen Eltern früh nach Stuttgart und scheint in jungen Jahren eine Ausbildung in Frankreich genossen zu haben; möglicherweise war er Schüler von LULLY.[135] Nach Anstellungen in Ansbach und Wolfenbüttel ging er 1694 nach Hamburg, wo man ihm die Benützung des Opernhauses verweigerte, worauf sein ›Porus‹ (Text: F. C. Bressand, überarbeitet von Postel, 1694) an einem anderen Ort (eventuell im Rempter) aufgeführt wurde und sofort einen großen Erfolg errang. Auch seine Oper ›Erindo oder Die unsträfliche Liebe‹ (Text: F. C. Bressand, 1694) sowie eine Reihe weiterer Opern entstanden in Hamburg, bevor KUSSER sich wieder in den Süden begab.

KUSSER, der sich auch COUSSER schrieb, gilt als der Vermittler LULLYscher Opernkunst in Deutschland schlechthin. An den wenigen erhaltenen Beispielen läßt sich ablesen, daß er ein Meister der Arie gewesen ist. Im ›Erindo‹ gibt es Dacapo-Arien (Cloris „Welch ein erfreuliches Wundervergnügen"), Strophen-Arien (Daliso „O ihr silberreine Wellen"), Devisen-Arien (Erindo „Ein vernünftiges Beginnen"), arie a due (Tirsis/Cloris „Daß ich treulich liebe"), eine Arie in Form eines Tanzes (Amarillis „Ein Herz erlanget" = Bourée) sowie Arien mit den unterschiedlichsten obligaten Instrumenten: Traversflöte, 2 Blockflöten, Oboe, 2 Oboen, 2 Fagotte, Violine und Colachono (= Colascione), ein Zupfinstrument arabischen Ursprungs. KUSSERS Duette sind mit Stimmimitationen durchsetzt, die auch den Begleitsatz erfassen, die Chöre sind einstimmig und gleichfalls in Tanzsätze gefaßt: Chor „Weil es jetzt der Himmel schickt" = Gavotte, Chor „Was bewegt dich" = Menuett, Chor „O höchst gewünschte Lust" = Branle de Village.

KUSSERS Sätze sind keineswegs kurz; sie sind kunstvoll gearbeitet und fordern in ausgeschriebenen Koloraturen den Sängern ein gehöriges Maß an Technik ab (worin sich italienische Einflüsse zeigen). Continuo- und Orchestersätze enthalten lebhaft bewegte Baßstimmen und eine abwechslungsreiche Harmonik. Der Streichersatz ist fünfstimmig. In der Ausdeutung des Textes gelangen KUSSER mitunter treffende Lösungen; so in der Arie „Ihr o silberhelle Wellen" des Daliso, wo die Singstimme die Wellenbewegung in kleinen Notenwerten imitiert und der continuo dazu Akkorde in Viertelwerten, abwechselnd mit forte und piano bezeichnet, ausführt.

Reinhard KEISER (1674–1739) war Thomaner, wurde von J. Schelle und möglicherweise auch von J. Kuhnau ausgebildet, trat in Braunschweig mit zwei Pastoralopern hervor (›Il re pastore‹, 1692 und ›Cefalo e Procri‹, 1693) und ging danach nach Hamburg.[157] Die erste am Gänsemarkt nachweisbare Oper ist ›Der geliebte Adonis‹ (Text: C. H. Postel, 1696), der in den nächsten Jahren noch vier weitere Werke folgten. KEISER war zudem Dirigent der Winterkonzerte; im Jahre 1703 übernahm er die Leitung der Oper. Schon vorher hatte er die Oper ›Claudius‹ herausgebracht, in der als Novum Arien in italienischer Sprache enthalten waren.

Eines der Hauptwerke KEISERS ist ›Der Hochmüthige/gestürtzte/und wieder erhabene Croesus‹ (Text: C. H. Postel), von dem mehrere Fassungen existieren; er wurde erstmals 1710 in Hamburg aufgeführt. Es handelt sich um eine große aufwendig besetzte Oper des Hochbarock, der Opern HÄNDELS wie der ›Rinaldo‹ gegenübergestellt werden können. Sie besteht aus einer Ouvertüre italienischer Prägung (schnell – langsam – schnell) und drei Akten, die unterschiedlichste Satzformen und Besetzungen enthalten. Im Vergleich zu den vorher besprochenen Hamburger Opern wirkt KEISERS Partitur „modern"; hier tritt ein kompaktes Orchester entgegen, das sich aus Streichern + continuo, 2 Flöten, 2 Oboen, 2 Fagotten, 3 Trompeten und Pauken zusammensetzt; ein «zufolo» (= Hirtenflöte) vermittelt persisches Kolorit. Sätze, in denen lediglich der continuo begleitet, sind (die recitativi semplici ausgenommen) selten.

Die Rezitative KEISERS sind syllabisch gehalten (meist Achtel- und Sechzehntelwerte), die Gestaltung der Gesangspartien ist einfallsreicher als bei FRANCK und KUSSER. Die Wahl der Intervalle richtet sich nach dem Erregungsgrad der Person. Die Arien sind von großem Formenreichtum und auf unterschiedlichste Weise besetzt. Neben der Strophen-Arie (Elmira „Fühlst du noch der Liebe Kerzen") mit dazwischengestelltem Kurz-Rezitativ gibt es die Dacapo-Arie (Polidor „Die vollkommnen Wunderstrahlen"), aber auch zweiteilige Bildungen, bei denen das Orchesterritornell noch gesondert steht. Andere Arien folgen wohl der Dacapo-Form, doch der zweite a-Teil ist unvollständig: Lediglich das Anfangsritornell wird wiederholt und ihm eine Schlußwendung angehängt; der Gesangsteil entfällt und damit die Möglichkeit des Sängers, durch eigene Koloraturen zu brillieren. Ferner gibt es die aria a due (Elmira/Merill „Du mußt scheiden") und die arietta, bei KEISER ein kurzer zweistrophiger Satz („Empfinde gleich Schmerzen"), in dem sich Elmira und Trigesta die Strophen teilen. Hinzuweisen ist schließlich auf die Arie der Elmira „Hoffe noch, gekränktes Herz", in der sich, analog zum Textinhaltscharakter, das Tempo mehrmals ändert.

In den Besetzungen der Arien ist KEISER von großem Einfallsreichtum. Beinahe alle Arien sind vom Streichorchester begleitet, hin und wieder entfallen die Bratschen, die Violinen werden häufig zu einer Stimme zusammengefaßt. Die Arie der Elmira „Hoffe noch, gekränktes Herz" ist mit obligater Oboe besetzt. In der Arie der Clerida „Liebe treibst du denn nur Spiel?" spielt eine Soloflöte den Gesangspart mit, so wie in der Arie „Schlafe, mein Liebster" in J. S. Bachs ›Weihnachts-Oratorium‹. Dazu gibt es gebrochene Dreiklänge der Violinen in Sechzehnteln, die von den Celli oktaviert werden. Die koloraturenreiche Baß-Arie des Königs Cirus „Laß mich nur meine siegenden Waffen sehen" hat im Begleitorchester 3 Trompeten und Pauken. Im ›Croesus‹ treten auch ein Bauer und eine Bäuerin auf, die ein Duett („Klein Vögelein") singen. Da sie laut Regieanweisung auf Schalmeien und Sackpfeifen spielen, stellt KEISER den Klang dieser Folklore-Instrumente im Orchester nach: 2 Oboen,

2 Fagotte und 2 Solocelli. Die Sänger haben zum Teil hochvirtuose Koloraturen zu bewältigen. Die Cirus-Arie wurde schon genannt. Hinzu kommen die Dacapo-Arie „Er weckt in meinem Herzen" der Elmira und die *Aria alla Siciliana* „Liebe sag, was fängst du an" der gleichen Person im $^{12}/_8$-Takt, in der die Sängerin äußerst komplizierte Figuren in Zweiunddreißigstelwerten und noch zusätzlich Triller auszuführen hat; auch hier handelt es sich um eine aria di bravura.

Nicht zu kurz kommt bei KEISER die musikalische Darstellung der Textinhalte. Croesus wird gefesselt vor Cirus gebracht; er singt die eindrucksvolle Arie „Niemand kann aus diesen Ketten", die andante von einem dunkel getönten Streichersatz begleitet wird. Anders die Arie des Orsanes „Die Flamme steigt", in der die Violinen mit flackernden Dreiklangszerlegungen in Sechzehnteln R. WAGNERS „Feuerzauber" vorwegnehmen. Dagegen ist die Strophen-Arie „Mein Kätchen ist ein Mädchen" eines „Baurenkinds" die überzeugend schlichte Umsetzung eines Kinderlieds. Besonders gut glückt KEISER jedoch die Darstellung des „kurtzweiligen Dieners Elcius", der, als italienischer Hausierer getarnt, das persische Lager aufsucht und seinen Kram (darunter Brillen [!] und Mausefallen) mißtönend feilbietet.

Nicht ganz so überzeugend sind KEISERS Ensembles im ›Croesus‹. Wohl gibt es gleich am Anfang des I. Akts einen mitreißenden Eingangschor „Herrsche Croesus!" mit Pauken und Trompeten, und auch das Schlußensemble des letzten Akts für 7 Soli und Chor beginnt vielversprechend. Nur hat letzteres bereits die Kürze, die für SCARLATTI typisch ist. Dies betrifft auch die in dem Werk auftretenden Chöre, die Texte wie „Waffen, Hilfe Waffen!" singen und in einem Fall einen (!) und in einem anderen Fall zwei Takte lang sind. Dies läßt auf das Wirken von Statisten schließen; der Berufschor scheint schon nach dem I. Akt nach Hause gegangen zu sein.

Insgesamt ist das, was die Hamburgische Oper in wenigen Jahrzehnten vorgestellt hat, imponierend und trotz aller Einflüsse von außen eigenständig. Für den jungen HÄNDEL dürften die Hamburger Eindrücke entscheidend gewesen sein. Die Wahl biblischer Vorwürfe in der Anfangsphase weist bereits auf einen Zug zum Dialog hin, der sich mit der Zuwendung zu antiken Mythologien und Heldensagen allmählich in den Monolog verwandelte. Die Stadt Hamburg betrieb als reiche Handelsmetropole auch mit ihrer Oper Repräsentation. Doch dieser Repräsentation fehlt das südländische Temperament und die katholische Fülle. Wichtig ist die Einführung der deutschen Sprache in die Oper und des Kontrapunkts in die Satzstruktur. Auf die nachfolgenden Generationen hat die Hamburger Oper noch lange eingewirkt.

7.3 Ansbach

Im Zusammenhang mit J. W. FRANCK war hier schon von Ansbach die Rede. Die kleine mittelfränkische Residenz hatte zwei Markgrafen, die für die Oper des 17. Jahrhunderts bedeutsam waren: Johann Friedrich (1672–1686) und Georg Friedrich (1686–1703). Der erstere bevorzugte die französische Oper, sein Nachfolger die italienische. Neben FRANCK als Kapellmeister und Komponist waren in Ansbach tätig: der Nürnberger Johann LÖHNER (1645–1705), von dessen Opern nur Strophen-Arien überliefert sind, S. KUSSER, der uns schon in Hamburg begegnet ist, und Johann KRIEGER (1652–1735), der gleichfalls aus Nürnberg stammt. KRIEGER schrieb Opern auf deutsche Texte, von denen nur wenig erhalten ist. Mit der Berufung des berühmten sizilianischen Sängers Francesco Antonio PISTOCCHI (1639–1726) als Kapellmeister für die Jahre 1696 und 1697 erhielt die Ansbacher Oper kurzfristig überregionale Bedeutung. PISTOCCHI brachte in Ansbach das pastorale ›Il Narciso‹ (Text: A. Zeno, 1696) heraus. Stilistisch ist er den Neapolitanern zuzurechnen; seine Arien, deren Gesangspartien er mit großem Sachverstand gestaltete, enthalten häufig ostinati und chromatische Gänge. Obligate Instrumente sind üblich.

7.4 Bayreuth

Eng mit Ansbach ist die Schwesterresidenz Bayreuth verbunden, an der die Opernpflege bereits 1661 einsetzte. Hier dürften vor allem die Brüder Johann Philipp KRIEGER (1649–1725) und Johann KRIEGER Entscheidendes beigetragen haben. Auch der ältere der beiden komponierte Opern auf deutsche Texte, deren Vorwürfe von der antiken Mythologie bis zur Gesellschaftskomödie reichen. Von ihnen sind gleichfalls nur Arien erhalten, die liedmäßig konzipiert sind und der Strophenform folgen. Ferner ist hier der Nürnberger Siegmund Theophil STADEN (1607–1655) zu erwähnen, der mit seinem allegorischen Singspiel ›Seelewig‹ (Text: G. Ph. Harsdörffer) bereits 1644 eine deutsche Oper hervorbrachte. STADENS Rezitative halten sich strikt an die Sprachmetrik; die Gesangspartie folgt rhythmisch genau den Hebungen und Senkungen des Gedichts (Seelewig „Düstere Wolken"). Doch werden an passenden Stellen Koloraturen eingeflochten, die den Textinhalt ausdeuten (Sinnigunda „Die schwanke Nachtigall"). Die Arien STADENS sind in Form und Tonfall liedhaft und haben einen geistlichen Einschlag (Seelewig „Wenn dein erfreulich Wort"), die Ensembles chormäßig und hin und wieder durch Echos aufgelockert (Chor der Nymphen „Was kann unsern Sinn betrüben?").

7.5 Dresden

In der Musikgeschichte Dresdens spielt die frühe Oper eine große Rolle. Die in der Kunstgeschichte als „Elbflorenz" geführte Residenzstadt hatte sich vor allem der italienischen Oper verschrieben, auch wenn ihre Komponisten zum Teil deutscher Abstammung waren. Hier ist an erster Stelle der Gabrieli- und MONTEVERDI-Schüler Heinrich SCHÜTZ (1585–1672) zu nennen, der 1638 in Dresden mit einem Ballett ›von dem Orfeo und der Euridice‹ hervortrat. Leider ist diese Musik ebensowenig erhalten wie die zu seiner Oper ›Dafne‹ (Text: M. Opitz, Torgau 1627). Mit der Verpflichtung des komponierenden Kastraten Giovanni Andrea BONTEMPI (1624–1705) holte sich Johann Georg I. v. Sachsen einen Vertreter der römischen Oper an den Hof; BONTEMPI war Schüler von MAZZOCCHI.[24] Er trat 1662 in Dresden mit der Oper ›Il Paride‹ (Text: ?) hervor, womit er als erster im deutschen Sprachraum eine italienische Oper zur Aufführung brachte. Dem von MAZZOCCHI verurteilten tedio del recitativo begegnete er durch Einführung arioser Abschnitte im Rezitativ, aber auch durch Melismen. In vielem stand er CESTI nahe; so haben seine Arien häufig die Form a b b, er verwendete das dreistimmige Streichorchester (ohne Bratschen) und paßte sich ab der ›Dafne‹ (zusammen mit M. G. PERANDA, komponiert 1671) seiner neuen Umgebung durch liedhafte Gestaltung der Gesangspartien an; eine für einen Kastraten keineswegs naheliegende Lösung.

Marco Giuseppe PERANDA (1625–1675) kam nach 1651 an den Dresdner Hof und wurde neben BONTEMPI Vizekapellmeister. Auch er gehört der römischen Oper an. Von seinem eigenständigen musikdramatischen Schaffen sind nur die libretti erhalten. In Dresden wurden aber auch Werke anderer Italiener zur Aufführung gebracht: So am 27. 1. 1667 ›Il Teseo‹ von G. A. MONIGLIA (1624–1700) als Eröffnungsvorstellung des Opernhauses am Taschenberg und ›La Gerusalemme liberata‹ (Text: G. C. Corradi, 1687) von C. Pallavicino, der von 1666–1673 und von 1686–1687 in Dresden wirkte, womit die venezianische Oper ihren Einzug hielt.

7.6 München

Die Operngeschichte Münchens reicht bis in das Jahr 1653 zurück, in dem im Herkulessaal der Residenz ›L'Arpa festante‹ (Text: ?) von G. B. MACCIONI zur Aufführung gebracht wurde. Mit der Verpflichtung des Vogtländers Johann Caspar KERLL (1627–1693) wurde die italienische Oper in München zur Institution, denn KERLL war Schüler von Valentini (Wien), Carissimi und Frescobaldi (Rom). Er folgte in München Giovanni Giacomo PORRO (um 1590–1656), von dem keine Opern erhalten sind, ins Amt des Hofkapellmeisters. KERLL schrieb den ›Oronte‹ (Text: G. Alcaini) zur Eröffnung des Residenztheaters im Jahre 1657 sowie mindestens neun weitere Opern, von denen gleichfalls nichts überliefert ist. Ihm folgte Ercole BERNABEI (um 1620–1687), ein Vertreter der römischen Oper wie KERLL. Agostino STEFFANI (1654–1728), Schüler von KERLL und BERNABEI, führte die römische Operntradition weiter.[31] Seine erste Oper in München war ›Marco Polo‹ (Text: V. Terzago, 1681); 1685 führte er seine Oper ›Solone‹ (Text: Ders.) auf, 1687 ›La saette del Tornante‹ (Text: L. Orlandi). Danach verlegte er sein Wirken nach Hannover, wo er stilbildend wirkte.

STEFFANIS Opern, die der großen Ausstattung mit zahlreichen Bildwechseln und Maschineneffekten huldigen, zeigen neben den bekannten römischen Stileigentümlichkeiten auch venezianische und französische Einflüsse. Die Geisterszene (recitativo accompagnato) des Tarquinio Prisco «Di regia salma» aus dem ›Servio Tullio‹ (Text: V. Terzago, 1685) ist mit einem dunkelgetönten Streichersatz unterlegt; die Singstimme bewegt sich in ihren tiefsten Regionen. In der Dacapo-*Aria* des Alarico «La saette del Tonante» aus ›Alarico‹ (Text: L. Orlandi, 1687) werden zwei Piccoloflöten in rasanten Läufen zur Darstellung von Blitzen eingesetzt. Die Arien STEFFANIS folgen bereits überwiegend der Dacapo-Form und enthalten Koloraturen (*Aria* des Tiberino «Il tuo sguardo» aus ›Niobe, Regina di Tebe‹, Text: L. Orlandi, 1688). Die Duette sind durch imitierende Stimmeintritte belebt.

8. LONDON

Wie Frankreich mit seinem ballet de cour besaß auch England mit dem *masque* eine der Oper zeitlich vorgelagerte bodenständige Gattung, die von Anfang an eine gewisse Eigenständigkeit gegenüber italienischen Einflüssen sicherte, auch wenn das masque letztlich auf älteren Vorbildern aus Frankreich und Italien fußte.[41] Alle diese Gattungen scheinen sich auf die bis in unauslotbare kulturgeschichtliche Epochen zurückreichende Mummerei rückführen zu lassen, ein noch im ausgehenden Mittelalter weit verbreitetes Verkleidungsspiel, das selbst am Kaiserhof gepflegt wurde. Die Handlungsvorwürfe des englischen masque entstammten gleichfalls der antiken Mythologie und der Bukolik; später traten Heldensagen und germanische Mythen hinzu.

In dem masque wurden gesprochene Dialoge, Pantomimik, Tanz, Vokalmusik, Instrumentalsätze und Bühneneffekte zusammengefaßt. Am Anfang stand jeweils ein *presentation*, in dem dem Publikum (meist in Liedform) das Thema des masque, das *device*, vorgestellt wurde. Das presentation wurde von Berufsmusikern und -schauspielern ausgeführt, der Rest von Angehörigen der höheren Schichten, die, durch kunstvolle Masken unkenntlich gemacht, während des Spiels anonym blieben. Aus dem presentation entwickelte sich das *antemasque*, das zum masque (das stets einen vornehmen, repräsentativen Charakter hatte) eine Gegenposition einnehmen konnte, weil seine Inhalte grotesk, komisch oder schlicht vulgär waren.[91]

In dem masque traten dann acht bis 16 Mitwirkende auf, die in gesprochenen Dialogen, Lautenliedern (ayres oder songs), Chorsätzen, Tänzen und Pantomimik die Handlung vortrugen, was Rückschlüsse auf die Bildung der damaligen Zeit zuläßt. Die begleitenden Instrumentalisten standen kostümiert ebenfalls auf der Bühne oder nahmen am Aufzug *(entry)* teil. Das masque kulminierte in einem *main dance*, bei dem die masquers die Bühne verließen und sich ihre Tanzpartner im Publikum auswählten. Danach erfolgte die Demaskierung und der allgemeine Schlußtanz.

Die masques waren Repräsentationskunst, die hauptsächlich am Londoner Hof oder auf englischen Adelssitzen zur Huldigung von anwesenden Mitgliedern der königlichen Familie aufgeführt wurden. Um ihre Ausstattung bemühten sich bildende Künstler ersten Ranges wie etwa der im Palladio-Stil bauende Architekt Inigo Jones (1573–1652). Wichtige Komponisten der Anfangszeit waren Alfonso FERRABOSCO II. (um 1575–1628) und Robert JOHNSON (um 1580–1634). Sie schrieben songs, Chöre, Tänze und Aufzugsmusiken, für die ein fünfstimmiges Streichorchester den Grundstock bildete. Doch konnten die Instrumentalensembles besonders prunkvoller masques moderne Orchestergröße erreichen.

Die Einführung des Rezitativs in das masque wird Nicholas LANIER II. (1588–1666) zugeschrieben. Zum masque ›Lovers Made Man‹ (Text: Ben Jonson, 1617) ist der Hinweis erhalten: "The whole masque was sung after the Italian manner, stylo recitativo, by Master Nicholas Lanier, who ordered and made both the scene and the music", denn LANIER war auch ein bedeutender Maler. Wichtig ist ferner die ebenfalls durch LANIER in der Vokalmusik Englands heimisch gemachte strophische Variation.[152]

Die nächste Generation verkörperten die Brüder Henry (1596–1662) und William (1602–1645) LAWES. Der Ältere trug Wesentliches zur Entwicklung des deklamatorischen Gesangsstils bei, der Jüngere, mehr der Instrumentalmusik zugewandt, brachte in die Vokalformen einen tänzerischen Charakter ein. Beide schrieben Musiken zu zahlreichen masques.

Nach der Beendigung des Bürgerkriegs von 1640–1649, der die englische Musikpflege fast völlig zum Erliegen gebracht hatte, setzte die Pflege des nun der Oper immer ähnlicher werdenden masque mit ›Ajax and Ulysses‹ (Text: J. Shirley, 1653) und ›Cupid and Death‹ (Text: Ders., 1653) ein, an deren Komposition Christopher GIBBONS (1615–1676) und Matthew LOCKE (um 1630–1677) beteiligt gewesen sind; es folgte *The Siege of Rhodes* (Text: Sir William D'Avenant, 1656), von H. LAWES, LOCKE und Captain Henry COOK (um 1615–1672) vertont. Für die Entwicklung der englischen Oper ist hier vor allem LOCKE bedeutend, der mit W. D'Avenant noch ›The Cruelty of the Spaniards in Peru‹ und ›The History of Sir Francis Drake‹ herausbrachte; ferner ›The Empress of Morocco‹ (Text: E. Settle, 1673) und (im gleichen Jahr) *Psyche* (Text: H. Shadwell). Mit einer deskriptiven Musik zu W. Shakespeares ›The Tempest‹ (1667), die mehrere verbale Zusätze für die Dynamik enthält, erlangte LOCKE Berühmtheit. Im Vorwort seiner ›Psyche‹ rühmte er an seiner eigenen Musik "Ballad, Counterpoint, Recitative, Fugue, Canon and Chromatic music, which variety was never in Court or Theatre till now presented to this nation". Einen weiteren wichtigen Beitrag lieferte John BLOW (1649–1708) mit seiner ›Venus and Adonis‹ (Text: ?, um 1680).

Trotz der oben skizzierten Möglichkeit, sich stilistische Eigenständigkeit zu bewahren, gestalteten sich die Bedingungen für die Entwicklung der englischen Oper in der Folgezeit nicht nur durch die politischen Ereignisse ungünstig. In dem sehr aufwendigen und repräsentativen masque hatte die Oper nicht nur eine Vorform, sondern auch einen Rivalen; noch HÄNDEL huldigte ihm. Andererseits verfügte England über ein höchst anziehendes Sprechtheater, in dem die Musik eine große Rolle spielte. In den Stücken von W. Shakespeare wurden, den Vorstellungen des Dichters entsprechend, alle möglichen Arten von musikalischen Einlagen vorgetragen, vor allem aber Sologesänge.

Diese mußten zwar so beschaffen sein, daß sie die Schauspieler bewältigen konnten; doch hatte Shakespeares Truppe immer wieder Kräfte aufzuweisen, die hohen musikalischen Anforderungen gerecht wurden.

Geradezu als Unglück für die englische Oper ist jedoch der frühe Tod ihres ersten Hauptvertreters Henry PURCELL (1659–1695) zu werten. Er begann als Chorknabe in der Royal Chapel, dürfte Schüler von J. BLOW gewesen sein, war später Organist an Westminster Abbey und trat schließlich in den Dienst am Königshof. PURCELL hat neben einem umfangreichen Schaffen von Vokalmusik für Kirche und Kammer 47 Schauspielmusiken, sechs *semi-operas* und eine Volloper ›Dido and Aeneas‹ hinterlassen. Letztere steht im allgemeinen im Mittelpunkt der Betrachtungen, wenn es um die Einschätzung des Opernkomponisten PURCELL geht.[136] Doch sollte nicht übersehen werden, daß dieses wahrscheinlich 1689 auf einen Text von N. Tate geschaffene Werk für die Aufführung in einem Pensionat für höhere Töchter in Chelsea bestimmt war und in Umfang und Anspruch zwischen Kammer- und Schuloper anzusiedeln ist. So sind die Instrumentalstücke gegenüber anderen Bühnenwerken PURCELLS deutlich reduziert. Obligatorisch ist für jeden der drei Akte eine Einleitungsmusik, wobei die zum I. Akt mit der Folge langsam – schnell eine Verwandtschaft zur französischen Ouvertüre zeigt. Hingegen ist der Chor stark beschäftigt: In 38 Nummern tritt er 15mal auf, wobei er häufig am Ende von Solonummern (songs) einfällt; wie überhaupt PURCELLS Anordnung der Satzeinheiten Ähnlichkeiten mit LULLYS Partituren erkennen läßt: ein lebhafter Wechsel von Rezitativen, Solonummern, Duetten und Chören, die ineinander übergehen. Die songs sind in der Regel nur vom continuo begleitet, das nach der Überlieferung PURCELL in den Aufführungen des Pensionats selbst übernommen haben soll. Als Volloper wird ›Dido and Aeneas‹ bezeichnet, weil in ihr ausschließlich vertonte Texte vorgetragen werden; bei den semi-operas hingegen handelt es sich um Formen mit gesprochenem Dialog. Die Hauptpersonen der Handlung beteiligen sich nicht am Gesang (s. unten). Wenn man PURCELLS Stil in seiner ›Dido and Aeneas‹ mit dem der italienischen Oper der gleichen Zeit vergleicht, so ist neben der schon angeführten bunten Satzfolge vor allem die wesentlich stärker dem Kontrapunkt zugewandte Faktur seiner Sätze hervorzuheben; die Folge einer in England nicht stattgefundenen Auseinandersetzung mit den überkommenen Satztechniken und -stilistika. Die italienische Oper kannte man in London nur vom Hörensagen, die französische etwas besser durch das zeitweilige Exil des englischen Königshofs in Frankreich und durch CAMBERTS kurzes Wirken in London. So sind PURCELLS Sätze mehr von LULLY geprägt als etwa von römischen oder venezianischen Komponisten. Doch PURCELL war ein ähnlich guter Beobachter und Menschenkenner wie MONTEVERDI. Gegen LULLY wirkt PURCELL weniger zeremoniös und mehr menschlich. Auch ist der dramatische Aufbau seiner Bühnenwerke beweglicher und schlagkräftiger; seine

Figuren sind plastisch gezeichnet und wirken vergleichsweise lebensecht. Dazu gehört z. B. auch, daß Koloraturen nie als Schmuck der Gesangspartie erscheinen, sondern stets textinhaltlich bedingt sind. Als typisch kann ferner in Melodiebildung, Rhythmus und Harmonik ein festlich-monumentaler Zug festgestellt werden, der eine Art positiv gestimmter Würde erzeugt – ausgenommen die realistisch-komischen Szenen, die dadurch um so deutlicher hervortreten. Es ist erstaunlich, wie ähnlich dieser Charakter der späten Werke PURCELLS dem der Werke HÄNDELS in seinen ersten Londoner Jahren ist, obwohl HÄNDEL anfänglich als Vertreter der neapolitanischen Oper auftrat.

Von den 38 Sätzen der ›Dido and Aeneas‹ seien hier die wichtigsten herausgegriffen. Der song der Belinda "Shake the cloud" am Beginn des I. Akts ist zweiteilig (a a), der der Dido "Ah, Belinda" ist auf einem viertaktigen Baßostinato errichtet; am Schluß steht ein Streicherritornell. Im Wechselrezitativ von Dido, Belinda und 2nd Woman werden bei Worten wie "storms" oder "fierce" veranschaulichende Koloraturen eingeflochten. Die Chorsätze sind schlicht gehalten, jedoch umfangreich ("To the hills and the wales"; 51 Takte). Der II. Akt, der in das Reich der Hexen führt, enthält einen recitativo accompagnato ("Wayward sisters"), in dem ein monorhythmischer Streicherbegleitsatz dämonische Wirkung erzeugt. Diese wird allerdings durch einen wenig später eintretenden Lachchor der Hexen noch übertroffen. Der *song* der Belinda "Thanks to this lonesome" wird von einem Ritornell eingeleitet; am Ende übernimmt der Chor Text und Melodie.

Das Wechselrezitativ "Your counsel all" zwischen Dido, Belinda und Aeneas im III. Akt ist repräsentativ für PURCELLS Verhältnis zur Sprache. Noch sein Lehrer hatte unbetonte Textsilben an den Anfang von Takten gerückt oder sie mit höheren Noten vertont als die betonten Silben. Bei PURCELL ist das Sprachgefälle weitgehendst berücksichtigt. Die dem Rezitativ drohende Gleichförmigkeit mag auch er empfunden haben; immer wieder geht das Rezitativ in den arioso über und mündet schließlich überraschend in ein Duett ("Away") von Dido und Aeneas. Besonders beeindruckend ist aber auch der *song* der Dido "When I am laid in earth", der von einem Streichersatz in g-moll über einem abwärtsgerichteten Chaconne-Baß von fünf Takten Länge in dunkle Farben getaucht wird. Die Oper endet mit einem schwungvollen Chor "With dropping wings" im Madrigalstil. So gelungen ›Dido and Aeneas‹ im Einzelnen wie im Ganzen (es gibt bereits Anzeichen einer weit konzipierten tonalen Anlage) auch sein mag – was PURCELL als Opernkomponist noch hätte leisten können, zeigen seine für Berufssänger und -musiker komponierten Bühnenwerke, auch wenn es sich dabei um semi-operas handelt. Hier zwäre zweifellos der ›King Arthur or the British Worthy‹ (J. Dryden, 1691) mit seinem der germanischen Heldensage entstammenden Handlungsvorwurf besonderer Aufmerksamkeit wert. Doch ungleich stärker hat auf den Musiker die W. Shakespeares ›Midsummer Night's Dream‹ folgende ›Fairy Queen‹ (1695) eingewirkt. Hier wird ein Orchester modernen Zuschnitts mit 2 Flöten, 2 Oboen, Fagotten, 2 Trompeten, Pauken und Streichern eingesetzt, dem große und anspruchsvolle Aufgaben zufallen; der Orchestersatz ist stellenweise geradezu virtuos. Das Stück wird von 5 Einleitungssätzen eröffnet, hinzu kommen Tänze und Aufzüge.

Die solistischen Partien sind nicht den Hauptfiguren der Handlung anvertraut, sondern Allegorien wie The Night, The Mystery, The Secresy u. ä. Auch gibt es Sätze, die nur bestimmten Stimmgattungen (Sopran) zugeordnet sind. Ferner werden neue Figuren eingeführt wie The drunken Poet, The chinese Man, Coridon, Mopsa, die in der Musik ungemein charakteristisch dargestellt werden – bis hin zur Persiflage.

Bei den songs herrscht Formenvielfalt; nebeneinander stehen ein- und zweiteilige Sätze, Strophenformen, Passacaglien (Nr. 39 "Next winter comes"), ostinati (Nr. 46 "Thus the gloomy world"), aber auch bereits Sätze, die von einem motivartigen Gebilde durchgehend geprägt sind (Nr. 48 "Yes Daphne"). Die songs in der ›Fairy Queen‹ sind wesentlich koloraturenreicher als in der Schuloper (Nr. 24 "Ye gentle spirits"), enthalten längere Ritornelle und sind mit einer durchgehenden Orchesterbegleitung versehen, die sich zur Gesangspartie imitatorisch verhalten kann. Der song "One charming night" der Secresy stellt die Arie mit obligatem Instrument (2 Flöten) nach. Wie in ›Dido and Aeneas‹ schließen die Chöre unmittelbar an die Solonummern an, wobei sie häufig Text und Melodie übernehmen. Der Chorsatz ist allerdings wesentlich anspruchsvoller gestaltet: Die Stimmen setzen imitatorisch einzeln ein und haben auch Koloraturen auszuführen (Nr. 13 a "Now join your warbling").

So gut songs und Chöre repräsentiert sind, so bescheiden nehmen sich daneben die Ensembles aus. Es sind in der Regel duos, die zwar sehr einfallsreich gestaltet sind und z. T. über beträchtliches Innenleben verfügen. Handlungsfördernd sind sie allerdings nicht, müssen dies auch nicht sein, denn die Handlung liegt im gesprochenen Dialog. Trotzdem entsteht in den Musik-Teilen zusammen mit den raschen Rezitativen, den bewegten Chören und den Tänzen eine spezifische Art von Dramatik, die zwar die ursprüngliche Handlung nur flankiert, jedoch über ein hohes Maß an eigenständiger Lebendigkeit verfügt.

III. DIE OPER IM 18. JAHRHUNDERT

1. NEAPOLITANISCHE OPER II

Bei den im folgenden zu behandelnden Erscheinungen ergeben sich gleich zu Beginn zwei Fragen, die im Schrifttum der Vergangenheit wiederholt behandelt wurden. Die erste Frage lautet, wieso ausgerechnet das abgelegene Neapel zum zentralen Punkt einer Opernpflege werden konnte, von dem aus Impulse nicht über ganz Europa bis hin nach London, Kopenhagen und St. Petersburg ausgingen, sondern sogar bis in die Neue Welt reichten. Dies hängt mit der Population Neapels zusammen; die Stadt war bis nach dem Ersten Weltkrieg die größte auf dem italienischen Festland, erst danach holten Rom und Mailand auf. Ferner darf nicht übersehen werden, daß die Fremdherrschaften der Habsburger (bis 1735) und der spanischen Bourbonen (bis 1806) erhöhte Repräsentationspflichten nach sich zogen; da durfte gerade die von den Italienern von Anfang an als stolze nationale Errungenschaft angesehene Oper nicht fehlen. Hinzu kam ein gut ausgebautes und effektiv arbeitendes Musik-Schulwesen, wie es keine andere europäische Stadt zu dieser Zeit aufweisen konnte.

Gerade dieser letzte Punkt ist es, von dem her die zweite Frage zu beantworten ist; nämlich, ob der von H. Riemann[126] und A. Schering[133] verwendete Begriff „Neapolitanische Schule" seine Berechtigung hat. Riemann hat ihn bekanntlich später selbst in Frage gestellt, H. Hucke[75] und E. Q. D. Downes[49] sprachen vorsichtig von einer „Neapolitanischen Tradition". Dem kann entgegengehalten werden, daß SCARLATTI durch sein langes und ertragreiches Wirken in Neapel Maßstäbe gesetzt hat, die lange Zeit bestimmend wirkten; seine Nachfolger haben (mit wenigen Ausnahmen) an den Konservatorien Neapels studiert. Übereinstimmungen und Entwicklungslinien sind in ihrem Schaffen konstatierbar. Was fehlt, sind eine an die bodenständige Musik Neapels greifbare Bindung der opera seria (die opera buffa hat sie sehr wohl!) und Lehrer-Schüler-Verhältnisse zwischen den Hauptvertretern der Neapolitanischen Oper. Statt dessen haben drei Konservatoriumslehrer (Durante, Feo, Leo) über eine ganze Epoche hinweg ihre wichtigsten Komponisten ausgebildet. So kann man also getrost von einer „Schule" sprechen, auch wenn diese ein etwas unübliches Bild zeigt.

Wesentlich für die Entwicklung der Neapolitanischen Oper waren aber vorerst die Impulse, die von der Libretto-Dichtung ausgingen. Der libretto galt in Dichterkreisen bis zum Ende des 17. Jahrhunderts mehr oder minder als Kleinkunst. Noch Apostolo Zeno (s. unten) pflegte sich in seinen Vorworten bei seiner Leserschaft zu entschuldigen, daß er sich als kaiserlicher Hofdichter mit dem Genre befaßt habe. Tatsächlich waren nur wenige libretti qualitativ so beschaffen, daß sie neben der Dichtung für das Sprechtheater bestehen konnten. Mit dem Auftreten des kaiserlichen Hofdichters Silvio Stampiglia (1664–1725) zeichnete sich hier eine erste Wende ab; seine bereits von SCARLATTI vertonten libretti zeigen einen gestrafften Handlungsverlauf und sprachliche Qualität. Mit seinem Fidelio-Vorläufer ›Mario fuggitivo‹, den G.B. BONONCINI (Wien 1708) vertonte, erlangte er weitreichende Anerkennung.

Die Grundlagen für die opera seria schuf jedoch der Venezianer Apostolo Zeno (1668–1750), gleichfalls (ab 1718) kaiserlicher Hofdichter in Wien. Sein Anliegen war es, „durch Vorführung edler Charaktere das Musikdrama, das Theater überhaupt, zu einer Schule der Tugenden zu machen",[88] womit er zu einem Vorläufer F. Schillers wurde. Zeno eliminierte als erstes den Prolog, merzte unnötige Nebenhandlungen, komische Einlagen, Spektakelszenen und Allegorien aus und beschränkte die Handlungsvorwürfe auf die antike Mythologie und Heldensage. Von Vorbildern aus dem französischen Sprechtheater beeinflußt, hielt er noch an der Einteilung in fünf Akte fest. Zeno trennte in der Dichtung Rezitativ und Arie voneinander, indem er für das erstere ungereimte elfsilbige Zeilen verwendete, für die Arie hingegen kürzere Zeilen mit Endreim. Ferner entwickelte er eine Schematik, die die Arie grundsätzlich an das Ende des Auftritts einer Person rückte. Damit erhielt die Oper erstmals eine architektonische Gesetzmäßigkeit.

Zenos Nachfolger im Amt Pietro (Trapassi) Metastasio (1698–1782) führte die Reformbestrebungen ab etwa 1720 fort. Die Anzahl der Szenen wurde verringert, was den Komponisten nun die Möglichkeit gab, ausführlicher zu werden und damit ihre Aussage in den einzelnen Nummern zu intensivieren. Zenos Trennung von Rezitativ und Arie wurde vertieft: Für die Arie war nun die zweistrophige Form zu je vier Zeilen verbindlich. Die Zahl der Akte wurde auf drei begrenzt, ebenso die Zahl der Hauptfiguren; analog zum italienischen Sprechtheater waren es sechs: in der Regel zwei Liebespaare, eine hochgestellte Person (z. B. ein König) und eine subalterne Person (Soldat, Diener). Als Grundvorwurf der Handlung wurde der Gegensatz zwischen politischer Raison und leidenschaftlicher Verstrickung eingeführt. Die früher üblichen komischen Szenen wurden von Metastasio endgültig aus der opera seria verbannt. Damit war die Schaffung der neuen Gattung *opera buffa* notwendig geworden. Als Vorform entstand um 1710 die lokal gefärbte commedia musicale in lingua napolitana. Ihr Dialekt wirkte noch lange nach. Doch wollte die neapolitanische Adelsgesellschaft den reizvollen Gegensatz von ernst und komisch, wie ihn die ältere Oper geboten hatte, nicht missen. So entstand als weitere Gattung der *intermezzo*, zumeist ein kurzes Zweipersonenstück, das zwischen den Akten der opera seria gegeben wurde. Berühmtestes Beispiel: ›La serva padrona‹ (Text: G. Federico, Neapel 1733) von G.B. PERGOLESI. Schließlich sei der *dramma sacro* erwähnt, als den Heiligenlegenden folgende

Kirchenoper ein Seitenstück des *sepolcro*. Die neapolitanische Version enthielt allerdings komische Einlagen.[75]

Die Voraussetzung für Metastasios überwältigenden Erfolg (seine libretti wurden noch bis zum Ende des 18. Jahrhunderts immer wieder vertont) war, daß er die Gattung vollkommen ernst nahm. Er unterzog sich einem Gesangs- und einem Kompositionsstudium und pflegte seine Texte zur Probe selbst durchzusingen, um sie auf ihre Eignung für die Musik zu testen. Hinzu kamen eine unbestreitbare dichterische Veranlagung und eine natürliche sprachliche Noblesse, die ihn in den Stand setzten, Intrigen und Leidenschaften in geschliffener Lyrik darzustellen. Dabei erwies er sich als Vertreter der „Empfindsamen"; seine libretti sind zärtlicher, tändelnder als die des männlicheren Zeno.

Wichtig war ferner Metastasios ständiger Kontakt mit der Bühne, deren wechselnden Bedürfnissen er Rechnung trug. In Neapel bedeutete dies in erster Linie Befriedigung der Sängerwünsche. An der Spitze standen der Primo Uomo (ein Kastrat), die Prima Donna (Sopran) und die hochgestellte Persönlichkeit (Tenor). Sie hatten in der Oper je fünf Arien zu erhalten, in denen ihnen Gelegenheit gegeben werden mußte, sämtliche Facetten ihrer Gesangs- und Charakterisierungskunst in vollem Lichte zu zeigen. Die Arien hatten daher verschiedenen „Affekten" zu folgen: z. B. aria patetica, aria di bravura, aria parlante, aria di mezzo carattere, aria brillante etc.[65] Der Secondo Uomo und die Seconda Donna erhielten je vier Arien, die sechste Person drei Arien. Diese durften die Arien der primi attori nicht an Wirkung übertreffen.[128]

Ähnlich differenziert wurde das Rezitativ eingesetzt: Der recitativo semplice diente der Darstellung des Handlungsverlaufs und wurde auf einfachste Weise mit Streichbaß und Cembalo begleitet. Häufig überließ der Komponist die Komposition desselben einem Schüler; in manchen Fällen wurde er nicht notiert, sondern von einer eingespielten Besetzung improvisiert. Der recitativo accompagnato diente der Darstellung leidenschaftlicher Ausbrüche und wurde in der Regel vom Streichorchester begleitet. Der neu hinzukommende *recitativo obbligato* sah eine größere Selbständigkeit des Orchesters vor, das nun die inneren Vorstellungen der Person auszudrücken hatte.

Mit dem oben dargestellten Arienschema war der Aufriß einer opera seria rasch hergestellt: Mindestens 27 Arien und vorgelagerte Rezitative waren auf drei Akte zu verteilen. Hinzu kam in der opera seria allenfalls noch ein kurzer Chor der Protagonisten am Schluß der Oper oder (noch seltener) ein Ensemble, das entweder in der Mitte oder am Ende eines Aktes stehen konnte.

Nur die recitativi semplici spielten zwischen den Personen. Alle anderen Vokalformen waren betrachtenden Inhalts und wurden ins Publikum gesungen. Die Kunst Metastasios bestand nun darin, handelnde und betrachtende Texte so anzuordnen, daß alle Vorgaben berücksichtigt wurden. Gleichzeitig mußte auf stetige Abwechslung geachtet werden, denn die Folge von zwei Arien gleichen Affekts wäre als unprofessioneller Mißgriff angesehen worden.[65]

Metastasio hat seine Aufgabe im Sinne seiner aufgeklärten Zuhörerschaft souverän bewältigt. Die äußeren Formen sind ausbalanciert, die Rezitative flüssig, die Arientexte von makelloser Metrik und erfüllt von bilderreichen Inhalten. Doch bleibt ein unbefriedigender Rest: Seine Personen wirken symbolhaft, die Handlung nicht erlebt, sondern erdacht; die ganze opera seria macht den Eindruck eines intellektuellen Spiels mit Inhalten und Formen auf höchster ästhetischer Ebene. Insofern bedeutete die Einführung der opera buffa die Rückkehr zum Elementaren und Menschlichen. In der zweiten Hälfte des 18. Jahrhunderts hat sie durch zahlreiche Einflüsse die ältere Gattung vor dem frühzeitigen Untergang bewahrt.

Während die musikalische Umsetzung der verschiedenen Arten des Rezitativs der Sprache folgend ganz frei gehandhabt wurde, war die Arie von nun an Gegenstand formaler Experimente. Den starr vorgegebenen zwei Vierzeilern suchten die Komponisten auf immer wieder abgewandelte Weise zu entsprechen. Die venezianische Arie war in ihrer dreiteiligen Dacapo-Form (a b a) noch ein recht kurzes Gebilde. Bei SCARLATTI und LEGRENZI hatte sie sich um ein Glied erweitert (a b b1 a), wobei sich diese Form bereits über einer Strophe entfaltete und sich über einer nächsten wiederholen konnte (Verschränkung von Dacapo- und Strophen-Form). Ebenfalls bei LEGRENZI begegnet die kurze dreiteilige Form a b b1; der b-Teil wurde so stark erweitert, daß eine Schlußwirkung entstand. Die Standardform der Dacapo-Arie der Metastasio-Ära war jedoch die weitläufige fünfteilige Form a a1 b a a1. Nach dem anfänglichen ritornello, in dem die Gesangsmelodie vorweggenommen wird, trägt die Singstimme die erste Strophe des Arientextes in meist kantabler Form vor; zum Ende des Teils hin können bereits kleine Koloraturen vorkommen. Nach dem nächsten ritornello erfolgt eine veränderte und erweiterte Wiederholung des a-Teils, die Durchführungscharakter haben kann: Der dem Text innewohnende Affekt wird durch Heraushebung und Wiederholung einzelner Worte sowie durch entsprechende Gestaltung der Gesangslinie (Koloraturen) herausgearbeitet. Dieser Teil, der mit einem ritornello schließt, setzt in der Regel in der Tonart der Dominante ein und schließt auf der der Tonika. Teil b ist der zweiten Strophe des Arientextes gewidmet. Er kann, je nach Textinhalt, eine weitere Durchführung von a darstellen oder zu ihm in deutlichem Kontrast stehen, wie das die Texte Metastasios nahelegen. Die Mollparallele der Haupttonart ist für ihn üblich, er schließt häufig auf der Mollparallele der Dominante. Durch den Hinweis «Da Capo» wird nun die Wiederholung der Teile a und a1 vorgeschrieben. In ihnen kann der Sänger anhand der von ihm zusätzlich eingebrachten Verzierungen und Koloraturen seinen Geschmack und seine Gesangstechnik vorführen.

Dieser Arientyp, von Gerber[60] zu Recht als „Großform" bezeichnet, hat neben unbestreitbaren Vorzügen den großen Nachteil, daß er den Gang der Handlung immer wieder für längere Zeit unterbricht. Es ist also ganz folgerichtig, daß im Verlauf des 18. Jahrhunderts, in dem sich die Standpunkte bezüglich der Oper allmählich zugunsten der Darstellung der Handlung wandelten, immer wieder Versuche unternommen wurden, diese Form zu verkürzen, wobei die sich um 1740 endgültig etablierende opera buffa die Route vorgab. Eine schon frühzeitig auftauchende Variante, bei der bei der Wiederholung auf den ersten ritornello des a-Teils verzichtet wurde (Dalsegno-Arie), kann hier vorweg genannt werden, weil sie sich in der opera seria herausbildete.

Den Komponisten fiel die Aufgabe zu, die schon oben beschriebenen Grundaffekte der Arien durch die Musik zum Ausdruck zu bringen. So kennzeichnen etwa die aria di bravura ein lebhaftes Tempo und ausgedehnte Koloraturen. Diese Arie ist im Orchester meist größer besetzt, ihre Hauptdynamik ist das Forte. Steht sie in Dur, so verkörpert sie Triumph und Freude, in Moll hingegen dienst sie häufig der Darstellung von Wut und Rache. Die aria di mezzo carattere läuft ruhiger ab, ist kleiner besetzt und leiser; auf Koloraturen wird in ihr verzichtet. Mit ihr werden galante und anmutige Textinhalte vertont. Die aria patetica ist häufig von einem langsamen Tempo bestimmt (grave, adagio, largo). Sie hat wenig oder gar keine Koloraturen, aber häufig große Sprünge in der Gesangslinie. Typisch sind für sie häufige dynamische Kontraste; sie stellt große Leidenschaften, Trauer und Schmerz dar. An der aria parlante ist häufig zu beobachten, daß die Melodie im Orchester liegt, während die Singstimme, ähnlich wie im recitativo semplice, mehrere Silben auf einem Ton vorträgt. An ihr ist die dynamische Bezeichnug «sotto voce» nicht selten, ihren Inhalt bilden zuweilen intrigante Überlegungen, die die singende Person gleichsam mit sich selbst anstellt.

Hier sind noch anhand der beobachteten Literatur zwei weitere häufig auftretende Arientypen vorzustellen. Die eine könnte man als *aria marittima* bezeichnen: Sie hat einen Text zum Gegenstand, in dem das Schicksal entweder mit den Wellen des Meeres oder mit einem Schiff auf dem Meer verglichen wird (Gleichnis-Arie). Typisch ist für sie eine durchgehende Begleitfigur (z.B. Akkordbrechungen in Sechzehntelsextolen), die die Wellenbewegung imitiert und den Eindruck lebhafter Bewegtheit erzeugt, auch wenn das Grundtempo relativ langsam ist. Diese Violinfigur, die für die Emanzipation der 2. Violinen gegenüber den ersten eine bedeutsame Rolle spielt, kann fallweise auch von der Singstimme in Form von Koloraturen übernommen werden. Für den anderen Typus wäre die Bezeichnung *aria contadinesca* vorstellbar. Mit ihm wurden Gärtner oder Landleute charakterisiert, die sich schlicht, einfältig oder gar dumm verhalten. Diese Arien stehen stets im ⁶/₈-Takt, der in Zwei dirigiert wird. Die Melodiebildung ist ebenso gewollt simpel wie die Orchesterbegleitung, in der häufig gehaltene Quinten in den tiefen Instrumenten die bäuerliche Musizierpraxis (Bordun) imitieren. In der opera seria bildet dieser Arientypus stets einen großen Gegensatz zum aristokratisch getönten Stil der anderen Nummern. Mit zunehmender Verfestigung des Genres wirkte er jedoch auf den Zuhörer wie das befreiende Einströmen frischer Landluft in hermetisch geschlossene Räume.

Was hier bislang besprochen wurde, betrifft die opera seria. Die sich in Neapel in den ersten Jahrzehnten des 18. Jahrhunderts zur eigenen Gattung entwickelnde opera buffa hat in der Librettodichtung wie in der Musik vorerst den Formenvorrat der älteren Gattung übernommen, und es ist erstaunlich, wie oft noch nach 1770 die fünfteilige Dacapo-Arie (ohne jene die opera seria ironisierende Tendenz) in ihr begegnet. Doch um diese herum gruppieren sich eine ganze Reihe neuer Formbildungen, die vom italienischen Sprechtheater beeinflußt sind. Hierzu gehört der in der Komödie geübte Brauch, daß die Darsteller am Anfang und am Schluß des Stücks vollzählig auf der Bühne erscheinen. In der opera buffa entwickelte sich daraus die *introduzione* und der *finale*. In der introduzione treten in der opera buffa die wichtigsten handelnden Personen auf. Diese Nummer ist entweder strophisch geformt (Auftrittslied) oder (wenn in ihr bereits Handlung exponiert wird) frei durchkomponiert. Am Schluß der opera buffa stand in den Anfängen ein kurzer Chor, ähnlich dem in der opera seria. Doch allmählich entwickelte sich daraus ein umfängliches Satzgebilde, das kurze Arien, Chöre, pezzi concertanti und Ensembles in sich vereinigt. Wenn ein derartiges Finale in Takt und Tempo unverändert bleibt, wird es als „durchkomponiert" bezeichnet: Die Musik folgt mit immer neuen Gedanken den wechselnden Inhalten des Textes; eine spezifisch musikalische Formgebung liegt nicht vor. Anders, wenn in einem Finale ein Teil mehrfach wiederholt wird und zwischen diese Wiederholungen neuartige Abschnitte gestellt werden: Es entsteht das „Rondo-Finale". Folgen im Finale Sätze unterschiedlichen Takts und Tempos aufeinander, so liegt ein „Kettenfinale" vor. Ferner ist in der Literatur häufig die Wiederholung eines längeren Anfangsteils a festzustellen, die dabei leicht dem Text angepaßt wird (a1). Ein neuer Teil b beschließt. Es entsteht das Finale in Barform a a b.

In der frühen opera buffa standen an den Enden des I. und des II. Akts häufig klein besetzte Ensembles (Duett, Terzett etc.). Wenn diese nach dem Prinzp der aria a due, a tre ... gearbeitet sind (oft wurden in dieser Zeit derartige Sätze nur mit a due überschrieben), kann von einem „Arienfinale" gesprochen werden. Es ist die älteste und einfachste Form der Final-Gestaltung. Mit zunehmender Entwicklung erhielten aber auch diese Aktschlüsse großbesetzte und umfangreiche Finali, die schließlich den *finale ultimo* übertrafen.

Die Schauspieler des Sprechtheaters hatten im 18. Jahrhundert immer wieder musikalische Einlagen zu bewältigen. Die häufigste Form war das Lied. Daraus entwickelten sich in der opera buffa kurze Formen wie das Strophenlied und die ein- und zweiteiligen Arien. Sie tragen häufig den Titel *cavata* oder *cavatina,* womit an die inhaltlich zusammenfassenden Rezitativschlüsse, wie sie schon in D. MAZZOCHIS *La Catena d'Adone* zu beobachten sind (s. oben), angeknüpft wurde. Doch verselbständigte sich die cavatina inhaltlich mehr und mehr: Ihre zweiteilige Anlage wurde (mit angehängter coda, später stretta) eine der Hauptformen der Buffa-Oper. Charakteristisch ist ihre Kürze und der Verzicht auf Koloraturen sowie – bei größerer Textmenge – auf Wortwiederholungen, womit sie sich vom arioso absetzt (bezüglich cavatina siehe auch unten S. 138).

Aber auch die herkömmlichen Ensembleformen hat die opera buffa verändert. Duette, Terzette etc. wurden in zunehmenden Maße von der in der opera seria üblichen Satzweise der aria a ... befreit. Die Einsätze der Sänger folgen immer rascher aufeinander, entsprechend der dem Text innewohnenden Situationskomik; dazwischen gibt es Abschnitte, in denen alle Sänger zusammengefaßt werden, wobei es üblich wurde, unterschiedliche Affekte zur gleichen Zeit zum Ausdruck zu bringen. Der schnelle Wechsel von Rede und Gegenrede kennzeichnet auch das Rezitativ der opera buffa; das Ins-Wort-Fallen war nun keine Untugend mehr, sondern ausdrücklich erwünscht. Aber auch das allgemeine Singtempo wurde beschleunigt und verdrängte die steifleinene Rhetorik der opera seria. Hingegen eignete sich der recitativo accompagnato nur wenig für die opera buffa. Die stärksten Wirkungen zeigte er (so wie die aria di bravura), wenn er als Persiflage der opera seria eingesetzt wurde.

Schließlich ist noch die Erweiterung der Stimmgattungen durch die opera buffa zu erwähnen. Die Epoche um 1700 kennzeichnet eine Sucht nach dem Soloinstrument in Diskantlage. Es war die große Zeit der Trompeten-, Flöten-, Violin- und Piccoloflötenkonzerte. Dem entsprachen die Stimmgattungen der opera seria Sopran, Mezzosopran (= Kastrat) und Tenor. In der opera buffa kamen nun die anderen Stimmgattungen, vor allem aber der Baß als natürlicher Gegensatz zu dem schon bald als unnatürlich empfundenen Kastraten zum Zuge. Erst im Zusammenspiel von opera seria und opera buffa entwickelten sich die Stimmfächer, wie sie für die Oper nach 1800 verbildlicht werden sollten.

Francesco MANCINI (1672–1737) war u. a. Schüler von PROVENZALE. Im Jahre 1702 trat er erstmals mit ›Ariovisto ovvero L'Amore fra l'armi‹ (Text: ?) als Opernkomponist hervor. Er folgte dem nach einer Beurlaubung nicht zurückgekehrten A. SCARLATTI im Amt des Kapellmeisters der Cappella Reale, rückte 1708, als SCARLATTI zurückkehrte, auf den Vizekapellmeisterposten und wurde nach dessen Tod erneut erster Kapellmeister. Sein Nachfolger wurde SARRI. Von MANCINI sind 17 Opern bekannt, dazu intermezzi und commedie musicali, ferner Oratorien und drammi sacri. Gegenüber SCARLATTI kann er als bodenständiger Komponist angesehen werden, der die Tradition PROVENZALES fortführte. Typisch für seinen Stil sind ein mehr homophoner freskohafter Satz und ein hohes Pathos. Mit seinem ›Traiano‹ (Text:

M. Noris, Neapel 1723) wurde der Höhepunkt der barocken Ausstattungsoper erreicht. PORPORA und PEREZ waren seine Schüler. Seine opera seria ›Gl'Amanti generosi‹ (Text: P. Candi, Neapel 1705) repräsentiert gut die Eigenheiten seines Personalstils. Die Oper hat drei Akte und besteht im wesentlichen aus recitativi semplici und Arien. Hinzu treten am Anfang eine Ouvertüre (Streicher und Solotrompete) sowie einige Duette, die auf die Akte verteilt sind. Im III. Akt gibt es ein 10 Takte langes homophon gesetztes Ensemble («Viva Idaspe») und einen Schlußsatz ähnlicher Faktur. Die Arien folgen beinahe durchgehend der Dacapo-Form; die Mittelteile sind meist kurz, die a-Teile unterschiedlich ausführlich gestaltet. Im I. Akt begegnet die Form a a1 a in der *Aria* der Drosilla «Son damigella», wobei der 1. Teil in D-Dur und der 2. Teil in A-Dur steht. Eine andere Variante zeigt die *Aria* (Drosilla) «D'esser sposo», in der nach einem ruhigen a-Teil mit Streichern «senza Cembalo» im ³/4-Takt ein lebhafter Mittelteil im ⁴/4-Takt folgt. Eine Reihe von Arien sind mit brillanten Koloraturen ausgestattet: so die *Aria* der Berenice «Cara si ch'ognor» und die *Aria* der Mandana «Farò che si penta» im gleichen Akt sowie die andere *Aria* der Mandana «Empia stella nemica». Das Orchester wird erfindungsreich eingesetzt. Neben Continuo-Arien gibt es Arien mit Violine und continuo, mit Streichern, mit Solo-Trompete und Streichern sowie eine Arie, die nur von zwei Cembali ausgeführt wird (*Aria* der Berenice «Torna la speme» im III. Akt). Hinzuweisen ist ferner auf den *Recitativo accompagnato* «Fulmini, lampi e tuoni» der Drosilla im II. Akt; die Streicher veranschaulichen mit lebhaften Repetitionen den Textinhalt. Wie überhaupt Repetitionen der Streicher in Sechzehntelwerten in MANCINIS Satzstil eine große Rolle spielen.

Nicola FAGO (1677–1745) war als Konservatoriums-Kapellmeister der spätere Nachfolger von Durante.[130] Von ihm sind fünf Opern überliefert, die erste war möglicherweise sein ›Astarto‹ (Text: ?), der im Jahre 1709 in Neapel aufgeführt worden sein könnte. Der gelehrte Tonsetzer setzte in einem umfangreicheren geistlichen Werk den Stil Palestrinas fort. Er gilt als Lehrer der Komponisten Giuseppe DE MAJO (Vater von Francesco), F. LEO, N. JOMELLI und L. LEO.

Domenico SARRI (auch SARRO) (1679–1744) wurde 1737 Nachfolger MANCINIS als erster Kapellmeister an der Cappelle Reale. Über seine Ausbildung ist nichts bekannt, möglicherweise war er Schüler von Don Angelo Durante, dem Onkel von Francesco. Ihm verdankt die Musikgeschichte die erste Metastasio-Vertonung, die ›Didone abbandonata‹ (Neapel 1724); sein erstes Werk dürfte das Oratorium ›L'Opera d'amore‹ (Neapel 1702) gewesen sein. Mit der ›Armida al Campo‹ (Text: F. Silvano, Neapel 1718) gelang ihm der Durchbruch; er wurde einer der erfolgreichsten Komponisten Neapels. In seiner Werkliste finden sich neben zahlreichen Opern drammi sacri, commedie, Oratorien und serenate. Stilistisch gilt SARRI als Wegbereiter von

VINCI, LEO und HASSE. Seine Sprache ist weicher und schmiegsamer als die der SCARLATTI und MANCINI. Den Orchestersatz behandelte er großzügig, sein Hauptaugenmerk galt der virtuosen Gesangspartie.

Der ›Arsace‹ (Text: A. Salvi, Neapel 1718) ist ein Seria-Stoff, den der Dichter zu einer äußerst komplizierten Handlung aufgebaut hat. Die Basis der Partitur bildet der stete Wechsel zwischen recitativo semplice und Dacapo-Arie. Hinzu kommen eine Ouvertüre der Streicher mit Solo-Oboe, ein Anfangschor, ein Duett im I. Akt und eines im II. Akt, die beide in Dacapo-Form gehalten sind. Im I. und im letzten Akt gibt es recitativi accompagnati, im III. Akt einen kurzen Tanzsatz, womit sich eine leichte Beeinflussung durch die französische Oper abzeichnet. Die Arien folgen der fünfteiligen Dacapo-Anlage (*Aria* der Statira «Strapparò lo stral d'amor»); es gibt aber auch kürzere Formen wie die Dalsegno-Arie oder die einteilige Arie (Venus «Auri dolce»). SARRI erweist sich im *Arsace* als Meister der dramatischen Arientypen: Die *Aria* des Artebano «Teme il tuono», die *Aria* des Mitrane «Col favor d'amica» (mit großem Koloraturanteil), die *Aria* des Arsace im II. Akt «Torno a i Ceppi» sind lebhaft bewegte Sätze, die von Streicherrepetitionen beherrscht sind. Aber auch die szenische Wirkung beherrscht SARRI: Gleich zu Beginn eröffnet ein Chor die feierlichen Sposalizien, wozu als Bühnenmusik eine Harmoniemusik mit Oboen, Hörnern und Fagotten auftritt, die die *Aria* einer Allegorie (Vulcano «Al ribombo dè nostri martelli») begleitet. Im III. Akt gibt es eine höchst eindrucksvolle Gefängnisszene mit düsteren Streicherunisoni in den recitativi accompagnati des eingekerkerten Titelhelden, deren Tempo laufend geändert wird. Hier und in anderen Gesangsstücken verwendete SARRI den Effekt der mit Fermaten versehenen Pausen, die den Fluß immer wieder unterbrechen und damit die Spannung erhöhen. Eine Steigerung stellt hierzu noch die *Scena ultima* dar, in der nach einem recitativo accompagnato des Megabise «Numi, cieli» ein lamento der Statira «Viene Arsace» largo im $^{12}/_{8}$-Takt einsetzt. Danach erfolgt der Schlußgesang der dem Wahnsinn Verfallenen; die Streicher begleiten «vivace» mit lebhaften Repetitionen.

Von Giovanni VENEZIANO (1683–1742) ist nur zu berichten, daß er lange Zeit als Komponist der ersten opera buffa galt: ›Lo Mbruoglio de li nomme‹ (Text: A. Mercotellis, Neapel 1714). Er war Schüler seines Vaters Gaetano Veneziano, der als Kapellmeister an der Cappella Reale wirkte, und Lehrer von N. LOGROSCINO.

Mit Francesco Durante (1684–1755) begegnet eine der Schlüsselfiguren der neapolitanischen Oper. Der Großmeister der musica sacra hat selbst keine Oper komponiert. Doch ist er der Lehrer von zahlreichen Opernkomponisten gewesen: Zu ihnen zählen PERGOLESI, VINCI, PAISIELLO, SACCHINI, JOMELLI, PICCINNI, SPERANZA, DUNI, TERRADELLAS, FENAROLI, LOGROSCINO UND GUGLIELMI. – Antonio OREFICE (um 1685–1727) war von Haus aus kein Musiker, sondern Jurist. Er trat im Jahre 1708 mit ›Il Maurizio‹ (Text: C. Minato) erstmals in Neapel als Opernkomponist an die Öffentlichkeit. Mit ›Patrò Calienno de al Costa‹ schuf er im darauffolgenden Jahr die erste commedia musicale in lingua napolitana. – Francesco FEO (um 1685–1761) war Schüler von D. Gizzi und N. FAGO und scheint später bei G. O. Pitoni in Rom studiert zu haben, der möglicherweise auch der Lehrer von Durante gewesen ist. Er trat im Jahre 1713 mit ›L'Amore tirannico ossia Zenobia‹ (Text: ?) in Neapel hervor und brachte in der Folge eine nicht zu große Zahl sorgfältig gearbeiteter Opern heraus, die sich durch solide Satztechnik, reichen melodischen Einfall und hervorragende Behandlung der Stimmen auszeichnen. Der Begleitsatz ist eher schlicht, meist hat er nur Stützfunktion. Recitativi accompagnati sind selten, Chöre und Ensembles homophon gehalten.

Die Basis der ›Andromaca‹ (Text: nach A. Zeno, Neapel 1730), einer opera seria in 3 Akten, bilden der recitativo semplice und die fünfteilige Dacapo-Arie. Hinzu kommen eine Ouvertüre (2 Oboen, 2 Hörner, Streicher), im III. Akt ein einteiliger *Duetto* von Andromaca und Ulisse «Quando il figlio», ein recitativo accompagnato der Andromaca, der sich aus dem recitativo semplice «Figlio mio» entwickelt, ein umfangreicher *Quartetto* «Cederai superbo ingrato», der allerdings als aria a quattro gearbeitet ist: Die Sänger teilen sich die Melodielinie, der Satz folgt der Dacapo-Form. Ebenfalls im III. Akt gibt es einen großangelegten recitativo accompagnato des Pirro «Perfidi nò aurete» mit energischen Streicherläufen und stark wechselnden Affektdarstellungen; die Oper schließt mit einem kurzen Chor der Hauptpersonen.

Neben der fünfteiligen Dacapo-Arie erscheint noch der Arientypus, bei dem an den b-Teil ein ritornello angehängt wird, bevor der Dacapo erfolgt. Diese Anordnung tritt immer dann ein, wenn der erste ritornello fehlt (*Aria* der Andromaca «Se morir»). Eine andere Lösung stellt die *Aria* des Pirro «Alma bella» im III. Akt dar, wo an den b-Teil ein ritornello angehängt wird, jedoch die Arie Dacapo mit dem ersten ritornello fortgesetzt wird.

Der gebürtige Neapolitaner Nicolo PORPORA (1686–1768) studierte bei Greco und Campanile. Seine erste Oper war eine ›Agrippina‹ (Text: N. Giuvo, Neapel 1708), die ihm bereits überregionale Aufträge einbrachte. Ab 1715 war er Lehrer am Konservatorium in Neapel, ab 1725 Konservatoriumsdirektor in Venedig. Von Gegnern Händels im Jahre 1733 nach London geholt, vermochte er sich nicht in der englischen Metropole durchzusetzen.[129] So kehrte er wieder nach Neapel zurück, wo er 1738 mit ›La Semiramide riconosciuta‹ (Text: P. Metastasio) einen großen Erfolg erzielte. Weitere Stationen seiner Laufbahn waren Rom, Venedig und Dresden; 1752 ging er nach Wien, wo der junge Haydn sein Schüler, Kopist und Diener wurde.

Eine makellose Kompositionstechnik und eine umfassende Sachkenntnis (vor allem im Vokalbereich und im Streichersatz) zeichnen diesen neapolitanischen Großmeister aus, von dem über 50 Opern bekannt sind. Der Förderer des Kastraten Farinelli verstand es, die hochvirtuosen Gesangspartien seiner

Werke mit einem dramatischen Feuer zu erfüllen, das auch auf das Orchester übergriff: In den Arien fordert er ein Äußerstes an Koloraturgesang, aber auch vom Streichorchester hohes technisches Können. Im Formalen war PORPORA eher konservativ, die Arien sind meistens dem fünfteiligen Dacapo verpflichtet; die Ensembles spielen bei ihm keine große Rolle. Der recitativo semplice wurde allerdings von ihm zunehmend durch den accompagnato ersetzt. Von Bedeutung für PORPORAS Satzstil ist ferner das Festhalten an Melodiebausteinen im Orchestersatz seiner accompagnati, womit er eine Vereinheitlichungstendenz GLUCKS vorwegnahm. Auch die Übertragung von thematischem Material der a-Teile in den b-Teil der Arien war ihm bereits bekannt (›Carlo il Calvo‹, Text: ?, Rom 1738).

Die azione sacra ›Il Gedeone‹ (Text: ?, Wien 1737) ist ein sepolcro in zwei Teilen über einen biblischen Handlungsvorwurf. Das Werk besteht im wesentlichen aus Rezitativen und Arien; hinzu kommen zwei Ouvertüren und drei Chöre, Ensembles fehlen. Von der opera seria trennt den ›Gedeone‹ die Verwendung der Stimmgattung Baß für Joas, den Vater des Titelhelden. Schon die erste *Aria* (Oreb) «Quasi locuste» zeigt PORPORAS stilistische Eigenheiten: Der Orchestersatz dieser raschen aria brillante für den Fürsten der Madianiter ist vom ersten bis zum letzten Takt aus einem Baustein entwickelt, der aus vier Sechzehntelnoten besteht. Darüber führt die Singstimme einen Part aus, der bereits im a-Teil der fünfteiligen Dacapo-Form mit Koloraturen gespickt ist. Die Dramatik des Satzes verstärken noch zahlreiche abrupte Wechsel in der Dynamik.

Auch die Begleitung der *Aria* des Siloe «Quell'aura lusinghiera» bestimmen die Sechzehntel des Streichorchesters; doch nun in Form von Dreiklangs-Zerlegungen, die das typische Spielen über die Saiten erfordern. Selbst diese Nebenperson von einem Marineoffizier erhält beachtliche Koloraturen. Die Form ist ebenso a1 b a1 wie die der nachfolgenden *Aria* des Joas «Tu se'il minore», in der auch die Baßpartie längere Koloraturen erhält. Im Mittelteil gibt es einen Takt- und einen Tempowechsel, die Streicher führen wieder erregte Sechzehntel-Bewegungen aus und werden häufig im unisono geführt; ein weiteres Kriterium von PORPORAS Personalstil, das sich häufig in den recitativi accompagnati findet. Gerade diese Vokalform spielte bei PORPORA eine zunehmende Rolle, wofür der 67 Takte lange accompagnato «Quando scoperse Gedeone» im zweiten Teil ein gutes Beispiel abgibt. Daß er anstelle eines recitativo semplice steht, zeigt nicht nur der Textinhalt; es ist zudem auf drei Personen (Fara, Joas, Sichemi) verteilt. PORPORA teilt den Text nach Sinneinheiten auf und ordnet jeder dieser Einheiten eine ganz bestimmte Melodieformel zu, die in den Streichern zwischen den Gesangsabschnitten permanent wiederholt wird. Die Gesangsabschnitte sind entweder mit liegenden Akkorden unterlegt oder bleiben unbegleitet.

Im allgemeinen bilden die Streicher das Arienorchester. Hinzu treten fallweise 2 Oboen und in einer *Aria* (Gedeone «Cogliete amici il frutto») eine Solotrompete, womit eine der anspruchsvollsten Koloraturarien der Epoche herausgehoben wird. Hinzuweisen wäre schließlich auf die kunstvoll gearbeiteten Chöre im ›Gedeone‹; sie gehören ganz dem Kirchenstil an.

Leonardo VINCI (um 1690–1730) war gleichfalls Schüler von Greco und begann seine Laufbahn mit der commedia ›Le cecato fauzo‹ (Text: A. Piscopo, Neapel 1719), die in neapolitanischer Mundart abgefaßt ist.[40] Er war als Komponist äußerst fruchtbar, galt nach SCARLATTI als führend und wandte sich relativ spät (um 1725) der *opera seria* zu. In seinem sehr populären Werk ›Le Zite 'n galera‹ (Text: B. Saddumene, Neapel 1722) verstand er es, volkstümliche Melodiebildungen in der Arie heimisch zu machen, wie überhaupt sein Tonfall von Wohlklang und Einfachheit gekennzeichnet ist, was ihm in der napolitanischen Geschichtsschreibung den Titel eines Meisters des «dolce stile nuovo» eingebracht hat.

Was die Formung der Arien angeht, so hielt VINCI an den hergebrachten Lösungen fest. Die Gesangslinie steht im Vordergrund, in der Begleitung unterschied er zwischen schlichter und ausgearbeiteter Satzfaktur. Seine Ensembles kennzeichnen bereits rasche Wechsel der Sängereinsätze, womit er auf zukünftige Entwicklungen vorausweist.

›Le Zite 'n galera‹ gehören der Gattung opera buffa an. Die komplizierte Liebesgeschichte um eine Kapitänstochter wird nicht mit einer Ouvertüre eröffnet, sondern mit einem strophisch gehaltenen vom continuo begleiteten Auftrittslied der Ciomatella. Danach bilden jedoch recitativo semplice und Dacapo-Arie die Grundbausteine der Partitur. Die Arienbegleitungen sind sehr durchsichtig, oft läuft nur der Continuosatz durch, die Streicher führen Einwürfe aus. Gegen Ende des ersten Akts taucht das erste Ensemble in Form eines *Quartetto* auf («Vi lazzaro mbroglione»), in dem maximal drei Stimmen zugleich singen. Im zweiten Akt gibt es einen recitativo accompagnato der Belluccia mit gehaltenen Streicherakkorden. Später erscheinen ein *Terzetto* (als aria a tre gearbeitet und in Dacapo-Form) sowie ein *Quartetto* («Vi che nasco»), mit dem der Akt schließt. Im dritten Akt gibt es eine sehr repräsentative Arie für den Kapitän mit Oboen und Trompeten zum Streichorchester. Die Oper schließt mit einem homophon gehaltenen Terzett. In den Satzformen unterscheidet sich die ›Zite‹ kaum von einer opera seria. Der Satzstil schafft hier die Differenzierung: Es fehlen die Koloraturen, der Orchestersatz ist leicht und durchsichtig, Sätze in Molltonarten sind eher die Ausnahme.

Leonardo LEO (1694–1744) war Schüler von PROVENZALE, FAGO und Basso und begann erfolgreich mit dem Oratorium ›L'Infedeltà abattuta‹. Mit dem ›Pisistrato‹ von 1714 (Text: D. Lalli) erhielt er seinen ersten Opernauftrag, dem rasch weitere folgen sollten.[94] Nach dem Tode SCARLATTIS wurde er erster Organist an der Cappella Reale, später auch Konservatoriumslehrer und als Nachfolger SARRIS Kapellmeister am Königshof. Als Komponist führte er die Intentionen SCARLATTIS fort. Er ist zwar konservativer als VINCI, jedoch sind seine Orchestersätze fein durchgearbeitet und von kontrapunktischer Arbeit geprägt. Besonderes Gewicht haben seine recitativi semplici, deren Deklamation vorbildlich ist. Anhand der Vertonungen von Texten Metastasios wurde von ihm der Chor erneut in die Oper eingeführt. Die sorgsame Arbeit an seinen commedie musicali begünstigte das Entstehen der opera buffa als ernstzunehmende Gattung. Vor allem die Aktfinali erfuhren durch ihn eine kunstvolle Ausgestaltung. In seinem ›Amor vuol sofferenza‹ gibt es ein schönes Beispiel einer persiflierten Schreckensarie, begleitet von zwei Orchestern.

LEOS ›L'Olimpiade‹ (Text: P. Metastasio, Neapel 1737) ist eine opera seria in drei Akten, in der es um die Olympischen Spiele geht. Recitativo semplice, Dacapo- und Dalsegno-Arie (beide etwa gleich stark vertreten) bilden die Basis. Die Oper wird von einer Ouvertüre mit 2 Oboen, 2 Hörnern und Streichern eröffnet; eine Besetzung, die auch in den Arien häufig eingesetzt wird. Auffällig ist der ungemein dichte durchgearbeitete Orchestersatz. Die volle Streicherbesetzung ist für alle Nummern obligatorisch. Wenn LEO Koloraturen schreibt, so sind diese lang und anspruchsvoll (*Aria* der Licida «Superbo di me stesso», *Aria* der Aristea «Tu di saper procura», *Aria* der Argene «Più non si trovano» etc.). In den Arien gelingen LEO wirksame Charakterisierungen. So in der *Aria* «Mentre dormi», wo Sextolenfiguren der Streicher im Larghetto den Typus der Schlummer-Arie darstellen helfen oder in der *Aria* der Aminta «Siam navi all'onde», wo die Wellenbewegung im Orchester zu hören ist; offensichtlich ein Lieblingseffekt LEOS – er kommt noch zweimal in der Oper vor. Auch gibt es in der Oper zwei höchst wirkungsvolle recitativi accompagnati: Megacle «Che intesi eterni Dei» und Licida «Con questo ferro». Lebhafte Streicherfiguren malen die im Text vorgegebenen Affekte aus. Wichtig ist ferner das Auftreten des Chores; bei «O care selve» im ersten Akt handelt es sich möglicherweise um einen pezzo concertante mit Licida, im dritten Akt begegnet mit «I tuoi strali» ein Chor in Dacapo-Form. Der Schlußchor hat nur wenige Takte.

Giuseppe DE MAJO (1697–1771) war Schüler von Fago und Basso. Seine erste Oper war ›Lo vecchio Avaro‹ (Text: F. A. Tullio, Neapel 1727), der weitere Buffo-Opern folgten. Nach dem Tode SARRIS im Jahre 1744 wurde er Kapellmeister der Cappella Reale; ein Amt, das er bis 1771 innehatte. Er gilt als gefälliger Melodiker, der jedoch im formalen Bereich keine Neuerungen aufzuweisen hat. Das Hauptgewicht seines Schaffens liegt im Bereich der Kirchenmusik.

Pietro AULETTA (um 1698–1771) studierte bei Grillo, Amendola und PORPORA. Seine erste Oper war ›Il trionfo dell'Amore ovvero le nozze tra nemici‹ (Text: C. de Palma, Neapel 1725). Von ihm sind rund 20 Opern bekannt, die er hauptsächlich in Neapel, aber auch in Turin, Rom, Venedig, Barcelona,

Paris und Florenz zur Aufführung brachte. Als sein Spitzenwerk gilt ›L'Orazio‹ (P. Metastasio, Neapel 1737), seine Stärke lag jedoch bei der opera buffa, die er mit großem Einfallsreichtum behandelte, ohne Neuerungen einzuführen.

Nicola LOGROSCINO (1698–ca. 1765) erhielt Unterricht bei VENEZIANO und Perugino.[119] Ab 1728 machte er sich als Opernkomponist in Neapel einen Namen, konnte aber auch in Rom und Palermo Erfolge erzielen. Von ihm sind rund 30 Opern erhalten. Er kann als Großmeister der opera buffa gelten, der mit parodierenden Dialektstücken begann und sich bis zur opera seria emporarbeitete, wobei letztere Gattung nicht so sehr ins Gewicht fällt. Seine Rezitative und Arien sind herkömmlicher Art, seine Harmonik eher primitiv. Das Orchester wußte LOGROSCINO hingegen mit Geschmack und Einfallsreichtum zu behandeln. Seine größte Begabung lag jedoch im Ensemble; vor allem bei der Ausbildung des Aktfinale haben ihm Kretzschmar[86] und Bie[17] die Rolle eines Pioniers zuerkannt, während Dent[39] behauptet, daß LOGROSCINO nicht über SCARLATTI hinausgegangen sei. Dies soll hier anhand seines ›Governatore‹ (Text: D. Canicà, Neapel 1747) überprüft werden. Die opera buffa wird mit einer Ouvertüre (2 Oboen, 2 Hörner, Streicher) eröffnet, ein kurzes Auftrittslied der Leonora «I miei di passar» führt in die Handlung ein. Das Werk prägen vorerst recitativi semplici und Dacapo-Arien. Charakteristisch ist an ihnen eine kleinteilige Notation: Es überwiegen die Achtel- und Sechzehntelnoten. Vor allem im semplice entsteht dadurch eine hohe Geschwindigkeit und damit ein parlando, der auf ROSSINI vorausweist. Da nun LOGROSCINO im semplice die Personen rasch wechseln läßt (oft singt jede nur ein oder zwei Worte), entsteht eine Lebhaftigkeit und Situationskomik, die bei SCARLATTI nicht zu finden ist.

Neben der großen fünfteiligen Dacapo-Arie (*Aria* des Don Celso «S'è ver»), die er gelegentlich durch rezitativische Abschnitte auflockert (Aria des Don Ciccio «Nò presutto dirme nfacce») oder ohne Anfangsritornell beginnen läßt (*Aria* des Don Gianserio «Maro mè»), was einen ritornello nach dem b-Teil notwendig macht, verwendete LOGROSCINO die zweiteilige *Cavatina* (Don Giulio «auh, diasche», Rosalba «Ben felice») und – deutlich historisierend – die *Canzona* (Don Ciccio «Nena, tù si d'amor»), ferner mehrmals Duette, die entweder in Dacapo-Form oder einsätzig (Stella/Don Gianserio «Trema cane frabbuttone») gehalten sind. Neben einem *Terzetto* am Ende des ersten Akts (Flavia/Don Giulio/Don Ciccio «Deh signor!»), das als aria a tre gearbeitet ist, ohne der Arienform zu folgen, enthält die Oper jedoch am Schluß des zweiten Akts einen *Quintetto* (Flavia/Leonora/Don Giulio/Don Ciccio/Don Gianserio «Si nò songo»), der jenes sprühende Brio repräsentiert, für das die Gattung opera buffa Berühmtheit und Beliebtheit erlangt hat.[119] In hohem Tempo werden Worte wiederholt, die Einsätze der Personen wechseln laufend, nur an wenigen Stellen werden die Stimmen homophon zusammengefaßt – ein höchst brillanter Aktschluß. Dagegen fällt der kurze homophone Schlußchor ab; auch dies ein Vorgriff auf künftige Entwicklungen.

Koloraturen enthält hauptsächlich die Partie des vornehmen Liebhabers Don Celso (Arie «S'è ver», «Nò basta a un fido petto»). Sie sind hochvirtuos und unschwer als scharfe Satire auf die opera seria zu erkennen. Für die Arien verwendete LOGROSCINO durchwegs das Streichorchester. Häufig treten die Oboen und Hörner hinzu, manchmal aber auch nur die Oboen oder nur die Hörner.

Johann Adolf HASSE (1699–1783) war, bevor er 1722 nach Neapel kam, Tenorist und Kapellmeister in Hamburg und Braunschweig, wo er auch erste Kompositionsversuche auf dem Felde der Oper unternahm. In Neapel wurde er Schüler von SCARLATTI und PORPORA. Nach mehreren Opernerfolgen ging er 1727 als Konservatoriumskapellmeister nach Venedig, schrieb aber weiter Opern für Neapel. Ab 1744 war er Kapellmeister am Dresdner Hoftheater, wo er zusammen mit dem Konzertmeister Pisendel ein Aufführungsniveau kreierte, das für ganz Europa vorbildlich wurde. Von Dresden aus unternahm er Reisen nach Italien, Berlin, London und Wien, wohin er nach seiner Entlassung im Jahr 1763 ging.

Wohl kein anderer Komponist hat die Intentionen Metastasios in so kongenialer Weise verwirklicht wie HASSE.[60] Seine Arien folgen fast ausschließlich der fünfteiligen Dalsegno-Form, seine Opern enthalten nur wenige Ensembles, die Schlüsse bilden kurze Chöre. HASSES Orchestersatz ist schlank und durchsichtig, der Streichersatz zumeist dreistimmig, obligate Instrumente treten in den Arien hinzu. Auf die Umsetzung der Sprachdeklamation wird sorgsam geachtet. Aus diesem Grunde sind bei Hasse die Koloraturen nicht so häufig wie bei den Italienern. Wenn sie aber eingesetzt werden, so verlangen sie äußerste Virtuosität des Sängers.

›Siroe re di Persia‹ (Text: P. Metastasio, Bologna 1733) ist eine äußerst regelmäßig aufgebaute opera seria in drei Akten. Nach einer Ouvertüre (2 Oboen, 2 Hörner, Streicher) beherrschen recitativo semplice und fünfteilige Arie (meist Dalsegno-Form) die Partitur. In zwei Fällen wird die Form aufgelockert: So in der Aria der Emira «Ancor io penai», die im ³/₈-Takt einsetzt und in der zweiten Texthälfte von a in den ⁴/₄-Takt wechselt; eine Anordnung, die in a1 wiederkehrt. Die Aria des Siroe «Dal tuo voler» beginnt adagio im ⁴/₄-Takt und wechselt im b-Teil zum ³/₈-Takt allegretto. Die Arienbegleitung bestreiten fast ausnahmslos die Streicher; hin und wieder treten 2 Hörner hinzu (aria des Arasse «L'onda che mormora, Aria der Medarse «Fra L'orror» etc.). Im Streichersatz verdoppeln häufig die 2. Violinen die ersten. Die Gesangspartien sind meist kantabel gehalten, mit Ausnahme der Aria des Titelhelden «Spesso tra vaghe rose», die brillanteste Koloraturen und eine Kadenzmöglichkeit enthält. Man hatte für die Aufführung in Bologna den berühmtesten Kastraten des Jahrhunderts Farinelli zur Verfügung. Aber auch die Sängerin der Laodice scheint hochqualifiziert gewesen zu sein, denn ihre *Aria* «Ride il ciel» ist mit ihren fortlaufenden Sechzehntelkoloraturen und Trillern noch anspruchsvoller als die gerade erwähnte Arie des Siroe.

Neben den üblichen Umsetzungen der in den Arientexten enthaltenen Affekte mit herkömmlichen Mitteln seien hier noch zwei besonders wirkungsvolle recitativi accompagnati erwähnt: im II. Akt Emira «Si diversi sembianti» mit Presto- und Lento-Einwürfen der Streicher sowie im III. Akt Siroe «Son stanco ingiusti Numi», wo Adagio-Zwischensätze eindringlich die Niedergeschlagenheit des eingekerkerten Titelhelden veranschaulichen.

Egidio Romualdi DUNI (1709–1775) war Schüler seines Vaters und könnte auch bei Durante studiert haben. Den Durchbruch schaffte er mit seiner Oper ›Nerone‹ (Text: F. Silvani, Rom 1735), die PERGOLESIS ›Olimpiade‹ vorgezogen wurde. Aufträge aus Wien, Venedig und Mailand folgten. Nach einer kurzen Tätigkeit in London kehrte er wieder nach Italien zurück und widmete sich der Komposition Metastasianischer Libretti. In Parma hatte er Gelegenheit, mit Du Tillot zusammenzuarbeiten (s. unten S. 147), von dem er die französische Opernstilistik kennenlernte und übernahm. Er ging nach Paris, wo er mit ›Le paintre amoureux de son modèle‹ (Text: Anseaume, 1757) einen durchschlagenden Erfolg erzielte. So blieb er und wurde der anerkannte Meister der comédies à ariettes und opéras-comiques. Vor seiner Hinwendung zum französischen Stil war Duni ganz italienisch geprägt: Er benützte die hergebrachten Formen, erweiterte die Arien durch Zwischenspiele und verwandte die Rondo-Arie. Mit dem Ende seiner Tätigkeit in Parma gehört er auch nicht mehr zur neapolitanischen Oper, seine künstlerische Entwicklung muß von diesem Zeitpunkt an aus der Perspektive der französischen Oper verfolgt werden.

Giovanni Battista PERGOLESI (1710–1736) kam 1726 als Geiger nach Neapel, wo er Unterricht bei Durante und VINCI erhielt.[29] 1731/32 brachte er seine erste Oper ›Salustia‹ (Text: nach A. Zeno) in Neapel heraus, eine opera seria wie sein ›Prigioniero superbo‹ von 1733, in deren Pause der intermezzo ›La serva padrona‹ (Text: G. A. Federico) gespielt wurde, der PERGOLESIS Weltruhm begründete und 1752 die «Querelles des Bouffons» auslösen sollte, obwohl die ein Jahr zuvor erfolgte Aufführung seiner buffa ›Il frate'nnamorato‹ (Text: G. A. Federico) bereits ein großer Erfolg war. PERGOLESI schrieb in seinem kurzen Leben jedoch neben weiteren opere serie auch Kirchen- und Kammermusik. Sein bedeutendstes Werk für die Oper scheint seine letzte seria ›L'Olimpiade‹ (Text: P. Metastasio, Rom 1735) zu sein, in der er sein für die Wiener Klassik verbindliches Stilprogramm verwirklichen konnte: klare Formgebung, Vereinheitlichung der Thematik in der Arie, schlichte Melodik, glaubhafte Empfindungsskala und harmonische Weitflächigkeit. Tatsächlich wurde die Oper trotz ihrer anfänglichen Ablehnung in Rom in weiten Teilen Europas nachgespielt und wirkte damit stilbildend, wie schon A. Eximeneo in seinem Traktat ‹Dell'origine e della musica colla istoria del suo progresso, decadenza e rinovazione›, 1744, feststellte.

Die Bedeutung PERGOLESIS liegt also nicht so sehr in formalen Entwicklungen und Neuerungen der Satztechnik begründet. Seine Stärke war die Personencharakteristik und die musikalische Umsetzung der Situationskomik, die dabei noch den Vorzug hat, auf das Publikum natürlich zu wirken, ohne es zu sein. Das sind die eigentlichen Vorzüge der ›Serva padrona‹, während der Aufbau des Intermezzo identisch mit dem Akt einer normalen opera buffa ist. In dem Zweipersonen-Stück konnte PERGOLESI vor allem aber seine größte Stärke ausspielen: die kunstvolle und abwechslungsreiche Ausgestaltung des Duetts.

Gaetano LATILLA (1711–1788) studierte bei Prota und FEO und trat 1732 erstmals mit der opera buffa ›Li marite a forza‹ (Text: B. Saddumene) hervor.[15] Er wirkte als Kapellmeister und Lehrer in Rom und Venedig, kehrte aber 1772 wieder nach Neapel zurück. Von LATILLA sind etwa 50 Opern beider Gattungen bekannt, die zu seiner Zeit eine weite Verbreitung fanden, so daß er zu den führenden Neapolitanern zu rechnen ist. LATILLA gilt in der Literatur als großer Techniker, der zwar imstande war, ausgewogene kleinteilige Melodiebildungen hervorzubringen, der jedoch der Inspiration und eigenen Tonfalls ermangelte. Dies bestätigt sich in seiner buffa ›La finta gardiniera‹ (Text: G. A. Federico, Rom 1737/38) nicht. Es handelt sich um ein sowohl im recitativo semplice wie im Ensemble lebhaftes und von dramatischem Tempo erfülltes Werk. Zwar ist die Dacapo-Arie die vorherrschende Form; doch wird sie immer wieder neu gestaltet. Dies geschieht einerseits durch Formvariationen: Auf den ersten ritornello wird verzichtet und dafür an den b-Teil ein Zwischensatz angehängt (*Aria* des Moschino «Più non mi cucchi», *Aria* des Don Calascione «Signor Pancrazio mio»), oder es erfolgt bereits im a-Teil ein Wechsel von Tempo und Taktart (*Aria* des Giocondo «Non è folle», *Aria* des Don Pancrazio «E pur là»). Andererseits durch die unterschiedliche Ausstattung der Gesangspartien: In der *Aria* des Don Calascione «Sposa non vieni» gibt es höchst komische Wiederholungen von Worten und Silben in raschem Tempo, die *Aria* der Betta «È schema, è pazza» und die *Aria* des Filindo «Da quei begli occhi» sind reich mit Koloraturen versehen, die im 6/8-Takt notierte *Aria* der Gärtnerin Dorina «Colà sul praticello» ist ländlichschlicht gehalten. Dann gibt es die Arie mit durchbrochener Arbeit (Erosmina «Fra mille pensieri»), bei der die Singstimme und das Orchester sich in kleinen Einheiten von oft nur drei Achtelnoten ablösen: ein für erregte Situationen zum Topos erstarktes Modell, wie Hucke anhand von Beispielen in Opern von SCARLATTI, VINCI, VENEZIANO, PERGOLESI etc. nachgewiesen hat.[75, S. 271 f.] Mit der *Aria* des Don Calascione «Dentro a quegl'occhi» ist einmal die kurze zweiteilige Anlage a a1 vertreten.

Doch noch bedeutender sind LATILLAS Ensembles: Der als Finale des ersten

Akts fungierende *Terzetto* «Ah me schifienza» von Betta, Filindo und Don Calascione beginnt zwar wie eine aria a tre, doch werden die Stimmen bald vereint und erfüllen den Satz mit lebhaftem Geplapper in Achtelwerten. Der *Duetto* Giocondo/Pancrazio «Quand' senti la campana» ist geradezu ein Katalog an witzigen und komischen Einfällen, aber auch an Imitationskunst im Orchestersatz, der *Duetto* Dorina/Don Calascione «Ad ogni punto» wirft in raschem Wechsel die beiden Stimmen durcheinander. Daß LATILLA auch zu Höherem fähig ist, zeigen die *Aria* des Pancrazio «O questo o quello», die ein Kabinettstück an Personencharakterisierung darstellt, und der recitativo accompagnato «Ah Alessandra» mit der anschließenden *Aria* der Erosmina «Se pur d'un infelice», die Leidenschaft und Ernst in überzeugender Weise darstellen. Daß darüber hinaus LATILLA über eine gesunde Portion Humor verfügt haben muß, zeigt seine Idee, die einzige Arie mit Solotrompete («Ti squadro ti vedo») an das Dienstmädchen Betta zu vergeben.

Davide PEREZ (1711–1778) war Schüler von MANCINI und VENEZIANO.[142] Er begann mit ›La nemica amante‹ (Text: ?, Neapel 1735), danach erhielt er Aufträge aus Palermo, Wien, Rom, Venedig und Mailand. 1752 wurde er nach Lissabon berufen, wo er bis zu seinem Lebensende blieb. PEREZ war nicht nur ein sich um die Wirkung bewußter Dramatiker der opera seria, sondern auch ein sorgfältiger Ausarbeiter seiner Partituren. Ihr Satz ist ungemein dicht und genau bezeichnet; selbst im recitativo semplice gibt es dynamische Vorschriften, für die Orchesterinstrumente sind Anweisungen zum Spielcharakter notiert, wie sie erst wieder bei G. MAHLER begegnen. Die hergebrachten Formen wurden von ihm durch Zwischenspiele und virtuose Abschnitte erweitert, womit ausgedehnte kompakte Sätze entstanden. Mit Fermaten versehene Ausdruckspausen erhöhen die Spannung innerhalb der Sätze. Als das bedeutendste Werk von PEREZ gilt seine seria ›Solimano‹ (Text: G. A. Migliavacca, Lissabon 1757), ein Werk von gigantischen Ausmaßen und hohem Schwierigkeitsgrad. Eine Ouvertüre mit Oboen, Fagotten, Hörnern und «trombe lunghe» zu den Streichern eröffnet. Danach folgt ein umfangreicher recitativo accompagnato der Barsina «Misera me», in dem die Streicher wirkungsvoll zwischen kleinteiligen Figuren (Zweiunddreißigstelnoten) und gehaltenen Akkorden wechseln. Die anschließende *Aria* der Barsina «Deh perchè accendere» beginnt rasch und ohne Ritornell, der Mittelteil hat einen neuen Takt und ein neues Tempo. Im Orchester sind statt der Oboen Flöten besetzt. Die *Aria* des Solimano «Paventi il Perso» hat die gleiche Orchesterbesetzung wie die Ouvertüre. Es handelt sich um ein ausgedehntes prunkvolles Stück mit umfangreichen Koloraturen. Wieder ist der Mittelteil in Takt und Tempo deutlich von den a-Teilen abgesetzt. Der Dalsegno springt auf a1. Der *Terzetto* Persane/Selimo/Solimano «Ah quell'acerbo» ist anfangs als aria a tre gearbeitet, verdichtet sich aber zunehmend, indem Persane und Selimo gemeinsam den Solimano um Gnade anflehen. Das äußerst dramatische Stück, mit allegro vivace bezeichnet und in c-Moll stehend, schließt überraschend in Dur (Aktschluß).

Die den zweiten Akt eröffnende *Aria* des Solimano «Ah se un figlio sventurato» ist mit ihren aufwendigen Koloraturen und prunkvollen Streicherläufen wieder ein repräsentatives Stück für den Titelhelden. Am Anfang trennt PEREZ die ersten Worte durch Pausen voneinander, um sie auf den Zuhörer besser wirken zu lassen. Auch in dieser Arie folgt der Mittelteil einem anderen Takt und einem neuen Tempo wie der Anfang der Arie; die Wiederholung erfolgt dal segno. Einen Stilbruch bedeutet das Absingen der einzelnen Silben auf kurzen Notenwerten. Hier ist ein deutlicher Einbruch der opera buffa konstatierbar.

Mit dem recitativo accompagnato «Mi lasca» von Selimo und Zanghire begegnet wieder ein umfangreicher Satz von dramatischer Wirkung, die *Aria* des Selimo «Ah consolo il tuo dolore» ist eine große aria di bravura mit Sechzehntelkoloraturen, in der an einigen Stellen große Intervalle in großen Notenwerten auftauchen, die darauf schließen lassen, daß sie vom Sänger al gusto mit weiteren Koloraturen gefüllt werden konnten. Eine Spezialität von PEREZ ist die Tonmalerei: Textinhalte werden in besonders anschaulicher Weise im Orchester dargestellt. Die recitativi accompagnati Solimano «Ahime! La mano mi trema» und Persane «Ador allo Selimo» geben hier besonders anschauliche Beispiele ab. Einen Sonderfall stellt die *Aria* der Persane «Che orrore aimè» dar. In ihr ist der Dacapo ausgeschrieben und so abgeändert, daß er nahtlos in den nächsten recitativo semplice übergehen kann.

PEREZ hatte zwar spanische Vorfahren, wurde jedoch in Italien geboren. Domingo TERRADELLAS (1713–1751) war hingegen gebürtiger Spanier, studierte aber bei Durante in Neapel.[144] Er begann vorerst mit Oratorien und kam erst später zur Oper. Bis 1745 wirkte er in kirchlichen Diensten in Rom, danach sehr erfolgreich als Opernkomponist in London: 1746 wurde ›Mitridate‹ (Text: N. Vanneschi), 1747 *Bellerofonte* (Text: N. Vanneschi) aufgeführt. Mit ›Sesostri, rè d'Egitto‹ (Text: A. Zeno und P. Pariati, Rom 1751) soll er einen so großen Erfolg errungen haben, daß er der Überlieferung nach von Anhängern JOMELLIS umgebracht wurde.

Terradellas benutzte die hergebrachten Formen wie fünfteilige Dacapo-Arie und kürzere Arienformen. Der recitativo semplice wurde von ihm bereits häufig durch den accompagnato ersetzt, Arien und Ensembles wurden durch ein Fortspinnen thematischen Materials erweitert. Seine Partituren kennzeichnen eine reizvolle Harmonik, interessante Farbkombinationen in der Orchesterpalette, die seiner Herkunft zugeschrieben werden können, und eine sorgfältige Ausarbeitung des Satzes.

Sein Hauptwerk, die opera seria ›Sesostri‹, enthält eine hochkomplizierte Intrigenhandlung um den ägyptischen Königssohn Sesostri. Typisch an den zahlreichen darin enthaltenen Dacapo-Arien ist die Kürze des Mittelteils; oft wird die zweite Strophe nur einmal zusammenhängend abgesungen. Unter ihnen ragen die *Aria* des Amasi «Talor se freme irato» und die *Aria* des Sesostri «Serbami al grand' impero» durch z. T. seitenlange Koloraturen heraus. In den beiden *Arie* des Amasi «Vanne pur» und «Tutta da voi dipende» verwendete TERRADELLAS den schon bekannten Effekt dazwischengestellter Ausdruckspausen. Im zweiten Akt ist die *Aria* des Amasi «Sò che vidotta» und die *Aria* der Nitocri «Talor si perde i figli» bemerkenswert; die erstere ist eine Wut-Arie, in der der Affekt mit großen Intervallen in der Singstimme dargestellt wird, die zweite eine höchst umfangreiche Rache-Arie mit lebhafter Streicherbewegung – allein der a a1-Teil ist 99 Takte lang. Hinzuweisen ist ferner auf die *Cavatina* des Sesostri «Spiega omni le placid'»; es handelt sich um ein Sätzchen von 13 Takten, im Orchester mit 2 Flöten und Streichern besetzt. Unter den recitativi accompagnati ragt der der Nitocri «Deh se ti placa» heraus; Streichorchester und 2 Hörner con sordino bilden das feine Instrumentarium für die Darstellung der Textinhalte. Die anschließende *Aria* «Squarciami pur le vene» ist, basierend auf einem dreistrophigen Text, groß angelegt; die beiden ersten Strophen werden zu einem umfangreichen Teil zusammengefaßt, die dritte Strophe wird im b-Teil vertont. Als Dacapo kommt lediglich eine kurze Reminiszenz, gebildet aus der zweiten Hälfte der zweiten Strophe.

Niccolò JOMELLI (1714–1774) war Schüler aller berühmten Lehrer seiner Zeit: Durante, Prota, FEO, FAGO, Basso werden genannt. Mit ›L'errore amoroso‹ (Text: A. Palomba, Neapel 1737) trat er erstmals an die Öffentlichkeit, mit ›Ricimero, re de'Goti‹ (Text: A. Zeno und P. Pariati, Rom 1740) erzielte er den ersten durchschlagenden Erfolg. Aufträge aus Bologna, Venedig, Rom und Wien folgten. Im Jahr 1753 wurde er nach Stuttgart berufen, wo er seine beiden Hauptwerke ›L'Olimpiade‹ (Text: P. Metastasio, 1761) und ›Fetonte‹ (Text: M. Verazi, 1768) zur Aufführung brachte. Dort fiel er allerdings 1769 in Ungnade und kehrte daraufhin wieder nach Neapel zurück, wo es ihm nicht mehr gelang, an seine früheren Erfolge anzuknüpfen. So widmete er sich für den Rest seines Lebens der Kirchenmusik.

JOMELLI ist ein Großmeister der opera seria, auch wenn er in der buffa Bedeutendes geleistet hat (Intermezzo ›Don Trastullo‹, Text: ?, Rom 1749). Seine Stärke liegt in den recitativi accompagnati, die er mit dramatischem Leben und ungemein plastischer Deklamation ausstattete, unterstützt von einem farbig instrumentierten rhythmisch prägnanten Begleitsatz. Die hergebrachten Formen, allen voran die Arie wurden von ihm in immer neuer Weise umgestaltet, wobei er von der Dalsegno-Arie und der Arie mit verkürztem Dacapo seiner Vorgänger ausging. Während in den Arien der Orchestersatz sehr reich bedacht ist (mit ihm drückte JOMELLI häufig die innere Spannung der singenden Person aus), sind seine Kavatinen ganz auf die Gesangslinie ausgerichtet; in ihnen hat das Orchester lediglich eine Stützfunktion. In die Arien werden hin und wieder rezitativische Teile eingeflochten, der recitativo semplice ist weitgehend zurückgedrängt. Wenn auch Metastasio für JOMELLI sein ganzes Leben hindurch richtungweisend blieb, so verstand es JOMELLI doch, den dramatischen Aufriß seiner Werke zu modernisieren, was in dieser Zeit gleichbedeutend mit einer zunehmenden Ausrichtung der Musik auf die Handlung war. Dazu gehört die Schaffung dramatischer Szenen an den Aktschlüssen, in denen alle satztechnischen Errungenschaften wirkungsvoll kulminiert wurden. Wieder spielt dabei der recitativo accompagnato eine große Rolle. In Stuttgart und Mannheim wurde auch die französische Oper gepflegt. Dies brachte JOMELLI dazu, den Chor stärker heranzuziehen, wobei ein in dieser Zeit neuerwachendes Interesse für das antike griechische Theater ihm zusätzliche Anregungen gab.[4]

JOMELLIS letztes Stuttgarter Werk, ›Fetonte‹ (Text: M. Verazi, Stuttgart 1768), veranschaulicht gut die Eigenheiten seines gereiften Personalstils. Nur wenige der Arien folgen den hergebrachten Formen, es gibt bedeutende recitativi accompagnati, Ensembles und Chöre, womit ein deutliches Abrücken von den ursprünglichen Tendenzen der opera seria einhergeht. Nach einer reichbesetzten Ouvertüre (2 Flöten, 2 Oboen, Fagotte, 2 Hörner, Streicher) wird die Handlung mit einer *Szene* der Climene und des Chors («De'liquidi regni») in Form eines pezzo concertante eröffnet: Eine Strophe wird in durchkomponierter Manier vertont, daran schließt sich eine Verwandlungsmusik an, denn der Bühnenaufwand der Oper ist gigantisch und muß durch die Musik zeitlich überbrückt werden, ganz abgesehen davon, daß die Musik in diesem Fall zur Verstärkung der Illusion zu dienen hat. Auch dies ist als Abrücken von der opera seria anzusehen. Es folgt die koloraturenreiche *Aria* der Teti «Placido e lento», die zweiteilig angelegt ist; zwei Strophen werden zweimal hintereinander vertont, am Ende gibt es eine Kadenzmöglichkeit. Ein Mittelteil fehlt. Das reichbesetzte Orchester (2 Oboen, 2 Hörner, Streicher) stellt die Textinhalte tonmalend nach. Mit den nächsten drei Sätzen bildet JOMELLI eine größere Einheit. Sie beginnt mit dem im $^6/_8$-Takt ausschwingenden Tritonenchor «Della gran bucina», danach folgt der mit virtuosen Koloraturen versehene *Duetto* Teti/Cimene «Cara madre», bei dem die ersten Zeilen des Texts zwar am Ende wiederholt, jedoch neu vertont werden, und die *Aria* des Proteo «Voi che sortir». Sie hat einen zweistrophigen Text, mit dem JOMELLI ganz frei umgeht: Worte und Satzteile werden (auch außerhalb der im libretto vorgegebenen Folge) wiederholt. Hier drängt sich der Verdacht auf, daß der Komponist vorgeplante musikalische Formen nachträglich mit Worten ausfüllte, wobei die Worte schon so gewählt sind, daß ihr Ausdruckscharakter abgestimmt ist. Doch von einem logischen Sprachbau kann keine Rede mehr sein. Danach wird der Chor der Tritonen «Della gran bucina» wiederholt.

Die *Aria* des Fetonte «Le mie smanie» ist ganz auf den Titelhelden zugeschnitten: Es handelt sich um eine äußerst umfangreiche mit zahlreichen Koloraturen versetzte fünfteilige Dalsegno-Arie.

Mit dem dreistimmigen Männerchor «Fiamme odorifere» stellt JOMELLI wieder eine Bogenform her: Ihn löst ein Solo des Orcane ab, danach wird der Chor wiederholt. Die anschließende reichbesetzte *Aria* der Climene «Tu m'offri un regno» hat drei Strophen zur Grundlage, die mehrmals variierend vertont werden, wobei Takt und Tempo wiederholt wechseln. Koloraturen und Fermaten dienen der Überhöhung des Ausdrucks. Dabei entsteht ein Satz, der eher an eine große Szene als an eine geschlossene Form wie die Arie gemahnt. Die *Aira* «E la donna» (Epafo) hingegen hält sich mehr an die hergebrachten Formen; lediglich im Mittelteil werden Takt und Tempo geändert, der Dacapo ist ausgeschrieben und weicht vom Arienanfang stark ab. Den recitativo accompagnato des Orcane «D'obbliar quell'altera» kennzeichnen zahlreiche Tempowechsel, die anschließende großbesetzte *Aria* «Penso scelgo» hat die Anlage a a1 a2 b a2. Nach drei a-Teilen folgt ein in der Mitte Takt und Tempo wechselnder b-Teil, danach ein Dalsegno auf den dritten a-Teil. Die angeführten Beispiele zeigen die unterschiedlichen Versuche JOMELLIS, die hergebrachte Arienform immer wieder neu zu variieren und damit seinen musikdramatischen Vorstellungen dienstbar zu machen. Die Freiheit, die ihm der recitativo accompagnato bot (der des Fetonte «Libia Orcane t'involva» ist etwa sieben Partiturseiten lang), versuchte er auch in der Arie beizubehalten. Andererseits verwandte er kürzere Formen wie in der *Aria* des Fetonte «Sempre fido», die nur vierteilig ist: a a1 b a1, oder im kurzen Satz «Ombre che tacite», der Arioso-Charakter hat, sowie in der *Aria* des Sole «Tu che ognor», die zweiteilig ist.

An Ensembles ist der *Duetto* Teti/Cimene «Cara madre» zu erwähnen. In dem mit hochvirtuosen Koloraturen ausgestatteten Satz werden die Anfangszeilen des Textes zwar am Schluß wiederaufgenommen, jedoch neu vertont. Im *Duetto* Climene/Orcane «Amar costante» sind drei Strophen in drei verschiedenen Tempi und Taktarten vertont und die Satzteile einfach aneinandergereiht. In der 7. Szene des II. Aktes steht ein umfangreiches Ensemble von Epafo, Orcane, Libia und Fetonte («Tu più saggia»), das mit Takt- und Tempowechseln ausgestattet ist und stellenweise in den accompagnato fällt. Es geht in den *Duetto* Epafo/Orcane («Sol di gioco») über, der mit einem vorgeschriebenen Accelerando in ein Presto mündet. Der den II. Akt beschließende *Terzetto* «Tu parla» von Fetonte, Climene und Libio ist wieder eine Folge von Sätzen mit verschiedenen Takt- und Tempoarten; man kann ihn als ein kleines Kettenfinale ansehen. Der *Duetto* Fortuna/Fetonte «Più leggiera» ist wiederum mit Koloraturen reich versehen. Der interessanteste Satz bildet den Schluß der Oper: Es handelt sich um eine nicht näher bezeichnete Szene der Climene, in deren Verlauf Fetonte auf dem brennenden Himmel herumirrt, die Erde allmählich gleichfalls in Brand gerät, die Wassergötter (unterirdischer

Chor) Zeus um Hilfe anrufen und alles ein Raub der Flammen wird. Hier verschränkt sich große barocke Oper mit den neuesten Errungenschaften musikalischer Malerei aus der französischen Oper.

Gennaro MANNA (1715–1779) war Schüler von FEO und PROTA. Mit dem ›Tito Manlio‹ (Text: G. Rossi, Rom 1742) konnte er eine etwa zehnjährige Erfolgsserie einleiten. Der Arie war MANNAS Hauptinteresse gewidmet; formale Änderungen wurden nicht vorgenommen, wohl aber am Orchestersatz: Die Instrumente verselbständigen sich, solistische Bläserpartien sind häufig.[120]

Domenico FISCHIETTI (um 1725–1810) war Schüler von LEO und Durante. Er begann 1742 in Neapel mit einem ›Armindo‹ (Text: ?), sein erster großer Erfolg war jedoch ›Lo speziale‹ (Text: C. Goldoni, Neapel 1745).[55] Er wirkte als Theatertruppenleiter in Prag und ab 1766 als Hofkapellmeister in Dresden. 1772 wurde er (unter Umgehung Leopold Mozarts) Kapellenleiter in Salzburg. Neben mehreren seria-Opern lag der Schwerpunkt von FISCHIETTI auf seiner buffa-Produktion, für die seine Zusammenarbeit mit Goldoni die Grundlage bildete. Im formalen Bereich eher konservativ (ein Rondo-Finale begegnet in seinem ›Mercato di Malmantile‹, Text: C. Goldoni, Rom 1757), waren es die Details, denen er seine besondere Aufmerksamkeit widmete: FISCHIETTIS Streichersätze sind sehr sorgfältig gearbeitet, Imitationen und Kontrapunkt für komische Wirkungen eingesetzt. Wie seine anderen Zeitgenossen verwendete auch er Ausdruckspausen und Akkompagnato-Abschnitte; in der buffa finden sich an den Enden der Ensembles brillante Wortwiederholungen in raschem Tempo. Im Orchestersatz führte er Nebeninstrumente wie Piccoloflöte und Englischhorn ein.

Tommaso TRAETTA (1727–1779) war Schüler von Durante und LEO. Nachdem er sich schon vorher mit Kirchenwerken einen Namen gemacht hatte, begründete er mit seinem ›Farnace‹ (Text: A. M. Luchini, Neapel 1751) seine Laufbahn als Opernkomponist. Aufträge erhielt er aus Parma und Wien; er ging 1765 als Konservatoriumsdirektor nach Venedig und brachte 1768 in Petersburg sein Meisterwerk, die ›Antigona‹ (Text: M. Coltellini) zur Aufführung. Im Jahre 1776 kehrte er wieder nach Venedig zurück, wo er mit dem ›Cavaliere errante‹ (Text: G. Bertati) einen letzten großen Erfolg erzielte.

Von besonderer Bedeutung wurde für TRAETTA das Zusammenwirken mit dem französischen Intendanten Guilleaume du Tillot in Parma. Dieser regte den Komponisten dazu an, Elemente der tragédie lyrique in die opera seria zu übernehmen, wobei es sich vor allem um die Einbeziehung von Chor und Ballett handelte.[18] Damit wies er TRAETTA einen Weg, den wenig später Chr. W. GLUCK ausschreiten sollte; TRAETTAS Vorleistungen sind hier keinesfalls zu unterschätzen.

In TRAETTAS ›Ippolita in Arizia‹ (Text: C. I. Frugoni nach Bernard, Parma 1759) und in den ›Tindaridi‹ des gleichen Librettisten (Parma 1760) gibt es zwar noch die fünfteilige Dacapo-Arie mit vorgelagertem recitativo semplice, aber auch schon Chöre und Ballette, die in die Handlung einbezogen sind. Aus den verschiedenen Satzformen stellte TRAETTA Großeinheiten zusammen, die, unter einem bestimmten Handlungsaspekt stehend, ein geschlossenes Ganzes (Großszene) bilden. Um den Gang der Handlung nicht zu häufig zu unterbrechen, verwendete TRAETTA neben den großen Arienformen auch die kleine einteilige Form und die Kavatine.

In TRAETTAS Opernschaffen hat die seria sicherlich Vorrang. Doch darf die im Umfang deutlich kleinere buffa-Produktion nicht unterschätzt werden. In ›Buovo d'Antona‹ (Text: C. Goldoni, Venedig 1758), vor allem aber in seinem schon genannten *Cavaliere* finden sich eine Fülle von gelungenen Personencharakterisierungen und Großformbildungen. Gerade diese umfangreichen Finalanlagen, teils als Kettenfinale, teils als durchkomponierte Form gehandhabt sowie kunstvolle Ensembles zum Teil in den Stimmen kanonisch geführt, geben seinen Werken ein hohes Maß an lebendiger Abwechslung. TRAETTA beließ es jedoch nicht dabei, diese Satztechniken auf die opera buffa anzuwenden. In seiner ›Ifigenia‹ (Text: M. Coltellini, Wien 1763) gibt es im III. Akt einen *Finale* mit Soli, Chor und Orchester, der für die opera seria eine Novität darstellt. Ebenso ungewöhnlich ist die diesem Satz eigene dichte thematische Arbeit, wie überhaupt der Orchestersatz bei TRAETTA eine große Rolle spielt. In den *Tindaridi* (Terzett im IV. Akt, 3. Szene) nützte der Komponist seine kompositorischen Fähigkeiten für eine neuartige Darstellungsmethode: Eine in Opposition stehende Figur wird konstant mit einem anderen thematischen Material charakterisiert als der Rest der Personen.

Vieles von TRAETTAS Neuerungen ist von den nachfolgenden Opernkomponisten, vor allem von W. A. MOZART, aufgenommen worden.[56] Die Geschichte hat GLUCK die Rolle eines Reformers der französischen Oper zugewiesen. TRAETTA verdient es, als Reformer der italienischen Oper gewürdigt zu werden.

Pasquale ANFOSSI (1727–1797) war Schüler von SACCHINI und PICCINNI und konnte einen ersten Erfolg in Rom mit ‹L'incognita perseguitata› (Text: N. Petrosellini, 1773) erringen. Neben Rom waren auch Venedig, Paris, London und Berlin seine Wirkungsstätten, in denen er rund 60 Opern zur Aufführung brachte, wobei in der seria die libretti Metastasios und in der buffa die G. Bertatis überwiegen. ANFOSSIS Stärke lag in der Darstellung des Dramatischen durch die Musik: Seine accompagnati sind kühn im Ausdruck, seine Orchestersätze durch kunstvolle thematische Arbeit lebendig. Verdienste erwarb er sich ferner durch die Weiterentwicklung des Finale als Großform.[87]

Die opera seria *Adriano in Siria* (Text: P. Metastasio, Padua 1777) zeigt ANFOSSIS großen Einfallsreichtum in der Behandlung der Arienform. Nach einer Ouvertüre (2 Oboen, 2 Trompeten, Streicher) und einem Marsch singt der Titelheld die *Aria* «Dal labro che t'accende». Sie folgt der Form a a1 b a2 und ist durchnotiert, damit bei der Wiederholtung des a-Teils Varianten vorgenommen werden können. Eine andere Anordnung zeigt die *Aria* der Emirena «Prigioniera abbandonata». Sie basiert zwar auf der großen a a b a a-Form, doch ist der Dacapo wieder ausnotiert und mit Abänderungen versehen. Auf die Wiederholung des Anfangsritornells wird verzichtet, ein bei ANFOSSI häufig angewandtes Verkürzungsmittel. Die große *Aria brillante* der Emirena «Lieta per te» mit prachtvollen Koloraturen und einer Kadenzmöglichkeit ist zwar erneut fünfteilig, doch verkürzt hier ANFOSSI auf geniale Weise das Anfangsritornell bei der Wiederholung. Die *Aria* des Farnaspe «Volgi omai le luci belle» ist aus einer vierzeiligen Textstrophe entwickelt. Die Form a b a wird dadurch erreicht, daß im Mittelteil der Text wiederholt wird. In der *Aria* der Erimena «Mancar oh Dio» wird den beiden Textstrophen je ein unterschiedlich gehaltener Teil zugeordnet, womit besser auf den unterschiedlichen Textinhalt eingegangen werden kann. In der *Aria* des Farnaspe «So sventurato» ist aus dem gleichen Grund der Mittelteil deutlich in Takt und Tempo abgesetzt.

Die recitativi accompagnati von Osroa «se quel folle», Farnaspe «Barbare stelle» und Emirena «Padre ... oh Dio» kennzeichnen zahlreiche Tempowechsel des einfallenden Streichorchesters; die Gesangsabschnitte bleiben in der Regel unbegleitet. An kurzen Formen gibt es die *Cavatina* des Osroa «Parto? Resto?», in der ein Vierzeiler durchkomponiert wird, und die von Ausdrucksfermaten durchsetzte *Cavatina* der Emirena «Che fa il mio bene», in der der zweistrophige Text ohne die üblichen Wiederholungen in den Satzteilen komponiert wird (Form a b a), lediglich einige Worte werden mehrfach herausgestellt.

Hinzuweisen ist schließlich auf den als zweites Finale dienenden *Terzetto* Emirena/Farnaspe/Osroa «Prendi un paterno amplesso». Er stellt einen Satz mit Handlungscharakter dar, in dem Soli und Ensemblesätze abwechseln; ein durchaus mit den Finales von MOZART vergleichbares Gebilde. Den vorgesehenen Schlußchor hat ANFOSSI unvertont gelassen, was möglicherweise darauf schließen läßt, daß ihm diese Lösung zu konventionell war.

Der in Bari geborene Nicola PICCINNI (1728–1800) dürfte in Neapel ausgebildet worden sein. Er gilt als Großmeister der opera buffa, der mit seiner ›Buona figliuola‹ (Text: P. Fegejo = C. Goldoni, Rom 1760) größte Triumphe feierte. Obwohl er allein für Rom rund 50 Opern schrieb, mußte er der Konkurrenz ANFOSSIS weichen und ging 1773 nach Neapel, wo er Kapellmeister der Cappella Reale wurde. Unter den dort geschriebenen elf Opern war auch ›L'Allessandro nelle Indie‹ (Text: P. Metastasio, Neapel 1774); eine Neufassung der Oper, die er schon 1758 in Rom herausgebracht hatte. Diese begründete seinen Ruhm als seria-Komponist. Er wurde 1774 nach Paris berufen, wo er vier Jahre später mit seinem ›Roland‹ (Text: Ph. Quinault/J. F. Marmontel) einen großen Erolg erzielte und sich damit der

Rivalität mit GLUCK aussetzte. Bei der gleichzeitig mit GLUCK komponierten ›Iphigénie en Tauride‹ (Text: A. Du Congé Dubreuil, Paris 1781) geriet er durch das spätere Aufführungsdatum seines Werks gegenüber GLUCK ins Hintertreffen. Er kehrte 1791 nach Italien zurück und schrieb zwei Opern für Venedig. Sein neuerlicher Umzug nach Paris im Jahre 1798 war von unglücklichen Umständen begleitet. In der opera buffa zeichnen seine Werke ein rascher parlando, groteske Wortwiederholungen und eine plastische Motivik aus. Gegenüber dem zwölf Jahre jüngeren PAISIELLO wirkt PICCINNI weicher, elegischer. Charakteristisch ist eine gewisse Innigkeit der Melodien; er verwendet häufig schwermütige siciliani oder volksliedartige Melodiebildungen in Molltonarten. Mit der schon genannten ›Buona figliuola‹ stellte er als Abart der opera buffa das „Rührstück" vor, das in der Zukunft noch eine große Rolle in der Operngeschichte spielen sollte. PICCINNIS Partituren kennzeichnet eine große Formenvielfalt. Neben kurzen Arien und Kavatinen stehen große Arienanlagen mit Tempowechsel zwischen den Teilen. Die Ensembles stehen im Vordergrund und werden zu umfangreichen Sätzen ausgebaut. Eine Spezialität ist bei PICCINNI ferner der feingearbeitete Orchestersatz, der mit zahlreichen thematischen Bezügen ausgestattet ist, besonders seit der opera seria ›Il Ciro riconosciuto‹ (Text: P. Metastasio, Venedig 1759). Mit GLUCK verglichen, kann PICCINNI als der Komponist des Moments, des feinen Details gelten, während es dem ersteren um die Sicherung des Gesamteffekts ging. Ab dem ›Roland‹ ersetzte PICCINNI den recitativo semplice durch den accompagnato. In der Darstellung der Szene des Roland «Ah j'attendrai longtemps» im III. Akt lassen sich in der formalen Anlage (Wechsel von geschlossenen Formen und accompagnati) Übereinstimmungen mit GLUCK feststellen. Trotzdem wahrte PICCINNI, vor allem in der Melodiebildung seiner Arien, seinen italienischen Charakter.

Der dramma giocoso ›La Cecchina ossia la buona figliuola‹, wie der vollständige Titel der Oper heißt, bringt neben verschiedenen Arien-Varianten die strofa; es handelt sich um liedhafte Sätze in Strophenform, die jedoch Abänderungen erfahren können (a1 a2 a3 ...). Dies gilt etwa für die *Strofe di Mengotto* «Quel che amore» oder die *Strofe di Cecchina* «Omni amatore». An den Arien fällt z. T. der umfangreichere Text auf: So basiert die *Aria* der Cecchina «Una povera ragazza» auf vier Strophen, die *Aria* des Mengotto «Non comoda all'amante» auf drei Strophen. Die *Aria* der Paoluccia «Che superbia maledetta» ist eine komische Buffo-Arie mit viel Komik, die *Aria* des Tagliaferro «Star trompete, star tampurri» stellt den Tonfall des Soldaten brillant nach, die *Aria* des Marchese «Vedrete una figliuola» enthält französische und deutsche Worte und ist ein Spitzensatz an Buffokunst. Die *Aria* der Marchesa «Furie di donna irata» ist hingegen eine Persiflage auf die Koloratur-Arie der opera seria, die deutlich auf die Arien der Königin der Nacht in MOZARTS ›Zauberflöte‹ vorausweist. Das bedeutendste Finale ist das zum I. Akt («Vo cercando e non ritrovo»): Es handelt sich um ein Quintett in Kettenform (6/8 Andante, 4/4 Presto, Andante, Presto). Es beginnt sentimental mit dazwischengestellten Ausdruckspausen und wird ab dem Presto zu einem sprühenden buffa-Finale mit einem Feuerwerk rascher Wortwiederholungen.

Pietro GUGLIELMI (1728–1804) studierte bei F. Durante.[59] Er begann seine Laufbahn mit der buffa ›Lo Socchianello 'mbroglione‹ (Text: D. Pignataro, Neapel 1757), seine erste seria ›Tito Manlio‹ (Text: G. Roccaforte, 1763) brachte er in Rom heraus. Ab 1764 verließ er Neapel und folgte den Aufführungsorten (Mailand, Florenz, Rom etc.) seiner Opern. 1768 begab er sich nach London, wo er aber infolge lokaler Intrigen keine Erfolge erzielen konnte. Nach mehreren Reisen quer durch Europa konsolidierte er sich schließlich in Neapel mit den drei *Buffo*-Opern auf Texte von S. Zini ›La Villanella ingentilita‹ (1779), ›La Pastorella nobile‹ (1788) und ›La bella pescatrice‹ (1789).

GUGLIELMI war kein Reformer wie JOMELLI oder TRAETTA. Trotzdem gehen auf ihn vor allem in der opera seria Veränderungen zurück, die auf sein Bestreben, diese Gattung an die opera buffa anzunähern, hinweisen. Dies betrifft vor allem die Ensembles und die Chöre. Seine *seria*-Finali ›Debora e Sisara‹ (Text: C. Sernicola, Neapel 1788) sind abwechslungsreiche Großformen in Besetzung und Satzart. In der buffa war er hingegen der Meister des rasch bewegten Ensembles, womit er als Vorläufer G. ROSSINIS gelten kann.

Die buffa ›Lo spirito di contradizione‹ (Text: G. Martinelli Romano, Venedig 1766) zeigt deutlich, wie weit sich GUGLIELMI inzwischen von den tradierten Formen entfernt hatte; in ihr gibt es keine fünfteilige Dacapo-Arie mehr. Statt dessen begegnen unterschiedlichste Variationen der Arienform. Die kürzeste ist die *Aria* der Nanetta «Non ù è maggior contento»; sie ist über einem Vierzeiler errichtet, doch wird der Text so wiederholt, daß sich musikalisch eine knappe a b a-Form ergibt. Die *Cavatina* der Contessa «Da quest'onde» enthält zwei Vierzeiler, die hintereinander vertont werden; die partielle Wiederholung des ersten ritornello schafft formale Abrundung. Eine andere Lösung bietet die Aria der Nanetta «Noi sole semplicetti»: Ein Vierzeiler wird dreimal hintereinander nach dem musikalischen Schema a a1 b vertont. Die *Aria* des Don Cesarino ist zeiteilig: Im 1. Teil wird nach dem Schema a b a der Text von zwei Vierzeilern vertont, worauf ein Allegroteil mit Strettacharakter folgt. Völlig aufgelöst erscheint die Form in der *Aria* des Don Cesarino «Nella festa preparata»: Im 1. Teil, der im 2/4-Takt steht, beschreibt Don Cesarino die Freuden des kommenden Festes, wozu auch das Tanzen der Furlana gehört. Der Takt wechselt nach 6/8, der neue Satz trägt die Bezeichnung «a tempo furlana». Don Cesarino fährt fort; dieser Teil wird jedoch von Orazio und dem Governatore wiederholt. Don Cesarino setzt erneut in einem Satzteil ein, den man als a1 bezeichnen kann. Danach kommen wieder die beiden anderen Personen mit dem Furlana-Satz, in dem nun Don Cesarino fehlt. Ein neuer Satzteil, in dem alle drei Personen zu Wort kommen, beschließt. Hier ist nun die vom Komponisten vorgenommene Titelbezeichnung «aria» irreführend; es handelt sich um eine ausgedehnte Szene. Unter den Finalsätzen ragt der am Ende des I. Akts heraus. Er beginnt zuerst als aria a ... für die sechs Sänger, doch allmählich werden die Einsätze immer dichter und die Singstimmen zwischendurch zusammengefaßt. Wie weit GUGLIELMI die Equilibristik der Zunge auf die Spitze trieb, zeigt folgendes Textbeispiel: «Notaro Maledetto per me quest'è un imbroglio, non viene ancor cospetto non sò quel che mi»; es ist in zwei Takten zu singen.

Antonio SACCHINI (1730–1786) studierte bei G. MANNO und F. DURANTE. Mit intermezzi wie dem ›Fra Donato‹ (Text: P. Trinchera, Neapel 1756) verschaffte er sich ein erstes Ansehen; mit der ›Olimpiade‹ (Text: P. Metastasio, Padua 1763) jedoch Berühmtheit. Aufträge in Rom, Venedig, München und Stuttgart folgten. Ab 1772 wirkte er in London, danach in Paris, wo er in den Opernstreit geriet. Dort gelang ihm aber auch sein Welterfolg: Der ›Oedipe a Colone‹ (Text: N. Guillard, Paris 1787); das Werk hielt sich außergewöhnlich lange (bis 1830) auf den europäischen Bühnen.[118]

Sacchini kann für seine Zeit als Großmeister des ernsten Genres bezeichnet werden. Seine Tonsprache ist ernst, ja beinahe zeremoniell, Melodiebau und Formgebung sind ebenmäßig und ausbalanciert, so daß sich anhand seiner Partituren der Überbegriff „Hochklassik" beinahe von selbst ergibt. Dabei ist SACCHINI keineswegs konservativ: Seine Harmonik ist fortschrittlich und kühn, er verwendet alterierte Klänge und wechselt häufig zwischen den Tongeschlechtern. Auch bei den festen Formen folgt er den jüngsten Entwicklungen: So sind bei ihm die fünfteiligen Dacapo-Arien selten, häufig bedient er sich der kurzen Formen und der cavatina. Bei ihm gibt es durchkomponierte Arien und solche in Rondoform. Seine recitativi accompagnati sind äußerst dramatisch gehalten. Hin und wieder stehen sie in motivisch-thematischen Beziehungen mit der nachfolgenden Arie, wodurch sich größere Einheiten bilden. In den Ensembles zeigte SACCHINI nicht die gleiche Stärke. Nach seinem London-Aufenthalt zog er den Chor in stärkerem Maße in seinen Werken heran. In seinen letzten Opern verfolgte er eine formale Ökonomie à la GLUCK und vermied alles, was den Handlungsverlauf aufzuhalten drohte.

Wieweit sich der Italiener die Spezifika der französischen Oper einverleibt hatte, zeigt sein ›Renaud‹ (Text: Le Bœuf/Framery, Paris 1783). In dieser tragédie lyrique ist der recitativo semplice durch den accompagnato und die aria durch die air ersetzt. Chor, Ballett und Orchester (Märsche) haben starken Anteil am Geschehen. Das Nummernschema ist zugunsten der vielfältig gestalteten und besetzten Szene aufgehoben. Selbst am Detail der Gesangslinie zeigt sich der Wandel: Die Partien haben so gut wie keine Koloraturen; die kurzen Melismen sind von den 1. Violinen all'unisono gestützt.

Mit Gian Francesco De MAJO (1732–1770) betrat ein Opernkomponist die Bühne der Musikgeschichte, der seine musikalischen Fähigkeiten als Erbe betrachten konnte. Er war der Sohn von Giuseppe De MAJO, der Neffe von G. MANNO und der Großneffe von F. FEO; sie waren gleichzeitig seine Lehrer. MAJO begann mit einem ›Ricimero re di Goti‹ (Text: P. Metastasio, Parma 1758), der auch in Rom erfolgreich über die Bühne ging. Auch er schränkte, um den dramatischen Fluß zu wahren, die Arien formal ein: Entweder ließ er den Dacapo später einsetzen oder benützte von vornherein die einfache dreiteilige Form a b a. Die cavatina wurde bevorzugt eingesetzt, in die Arien baute er rezitativische Abschnitte ein, um einerseits die Form aufzulockern, andererseits, um die Grenzen zwischen Rezitativ und Arie aufzuheben. In seiner ›Ifigenia in Tauride‹ (Text: N. Verazi, Mannheim 1764) sind diese Bestrebungen in verstärktem Maße verwirklicht und der Chor mit größeren Aufgaben betraut, so daß dieses Werk eine gewisse Affinität zu den Reformopern GLUCKS zeigt.[142]

Giacomo TRITTO (1733–ca. 1824) könnte Schüler von L. FAGO gewesen sein. Er trat erstmals mit ›Le Nozze contrastate‹ (Text: ?, Neapel 1754) hervor und schrieb danach rund 50 Opern. Er gilt als schwacher Melodiker; seine Stärken lagen in einem brillanten parlando und in der Entwicklung weitgespannter Finalanlagen, zumeist in Kettenform. Seine Arien sind meist zweiteilig und enthalten Zwischensätze im Akkompagnato-Stil. In seinen Buffo-Opern gibt es aber auch durchkomponierte Formen. Als sein bedeutendstes Finale gilt das in ›Il Convitato di Pietra‹ (Text: G. Palomba, Neapel 1783), ein Werk mit dem gleichen Handlungsvorwurf wie MOZARTS ›Don Giovanni‹.

Giovanni PAISIELLO (1740–1816) war in Neapel Schüler von Durante. Er schrieb etwa ab 1764 Opern, die in verschiedenen Städten Italiens (Bologna, Modena, Venedig, Parma, Neapel, Turin) zur Aufführung gelangten. 1776 folgte er einem Ruf nach Petersburg, nach seiner Rückkehr wurde er (ab 1781) Hofkapellmeister in Neapel. Ein kurzes Zwischenspiel in Paris (auf Einladung Napoleons) brachte nicht den gewünschten Erfolg; PAISIELLO kehrte 1804 auf den Hofkapellmeisterposten nach Neapel zurück.[77]

Als Komponist der opera buffa hatte PAISIELLO eine besonders glückliche Hand, während ihm die opera seria weniger lag. In der buffa konnte er seinen Einfallsreichtum in der Personencharakteristik und in der Ausschöpfung komischer Situationen besser zur Geltung bringen. So sind auch seine erfolgreichsten Opern durchwegs der opera buffa zugehörig wie ›La vedova di bel genio‹ (Text: P. Mililotti, Neapel 1767), ›L'idolo cinese‹ (Text: G. B. Lorenzi, Neapel 1767), ›Il Barbiere di Siviglia‹ (Text: P. Petrosellini, Petersburg 1782), ›Il Re Teodoro in Venezia‹ (Text: G. B. Casti, Wien 1784?) und ›Nina ossia La Pazza per amore‹ (Text: P. J. Marsollier/G. Carpani, Neapel, 1789). Dabei lagen seine Neuerungen weniger im Formalen; gerne verwandte er die kurzen Arienformen, die schon vor ihm entwickelt wurden, wie die zweiteilige und die dreiteilige Arie sowie die Kavatine. In den Introduktionen und Finales gibt es Strophen-, Ketten- und Rondoformen. Dabei verstand es PAISIELLO, durch übergreifende Verwendung von Bausteinen in Melodie und Begleitung größeren Anlagen den Eindruck der Symmetrie zu verleihen, womit sich die musikalische Form gegenüber dem libretto verselbständigte.[1]

Gerade in der Entwicklung schlagkräftiger Melodiebildungen und charakteristischer Begleitbausteine ist PAISIELLO unerreicht, darin in vielem MOZART ähnlich, was sich in unmittelbaren Übereinstimmungen äußert. Doch fehlt ihm MOZARTS Satzdichte und dramatischer „Biß"; seine Werke wirken vergleichsweise weich oder auch pathetisch.

PAISIELLOS opera buffa in zwei Akten ›L'Amor contrastato ossia La molinarella‹ (Text: P. Palomba, Rom 1789) wird (nach einer Ouvertüre) mit einer *Introduzione* eröffnet, die durchkomponiert ist und handelnden Charakter hat; fünf Hauptpersonen werden in ihr vorgestellt. Wiederkehrende Bausteine im Begleitsatz wirken einheitsstiftend. Die *Aria* der Rosina «La Rachelina» besteht aus zwei gleichen Teilen (a1 a2), auf die die beiden Vierzeiler des Textes jedoch unterschiedlich verteilt sind: a1 = 1. + 2. Strophe, a2 = 1. + 2. + 1. Strophe. Die *Aria* des Tagliaferro «Qual tromba rimbombante» ist zweiteilig; im 1. Teil (4/4 Allegro) werden die beiden Strophen vertont, es folgt ein kurzer accompagnato, hierauf ein 3/4 Andante, danach erfolgt die Rückkehr in das Anfangs-Allegro, jedoch wird gleich auf die 2. Strophe gesprungen. Mit dem *Quartetto* «Dite in grazia» begegnet ein äußerst brillantes und umfangreiches Ensemble in bester Buffa-Art. Die Stimmen imitieren sich in raschestem Wechsel oder plappern die Textsilben auf Sechzehntelnoten ab; der Satz folgt dem Formschema a a b. Im II. Akt findet sich der berühmte *Duettino* «Nel cor più non mi sento», der Thema für zahlreiche Variationenwerke wurde; es handelt sich um einen ruhig dahinfließenden Satz im 6/8-Takt.

Giuseppe GAZZANIGA (1743–1818) war Schüler von N. PORPORA und N. PICCINNI, er begann seine Laufbahn mit ›Il finto cieco‹ (Text: L. Da Ponte, Wien 1770). Danach erhielt er Aufträge für Seria- und Buffa-Opern in ganz Europa. Mit Annahme der Position des Kathedral-Kapellmeisters in Crema im Jahre 1791 nahm sein Opernschaffen rasch ab; er wandte sich schließlich ganz der Kirchenmusik zu.

GAZZANIGA hat sich in der Musikgeschichte einen Platz durch seinen Einfluß auf MOZART erworben: Seine mit leichter Hand hingeworfenen Ensembles und Finalsätze, in denen sich sein Geschmack und sein hoher Sachverstand bezüglich der Singstimmen in vorteilhaftester Weise niederschlugen, haben auf den Jüngeren vorbildlich gewirkt. Dies gilt in besonderem Maße für das Kettenfinale in seinem ›Convitato di pietra‹ (Text: G. Bertati, Vendig 1786).

Domenico CIMAROSA (1749–1801) studierte bei MANNO, SACCHINI und PICCINNI. Als erste Oper gilt ›La stravaganza del conte‹ (Text: ?, Neapel

1772), es folgten bis 1778 zwölf weitere Opern, mit denen er sich erfolgreich gegenüber PICCINNI, ANFOSSI, GUGLIELMI und PAISIELLO behauptete. Weitere Opern von ihm wurden in Mailand, Rom, London, Dresden und Wien aufgeführt, z.T. bereits in deutscher Sprache. Als Nachfolger PAISIELLOS wirkte er ab 1787 in St. Petersburg, danach als Nachfolger SALIERIS in Wien. Mit ›Il matrimonio secreto‹ (Text: G. Bertati, Wien 1792) gelang ihm der große Wurf: Die Oper mußte am Abend der Uraufführung auf Wunsch des Publikums zur Gänze wiederholt werden. Das Werk, das zu Lebzeiten des Komponisten hohe Aufführungsziffern erreichte, ist heute noch im Repertoire der Opernhäuser zu finden.

CIMAROSAS Stärken liegen in den Ensembles seiner opere buffe. Er hat es verstanden, sie ganz in den Dienst der Handlung zu stellen, wobei ihm zugute kam, daß er Situationskomik und Personencharakteristik in besonders überzeugender Weise musikalisch umzusetzen verstand. Im formalen Bereich hielt er zwar an den überkommenen Satztypen fest, handhabte sie jedoch sehr frei. Gegenüber MOZART wirkt sein Satzstil leichter, durchsichtiger und dünner. Gerade dies sind aber Eigenschaften, die die Italiener dazu gebracht haben, CIMAROSA noch heute als Opernkomponisten höher einzuschätzen als MOZART. Charakteristisch an CIMAROSAS ›Matrimonio secreto‹ ist als erstes die größere Textmenge: Arien und Ensembles haben wesentlich mehr Worte zu transportieren, als dies vorher in der Oper der Fall war. Ferner sind die Arien im Vergleich zu den anderen Vokalformen deutlich in der Minderzahl. Das Ensemble bildet nun das Rückgrat der Oper. Die Arien sind sehr frei geformt: Die *Aria* des Geronimo «Udite tutte» beginnt ohne Anfangsritornell in einem langsamen Tempo, auf das ein Allegroteil folgt, der die Umrisse eines Dacapo trägt. Zweiteilig auch die *Aria* der Fidalma «E vero che in casa», ebenso die der Carolina «Perdonate signor mio», bei der im 1. Teil (4/4 Larghetto con molto) zwei Vierzeiler vertont werden; im 2. Teil (6/8 Allegro non tanto) bilden zwei weitere Vierzeiler die Textgrundlage, doch dieser Satz ist musikalisch auf die Form a b a ausgerichtet. Die *Aria brillante* der Lisetta «Se son vendicata» hat eine noch weiter abweichende Gestalt: Anfangs (4/4 Allegro maestoso) noch konservativ geformt (a a1), zeigt der Mittelteil Abweichungen in Takt und Tempo (6/8 Andantino vivace). Doch in diesem b-Teil werden beide Vierzeiler zu Gehör gebracht: zuerst die 2. Strophe, dann noch einmal beide Strophen hintereinander. Der Satz wirkt trotz der Koloraturen in der Gesangspartie symphonisch und der Text wie nachhinein auf eine vorkonzipierte Form adaptiert.

Unter den Ensembles ragt als erstes der *Quartetto* «Sento in petto» heraus. Der Satz ist wieder zweiteilig (4/4 Adagio-Allegro moderato), er zeichnet sich durch eine ungemein sorgfältige Behandlung von Vokalpartien und Instrumentalstimmen aus und schließt schwungvoll. Das Finale I («Tu mi dici») bildet eine Kette von Sätzen unterschiedlichen Takts und Tempos, auch die

Tonarten wechseln: D-Dur, Es-Dur, C-Dur, G-Dur, C-Dur, a-Moll und C-Dur werden berührt. Die einzelnen Satzteile sind zudem durch Accompagnato-Abschnitte aufgelockert, womit CIMAROSA den handelnden Charakter des Finale wirksam unterstreicht. Den umfänglichen Satz zeichnen ein rasches Sprachtempo und eine turbulente Handlung aus; groteske Wortwiederholungen steigern den burlesken Grundzug. Der *Duetto* Geronimo/Conte «Se fiato in corpore avete» ist ein Kabinettstück an Buffokunst: Es geht darum, daß der Graf bereit ist, auf die Hälfte der von dem reichen Geronimo zugesagten Mitgift zu verzichten, wenn er die jüngere Tochter heiraten kann. Geronimo ist diesem Handel nicht abgeneigt, erspart er sich doch 50 000 Goldstücke, und dieses «Qua risparmio del bell'oro», von Geronimo in Sechzehntelnoten plappernd abgesungen, ist von äußerst komischer Wirkung, aber auch der ganze Handel zwischen dem Grafen und ihm. Der Satz ist stark gegliedert (2/4 Allegro, 12/8 Allegretto assai, Adagio colla parte, 2/4 Tempo primo, 6/8 Allegro) und enthält einen brillant abrollenden Dialog mit raschen Wechseln; er ist durchwegs handelnder Natur.

Eine ungewöhnliche Anordnung zeigen auch *Recitativo e Quintetto* «Come tacerlo poi» im II. Akt. Den Anfang bildet wie üblich ein von den Streichern ausgeführter accompagnato, wobei die Einsätze der Carolina immer unbegleitet bleiben. Es folgt eine einstrophige *Aria* der Carolina «Qual che speranza», die in g-Moll steht. Eine *Aria* in B-Dur schließt sich an («Deh! Lasciate ch'io respiri»), die zuerst der Form einer herkömmlichen Arie folgt (Teile ab); doch dann fallen die restlichen vier Stimmen ein und der Satz erweitert sich damit zum Quintett. Das abschließende Finale «Il parlar di Carolina» ist ein Kettenfinale mit sieben Gliedern und bietet ein brillantes Feuerwerk an komischen Szenen und virtuoser Behandlung der Vokalpartien.

Wenn es sich auch bei CIMAROSAS Werk um eine opera buffa handelt, so sei doch hier ein Vergleich mit der Statistik der Oper SCARLATTIS erlaubt; einem Dreiakter von über 100 Nummern steht nun eine zweiaktige Anlage mit ganzen 18 Nummern gegenüber. Dabei sind die beiden Operntypen in ihrer Gesamtdauer gar nicht so weit auseinander. Entscheidend ist die Länge der einzelnen Sätze.

Nicola Antonio ZINGARELLI (1752–1837) war in Neapel Schüler von S. Carcajus und F. Fenaroli. Er begann mit der Oper ›Montezuma‹ (Text: V. A. Cigna-Santi, Neapel 1781) und erhielt danach Aufträge aus Mailand, Venedig, Rom und Paris. 1804 wurde er Nachfolger GUGLIELMIS als Kapellmeister an St. Peter in Rom. ZINGARELLI gilt als Bewahrer der alten Formen; bei ihm gibt es nur wenige Ensembles, die Folge Rezitativ–Arie prägt seine Opern. Aber auch in der Ausdehnung der Einzelsätze ging ZINGARELLI auf die alten Normen zurück, wie sich an seiner opera seria ›Giulietta e Romeo‹ (Text: G. Foppa, Mailand 1796) zeigt: Die Sätze sind äußerst knapp konzipiert. Die unveränderte Übernahme des alten Arienschemas ist weitgehend vermieden: Die *Aria* des Romeo «Prendi! Lacciar ti rendo» ist zweiteilig; accompagnati am Anfang und in der Mitte lockern die Anlage auf. Diese fehlen in der ebenfalls zweiteiligen *Aria* des Romeo «Somme ciel che il cor». Im eröffnenden 3/4-Adagio werden die ersten beiden Strophen vorgetragen, im darauffolgenden 4/4-Allegro moderato eine 3. Strophe. Kleine Koloraturen beleben die Vokalpartie. Beeindruckend sind die beiden accompagnati «Ma che vale ilmio duol» und «Son tranquillo» des Romeo. Es handelt sich um die Vergiftungsszene. Wieder füllen die Streicher die Zwischenräume der Sängereinsätze aus, ohne den Gesang selbst zu begleiten, wie dies in dem accompagnato «Qual sara il mio contento» der Fall ist. Der auf die Vergiftungsszene folgende *Rondo* des Romeo «Ombra adorata aspetta» erweist sich als schlichte a b a-Form. In der Todesszene (Giulietta/Romeo «Ahimè! Gia vengo meno») erscheint die Musik dieses *Duetto* dem Ernst der Situation nicht angemessen.

Tommaso GIORDANI (um 1733–1806) war Mitglied einer neapolitanischen Familien-Theatertruppe, mit der er frühzeitig nach London und Dublin kam. Es handelt sich um einen äußerst fruchtbaren Komponisten der Gattung opera buffa, der zwar an den herkömmlichen Formen nichts änderte, aber den „galanten" Tonfall à la Johann Christian Bach fortzuführen verstand. Das ihm zugeschriebene «Caro mio ben» weist ihn als vorzüglichen Melodiker aus.[92]

Giuseppe GIORDANI (1753–1798) war Mitschüler von CIMAROSA und ZINGARELLI. Seine erste Oper scheint ›L'Astuto in Imbroglio‹ (Text: ?, Pisa 1771?) gewesen zu sein. Er schrieb vorwiegend seria-Opern konservativer Machart, nach 1791 jedoch hauptsächlich geistliche Musik im Dienst der Kathedrale von Fermo. Ob er mit Tommaso GIORDANI verwandt ist, konnte bislang nicht geklärt werden.

Angelo TARCHI (1760–1840) war Schüler von L. FAGO und N. Sala. Er begann 1778 mit der in neapolitanischem Dialekt gehaltenen Oper ›L'Archetiello‹ (Text: ?), die gut aufgenommen wurde. Ihr ließ er in kürzester Frist drei weitere Opern folgen, worauf er nach Rom verpflichtet wurde. Weitere Aufträge führten ihn nach Mailand, London und Paris. Seine letzten Opern gehören der Gattung opera comique an und sind auf französische Texte komponiert. TARCHI war ein äußerst fruchtbarer Komponist der seria wie der buffa, dessen Werke an allen großen Opernhäusern seiner Zeit aufgeführt wurden. Auch er hielt mit Neuerungen zurück; seine Stärke lag in der Behandlung der Vokalpartien, die ganz auf die Möglichkeiten der Singstimme zugeschnitten waren. Er beschloß seine Laufbahn als Gesangslehrer in Paris.

2. ANDERE ITALIENISCHE STÄDTE

2.1 Florenz

Gegenüber dem übermächtigen Neapel konnten sich die anderen italienischen Städte mit Operntradition nur mühsam behaupten. Obwohl Florenz ab dem Jahre 1657 mit dem Teatro della Pergola eines der schönsten Häuser der ganzen Epoche besaß, das über eine Fülle technischer Möglichkeiten verfügte, beschränkte sich der Spielplan auf Opern von aus Neapel und Venedig herbeigeholten Komponisten wie GUGLIELMI, PAISIELLO und SACCHINI. Als einziger bodenständiger Meister konnte sich Giuseppe Maria ORLANDINI (?–1760) profilieren. Wahrscheinlich wurde er in Florenz ausgebildet und wirkte ab 1723 als Hofkapellmeister des Großherzogs und ab 1732 als Domkapellmeister in seiner Vaterstadt. Sein ungemein fruchtbares und erfolgreiches Opernschaffen, das etwa 50 Opern umfaßt, die in weiten Teilen Europas zur Aufführung gelangten, setzte im Jahre 1708 mit einem *Artaserse* (Text: A. Zeno/P. Pariati) ein. Der zu seiner Zeit hochangesehene Komponist galt als guter Melodiker, der bereits in den Begleitflächen seiner Arien und Ensembles Vereinheitlichungstendenzen verfolgte, wie sie für GLUCKS späteres Schaffen typisch werden sollten.[115]

2.2 Rom

Ähnlich wie in Florenz gestaltete sich auch die Opernpflege in Rom. Hier erschwerte die unterschiedliche Haltung der Päpste zur Oper eine kontinuierliche Entwicklung; die Oper wurde am Ende des 17. Jahrhunderts verboten, danach wieder großzügig gefördert, um später erneut unterdrückt zu werden.

So bestritten neapolitanische und venezianische Komponisten den Hauptanteil an Opernproduktionen wie A. SCARLATTI, N. PORPORA, A. CALDARA, D. SARRI, G. B. PERGOLESI, E. R. DUNI und G. LATILLA. Lediglich der möglicherweise dem italienischen Hochadel entstammende Rinaldo DI CAPUA (1705–1780) kann hier als spezifisch römischer Großmeister angesehen werden. Sein ›Ciro riconosciuto‹ (Text: P. Metastasio, Rom 1737) und die opera buffa ›La commedia in commedia‹ (Text: G. Barlocchi, Rom 1738) machten ihn weithin berühmt und verschafften ihm Aufträge in London, Venedig, München und Portugal. Von ihm sind 32 Opern aller Gattungen bekannt, in denen er sich als ausdrucksstarker Musiker erweist, der es verstand, die Personen der Handlung bis hin zur Karikatur musikalisch zu charakterisieren. An Formen bevorzugte er den recitativo semplice, die kleine dreiteilige Arie (a b a) und die Dacapo-Arie. Accompagnati sind bei ihm selten; hingegen erweist er sich als kluger Disponent größerer Ensembleanlagen. In größer angelegten Arien wird die Virtuosität des Sängers in anspruchsvollen Koloraturen gefordert.[145]

2.3 Venedig

Lediglich Venedig behielt ein gewisses Maß an Unabhängigkeit gegenüber Neapel. Hier ist an erster Stelle Tommaso ALBINONI (1661–1750) zu nennen, der möglicherweise von G. LEGRENZI ausgebildet wurde. Er begann mit einer ›Zenobia‹ (Text: A. Marchi, Venedig 1694), der rund 50 weitere Opern, die u. a. in Florenz und München aufgeführt wurden, folgen sollten. Während die Instrumentalkompositionen ALBINONIS gut erschlossen sind, harren seine Opern noch immer einer Aufarbeitung; die Qualität seiner bekannten Kompositionen läßt dabei hohen Erwartungen Raum.

Francesco GASPARINI (1668–1727) wurde in Rom von B. PASQUINI und A. Corelli ausgebildet. Ab 1700 war er Chormeister am Ospedale della Pietà in Venedig, wo A. VIVALDI 1703 sein Konzertmeister wurde. In Venedig trat PASQUINI als Opernkomponist erstmals mit einer ›Engelberta‹ (Text: A. Zeno/Pariati, 1708) hervor. Er komponierte rund 60 Opern aller Gattungen bis hin zum Zwei-Personen-Intermezzo, wobei das Grundschema die Folge recitativo semplice – Arie bildete. Die meisten seiner Arien sind vom Streichorchester begleitet, das er auch in dramatisch wirksamen accompagnati effektvoll einzusetzen wußte. Seine wenigen Ensembles sind zumeist Duette.

Auch bei Antonio VIVALDI (um 1678–1741) sind die Kompositionen für Instrumente besser belegt als seine Opernproduktion. Dies ist um so bedauerlicher, als sich in den letzten Jahrzehnten die große Bedeutung des operista VIVALDI immer deutlicher abzeichnet; er war einer der bedeutendsten Opernkomponisten seiner Zeit, dessen rund 50 Werke in allen wichtigen Städten Europas zur Aufführung gelangten. Damit könnte aber auch eine Beeinflussung der lokalen Opernproduktion dieser Orte verbunden gewesen sein.[155]

Der LEGRENZI-Schüler brachte seine erste Oper ›Ottone in Villa‹ (Text: D. Lalli) 1713 in Vicenza heraus, acht weitere Opern folgten in Venedig. VIVALDI erhielt in der Folgezeit Aufträge aus Florenz, München, Parma, Mantua, Mailand, Rom, Wien, Graz, Prag und Dresden, wobei er hauptsächlich die opera seria, aber auch die Pastoraloper pflegte. Seine Librettisten gehörten zu den angesehendsten Dichtern seiner Zeit.

Die Oper ›La fida ninfa‹ (Text: Sc. Maffei) entstand 1732 für Verona. Sie ist dreiaktig und vom Wechsel recitativo semplice – Arie bestimmt. Die semplici sind ungemein sorgfältig gearbeitet: Die Sprache wird mit sehr viel Einfühlungsvermögen im Duktus der Gesangslinie, aber auch in der rhythmischen Gliederung wiedergegeben. Die zum Teil weit ausgreifende Harmonik unterstreicht wirkungsvoll das dramatische Gefälle des Textinhalts. In der ganzen Oper gibt es nur (zum Ende hin) einen recitativo accompagnato (Giunone: «Mente diversa»); er ist unbedeutend, denn der Orchestersatz besteht nur aus gehaltenen Streicherakkorden. Bei den Arien fallen als erstes die umfangreichen ritornelli auf; meist begleitet das Streichorchester Continuo-Arien (Morasto «Dite ohimè») und Arien mit obligatem Instrument (Oralto «Chi dal cielo» mit Solotrompete und Pauken) sind selten. Der Orchestersatz ist dicht und in den 1. Violinen hin und wieder im Einklang mit der Vokalpartie geführt. Die fünfteilige Dacapo-Arie ist die Norm, die selbst auf die Ensembles durchschlägt: So sind der *Duetto* Elpina/Osmino «Dimmi pastore», der *Terzetto* Licori/Elpina/Narete «S'egli è ver» und der *Quartetto* von Licori/Morasto/Elpina/Osmino in dieser Weise geformt. Dieser fünfteiligen Form a a b a a entspricht auch ein über weite Strecken beibehaltenes harmonisches Schema, indem der 2. a-Teil auf der Tonart der Dominante einsetzt und der b-Teil der der Tonikaparallele folgt. Mehrere der fünfteiligen Arien sind „Devisen-Arien", so die der Licori («Selve annose», «Vado si dove a te piace»). Dabei wird die Devise, die nicht unbedingt mit dem eigentlichen Arienbeginn notengleich sein muß, von VIVALDI entweder mit einer Fermate versehen (1. Arie) oder mit Adagio bezeichnet, um ihre Funktion zu verstärken.

Neben der fünfteiligen Form gibt es aber noch andere Lösungen für die Arie. Die *Aria* der Elpina «Egli è vano» hat keinerlei Ritornelle und folgt der Form a a b, wobei die beiden a-Teile absolut identisch sind. Die *Aria* des Oralto «Ben talor meco m'adiro» hat gleichfalls keine ritornelli und ist durchkomponiert; kein Teil wird wiederholt. In der schon genannten *Aria* der Licori «Vado si» werden nach einem langen Einleitungsritornell und der Devise im Adagio die ersten beiden Textzeilen vertont; dieser Abschnitt wird wiederholt (Wiederholungszeichen). Genauso wird mit den folgenden Zeilenpaaren verfahren; nur bei den Zeilen 7 und 8 entsteht eine Erweiterung, die Coda-Charakter hat. Die *Aria* des Oralto «Perdo Ninfa!» ist wieder dreiteilig (a a b); die a-Teile sind im 4/4-Takt Allegretto, der b-Teil im 3/8-Takt Presto notiert. Hinzuweisen wäre noch auf VIVALDIS Eigenheit, auch im zweiten a-Teil der Arien den Text nicht aufzusplittern, sondern ihn einfach noch einmal ablaufen zu lassen, häufig in Form einer variierten Transposition der Gesangslinie des ersten a-Teils.

Der Anspruch VIVALDIS an die Gesangskunst seiner Mitwirkenden war offensichtlich sehr hoch. Denn fast alle seine Arien weisen schwierige und lange Koloraturen auf. Je nach Stimmgattung erinnern sie an Flöten- oder Fagottkonzert-Sätze. In der ›Fida ninfa‹ ragen hierin besonders die *Arie* des Oralto

Ausschnitt aus der Aria der Costanza; die Gesangspartie ist wie eine Instrumentalstimme gestaltet. Aus: A. Vivaldi, *La Griselda*, Venedig 1735. Ms Foà 36, Turin, Bibl. Nazionale.

«Chi dal cielo», der Licori «Il mio core» und des Morasto «Destin avaro» hervor. In der Darstellung der im Text enthaltenen Affekte ist VIVALDI erwartungsgemäß ein Meister, jedoch ohne die Übertreibungen seiner Zeitgenossen; in der *Aria* des Narete «Non tempestà» wird mit Sextolen in den 2. Violinen der Sturm dargestellt, der die Bäume entlaubt, die Morasto-Aria «Vanne ingrata» ist eine beeindruckende Rache-Arie mit großen Intervallen in der Gesangspartie und Zweiunddreißigstel-Läufen im Orchester, die Sanftheit der «Cento donzelle» (*Aria* der Elpina) beschwört ein Streichorchester mit Dämpfern in allen Stimmen, über dem zwei Flöten in Terzen spielen. Die *Aria* des Eolo «Vano è l'orgoglio» bestimmen wilde Zweiunddreißigstel-Repetitionen der Streicher. Für den Schluß der Oper hat sich der Komponist eine originelle Lösung ausgedacht: Die Göttin Giunone und ein vierstimmiger Chor singen abwechselnd ihre Strophen, worauf ein *Balletto* beschließt.

Nach VIVALDI war es vor allem der Lotti-Schüler Baldassare GALUPPI

(1706–1785), der dem Opernzentrum Venedig fortdauernde Bedeutung sicherte. Obwohl seine erste Oper ›La fede nell'inconstanza ossia Gli amici rivali‹ (Text: F. Neri, Vicenza 1722) ein Mißerfolg war, erhielt er nach gründlicherer Ausbildung Aufträge, die ihn bis nach London und St. Petersburg führen sollten. Sein äußerst umfangreiches Opernschaffen berührt alle Gattungen, wobei sein Rückgriff auf die libretti Metastasios für seine opere serie ihm einen konservativen Zug auferlegte: recitativo semplice und Arie bestimmen seine Partituren. Erst in der für St. Petersburg geschriebenen ›Ifigenia in Tauride‹ (Text: N. Coltellini, 1768) sind größere szenische Komplexe, Chöre und Tänze enthalten.

Nachdem GALUPPI 1744 LATILLAS ›Madame Ciana‹ (Text: A. Barlocci) umgearbeitet hatte, trat er 1745 mit ›La forza d'amore‹ (Text: A. Panicelli) erstmals als Komponist einer opera buffa hervor, womit eine lange Erfolgsserie in diesem Genre einsetzte. Vor allem die libretti von C. Goldoni verstand GALUPPI kongenial zu vertonen, was ihm weitreichenden Ruhm bescherte. Nur Neapel verhielt sich abweisend. Für die opera buffa richtete GALUPPI seinen Stil ganz auf Tempo und Wirkung aus; anstatt der Dacapo-Arie verwendete er nun hauptsächlich zweiteilige Formen, die unterschiedlichen Takt und Tempo erhielten. Die Finali komponierte er entweder durch oder ließ sie der Kettenform folgen.[38]

Ferdinando Gasparo BERTONI (1725–1813) kann als der letzte venezianische Opernkomponist des 18. Jahrhunderts angesehen werden. Er studierte bei Padre Martini und trat in den Kirchendienst ein. Seine erste Oper war die buffa ›La Vedova accorta‹ (Text: A. Borghese), die ihm Aufträge in Parma, Neapel, Turin und Padua eintrug. 1780 erregte er in London mit ›Orfeo ed Euridice‹ (Text: R. Calzabigi) großes Aufsehen. Nach seiner Rückkehr wurde er (als Nachfolger GALUPPIS) 1785 Kapellmeister an S. Marco. Durch den Kirchendienst bedingt, schrieb er in seinen späteren Lebensjahren hauptsächlich geistliche Werke. Seine 48 Opern kennzeichnet eine Nähe zu GLUCK (die in London zu Verwechslungen führte), aber auch zu MOZART. Im Vordergrund seines Opernschaffens steht die opera seria (häufig auf Texte Metastasios), die er im traditionellen Formenkanon behandelte. Wegen seiner einfallsreichen Melodiegestaltung war er zu seiner Zeit hoch angesehen.[9]

2.4 Mailand

War die Opernpflege in Mailand im 17. Jahrhundert der Initiative einzelner Adliger überlassen, so änderte sich dies mit Beginn der österreichischen Herrschaft im Jahre 1708 schlagartig; der 1717 mit Fr. GASPARINIS ›Constantino‹ (Text: A. Zeno/P. Pariati) eröffnete Teatro Regio Ducale wurde zu einem bedeutenden Opernzentrum. Er fiel einem Brand zum Opfer und wurde im

Jahre 1776 durch den Teatro della Scala ersetzt. Das neue Haus wurde mit A. SALIERIS ›Europa riconosciuta‹ (Text: M. Verazi) eröffnet.

Der erste Mailänder Opernkomponist des 18. Jahrhunderts könnte Giovanni Battista SAMMARTINI (1700–1775) gewesen sein. Er wirkte als Kirchenmusiker und Kapellmeister am herzoglichen Hof und war ein gefragter Lehrer; G. B. LAMPUGNANI und Chr. W. GLUCK zählen zu seinen Schülern. Von dem Wegbereiter des klassischen Stils ist als früheste Oper ein ›Mehmet‹ (Text: ?, Lodi 1732) bekannt, er hat nachher noch mindestens sechs Opern geschrieben. Der ›Mehmet‹ ist mit größter Wahrscheinlichkeit nicht seine erste Oper gewesen. SAMMARTINIS Opernschaffen ist leider noch unaufgearbeitet und zum Teil verschollen. Im Hinblick auf das Schaffen GLUCKS und die Entwicklung der Oper in der zweiten Hälfte des 18. Jahrhunderts wäre seine Kenntnis doppelt wertvoll.[78]

Der gebürtige Mailänder Giovanni Battista LAMPUGNANI (1706–1784) wurde in seiner Vaterstadt ausgebildet, wo er 1732 mit der Oper ›Candace‹ (Text: D. Lalli) hervortrat. Diese und drei weitere Opern, die er in kurzer Folge schrieb, machten LAMPUGNANI rasch bekannt. Er erhielt Aufträge aus Ferrara, Padua, Vicenza und Rom. 1743 ging er anstelle von GALUPPI nach London, wo er die Oper ›Rossane‹ (Text: P. A. Rolli) herausbrachte. Um 1758 wandte er sich der opera buffa zu; sein ›L'Amor contadino‹ (Text: C. Goldoni, Mailand 1760) gilt als sein Spitzenwerk.

In seinen opere serie verfuhr der Metastasio-Anhänger ganz traditionell; recitativo semplice und Arie bilden die Hauptbestandteile seiner Partituren. Die Arien folgen durchwegs dem Dacapo-Prinzip, sie enthalten zahlreiche hochvirtuose Koloraturen, der Orchestersatz ist dicht und neigt zur Verselbständigung. In der opera buffa zeigen LAMPUGNANIS Werke Übereinstimmungen mit den Opern GALUPPIS; die Formen sind verkürzt, die Arien enthalten häufig Takt- und Tempowechsel, Dacapo begegnen nur mehr selten. Die wirkungsvoll aufgebauten Ensembles und Finali folgen zumeist der Kettenform und enthalten zahlreiche Takt- und Tempowechsel.

Zur Mailänder Opernszene ist auch der junge Christoph Willibald GLUCK (1714–1787) zu rechnen.[140] Er begab sich im Jahre 1736 nach Mailand, nahm Unterricht bei G. B. SAMMARTINI und eröffnete 1741 mit dem ›Artaserse‹ (Text: P. Metastasio) sein Opernschaffen. Ihm sollten bis 1745, dem Jahr, in dem GLUCK nach London umzog, noch weitere sieben Opern für Mailand, Venedig und Crema folgen. Auffallend ist GLUCKS Bevorzugung der libretti von P. Metastasio in dieser Epoche. Sie bilden die Basis für den üblichen Wechsel von recitativo semplice und Arie, den auch GLUCKS frühe Opern kennzeichnen. Auf Ensembles und Chöre wird weitgehend verzichtet, accompagnato-Rezitative sind selten. Die Arien folgen zumeist dem fünfteiligen Dacapo-Schema und enthalten die üblichen Koloraturen an den dafür vorgesehenen Stellen. Nichts würde also auf den zukünftigen Opernreformer hinweisen, wäre da nicht eine Reihe von Details, die seine Musik deutlich von der ihn umgebenden Produktion abheben würden. Hierzu gehören starke Differenzierungen anhand des Textinhalts innerhalb der gleichen Arie wie im ›Artaserse‹ (Arie in E-Dur), wo rezitativisch gehaltene Abschnitte mit großen Bögen und Achtelläufen in der Gesangspartie wechseln und Ausdrucksfermaten den Satzfluß unterbrechen. Deutlicher lassen sich die Intentionen des zukünftigen Dramatikers in dem wesentlich besser erhaltenen ›Demofoonte‹ (Text: P. Metastasio, Mailand 1742) erkennen. Die *Aria* des Matusio «O più tremar», des Demofoonte und der Creusa zeigen innerhalb der herkömmlichen Formgebung eine Fülle von dramatischen Ausdrucksqualitäten, die deutlich vom Belcanto weg- und zur dramatischen Deklamation hinführen. In der *Aria* des Cherinto «T'intendo ingrata!» verzichtet GLUCK auf den ersten ritornello, läßt den Sänger das erste «T'intendo» mit einer Fermate ausführen, wodurch der Einsatz wie ein Aufschrei wirkt, und legt zudem einen Großteil der Textausdeutung ins Orchester, das er generell mit interessanteren Aufgaben betraut als die meisten seiner italienischen Zeitgenossen, wodurch sein Satz Ähnlichkeiten mit dem JOMELLIS erhält. Zu seinen schönsten Eingebungen in der Mailänder Zeit wird die *Aria* der Cleopatra aus ›Tigrane‹ (Text: F. Silvani/ C. Goldoni, Crema 1743) «Presso l'ondo d'Acheronte» angesehen.[61] In der für Ombra-Szenen üblichen Tonart Es-Dur gehalten, weisen Gesangspartie und Orchestersatz (vor allem der stimmungsvolle erste ritornello) auf zukünftige Entwicklungen deutlich hin. Aus der ›Sofonisba‹ (Text: F. Silvani, Mailand 1744) ist schließlich ein *Duetto* Sofonisba/Siface erhalten, in dem klar zu erkennen ist, daß GLUCK in seinen Vorstellungen bezüglich der Ensemblegestaltung von Anfang an über die aria-a-due-Technik hinaus war; die nach Art einer Trio-Sonate geführten Vokalpartien vereinen in sich deutschen Kontrapunktstil mit italienischer Gesanglichkeit.

In Mailand wirkte auch der in der ›Neapolitanischen Oper II‹ bereits behandelte N. PICCINNI. Er schrieb für Mailand ›Il regno della luna‹ (Text: C. Goldoni, 1770), ›L'Olandese in Italia‹ (Text: ?, 1770) und das Intermezzo ›La Pescatrice‹ (Text: ?, 1774). Doch wurde er zusätzlich durch Reprisen von Opern für andere Städte in Mailand wirksam. Ähnlich verhält es sich mit P. GUGLIELMI. Für Mailand schrieb der Neapolitaner die Opern ›Alceste‹ (Text: R. Calzabigi, 1769) und ›Vologeso‹ (Text: A. Zeno, 1776).

Giuseppe SARTI (1729–1802) war hingegen wesentlich enger mit Mailand verbunden. Der Schüler von Padre Martini begann 1753 in Faenza mit der Oper ›Pompeo in Armenia‹ (Text: B. Vitturi?) seine Laufbahn, reiste mit der Mingottischen Theatertruppe nach Kopenhagen, trat dort in Hofdienste und kehrte erst wieder um 1775 nach Italien zurück. In Mailand wirkte er (vor PAISIELLO) als Kapellmeister an der Kathedrale, sein bedeutendster Schüler wurde L. Z. CHERUBINI.[38] Mit den Opern ›Le Gelosie villane‹ (Text: T. Grandi, Venedig 1776), ›Medonte‹ (Text: G. de Gamerra, Florenz 1777),

›Giulio Sabino‹ (Text: P. Giovannini, Venedig 1781) und ›Fra i due litiganti i terzo gode‹ (Text: C. Goldoni, Mailand 1782) verschaffte er sich Weltruhm. Vor allem die letzte Oper, die als das Spitzenwerk seiner umfänglichen Opernproduktion gilt, wurde auf allen Bühnen Europas und bereits in der neuen Welt gespielt.

SARTIS Melodiebildung, Harmonik und Begleitsatz sind eher konventionell. Seine Eigenständigkeit ist vor allem im Formalen begründet: Die Dacapo seiner Arien erscheinen grundsätzlich verkürzt, häufig begegnen zweiteilige Formen (a b), die sich aus einem Teil mit langsamem Tempo und einem darauffolgenden raschen Teil zusammensetzen. Die Schlußbildungen des raschen Teils nehmen die cabaletta vorweg. Daneben gibt es auch Rondoarien und durchkomponierte Sätze. Im recitativo accompagnato zeigt SARTI sich besonders einfallsreich und als beeinruckender Dramatiker (*Giulio Sabino*, Gefängnisszene «Venite o figli»), der es versteht, die unterschiedlichen Charaktere der Personen in der Musik zur gleichen Zeit darzustellen. Während er, den Vorgaben der libretti entsprechend, in den opere serie weitgehend auf das Ensemble verzichtete, findet sich diese Gattung häufig in seinen buffa-Opern. Diese Ensembles sind stets sehr lebendig und einfallsreich gestaltet. Textinhalt und musikalischer Ausdruck entsprechen sich in ihnen jedoch nicht immer.

Auch Johann Christian BACH (1735–1782) studierte bei Padre Martini. Von 1660–1662 wirkte er als Organist am Mailänder Dom. Seine erste Oper schrieb er 1761 für Turin (›Artaserse‹, Text: P. Metastasio?) im gleichen Jahr einen ›Catone in Utica‹ (Text: ?). In beiden Werken ist seine Formgebung eher konservativ: Er verwendete nicht nur die Dacapo-Arie fast ausschließlich, sondern übertrug diese Arienform auch auf die Ensembles (*Quartetto* No. 9 im III. Akt). Ausgedehnte Orchesterritornelle sowie ein gediegener „gearbeiteter" Begleitsatz bestimmen seine frühen Opern, in denen die zärtlichen Töne besser gelingen als die tragischen. Den Höhepunkt seines Opernschaffens erreichte J. Chr. BACH freilich erst in London.[2, 150]

Josef MYSLIVECEK (1737–1781) wurde in seiner Heimat Böhmen ausgebildet und ging 1763 zu dem venezianischen Kleinmeister G. PESCETTI (1704–1766), der ihn offensichtlich so gut in die italienische Gesangskunst einwies, daß ihn berühmte Sänger seiner Epoche als den besten Komponisten für Vokalpartien bezeichneten. MYSLIVECEK, der bereits mit seiner ersten Oper ›Medea‹ (Text: ?, Parma 1764) einen durchschlagenden Erfolg erzielte, der ihm über viele Jahre treu bleiben sollte, wird in der Musikgeschichte unter den Neapolitanern geführt. Tatsächlich hat er in Neapel allein acht Opern herausgebracht. Doch seine Schule und der überwiegende Teil seines Opernschaffens bringen ihn mehr mit Norditalien in Beziehung; Parma, Turin, Rom, Venedig, Bologna, Florenz, Pavia und Padua waren Schauplätze seiner Opernpremieren. Für Mailand schrieb er ›Il Gran Tamerlano‹ (Text: A. Piovene, 1771) und ›Armida‹ (Text: G. Migliavacca, 1779). Seinem Festhalten an den herkömmlichen Formen steht ein mit zahlreichen thematischen Bezügen angereicherter Orchestersatz gegenüber, der deutlich auf W. A. MOZART hinweist. Ein Typikum seines Rezitativstils stellt die häufige Unterbrechung der Gesangspartie durch Pausen dar.

Mit der Mailänder Oper ist auch der junge Wolfgang Amadeus MOZART (1756–1791) verbunden. Er hatte schon vorher mit ›Bastien und Bastienne‹ (Text: A. Schachtner, Wien 1768) und ›La finta semplice‹ (Text: M. Coltellini nach C. Goldoni, Wien 1768) zwei Proben auf den Gebieten Singspiel und opera buffa geliefert, die aber für unsere Betrachtung nicht in Frage kommen, wiewohl gerade das letztere Werk bereits ansprechende Leistungen in der Finalgestaltung im Hinblick auf das Alter des Komponisten aufweist. In Mailand hatte es MOZART jedoch mit der ehrwürdigen opera seria zu tun, im Jahre 1770 noch immer die Gattung, an der Opernkomponisten gemessen wurden. Für einen 14jährigen gab es, auch wenn ihm bereits ein bedeutender Ruf als Genie voranging, vorerst keine andere Lösung als die peinlich genaue Befolgung der Konvention; alles andere hätte sofort den Eindruck mangelnder Sachkenntnis hervorgerufen. So ist auch sein ›Mitridate, Re di Ponto‹ (KV 87, Text: V. A. Cigna-Santi, Mailand 1770) in musikalischer Form und Ausdruckshaltung eine echte opera seria, obwohl der Handlungsvorwurf von Racine genommen wurde. Die Oper hat drei Akte, denen eine Ouvertüre vorangeht. Unter den 25 Musiknummern gibt es ein Duett und einen Schlußchor. Die recitativi semplici sind sehr schlicht gehalten und rhythmisch einförmig, wenngleich sie dem Sprachgefälle im großen und ganzen entsprechen. Bei den recitativi accompagnati wandte MOZART eine Mischtechnik an: Zwar gibt es den üblichen Streichereinwurf zwischen den gesungenen Halbsätzen, dessen motivische Charakteristik und Tempo auf den jeweiligen Textinhalt abgestimmt sind, doch die Gesangsabschnitte bleiben nicht (wie sonst bei den Italienern üblich) unbegleitet, sondern werden mit ausgehaltenen Streicherakkorden unterlegt. Im Vorgriff auf spätere Erscheinungen sei diese Satz-Art als „deutsches Akkompagnato" bezeichnet. Als typische Vertreter sind der accompagnato des Mitridate im I. Akt «Respira al fin» und der der Aspasia im II. Akt «Grazia ai numi parti» anzuführen. Beide zeichnen sich durch Kontrastreichtum und gelungene Tonmalerei für Worte wie «timori», «punire», «nemico», «sventurato cor» und «la sentenza crudel» aus.

Während der Schlußchor No. 25 kurz und unbedeutend ist, zeigt MOZART in dem *Duetto* No. 18 Aspasia/Siface «Se viver non degg'io», der im Orchester auffällig groß besetzt ist (Streicher, 2 Oboen, 4 Hörner), bereits eine erstaunliche Breite an Satzkunst: Der Satz beginnt adagio vorerst wie eine aria a due; doch im nachfolgenden Allegro werden die beiden Singstimmen abwechselnd, imitatorisch und parallel in Terzen und Sexten vorgeführt – selbst parallele Koloraturen fehlen nicht. Ein äußerst wirksamer Beschluß des II. Akts.

Bei den Arien fällt als erstes die schulmäßige Anlage auf; die größeren unter ihnen haben lange erste ritornelli, die beiden a-Teile sind säuberlich durch einen Doppelstrich voneinander getrennt – überall ist das Wirken des väterlichen Zensors durchzuspüren. Gleich die *Aria* No. 1 der Aspasia «Al destin che la minaccia» ist dafür ein schönes Beispiel: In C-Dur (Allegro 4/4) gehalten, setzt sie mit einem langen ritornello in der Haupttonart ein; hierauf wird in a1 der erste Vierzeiler zweimal durchlaufend vorgetragen. Der Teil a2 setzt in d-Moll ein und enthält zwei weitere Durchläufe des ersten Vierzeilers. Der Teil führt zur Haupttonart zurück und enthält vor seinem Schlußritornell eine Kadenzmöglichkeit. Im b-Teil (a-Moll) erklingt der zweite Vierzeiler, abgesehen von einer Teilwiederholung, nur einmal; auch am Ende dieses Teils gibt es eine Kadenz-Fermate. Die Gesangspartie weist zudem ausgedehnte Koloraturen auf.

Einen anderen Formtypus verköpert die *Aria* No. 5 des Siface «Parto. Nel gran cimento»: Die ersten zwei Zeilen der Strophe I erklingen in einem Andante adagio, wobei das eröffnende «Parto» als Devise vorgestellt wird. Die Zeilen 3 und 4 sowie die zweite Strophe sind in einem anschließenden Allegro enthalten, das hochvirtuose Koloraturen als Gegensatz zu dem ruhigen Anfangsteil aufweist. Diese Anordnung wird in dem ausgeschriebenen Dacapo beibehalten, der allerdings auf den ersten ritornello verzichtet. Entscheidend ist, daß bei der Wiederkehr des Allegro Abschnitte, die beim ersten Mal in der Dominant-Tonart standen, nun in der Grundtonart erklingen, womit sich eine Verwandtschaft zum Schema des Sonatensatzes (Exposition/Reprise) abzeichnet. Diese verstärkt sich noch in den Fällen, wo der zweite a-Teil in der Dominant-Tonart steht und neues thematisches Material enthält. Wenn dann noch der b-Teil erkennbar als von a1 abgeleitet erscheint, ist eine größtmögliche Annäherung der beiden Formschemata erreicht; die Form hat sich gegenüber dem Dramatischen verselbständigt. So weit sind allerdings die Arien im ›Mitridate‹ noch nicht entwickelt. Dafür gibt es eine Reihe von Abänderungen der Arienform. Die *Aria* No. 4 der Aspasia «Nel sen mi palpita» ist dreiteilig, wobei dem a-Teil bei seiner Wiederholung durch Erweiterung zu einer Schlußwirkung verholfen wird. Die *Aria* brillante des Titelhelden No. 10 «Quel ribelle» (4/4, Allegro, D-Dur) hat nur vier Textzeilen und ist zweiteilig: a1 a2. In der *Aria* No. 13 des Siface «Lungi da te», in der ein Solohorn als obligates Instrument fungiert, ist der Mittelteil in Tempo und Taktart von den a-Teilen abgehoben; der Dacapo ist gekürzt. In der *Aria* No. 17 des Mitridate «Già di pietà», einer Rache-Arie mit starken dynamischen Kontrasten und gattungsuntypischen crescendi, wird auf den ersten ritornello verzichtet. In der *Aria* No. 23 des Marzio «se di regnar sei vago», in der die Streicher zu einem martialischen Unisono zusammengefaßt sind, ist der b-Teil aus a1 abgeleitet; der Dacapo enthält nur a2.[44]

Doch damit ist die Formvielfalt im ›Mitridate‹ noch nicht erschöpft. Im I. Akt begegnet die *Cavata* des Mitridate (No. 8, «Se di lauri»), im III. Akt zwischen zwei Accompagnato-Rezitativen (No. 21, «Ah ben ne fui presaga») eine *Cavatina* der Aspasia. Die erstere entspricht formal der dreiteiligen Arie (a b a1), wobei a1 gegenüber a verbreitert ist, um eine Schlußwirkung zu erzielen. Die *Cavatina* der Aspasia ist zweiteilig (a1 a2). Wie schon W. Osthoff aufgezeigt hat,[112] können die beiden Bezeichnungen formal nicht auseinandergehalten werden; es gibt ausgedehnte Kavatinen und kurze Kavaten und umgekehrt. Ergänzend sei hier die Definition im ›Musikalischen Conversations-Lexikon‹ auszugsweise wiedergegeben: „Cavata oder Cavatina ... ist im Allgemeinen ein arienartiges Gesangsstück für eine Solostimme, welches sich von der wirklichen Arie in mehreren wesentlichen Punkten unterscheidet. Zunächst ist die C. kürzer, da sie nur einen Theil, keine Repetition hat, obwohl der Text in der Regel mehr Verse zeigt, als der der Arie, wesshalb denn auch gar keine oder nur wenige Wortwiederholungen vorkommen. Dem Inhalte nach ist sie weit mehr zur Betrachtung und zur Beschaulichkeit als zum Leidenschaftlichen geneigt. Sylbendehnungen und Melismen sind, der Wortbehandlung entsprechend, in der Melodiebildung entweder ganz ausgeschlossen oder finden nur sehr beschränkte Anwendung. Die Melodiebildung ist gewöhnlich sehr einfach, zwischen Arie und Arioso die Mitte haltend und hat auch mitunter etwas Recitirendes ..." Hier interessiert uns hauptsächlich der Ausdrucks-Aspekt; denn übereinstimmend mit Mendel/Reissmann hat auch W. Osthoff festgestellt, daß die Kavate/Kavatine im 18. Jahrhundert immer da zum Einsatz kommt, wo eine Stimmungslage auszudrücken ist (z. B. Ombra-Szene), die der konzertierende Charakter der Arie zerstören würde. Kavaten/Kavatinen sind somit in stärkerem Maße Handlungsträger als Arien, auch wenn sie sich an das Publikum richten. Im ›Mitridate‹ hatte MOZART in der *Cavata* des Titelhelden den geforderten Tonfall noch nicht im Griff. Doch die *Cavatina* der Aspasia «Pallid'ombra che scorgete», in der Aspasia, bevor sie auf Befehl des Königs sich vergiften soll, die Toten anruft, hat bereits alle erforderlichen Attribute; aus dem vorangegangenen accompagnato herauswachsend steht sie in der für Ombra-Szenen verbindlichen Tonart Es-Dur, die sich MOZART für diese Situation aufgespart hat. Aber auch der Orchestersatz und der Duktus der Vokalstimme geben die Atmosphäre gut wieder.

Gegenüber dem ›Mitridate‹ bedeutet der zwei Jahre später in Mailand aufgeführte ›Lucio Silla‹ (KV 135, Text: G. Gamerra) eine deutliche Steigerung; in dieser kurzen Zeit war der Knabe zum Mann gereift,[3,I,S.267] neue Einflüsse machen sich in der Partitur bemerkbar. Eine Ouvertüre und 23 Musiknummern umfaßt der dreiaktige dramma per musica, worunter sich immerhin ein Duett, ein Terzett und drei Chöre befinden, letztere ein deutlicher Hinweis auf die Breitenwirkung der Parmesischen Opernreform unter G. Du Tillot. Schon allein an der Gestaltung des recitativo semplice merkt man den Fortschritt des jugendlichen Komponisten; er ist nicht mehr so formelhaft, flexibler und dramatischer geführt. Vermehrt ist der accompagnato eingesetzt, der in der

7. Szene des I. Aktes zu einem Höhepunkt dramatischer Gestaltung gebracht wird. Die Gräberszene mit Cecilio «Morte fatal» setzt wie ein recitativo obbligato in einem fahlen a-Moll ein; mit den wechselnden Textinhalten ist eine mehrfache Änderung des Tempos verbunden, der Satz mündet im Chor «Fuor di queste urne dolenti», dessen Ombra-Charakter nicht nur durch die Tonart Es-Dur, sondern auch durch ein Adagio mit Allabrevebezeichnung unterstrichen wird – die weit auseinanderliegenden Betonungspunkte verstärken den lugubren Eindruck. Die Tonart wird in der anschließenden *Aria* der Giunia «Oh del padre ombra» (Molto adagio, Allabreve) beibehalten; der rasche Chor «Il superbo, che di Roma» folgt nahtlos. Auch diese Architektur der 7. Szene ist deutlich von der französischen Oper beeinflußt. Hingegen sind die Arien ganz nach den aus Neapel über Europa verbreiteten Modellen ausgerichtet. Gegenüber jenen im ›Mitridate‹ fällt jedoch auf, daß in den a-Teilen nun nicht mehr der erste Vierzeiler mehrmals wiederholt vorgetragen wird, sondern, daß MOZART verstärkt einzelne Halbsätze oder Satzteile herausgreift und sie, ihrem Inhalt gemäß, in der Musik ausdeutet (*Aria* des Cecilio No. 2 «Il tenero momento»). Damit verdeutlicht sich der Reifeprozeß des jugendlichen Komponisten. Die Formen werden mit großer Fantasie gehandhabt. Die *Aria* der Giunia No. 4 «Dalla sponda tenebrosa» in Es-Dur ist mit Allabreve bezeichnet. Sie beginnt mit einem Andante-ma-adagio-Teil für die ersten vier Textzeilen in der Haupttonart. Die nächsten vier Zeilen werden in einem in B-Dur stehenden Allegro vertont. Die Anordnung wiederholt sich, jedoch steht nun der langsame Teil in der Dominanttonart und der rasche in der Haupttonart, was geringfügige Abweichungen im Notentext notwendig macht. In einem angehängten noch rascheren Abschnitt mit neuem thematischen Material werden vier weitere Verszeilen vertont. In der 226 Takte zählenden *Aria* der Giunia «Ah se il crudel periglio», in der Oboen, Hörner und Trompeten zu den Streichern hinzutreten, ist die Nähe zur Sonatenform noch stärker ausgeprägt: Nach einem Anfangsritornell von 33 Takten setzt der Gesang in der Haupttonart B-Dur ein. Doch die Tonart wird bereits mit der dritten Verszeile verlassen; die Textstelle «tutto mi fa spavento» erklingt in c-Moll. Der zweite Vierzeiler steht in der Dominanttonart, beim *Dacapo* aber in der Haupttonart. Die *Aria* des Titelhelden No. 5 «Il desio di vendetta» mit voller Orchesterbesetzung enthält in a1 einen Textdurchlauf in der Haupttonart D-Dur und einen in der Dominanttonart. In a2 sind ebenfalls zwei Textdurchläufe enthalten, nur sind die Tonarten vertauscht. Der Mittelteil steht in G-Dur. Der äußerst kurze Dacapo beschränkt sich auf den zweiten Textdurchlauf in a2. Eine noch kürzere Lösung stellt die *Aria* des Cecilio No. 9 «Quest'improvviso tremito» dar: Der erste Vierzeiler wird einmal in der Haupttonart und einmal in der Dominanttonart vorgestellt. Der zweite Vierzeiler steht wieder in der Haupttonart; mit ihm schließt die Arie. Interessant ist auch die *Cavatina* der Celia No. 10 «Se il labbro timido» gestaltet: Ein Vier-

zeiler bildet ihre Grundlage, der viermal vertont wird: in G-Dur (Haupttonart), D-Dur, e-Moll und G-Dur. Thematische Korrespondenzen bestehen zwischen den Versionen 1 und 3 und 2 und 4. Die letztere Version ist etwas erweitert, um eine Schlußwirkung zu erzielen. Ungewöhnlich sind ferner die in dieser cavatina auftretenden Koloraturen. In der *Aria* des Silla No. 13 «D'ogni pietà mi spoglio» ist auf einen ersten ritornello verzichtet; eingestreute Rezitative lockern die Form auf. Schließlich sei auf die *Aria* des Cecilio No. 21 «Pupille amate» verwiesen. Nur mit Streichern besetzt und dem Dacapotyp folgend, ist in ihr die erste melodische Einheit samt zwei Wiederholungen so regelmäßig über den Satz verteilt, daß beim Hören der Eindruck einer Rondo-Arie entsteht; die Form, die traditionell für zärtliche Inhalte verwendet wurde.

Die Ensembles der Oper kennzeichnet die abwechslungsreiche Disposition der Singstimmen, wie dies schon im ›Mitridate‹ beobachtet werden konnte. Auch hier sind Fortschritte festzustellen: Im *Duetto* Giunia/Cecilio No. 7 «D'Eliso in sen m'attendi», der auch mit seiner Tonart A-Dur einen Abschluß der Satzfolge ab dem schon erwähnten recitativo accompagnato «Morte fatal» bildet (Tonartenfolge: a-Moll, Es-Dur, g-Moll, Es-Dur, A-Dur), werden vier Vierzeiler vertont: Die ersten beiden Strophen singen die Protagonisten hintereinander als aria a due im 3/4-Takt andante und die dritte Strophe in gleicher Taktart und gleichem Tempo zusammen. Diese Anordnung ist noch ganz konventionell und in unzähligen Vorbildern vorgegeben. Doch daran schließt sich ein Molto Allegro im 4/4-Takt an, in dem die vierte Strophe dreimal abwechslungsreich vorgetragen wird: das erste Mal von beiden Stimmen homophon, das zweite Mal in imitatorischen Einsätzen, die in Koloraturen münden, und das dritte Mal abwechselnd dialogisiert und homophon gemeinsam; ein Aktschluß von überzeugender Wirksamkeit. Ähnlich abwechslungsreich ist der *Terzetto* No. 18 «Quel orgoglioso sdegno» gehalten; er ist vierteilig (a1 a2 b1 b2). Die kurzfristige Hereinnahme von thematischem Material aus a1 in b2 sichert eine abgerundete Satzform. Nicht so glücklich ist der *Finale* No. 23 «Il gran Silla» ausgefallen. Es handelt sich um den Ansatz zu einem Ensemble mit bescheidenem Wechsel zwischen Chor und Solo über einem achttaktigen Ciaccona-Modell.

3. WIEN

Die Musikgeschichtsschreibung der Vergangenheit hat die Opernpflege in der Reichshauptstadt Wien fast ausschließlich mit der venezianischen Oper in Verbindung gebracht. Dies hat insofern seine Berechtigung, als die Mehrzahl ihrer führenden Vertreter aus Norditalien stammten. Doch beinahe ebenso stark war die Beeinflussung durch die neapolitanische Oper ab dem zweiten Drittel des 18. Jahrhunderts. Hinzu kamen von Anbeginn an Verbindungen zur Oper am französischen Hof, zuerst im Bereich des Balletts, seit der Frankreich zugewandten Politik des Staatskanzlers W. A. v. Kaunitz-Rietberg jedoch in verstärktem Maße für die ganze Oper. Bis auf J. J. Fux (s. unten) blieb allerdings das Führungspersonal der Hofoper meist italienisch bis hin zu SALIERI, der erst 1824 von seinen Ämtern entbunden wurde. Es verschloß sich den neuen Bestrebungen nicht; Gäste sicherten die Aktualität der Produktion. Als Gesamterscheinung ist die Wiener Oper im 18. Jahrhundert als weit weniger konservativ zu werten, als dies eine mit den ästhetischen Vorstellungen des 19. Jahrhunderts befrachtete Betrachtungsweise vermutete.[149]

Marc Antonio ZIANI (um 1653–1715), gebürtiger Venezianer, war möglicherweise Schüler seines Onkels Pietro Andrea. Er wirkte zuerst als Sänger an S. Marco, ab 1686 als Domkapellmeister in Mantua. Seine erste eigenständige Oper dürfte der ›Alessandro Magno in Sidone‹ (Text: A. Aureli, Venedig 1679) gewesen sein. Es folgte ein äußerst umfangreiches Opernschaffen, das hauptsächlich von der seria bestimmt war. Im Jahre 1700 wurde ZIANI Vizekapellmeister, 1711 Kapellmeister am Wiener Hof, bei dem er sich 1701 mit einem ›Temistocle‹ (Text: A. Zeno) eingeführt hatte.[7]

ZIANIS Partituren kennzeichnen eine prägnante Ausdrucksgestaltung, sorgfältige Deklamation, ausgearbeitete Begleitsätze, in denen bereits Ansätze von Monomotivik begegnen, sowie eine ausgewogene Melodiebildung, womit er zusammen mit den BONONCINIS zu einem Wegbereiter für FUX, CALDARA und CONTI wurde. In der formalen Gestaltung ging er über die Vorbilder aus seiner Vaterstadt nicht hinaus.

Johann Joseph FUX (1660–1741) war wahrscheinlich Schüler von Corelli oder anderen in Norditalien wirkenden Meistern. 1696 wurde er als Organist in Wien verpflichtet, 1698 als Hofkomponist. Seine erste Arbeit für die Hofoper scheint ›Offendere per amare ossia La Telesilla‹ (Text: D. Cupeda, Wien 1702) gewesen zu sein. Etwas später wurde er zusätzlich Domkapellmeister an St. Stephan und 1715 Hofkapellmeister. Mit 16 Opern hat FUX ein für damalige Verhältnisse relativ schmales Opernschaffen hinterlassen; der

Schwerpunkt seines Lebenswerks lag im Bereich der Kirchenmusik. Als Opernkomponist knüpfte er deutlich an die Venezianer an, nahm aber in seine Opern vermehrt Orchester- und Chorsätze herein, wie es der lokalen Wiener Tradition entsprach. Neuerungen aus Neapel wie die Dacapo- und die Devisen-Arie machte er sich zu eigen und wandelte sie nach seinen Vorstellungen um. Denn alle von außen kommenden Einflüsse trafen auf eine in sich gefestigte Persönlichkeit, deren prunkvoll-pathetische aus einem kunstvollen kontrapunktischen Stimmengeflecht erwachsende Musiksprache rasch Originalität erwarb. Sie sollte in der Wiener Oper noch lange nachwirken.[141] Als bedeutendste Oper von FUX wird die festa teatrale per musica ›Costanza e Fortezza‹ (Text: P. Pariati, Prag 1723) angesehen. Das Werk, dessen Titel auf den Wahlspruch Karls VI. Bezug nimmt, wurde für die Krönung des Kaiserpaars zu böhmischen Königen geschrieben. Die Aufführung mit 300 Mitwirkenden unter der Leitung CALDARAS war ähnlich prunkvoll wie die des ›Pomo d'Oro‹ von M. A. CESTI, wie aus einem Bericht von J. J. Quantz hervorgeht. FUX hatte allen Grund, für diesen Anlaß sein Bestes zu geben; denn mit Karl VI. war erneut ein in der Musik äußerst versierter und bestens ausgebildeter Kaiser auf dem Thron, der es sich nicht nehmen ließ, Opern von FUX und CALDARA zu dirigieren und jede von ihm besuchte Aufführung in der Partitur mitzuverfolgen.

Die festa wird von einer mehrchörigen *Sinfonia* eröffnet. Daran schließt sich eine Satzfolge, wie sie in ähnlicher Weise schon aus dem ›Pomo d'Oro‹ bekannt ist: Ein Ensemble von Tarquinio/Porsenna und einem Soldatenchor über Streichern und Trompeten («Ceda Roma») erklingt achtmal; dazwischen schieben sich ein wie eine Triosonate gearbeiteter Duettsatz Tarquinio/Porsenna («Nè ceder nè temer»), dann ein weiteres Ensemble mit Valeria/Erminio + Chor, ferner ein Solo des Porsenna mit konzertierender Trompete («De la Tosca armata»), recitativi semplici etc. Es entsteht die Großform a b a c a d a e a c a f a. In Szene 2 erklingt der Chor der Tibernymphen «Roma non paventar», begleitet von Flöte und Streichern ohne Cembalo. Der Chorsatz wird durch rezitativische Einschübe unterbrochen. In der 3. Szene bildet die *Aria* des Tevere «Vesta adora» das Zentrum. Um sie gruppieren sich Chorsätze der Flüsse, die in Kontrast zum vorangegangenen Chor der Nymphen ausschließlich mit Männerstimmen besetzt sind («Spera o Roma»). Der erste Chorteil hat eine rondoartige Anlage mit couplets im 4/4-Takt und einem Refrain im 3/8-Takt. Letzterer erklingt noch einmal in der *Aria* des Tevere. Dieser Satz ist in einem sehr großen Maßstab dreiteilig; allein das Anfangsritornell ist 22 Takte lang. Die beiden ersten Worte hebt FUX heraus, indem er sie in dem sonst dem 3/4-Takt folgenden Allegretto-Satz im 4/4-Takt adagio vortragen läßt. Die beiden Strophen der aria werden in den Teilen a und b jeweils zweimal vertont, der Dacapo besteht aus einer Wiederholung von a, woran sich der Flußgötter-Refrain anschließt.

Das Arienorchester besteht zumeist aus Streichern, die in den Gesangsabschnitten zurückgenommen werden oder über dem continuo imitierende Einwürfe ausführen. Zu den Streichern treten vereinzelt Oboen, aber auch Trompeten hinzu. Reine Continuo-Arien sind selten (*Aria* des Porsenna «Se regna in su»). Die Arienformen werden vielfältig abgewandelt. Die *Aria* des Tarquinio «Al magnanimo leone» folgt dem Schema a a b b a a ebenso wie die *Aria* des Porsenna «Se regna in su» und die *Aria* des Erminio «Lieto i torno a mie catene». Die *Aria* der Clelia «Con la scorta del maggior» mit der Bezeichnung *Tempo di Minuet* hat in ihrem Mittelteil nur einen Durchlauf der zweiten Strophe (a a b a a). Bei der *Aria* der Valeria «Sorga l'alba e serbando» ist der Chor der Gärtner beteiligt. Sie folgt dem Schema a a1 b b1; bei a1 und b1 ist der Chor unterlegt. Die *Aria* des Orazio «Non è solo, Orazio» ist einteilig und lediglich 14 Takte lang.

„Devisen" finden sich in den *Arie* des Erminio «Lieti i torno», des Porsenna «Parmi già», Bedeutungsfermaten in den *Arie* der Valeria «Salda ho l'alma ne l'amar» und des Erminio «Per amar con più di fasto». Der überwiegende Teil der Arien ist mit anspruchsvollen Koloraturen ausgestattet, die auf die Mitwirkung von Spitzensängern hinweisen. Ein umfangreiches Chorfinale beschließt die mit Chören und Ballettmusiken angereicherte Oper.

Vergleicht man dieses Werk von FUX mit der nur zwei Jahre früher entstandenen ›Griselda‹ SCARLATTIS, so dürfen natürlich die unterschiedlichen Ansätze nicht übersehen werden: auf der einen Seite die in der Handlung eher moderate festa, auf der anderen Seite die für den Alltag eines römischen Theaters geschriebene Oper, die zwar konventionellen Vorgaben folgt, jedoch wesentlich stärkeren Handlungscharakter hat. Trotzdem lassen sich generelle Unterschiede ausmachen: Die ›Griselda‹ hat viel mehr Nummern, die aber wesentlich kürzer sind. Die recitativi semplici sind infolge der umfänglicheren Handlung länger, der Orchestersatz ist dünner, er fällt jedoch gegenüber dem FUXschen Satz nicht ab, wenngleich das imitatorische Wechselspiel zwischen Gesangspartie und Orchesterstimmen seltener ist. Auffällig ist die Ähnlichkeit der homophonen Anlage der Chorpartien; die Prager Amateure konnten auch nicht mehr als ihre Kollegen in Rom.

Antonio CALDARA (um 1670–1736) hat wahrscheinlich bei G. LEGRENZI studiert. Lange Wanderjahre führten ihn u. a. nach Rom, möglicherweise auch nach Spanien. Als seine erste Oper gilt ›L'Argene‹ (Text: ?, Venedig 1689). Im Jahre 1715 wurde er Vizekapellmeister am Wiener Hof; seine erste komplette Oper in dieser Position war der ›Cajo Marzio Coriolano‹ (Text: P. Pariati, 1717). Sein umfangreiches Opernschaffen fällt zusammen mit dem von FUX, BADIA, CONTI und PORSILE in die glanzvollste Epoche der Wiener Hofoper. Zusätzlich belieferte er auch den Salzburger Hof.

Der Dramma per musica ›Dafne‹ (Text: Abb. Piave, Wien 1719) ist zwar eines seiner klein besetzten Werke (vier Solosänger, Chor und Orchester), aber auch eines seiner gelungensten. Er enthält in drei Akten 27 Nummern, denen eine Ouvertüre vorangestellt ist. Ferner ist ein Ballett beteiligt, und zwischen den Akten gibt es zwei kurze Intermedien. An Ensembles enthält die Oper gleich zu Beginn ein Terzett, das die Funktion einer introduzione ausfüllt, sowie drei Duette und einen festlichen Schlußchor.

Die recitativi semplici sind lebendig und abwechslungsreich gestaltet, die Diktion vorbildlich. Accompagnati enthält die ›Dafne‹ nicht; doch sind die Arien und Ensembles so gut mit den semplici verknüpft, daß der Eindruck eines Herausentwickelns vorherrscht. Alle Sätze zeichnen sich durch prägnante Kürze aus: Die vorherrschende Arienform ist dreiteilig; in Teil a wird der erste Vierzeiler zweimal vertont, in Teil b der zweite Vierzeiler nur einmal. Danach erfolgt der Dacapo. Diese Form bestimmt zum Teil auch die Ensembles (No. 18, *Duetto* Dafne/Peneo «Al chiuso si batta»). Die Arien können lange erste ritornelli enthalten (No. 2 *Aria* des Febo «O cara, dolce e bella») oder direkt mit der Singstimme einsetzen (No. 9 *Aria* der Dafne «Vado al fiume»), die meisten von ihnen haben kunstvolle ritornelli. In der continuo-*Aria* der Dafne No. 25 «Lieta cangemi», in deren Verlauf sich die Nymphe in einen Lorbeerbaum verwandelt, gibt es keine ritornelli; die Arie ist 40 Takte lang.

Die Schreibart der Arien und Ensembles ist deutlich kontrapunktisch geprägt: Zwischen Diskant- und Baßstimmen im Orchester, aber auch zwischen den Gesangspartien und den Orchesterstimmen begegnet eine Fülle von Imitationen und Fugati, worunter die Kantabilität jedoch nicht leidet; einer der großen Vorzüge dieser Partitur. Die Gesangspartien sind mit Koloraturen ausgestattet, ohne überladen zu wirken.

Meisterhaft setzt CALDARA sein Orchester ein; die Basis bildet der Streichersatz, in dem vereinzelt noch die Violinen zusammengefaßt sind oder die Bratschen pausieren. Continuo-Arien oder -ensembles (*Duetto* No. 7 Dafne/Febo «L'aura, l'onda») sind die Ausnahme. An obligaten Instrumenten treten Solovioline (*Aria* No. 10 des Febo «Se una volta»), Oboe (Devisen-*Aria* No. 11 des Febo «Angeletti») und zwei Solohörner (*Aria* No. 20 der Dafne «La selva risuoni») hervor. Die *Aria* No. 17 des Peneo «Buon pescatore» ist nur von zwei Oboen und einem Fagott begleitet. Herausragende Ausdruckswerte erreicht CALDARA in der *Aria* No. 8 der Aminta «Pastorelli imparate», die in einem wiegenden $^{12}/_8$-Allegretto gehalten ist, und in der *Aria* No. 26 des Peneo «Stillato in pianto», in der sich Peneo in einen Fluß verwandelt. Der sich langsam bewegende Streichersatz (Largo) und die Tonart Es-Dur stehen für die Magie des Vorgangs. Die äußerst knappe Formgebung (nur ein Textdurchlauf in Teil a) und die kurzen ritornelli lassen an eine Kavatine denken.

Die Brüder Giovanni Battista (1670–ca. 1747) und Antonio Maria (1677–1726) BONONCINI studierten bei ihrem Vater G. M. Bononcini und bei G. B. Colonna. Schon zu Lebzeiten wurden sie miteinander verwechselt und ihre

Werke wechselseitig falsch zugeschrieben. Der Ältere war ab 1688 Kirchenkapellmeister in Bologna, wandte sich ab 1692 der weltlichen Musik zu und wirkte von 1700 bis 1711 in Wien. Danach zog er nach Rom und später nach London, wo er keineswegs erfolglos mit HÄNDEL rivalisierte.[76] Bereits in seiner ersten Wiener Oper ›L'Eucleo festeggiato nel ritorno d'Alessandro Magno dall'India‹ (Text: ?, 1699) äußerte sich ein typischer beweglicher und heiterer Grundzug in seiner Musik, dem er ein ganzes Leben treu bleiben sollte. Giovanni Battistas Opern enthalten in der Regel gleich viele Orchester- und Continuo-Arien; die meisten sind Dacapo-Arien, häufig ist die Devise. In London folgen sie unter dem Einfluß lokaler Gewohnheiten der Liedform. In den Orchestersätzen ist ein abwechslungsreiches Kolorit typisch, das hauptsächlich durch die äußerst effektvolle Verwendung der Bläser entsteht. Sowohl in den Arien wie in den recitativi semplici zeichnet sich sein Opernschaffen durch eine makellose Diktion aus. Antonio Maria BONONCINI wirkte von 1704 bis 1711 in Wien; danach kehrte er in seine Heimat zurück und war bis zu seinem Lebensende Hofkapellmeister in Modena.

Giuseppe PORSILE (1672–1750) wurde in Neapel geboren und wahrscheinlich auch da ausgebildet. Ab 1695 war er Hofkapellmeister bei Karl II. in Spanien, kehrte aber im Jahre 1700 wieder nach Neapel zurück. Ab 1713 wirkte er als Gesangslehrer in Wien und wurde 1720 zum Hofkomponisten ernannt. PORSILES erste Wiener Oper war ›La Virtù festeggiata‹ (Text: P. Pariati, 1717). Er schrieb hauptsächlich Seria-Opern, die er in einem kontrapunktisch gehaltenen Satz vertonte, was ihm die Fürsprache von FUX sicherte. Während seine recitativi semplici eher trocken wirken, gelangen ihm in den Arien ausgewogene Melodiebildungen. Im formalen Bereich hielt PORSILE an dem überkommenen Vorrat fest, ohne Neuerungen einzuführen. Im Vergleich zu CALDARA tritt er deutlich zurück.

Über Jugend und Ausbildung von Carlo Agostino BADIA (um 1672–1738) ist nichts bekannt. Er war aber immerhin der erste, der in Wien im Jahre 1694 zum Hofkomponisten ernannt wurde. Das erste für Wien geschaffene Werk war sein ›Baccho, Vincitor'dell'India‹ (Text: D. Cupeda, 1697), insgesamt hat er 26 Opern hinterlassen. Im Ansatz basiert BADIA in Stil und Form auf DRAGHI, doch war er Neuerungen gegenüber aufgeschlossen, ohne jedoch kreativ in die Entwicklung einzugreifen. Anders Francesco Bartolomeo CONTI (1682–1732), ein Florentiner, der ab 1701 in Wien als Hoftheorbist und ab 1713 als Hofkomponist wirkte. CONTI, der in die Musikgeschichte als einer der Pioniere der Sonatenform eingegangen ist, setzte mit einer *Clotilda* (Text: G. Neri, Wien 1706) einen Anfang für ein Opernschaffen, das mit 28 Werken überschaubar blieb. Mit seinem ›Don Chisciotte in Sierra Morena‹ (Text: A. Zeno/P. Pariati, Wien 1719) war ihm ein europaweiter Erfolg beschieden. Obwohl CONTI eine besondere Begabung für das Komische besaß, ist sein Schaffen überwiegend der opera seria gewidmet. Hierin zeichnete er sich hauptsächlich durch eine vorbildliche Diktion und gelungene Personencharakteristiken aus. Er gehört zu den ersten Komponisten, die Klarinetten im Orchester verwendeten. Sein Opernschaffen ist noch nicht ausreichend aufgearbeitet.

N. PORPORA wurde bereits behandelt. Der Neapolitaner weilte von 1718 bis 1725 in Wien, wo er als wichtigste Oper seinen ›Temistocle‹ (Text: A. Zeno, 1718) herausbrachte. Nach Aufenthalten in Italien und Dresden kehrte er 1752 nach Wien zurück und nahm den jungen J. HAYDN als Schüler ins Haus. Bis zu seiner Rückkehr nach Neapel im Jahre 1760 scheint er aber in Wien keine Oper herausgebracht zu haben.

Der Bologneser Luca Antonio PREDIERI (1688–1767) war Schüler von T. Vitali und G. A. Perti.[109] Nachdem er Kapellmeister an mehreren Kirchen seiner Heimatstadt gewesen war, erhielt er nach CALDARA den Vizekapellmeisterposten am Wiener Hof. Als seine erste Oper wird ›La Partenope‹ (Text: S. Stampiglia, Bologna 1710) bezeichnet. Er schrieb rund 30 Opern, darunter ›Il sogno di Scipione‹ (Text: P. Metastasio), der 1739 in Wien aufgeführt wurde. PREDIERI gilt als Meister des Rezitativs und des Orchestersatzes. Vor allem die Nebenstimmen wurden von ihm mit gleicher Liebe ausgestaltet wie dies bei JOMELLI der Fall war. Seine selbständige Behandlung der zweiten Violine wirkte noch bis auf W. A. MOZART nach (›Le Nozze di Figaro‹).

J. A. HASSE wurde hier schon erwähnt. Der der neapolitanischen Oper verpflichtete Repräsentant der Dresdner Oper weilte mehrmals in Wien und führte Verhandlungen für eine Anstellung am Kaiserhof. Die zwischen 1734 und 1768 in Wien aufgeführten Opern HASSES (›Demetrio‹ 1734, ›Ipermestra‹ 1744, ›Alcide al bivio‹ 1760, ›Il trionfo di Clelia‹ 1762, ›Egeria‹ 1764, ›Partenope‹ 1767), deren Texte durchweg von P. Metastasio stammen, belegen die stilistische Vielseitigkeit der Wiener Opernpflege zu dieser Zeit. Mit ›Piramo e Tisbe‹ (Text: M. Coltellini) hat HASSE den Versuch unternommen, sich den zur gleichen Zeit vollziehenden Opernreformen anzupassen.

Zu den wenigen Hofkapellmeistern, die nicht Italiener waren, gehört auch Georg REUTTER d. J. (1708–1772). Er war Schüler seines Vaters und von A. CALDARA. Studienfahrten führten ihn nach Venedig und Rom. Seine erste Oper schrieb er im Jahre 1727 (›Archidamia‹, Text: G. Pasquini); weitere 40 Opern sollten folgen. Wenn REUTTER auch als Wegbereiter des Wiener Klassischen Stils seinen Platz in der Musikgeschichte hat, so sind seine Opern damit weniger in Verbindung zu bringen als seine Kirchenwerke. Es handelt sich um einen „tüchtigen" Komponisten, der routiniert und ohne eigene Entwicklungen seine Opern schrieb. Die ihm zu Lebzeiten vorgeworfene Lebhaftigkeit seiner Violinstimmen im Orchestersatz ist aber für die weitere Entwicklung der Oper in Wien nicht ohne Bedeutung. Die Sätze seiner Opern folgen ganz dem überkommenen Formenkanon.[139]

Giuseppe BONNO (1710–1788) wurde wahrscheinlich an einem der Konservatorien Neapels ausgebildet. Er war ab 1737 Hofkomponist und ab 1774 (als Nachfolger F. GASSMANNS) Hofkapellmeister in Wien. Als Gesangspädagoge (die berühmte Primadonna Elisabeth Teyber gehört zu seinen Schülerinnen) wie als Kompositionslehrer von C. DITTERSDORF und des Ballettkomponisten J. Starzer war er ebenso angesehen wie als Komponist von 20 Opern und zahlreichen Kirchenmusikwerken.[147] In die Geschichte ist er durch sein Eintreten für den jungen W. A. MOZART eingegangen. Der gebürtige Wiener italienischer Abstammung ist der beste Beweis für die dominierende Wirkung von J. J. FUX im Wiener Musikleben. Von diesem in einem Gutachten ursprünglich abgelehnt, wurde er beeinflußt, seine von der Generation nach SCARLATTI bestimmte Satzstilistik kontrapunktisch anzureichern, womit er zu einem wichtigen Bindeglied zum Wiener Klassischen Stil wurde. Nach diversen serenate, azioni teatrali und anderen Gelegenheitswerken sowie zwei Opern (verloren) trat er 1751 mit ›Il re pastore‹ (Text: P. Metastasio) hervor. Bestanden seine Opern anfangs aus recitativi semplici und Dacapo-Arien (auch die Form a b b ist vertreten), so wandte er sich ab 1740 verstärkt dem accompagnato zu, den er mit Takt- und Tempowechseln abwechslungsreich ausgestaltete. Die Devisen-Arie spielt bei ihm keine Rolle, die (seltenen) Duette folgen meist der Dacapo-Form. In den Koloraturen ging der engagierte Gesangspädagoge, der auch das Orchester feinsinnig zu behandeln verstand, weit über alles bis dahin Dagewesene hinaus.

Hier ist es nun notwendig, kurz auf den im Zusammenhang mit der Parmesischen Opernreform aufgetretenen T. TRAETTA zurückzukommen. Das sich neuen Strömungen öffnende Schaffen des Apuliers war in Wien keineswegs unbemerkt geblieben und war Anlaß für Auftragskompositionen. Nochmals sei die ›Ifigenia in Tauride‹ aus dem Jahre 1763 herausgegriffen, die, bedingt durch den unter Calzabigis Einfluß entstandenen libretto von M. Coltellini, in wesentlich höherem Maße als die Opern in Parma Bestandteile der französischen Oper enthält. Vor allem zwei Szenen sind es, die von großer Bedeutung sind: Im I. Akt treten in der 6. Szene abwechselnd der Chor und die Protagonistin Dori auf. Ganz nach Art der antiken griechischen Tragödie beklagt der Chor («O come presto a sera») das Schicksal der todgeweihten griechischen Jünglinge, denen das Mitleid der Dori («Qual struggerassi in pianto») gilt. Es wechseln statuarische homophon gehaltene Chorsätze über punktierten Orchesterrhythmen in breitem Tempo mit zartbewegten und mit einem durchsichtigen Orchestersatz unterlegten Soloabschnitten, die zueinander in tonartlicher Verwandtschaft stehen: a-Moll, F-Dur, B-Dur, d-Moll werden berührt. Die einzelnen Sätze sind kurz gehalten, Textwiederholungen die Ausnahme. Das letzte Solo wird durch Hinzutreten der Titelheldin zum Duett erweitert. In der Abfolge der Sätze spiegelt sich die überkommene Arienform wider, wobei die Chöre die Positionen der ritornelli einnehmen. Die zweite Satzfolge ist ähnlich angelegt: In der 4. Szene des II. Akts wechseln Furienchöre mit Soli des Orest ab. Den unterirdischen Schauplatz symbolisiert die Tonart Es-Dur. Hier ist nun der Chortext nicht betrachtender, sondern handelnder Natur. Zuerst singen die Furien Orest in einem langsamen Tempo in den Schlaf («Dorme Oreste»), um nach dem ersten Solo in rascher Bewegung plötzlich in Racheschreie auszubrechen («Vendetta, vendetta!»). Während das erste Solo des Orest («Crude larve») ruhig abläuft und lediglich mit Ausdruckspausen ausgestattet ist, ist das nächste Solo weitaus phantasievoller gestaltet. Der mit den Worten «Deh! Per pietà placatevi» beginnende Vierzeiler wird zweimal vorgetragen, als obligates Instrument ist ein Solocello in hoher Lage eingesetzt. Als Charakterisierung des Unheimlichen ist wieder das langsame Allabreve (Largo) herangezogen. Der rasche Chorsatz «Nere figlie dell'Erebo» folgt, danach das ruhige «Ah! Perdono crudel genitore» des Orest, das aber vom Chor nach wenigen Takten abrupt unterbrochen wird. Auch bei der zweiten Satzfolge gibt es tonartliche Beziehungen, ansonsten folgen die Sätze ganz den Erfordernissen des Dramatischen. Damit sind sie aber in hohem Maße geeignet gewesen, auf den zu dieser Zeit in Wien anwesenden Chr. W. GLUCK einzuwirken.[67]

Das Wirken dieses großen Reformators der Oper (zu dem er in Wien werden sollte) begann mit relativ kleinen Aufgaben. Die beiden Metastasio-Dichtungen ›Le Cinesi‹ und ›La Danza‹, die für adelige Vergnügungen auf Schlössern in der Umgebung Wiens entstanden, bewegen sich formal noch weitgehend in den herkömmlichen Bahnen. Es gibt recitativi semplici, Dacapo-Arien mit Koloraturen und sogar ein Schlußensemble in Dacapo-Anlage (›La Danza‹, «Mille volte, mio tesoro»). Doch der bedeutende *Quartetto* am Ende der ›Cinesi‹ «Voli il piede», in dem es keine längeren Monologe gibt und die Stimmen sich rasch in kurzen Einsätzen ablösen, weist ebenso in die Zukunft wie die immer wieder durch recitativi semplici unterbrochene *Aria* der Sirene «Non sperar, non lusingarti» aus der gleichen Oper, in der gleich zu Anfang die opera seria mit einem von stetigen Sechzehntel-Repetitionen beherrschten accompagnato verspottet wird.

Doch inzwischen hatte sich die Theaterlandschaft Wiens stark verändert. Begünstigt von einem Zusammenbruch des Theaterwesens unter Lopresti im Jahre 1751 konnte im Burgtheater der «Théatre français près de la Cour» eingerichtet werden, in dem nun französische Lustspiele, Tragödien und Ballette von französischen Kräften dargeboten wurden. Als 1754 Graf Durazzo zum Generalintendanten ernannt worden war, verpflichtete dieser sofort GLUCK als Komponisten. Noch einmal folgte GLUCK der italienischen Richtung mit ›Il Re pastore‹ (Text: P. Metastasio, Wien 1756), um sich danach der französischen zu widmen. Durazzo zog GLUCK zuerst als Berater und Bearbeiter französischer Partituren heran. Doch bald konnte GLUCK mit eigenen Produktionen aufwarten. Es entstanden in rascher Folge ab 1758 ›La fausse esclave‹ (Text: L. Anseaume/Marcouville), ›L'Ile de Merlin‹ (Text: Le Sage/d'Ornival, bearb. v. L. Anseaume), ›La Cythére assiégée‹ (Text: C. S. Favart), ›Le diable à quatre‹ (Text: H. J. Sedaine), ›L'arbre enchantée‹ (Text: P. L. Moline), ›L'Ivrogne corigée‹ (Text: L. Anseaume), ›Le Cadi dupée‹ (Text: P. R. Le Monnier) und – etwas später – ›La rencontre imprévue‹ (Text: Le Sage/d'Orneval, bearb. v. L. H. Dancourt). Diese Beschäftigung mit kleineren französischen Formaten war für die Entwicklung GLUCKS von großer Bedeutung: Um schlagkräftig zu sein, mußte hier der Komponist zwangsläufig zu jener Klarheit in Form und Ausdruck kommen, die er für die Verwirklichung seiner reformerischen Vorstellungen benötigte.[90] Die Entwicklung erfolgte alles andere als geradlinig; die Wiener Werke GLUCKS zeigen die Mühen, die dieser Prozeß verursachte, deutlich auf. Aufträge aus Italien störten zudem immer wieder den Entwicklungsgang.

In ›L'Ile de Merlin‹ ist neben der Gliederung des Werks in Ouvertüre und zwölf Auftritte der gesprochene Dialog die wichtigste Neuerung. Récitatifs ordinaires fehlen, der récitatif accompagné wird nur einmal in schlichtester Form (gehaltene Streicherakkorde) zum Verlesen eines Notariatsaktes benützt (No. 20 Air Le Notaire «Dans ce contrat»). Die airs sind durchwegs knapp geformt, die Satzbezeichnung dient auch für Gesänge mit mehreren Personen. Ritournelles treten nur am Anfang und am Schluß auf, Orchestersätze und Gesangspartien stehen in einem geradezu radikal homophonen Verhältnis. Koloraturen fehlen.

Die airs folgen entweder der dreiteiligen Liedform (No. 2 Air Pierrot «Ah le bon pays, Scapin») a b a1 oder sind zweiteilig wie die nachfolgende Air des Scapin No. 3 (a a1); an ihr zeigt sich aber auch gleich, daß GLUCK nicht einfach Teile wiederholt oder nur geringfügig variiert. Teil a moduliert in die Tonart der Dominante, in der Teil a1 fortsetzt. Bedingt durch die Rückmodulation sind die Veränderungen in a1 gegenüber a tiefgreifender, als dies sonst üblich ist. In der Air No. 5 der Argentine «Le mari tranquille» ist der Text dreimal vertont; die erste Version (a) wird stark erweitert (a1) und diese Erweiterung dem Hörer nochmals vorgeführt (a a1 a1), möglicherweise auch wegen der originellen Fagottpartie, die die häuslichen plaisirs bis an die Grenzen des Schicklichen versinnbildlicht. Wie intensiv sich GLUCK mit dem französischen Stil auseinandergesetzt hat, spiegelt die Air des Philosophen «Heureux qui la nuit» wider: Der Weise singt Scapin und Pierrot Gelehrsames (Adagio Allabreve) vor, das von ihnen jedoch nur mit einem gelangweilten Gähnen honoriert wird. Daraufhin wiederholt der Philosoph die erste Hälfte seiner air als double mit parodistischen Verzierungen, was von den beiden mit Lob (Allegro 2/4) bedacht wird. Nun glaubt er, ohne Verzierungen fortfahren zu können. Doch er erntet Protest und muß erneut zu Verzierungen greifen. Dabei ist interessant, daß die kleinen Notenwerte stets mit Silben unterlegt sind. In dem Quatuor No. 4 von Argentine/Diamantine/Scapin/Pierrot «Bon jour belle nymphe» ist eine dreiteilige Anlage erkennbar, die ganz auf die

Handlungsvorgänge abgestimmt ist: Vorstellung – Werbung – Heiratsantrag. Motivische Ähnlichkeiten erzeugen zwischen den Eckteilen verwandtschaftliche Züge, es handelt sich jedoch um unterschiedliche Musik (a b c). Ganz französisch ist auch die Lösung der Air No. 11 à quatre Couplets: Der zugrundeliegende Text, der Binsenweisheiten über die Rechtsprechung enthält, ist zeilenweise auf La Candeur, Scapin und Pierrot verteilt; die hohe Strophenzahl und die äußerst knappe Form verleihen den Figuren den Charakter von Bänkelsängern. Gegenüber der ›Merlin‹-Partitur (1758) erscheint die von ›La Rencontre imprévue‹ (1764) auf den ersten Blick wie ein großer Rückschritt. Zwar gibt es in dieser dreiaktigen opéra comique gleichfalls gesprochene Dialoge. Doch die airs in diesem Werk sind nach Form und Satz italienische Arien. Die Bezeichnung *Air parodié* klärt rasch auf; das ganze Werk ist eine Persiflage der italienischen Oper, wobei wieder einmal bedauerlich ist, daß die von GLUCK bei der Aufführung einstudierten Zutaten (Verzierungen, Instrumentation) nicht festgehalten sind. Lediglich an einigen Stellen (*Ariette* No. 20 der Rezia «Ah, qu'il est doux») sind Koloraturen italienischen Charakters notiert. Unter den airs seien hier die No. 2 des Calender «Castagno, castagna» herausgegriffen (a a1), in der nur unverständliches Kauderwelsch gesungen wird; ein Effekt, von dem sich GLUCK viel versprochen hat, denn eine Reminiszenz taucht als No. 6 auf. Ferner die ironisch aufgeplusterte Kampf-*Air* No. 4 des Vertigo «D'un céleste transport», in D-Dur gehalten und mit Zweiunddreißigstel-Läufen in den Streichern und Sechzehntelsextolen zur Darstellung des Donners. Die Form ist dreiteilig a b a1; wieder moduliert Teil a, so daß für a1 entsprechende Transpositionen notwendig sind. Mit der *Air* No. 11 des Ali «Vous ressemblez à la rose» begegnet der Typus der verkürzten Dacapo-Arie (a a1 b a1); die obligate Soloflöte unterstreicht den gewollten Konservativismus.

Von Bedeutung sind die Ensemble in dieser Oper: Der *Trio* No. 9 Balkis/Ali/Osmin «Je suis touché» ist ein Kettenfinale für den I. Akt:

a   2/4 Andante G-Dur, Monolog Ali
b   3/8 Allegro D-Dur, Monolog Balkis
a1   2/4 Andante G-Dur, Monolog Ali
c   3/8 Allegro G-Dur, Monolog Balkis
d   3/8 Andante g-Moll, Monolog Ali
e   Allabreve Allegro g-Moll/G-Dur, die Vorigen + Osmin.

Die *Duos* No. 16/17 Ali/Osmin/Rezia «Oh, oh, miracolo» bilden zusammen ein Kettenensemble, ebenso wie das Ensemble No. 33 «Après un tel outrage», an dem alle Personen beteiligt sind. Alle diese Sätze sind handelnder Natur. Eine andere Lösung bildet das Finale No. 22 zum II. Akt «Ah, je suis en transe». Dieser von rasch wechselnden kurzen Einsätzen und wirksamen Zusammenfassungen der Singstimmen bestimmte lebendige Satz ist durchkomponiert; indem aber GLUCK die charakteristische Dreiklangsfigur der Streicher am Satzbeginn später mehrmals (auch transponiert) wiederholt, entsteht ein rondoartiger Eindruck. Hinzuweisen wäre ferner auf die Sätze ab dem *Trio* No. 26 «Permettez que je vous embrasse», in denen mit den traditionellen Mitteln der opera seria im Orchester Schlachtgetümmel, Wasserfluten, Kanonaden und sanfte Bächlein dargestellt werden – auch dies durchweg in persiflierender Absicht und von der Lust am Handwerklichen getragen.

Im Jahre 1761 kam Raniero di Calzabigi (1714–1795) nach Wien. Er hatte vorher in Paris eine Gesamtausgabe der Dichtungen Metastasios herausgebracht, der er eine Abhandlung über eine notwendige Reform der Oper beifügte, wobei er sowohl die italienische wie die französische Richtung in ihren bisherigen Ausprägungen ablehnte. Vor allem zwei Ziele rückte er in den Vordergrund: Die Handlung sollte dem rein Menschlichen verpflichtet sein, und alle Kräfte des Theaters (Dichtung, Szene, Musik, Tanz, Chor) sollten der dramatischen Entwicklung dienen.

So entstand in den Jahren 1761/62 der ›Orfeo‹ als Gemeinschaftsprojekt von Calzabigi und GLUCK, dem – bemerkenswerterweise – kein Auftrag vorausging. Man kann also davon ausgehen, daß diese Oper ganz aus dem Willen der Autoren heraus entstand, die Gattung zu reformieren, wobei die Wiener Gastspiele TRAETTAS ihr Vorhaben begünstigten. In Metastasio und HASSE erwuchsen ihnen jedoch zwei konservative Gegner.

Calzabigis wichtigste Neuerrungenschaft war die Abschaffung des Metastasianischen Modells mit der Arie am Schluß der Szene. Ferner bezog er in Rückbesinnung auf die griechische Antike den Chor viel stärker heran. Ein weiteres wichtiges Element seiner Opernaufrisse wurde das Ballett. Schließlich muß Calzabigis Sprache gelobt werden; sowohl inhaltlich wie metrisch hebt sie sich deutlich von der Tagesproduktion ab.

›Orfeo ed Euridice‹ ist mit Azione teatrale per musica bezeichnet; eine Titulierung, die einem früher bei kürzeren Gelegenheitswerken begegnet. Man sieht daran, daß schon damals Unsicherheiten in der Terminologie herrschten. Die drei Akte der Oper sind in je zwei Szenen unterteilt, die unterschiedliche Sätze enthalten: Rezitative, Sologesänge, ein Duett, Chöre, Tänze, eine Gewittermusik, bei der nur Bühnenbild und Musik zusammenwirken, und eine vorangestellte Ouvertüre. Auffällig ist das große und farbig besetzte Orchester, in dem u. a. Chalumeaux, Zinken, Posaunen und eine Harfe mitwirken.

Die Rezitative haben durchweg Orchesterbegleitung. Die häufigste Art stellt das mit Streichern besetzte Rezitativ dar, das in Harmonik und Stimmführung als instrumentierter recitativo semplice zu erkennen ist (Orfeo «Basta, o compagni»). Die nächste Stufe bilden die recitativi accompagnati, in denen charakteristische Streicherfiguren den Satz beleben, den Textinhalt ausdeuten oder die Stimmungslage der singenden Person darstellen (Orfeo «Che disse»). Einen Schritt weiter geht GLUCK in dem Satz «Che puro ciel»

(II. Akt, 2. Szene). Es handelt sich um einen recitativo obbligato mit Soloflöte und Solocello über den Streichern, an dessen Ende der Chor einfällt. Der von den Herausgebern eingeführten Satzbezeichnung *Arioso* steht der eindeutig rezitativische Duktus der Vokalpartie entgegen.[64] Einen Sonderfall stellt der recitativo accompagnato des Orfeo «Euridice, ombra cara» (I. Akt, 1. Szene) dar, in dem ein weiteres Orchester als Echo mitwirkt.

In den Sologesängen zeigt GLUCK ebenso deutlich, daß er nach neuen Lösungen strebte. Zwar erweist sich der erste Gesang des Orfeo «Chiamo il mio ben cosi» als Anlage von drei strophischen Gesängen mit dazwischengestellten accompagnati; die vorangehende Satzfolge Chor – accompagnato/ Orfeo – Ballo – Chor läßt an den Anfang von FUX' ›Costanza e Fortezza‹ denken, oder – noch weiter zurück – an den Beginn von CESTIS ›Il Pomo d'oro‹. Der nächste Sologesang (Orfeo »Gli sguardi trattieni») ist etwas mehr dem Arienschema verpflichtet: Teil a (3/4, G-Dur, Sostenuto) enthält die erste Strophe, der kontrastierende Teil b (3/8, D-Dur, Andante) die zweite. Doch diese Satzfolge wiederholt sich noch zweimal, allerdings mit Änderungen: Bei der ersten Wiederholung von b tauchen zusätzliche Ausdrucksfermaten auf, bei der zweiten wird er drastisch gekürzt. Von düsterem Prunk ist das Solo «Deh placatevi» des nun die Harfe schlagenden Orfeo. Es wirken zwei Orchester und der Chor der Furien mit. Der einstrophige Text wird zweimal vertont, womit der Satz einen geradezu klassischen pezzo concertante darstellt, bei dem allerdings der Chor nicht begleitend, sondern nur in kurzen Einwürfen eingesetzt ist. Die folgenden Beschwörungsgesänge des Orfeo «Mille pene» und «Men tiranne» sind einteilig.

An den Arien des letzten Aktes bestätigt sich Gerbers Beobachtung,[61, S. 134] daß GLUCK hier die formale Phantasie nicht mehr im gleichen Maße zu Gebote stand wie in den beiden vorangegangenen Akten. Die *Aria* der Euridice «Che fiero momento» ist eine fünfteilige Dacapo-Arie konservativen Zuschnitts, in der der Mittelteil in Takt, Tempo und Tonart abgesetzt ist. Das wohl berühmteste Stück der Oper, die *Aria* des Orfeo «Che farò senza Euridice», ist eine fünfteilige Rondo-Arie. Der *Duetto* Euridice/Orfeo «Vieni appaga il tuo consorte» folgt im Umriß dem Schema a b b1.

Der Orchestersatz hält sich in diesen Teilen eng an die Vokalpartie, kontrapunktische Selbständigkeiten sind die große Ausnahme. Die ritornelli sind meist kurz, die 1. Violinen gehen häufig mit der Singstimme all'unisono. Koloraturen fehlen, in Ansätzen begegnen Verzierungen nach Art des double im ersten der hier genannten Sologesänge. Textwiederholungen erfolgen nur anhand von Passagen, die geeignet sind, dem Zuhörer das Geschick der handelnden Personen besonders eindringlich vor Augen zu führen.

Was jedoch den ›Orfeo‹ von allen anderen Opern abhebt, ist die gleichsam zwingende Position der einzelnen Sätze zueinander im Rahmen der größeren Einheit „Szene". Nun ist das Streichen oder Austauschen einzelner Sätze, wie

Ende des Mittelteils der Aria des Ippolito mit Verweis «Dal Segno»; durchgehende Operngliederung in Szenen nach französischem Muster. Aus: T. Traetta, *Ippolito ed Arizia*, Parma 1759. Hs Deutsche Staatsbibliothek Berlin.

es anhand der Zurichtung von italienischen Opern auf neue Sänger gang und gäbe war, ungleich schwieriger geworden; erstmals müssen Sänger für eine Oper gesucht werden und nicht eine Oper für verpflichtete Sänger. Mit der instrumentatorischen Einebnung von Rezitativ und anderen Sätzen sind zusammen mit der Gestaltung der Oper in Szenen die ersten Grundlagen für die durchkomponierte Oper geschaffen.

Die nächsten Jahre nach dem ›Orfeo‹ waren nun keineswegs der Weiterverfolgung reformatorischer Ziele gewidmet; GLUCK schrieb abwechselnd italienische und französische Opern, noch im ›Telemacco ossia L'Isola di Circe‹ (Text: S. Capace/M. Coltellini, Wien 1765) gibt es wieder recitativi semplici und Dacapo-Arien.

Doch mit der Tragedia in drei Akten ›Alceste‹ (Text: R. Calzabigi, Wien 1767) setzte GLUCK seine Reformen fort, auch wenn der recitativo semplice weiterhin Verwendung fand und die Dacapo-Arie formales Vorbild blieb (5. Szene, Alceste «Ombre, larve»). Wieder sind es die großen Anlagen, die vor allem die Neuerungen darstellen, wie etwa die beiden ersten Szenen, wo Chorsätze, ein Tanz und eine Arie der Titelheldin miteinander abwechseln. Entsprechend der Thematik wechseln die Tonarten zwischen Es-Dur, c-Moll, g-Moll und erneut Es-Dur. Noch zwingender ist die Schlußszene des II. Akts gestaltet: Fünf Chorsätze bilden ein Gerüst, in das Rezitative und Sologesänge eingefügt sind. Die Chöre stehen stets in f-Moll, die lichten Gesänge der Alceste in F-Dur. Erneut sind die einzelnen Sätze kurz gehalten; Wortrepetitionen werden vermieden oder nur zur Verstärkung des Ausdrucks eingesetzt, nie jedoch zur Ausfüllung musikalischer Formen. Der sinnenfrohe fünfaktige Dramma per musica ›Paride ed Elena‹ (Wien 1770) ist der dritte und letzte Text von Calzabigi, den GLUCK vertont hat. Es ist vielleicht die Oper, in der GLUCK am stärksten MOZARTS Opernstil vorbereitet hat. Das Orchester enthält bis auf eine Harfe keine exotischen Instrumente mehr, ebenso fehlen die Posaunen. Chor- und Ballettsätze spielen eine große Rolle, es wird ausschließlich der accompagnato verwendet, der von den Streichern ausgeführt wird. Unter ihnen ragt der umfangreiche accompagnato von Paride, Elena und Amore «Regina! O Dei!» hervor; in ihm (wie in dem Solo-Accompagnato der Elena am Beginn des IV. Akts «Temerario») begegnen schon im Ansatz die beibehaltenen Begleitmotive zur Darstellung für bestimmte Affekte, wie sie die großen französischen Opern GLUCKS auszeichnen. Beide accompagnati sind sehr abwechslungsreich gestaltet. Die in der Oper enthaltenen Ensembles (zwei Duette, drei Terzette) sind zumeist handelnder Natur (*Duetto* I. Akt, 2. Szene Paride/Amore «Ma, che sei?»), enthalten aber keine formalen Neuerungen. Ebenso verhält es sich mit den Arien; an ihnen läßt sich aber ein Ausgleich zwischen französischem und italienischem Satzstil feststellen: Das Orchester ist nicht mehr so sklavisch homophon an die Singstimmen gebunden, aber auch nicht zu selbständig. Imitationen und Kontrapunktisches bleiben Ausnahmen.

Hinzuweisen wäre auf die Aria der Elena «Donzelle semplici» (V. Akt, 1. Szene), die, ad spectatores zu singen, ein feministisches Gegenstück zur Aria des Figaro «Aprite un Po' quegli occhi» aus dem IV. Akt von W. A. MOZARTS ›Le Nozze di Figaro‹ bildet; es handelt sich um eine fünfteilige Rondo-Arie mit Coda-Effekt. Unter den Großszenen ragt die Wettkampf-Szene am Beginn des III. Akts hervor: accompagnati wechseln mit Chören und Tänzen der Wettkämpfer. Als Elena den Paride bittet, das im Hof des Palastes zu Sparta stattfindende Fest durch einen Gesang zur Leiter zu verschönen, ergreift dieser die Gelegenheit, sie anzuhimmeln, wobei in den die Sologesänge vorbereitenden accompagnati bereits die Harfe erklingt, auch wenn in ihnen Elena ihren Unmut über die Zudringlichkeit des Gastes äußert. Eine ungemein realistische Szene.

Unter die von der Nachwelt zu gering eingeschätzten Komponisten ist der Böhme Florian Leopold GASSMANN (1729–1774) zu rechnen. Er fuhr auf eigene Faust nach Venedig, wurde Schüler von Padre Martini und konnte bereits 1757 die Oper ›Merope‹ (Text: A. Zeno) am Teatro S. Moise herausbringen, was zur Folge hatte, daß ihm alljährlich ein Opernauftrag zuerkannt wurde. Sein Ruhm drang nach Wien; er wurde an den Hof berufen und stellte sich 1764 mit ›Olimpiade‹ (Text: P. Metastasio) vor. Nach einer Tätigkeit als Kapellmeister am Kärntnerthor-Theater und einer Berufung zum Kammerkomponisten durch Joseph II. beschloß er ab 1772 als Nachfolger J. REUTTERS seine Laufbahn als Hofkapellmeister.

Der ungemein vielseitige Opernkomponist, der mit der Vertonung von libretti aus der Feder C. Goldonis viel zur Etablierung der opera buffa in Wien beitrug,[46] wandte sich mit ›Amor und Psiche‹ (Text: M. Coltellini, Wien 1767) den Reformbestrebungen GLUCKS zu und schlug mit dieser Oper den mit ihm rivalisierenden HASSE aus dem Feld. Er räumte darin dem Chor eine ähnlich hohe Bedeutung ein wie den Solosängern, verzichtete auf Koloraturen und schuf abwechslungsreiche Ensembles (Finale zum II. Akt Psiche/Venere/Amore «Oh Dei che facesti»). Doch schon in seiner ersten Wiener Oper ›Olimpiade‹ spielte der Chor eine große Rolle. In diesem Werk, in dem neben der fünfteiligen Dacape-Arie alten Zuschnitts bereits die zweiteilige Arie (a a1) Verwendung findet, gibt es auch Chorsätze mit dazwischengestellten Sologesängen, wie sie bei GLUCK und FUX beobachtet werden konnten. GASSMANNS erfolgreichste Oper wurde jedoch *La Contessina* (Text: M. Coltellini nach C. Goldoni), die anläßlich eines Treffens von Joseph II. mit Friedrich II. im Jahre 1770 in Mährisch-Neustadt zur Uraufführung kam. Sie wurde nachträglich von J. A. Hiller ins Deutsche übersetzt. Dieser dreiaktige dramma giocoso vereinigt über einem äußerst gelungenen Handlungsvorwurf in geschliffener Sprache alle Tugenden der alten und neuen Richtungen in sich: Die Nummern sind in Szenen eingebettet, wobei Szenenwechsel auch während laufender Musik eintreten, der recitativo semplice schließt nahtlos an, der (seltene) accompagnato arbeitet bereits mit feststehenden Begleitmotiven, die, dem Textinhalt folgend, wechseln (No. 14 *Recitativo ed aria* des Pancrazio «Mà se scoperto poi»). Den ersten Akt eröffnet als introduzione ein Terzett Lindoro/Gazzetta/Pancrazio «Si è risposto a quelle lettere», das handelnden Charakter hat: Der Kaufmann beaufsichtigt in seinem Comptoir seine Hilfskräfte. Dabei zeigt sich bereits ein erster Ensemble-Topos GASSMANNS: Der Satz beginnt mit verteilten Einsätzen und endet in allen drei Stimmen homophon; Wechselreden werden von allgemein gültigen Weisheiten über den Kaufmannsstand abgelöst. Aufschlußreich ist der Übergang in einen recitativo semplice, dem ein Duett folgt. So entsteht (beinahe nahtlos) ein ausgebreitetes Ensemble. Bemerkenswert ist ferner die *Cavatina a quattro* No. 5 «Contessina, se permette»; Lindoro und Contessina sagen sich gedrechselte Artigkeiten, die nach ihrem Abgang (Szenenwechsel) von dem Domestikenpaar Vespina/Gazzetta in komischer Übersteigerung wiederholt werden (a a1). Der *Finale* No. 20 «Nobile al par» ist ein Kettenfinale mit vier Gliedern; jedes beginnt mit mehreren Soloeinsätzen arienhaften Charakters, hieraus folgen rasche Wechsel zwischen den Protagonisten, am Schluß fast ein homophoner Satz die Stimmen zusammen. Auch dies ist eine Anordnung, der man bei GASSMANN mehrfach begegnet.

Bei den Arien herrscht größte Formvielfalt und -fantasie: Von der zweiteiligen Form (No. 17 *Aria* der Contessina «Mi vedranno i tiro a sei»), bei der beide Teile unterschiedlich in Takt und Tempo gehalten sind, bis hin zur fünfteiligen Arie nach dem Schema a b a b1 b2 (No. 3 *Aria* des Pancrazio «Anderò da Baccellone»). Bei der Wiederkehr der ersten Strophe wird häufig eine vorbereitende Verszeile mit neuem Text eingefügt, der GASSMANN musikalisch mit einem gekonnten Einfädeln der ursprünglichen Thematik entspricht – nicht nur hierin W. A. MOZART ungemein ähnlich. Aber auch GASSMANNS weiter harmonischer Ambitus in seinen recitativi semplici, das ungemein „sprechende" Orchester und die ausgezeichnete Personencharakteristik lassen seine Oper in der vordersten Reihe stehen und sich deutlich über die vorherrschende Tagesproduktion erheben.

Franz Joseph HAYDN (1732–1809) ist zwar in Wien infolge widriger Umstände als Opernkomponist nicht zum Zuge gekommen. Doch hat er viele Jahre seines Lebens für die Bühne gearbeitet und eine stattliche Anzahl von Opern, Marionettenopern und Singspielen für das Theater in Eszterhaz und – in einem Fall – für London geschrieben.[58] Vieles hat ein Theaterbrand im Jahre 1779 vernichtet; das Erhaltene (darunter 13 Opern) weist jedoch HAYDN als einen Fachmann der Bühne aus, dem der Neapolitaner PORPORA gerade auf diesem Gebiet wertvolles Wissen vermittelt haben dürfte. An den formalen Anlagen von HAYDNS Opern läßt sich aber auch erkennen, daß der Komponist in späteren Jahren die sich in Wien vollziehenden Neuentwicklungen sorgfältig registriert und für sich verwertet hat.

HAYDNS vermutlicher Erstling, die einaktige Festa teatrale ›Acide‹ (Text: G. B. Migliavacca, Eisenstadt 1762) folgt noch ganz neapolitanischen Vorgaben: Erhalten sind drei Dacapo-Arien, eine Dalsegno-Arie, ein ausgedehnter accompagnato und ein Schlußquartett. Die dazwischenliegenden Texte könnten bei der ersten Aufführung im gesprochenen Dialog vorgetragen worden sein,[74] womit sich der seltene Fall eines Singspiels in italienischer Sprache ergeben hätte.

Eine Stärke HAYDNS bildeten seine Vertonungen heiterer Vorwürfe, für die er einen ungemein ansprechenden Tonfall fand (allein drei libretti stammen von C. Goldoni: ›Lo Speziale‹ 1768, ›Le pescatrici‹ 1769 und ›Il mondo della luna‹ 1777). In ihnen finden sich interessante formale Bildungen, während die ernsten Werke mehr traditionell geformt wurden. Dabei darf jedoch nicht übersehen werden, daß HAYDN in Eszterhaz mit einem relativ kleinen Ensemble auszukommen hatte und auf den Chor ganz verzichten mußte. Dies bedingt in *Lo Speziale* noch das Vorherrschen der Arien (neun von zwölf Nummern) und die knappe Konzeption der Finali als Terzett oder Quartett. In ›Le pescatrici‹, ein mit drei Akten und 24 Nummern wesentlich umfangreicheres Werk, sind die Verhältnisse bereits leicht verändert: 13 Arien und einer Kavatine stehen zwei Terzette, drei Quartette, ein Sextett (coro) und zwei mit mehreren Personen besetzte Finali gegenüber. Die restlichen Nummern sind accompagnati. In der zweiaktigen Burletta per musica ›L'Infedeltà delusa‹ (Text: M. Coltellini, Eszterhaz 1773) dominieren jedoch wieder die Arien.

Mit dem Dramma giocoso ›La vera Costanza‹ (Text: P. Travaglia nach F. Puttini, Eisenstadt 1777/78) hatte HAYDN im italienischen Genre einen ersten Höhepunkt erreicht. Dem dreiaktigen Werk geht eine italienische Ouvertüre voran, unter den 18 Nummern finden sich eine introduzione, zwei Duette, vor allem aber zwei umfangreiche Kettenfinali: No. 8 «Ah che deveni stupida»; sieben Glieder mit wechselndem Takt und Tempo, am Quintenzirkel orientiertes Tonartenschema; No. 16 «Animo risoluto»; mit auf erweiterter Terzverwandtschaft beruhendem Tonartenschema.

Mit der zweiteiligen Azione teatrale ›L'Isola disabitata‹ entsprach HAYDN den Reformen GLUCKS: Die recitativi semplici wurden durch accompagnati ersetzt, die einzelnen Nummern knapper dimensioniert. Mit dem Dramma eroico in drei Akten *Armida* (Text: ?, Eszterhaz 1783) kehrte HAYDN allerdings wieder ganz zur italienischen Oper um: Der recitativo semplice wurde in dieser Oper ernsten Inhalts wieder eingesetzt, der accompagnato jedoch ausdrucksmäßig stark vertieft. Das weitgehende Fehlen von Ensembles wird durch die beeindruckende Dramatik der Solosätze aufgewogen. Der Dramma per musica ›L'anima del filosofo‹ (Text: ? nach Fr. Badini, London 1791) schließlich ist eine Choroper und HAYDNS modernstes Bühnenwerk.

Antonio SALIERI (1750–1825) scheint Schüler von G. C. PESCETTI in Venedig gewesen zu sein, wo ihn GASSMANN kennenlernte und mit nach Wien nahm. Er ließ ihn eine Schule angedeihen, die einerseits vom Lehrwerk Fux' und andererseits vom Studium der Partituren der neueren Werke Glucks bestimmt war. Schon deswegen erscheint es wenig sinnvoll, ihn zu den Neapolitanern zählen zu wollen. Salieri eröffnete sein äußerst umfangreiches Opernschaffen mit ›Le donne letterate‹ (G. G. Boccherini/R. de' Calzabigi, Wien 1770), das von der opera seria über die buffa und tragédie lyrique bis hin zum Singspiel in deutscher Sprache reicht. Während er sich im französischen Genre Glucks Stil weitgehend anzunähern verstand, erreichte er in seinen italienischen Opern wie ›La grotta di Trofonio‹ (Text: G. B. Casti, Wien 1785) und ›Axur re d'Ormus‹ (Text: L. Da Ponte nach Beaumarchais, Wien 1788) große Mozartnähe in Stil und Qualität, so daß er für seine Zeit als ernstzunehmender Wettbewerbsgegner gelten mußte. Mit seinem ›Tarare‹ (s. unten) folgte er ganz den Vorstellungen der französischen Oper nach Gluck.[5]

Wenn auch die Ausbildung von Wolfgang Amadeus Mozart (1756–1791) in Salzburg erfolgte und durch Besuche in London, Mailand und Paris Bereicherungen erfuhr, so muß man den Komponisten doch von Anfang an Wien zuordnen; die kulturellen Beziehungen zwischen dem Bischofssitz an der Salzach und der Reichshauptstadt waren stets eng. Einflüsse von außen trafen, was die Operngeschichte betrifft, an beiden Orten gleichzeitig ein, sie wurden nur unterschiedlich umgesetzt. Den ›Idomeneo‹ (Text: G. Varesco, München 1781) schrieb Mozart zwar für den Münchner Hof, doch ohne von seinem Repertoire beeinflußt zu sein; dazu war es einfach in dieser Zeit zu unbedeutend. Hingegen übten die Mitwirkenden, vor allem aber das nach München verpflanzte Mannheimer Orchester, einen ganz wesentlichen Einfluß auf den jungen, nun vom Vater nicht mehr ständig beaufsichtigten Komponisten aus. Die Aussicht, mit hochqualifizierten Musikern zusammenarbeiten zu können, war einer der Gründe für den überreichen Orchestersatz des Werks. Hingegen war die Verbindung der Mannheimer mit Paris nur von sekundärer Bedeutung; die Eigenheiten der französischen Oper, aber auch Glucks Reformen, hat Mozart unabhängig davon kennenlernen können.

Der libretto Varescos fußt auf einer tragédie lyrique des französischen Dichters A. Danchet, die bereits 1712 von A. Campra vertont worden war. Dadurch waren von vornherein dem Ballett und dem Chor (acht von 32 Nummern!) größere Rollen eingeräumt. Daß es im ›Idomeneo‹ eine tempête und mehrere entrées gibt, rundet das Bild ab: Die Oper enthält mehr französische Elemente als jedes andere Werk Mozarts. Dazu im Widerspruch befindet sich jedoch der deutlich italienisch geprägte Satzstil des Komponisten; Gluck spielt als denkbares Vorbild nur eine bescheidene Rolle (Orakelszene).

Die Oper, die von ihren Autoren als Dramma per musica (und nicht als opera seria) bezeichnet wurde, enthält 32 Nummern in drei Akten. Den Grundstock bildet die Einheit Rezitativ–Arie. Doch die Rezitative sind nur noch selten als reiner recitativo semplice abgefaßt. Meist handelt es sich um Mischungen aus allen drei Formen (I. Akt/1. Szene «Quando avran fine omai»), wobei im recitativo accompagnato und im recitativo obbligato ein häufiger Wechsel zwischen deutscher und italienischer Manier festzustellen ist (No. 10b Ilia/Idamante «Non più. Tutto ascoltai»). Die Rezitative sind häufig so gestaltet, daß sie nahtlos in die nächste Nummer münden oder aus einer Nummer herauswachsen. Dadurch entstehen größere „Flächen" (II. Akt), die wie ein Vorgriff auf die durchkomponierte Oper wirken. Spitzenleistungen der Rezitativik bilden der großangelegte accompagnato der Elettra (I. Akt/6. Szene «Estinto è Idomeneo»), der *Recitativo* No. 23 Gran Sacerdote/Idomeneo «Volgi intorno lo sguardo» mit voller Orchesterbesetzung, der *Recitativo* No. 26 Idamante/Idomeneo «Padre mio caro» und der danach folgende wütende accompagnato der Elettra «Oh smania!». Hierin übertraf der 25jährige an Einfallsreichtum, Personencharakteristik und dramatischer Durchschlagskraft bereits alle Vorbilder.

Ein vielschichtiges Bild aus Altem und Neuem bilden die Arien. Die *Aria* No. 1 Ilia «Padre germani» enthält die Vertonung von zwei Strophen, die wiederholt wird (a b a1 b1). Bei der Wiederholung erfolgen Erweiterungen zur Vertiefung der Textbetrachtung, wie überhaupt die b-Teile von MOZART meist ausführlicher behandelt sind. Die *Aria* No. 2 Idamante «Non ho colpa» folgt bekannten neapolitanischen Vorgaben: Die ersten beiden Zeilen der Strophe I werden in einem Adagio maestoso vertont, der Rest in einem Allegro con spirito ($\frac{a}{2} \| \frac{a}{2}$ b a1 b1). Dadurch muß sich a1 noch mehr von a unterscheiden als üblich. Im b-Teil heben Fermaten und Tempowechsel den Textinhalt heraus. Eine großartige Anlage zeigt die Rache-*Aria* No. 4 der Elettra «Tutte nel cor vi sento» (a b b a b b). Über einem dramatischen und bilderreichen Orchestersatz kommt die Solostimme ohne Koloraturen, ja zumeist sogar ohne Melismen aus – eine in die Zukunft weisende Art der Textbehandlung. Die *Aria* No. 6 Idamante «Vedrommi in torno» enthält drei Strophen: Die ersten beiden werden in einem gemächlichen ³/₄-Takt (Andantino) nach Art einer aria di mezzo carattere vertont. Mit der dritten Strophe ändern sich jedoch Takt und Tempo (⁴/₄ Allegro di molto); die Arie endet äußerst dramatisch. Die den Akt beschließende *Aria* No. 7 des Idamante «Il padre adorato» ist wieder dem Schema a b a1 b1 verpflichtet. Die *Aria* No. 10a Arbace «Se il tuo duol» ist eine fünfteilige Dacapo-Arie alten Zuschnitts mit Koloraturen und Kadenzmöglichkeit (a a1 b a a2). Änderungen bei der Wiederholung der Teile ergeben sich hauptsächlich aus dem der Sonatenform ähnelnden Tonartenschema.

Die mit *Rondo* bezeichnete *Aria* No. 10b Idamante «Non temer amato bene» mit Solovioline basiert auf drei Strophen. Sie beginnt im ⁴/₄-Takt Andante, die ersten beiden Strophen werden vorgestellt und danach die erste

Hälfte von a als Refrain wiederholt; eine Vertonung der ersten beiden Textzeilen der sechszeiligen dritten Strophe schließt sich an (a b $\frac{a}{2} \frac{c}{2}$). Doch dann wechselt der Satz in ein Allegro moderato über; der vierzeilige Rest der dritten Strophe c wird nun neue Grundlage des Satzteils und erhält mehrere Vertonungen. Die Reminiszenz der ersten Strophe betrifft nur die Worte, die neu vertont werden (c1 c2 c3 c1 a c1 c2). Auch wenn die Vokalpartie Koloraturen enthält, ist hier der Eindruck eines Violinkonzerts mit obligater Singstimme vorherrschend.

Auch die *Aria* No. 11 Ilia mit konzertierendem Bläserquartett «Se il padre perdei» folgt dem Schema a b a1 b1. Wieder sind die b-Teile ausführlicher behandelt. Die mit voller Orchesterbesetzung ausgestattete *Aria* No. 12 a Idomeneo «Fuor del mar ho un mar in seno» ist eine aria marittima mit lebhaften Streicherfiguren; ein repräsentativer Satz mit umfangreichem Anfangsritornell und virtuosen Koloraturen (a b a1); der b-Teil enthält Ausdrucksfermaten. Eine originelle Lösung bietet der Übergang von der *Aria* No. 13 der Elettra «Idol mio seritroso» (a b a1 b1): Sie singt das anschließende Rezitativ über dem aus der Ferne erklingenden nachfolgenden Marsch. Die *Arien* No. 19 und No. 22 folgen wieder der alten fünfteiligen Anlage. Hinzuweisen ist noch auf die *Cavatina con coro* No. 26 Idomeneo/Sacerdoti «Accogli oh re». Die Solostimme wechselt mit dem einstimmig geführten Priesterchor nach Art einer aria a due ab (a b a1); wieder ist die Kavatine für eine Szene mit düsterer Stimmung eingesetzt.

Der *Terzetto* No. 16 Elettra/Idamante/Idomeneo «Pria di partir o Dio» ist zweiteilig (³/4 Andante/⁴/4 Allegro con brio). Er beginnt wie eine aria a tre, die Stimmen werden aber in zunehmendem Maße zusammengefaßt. Im raschen Teil (a a1) treten sie blockhaft ein, imitatorische Einsätze lockern den Satz zwischendurch auf.

Ähnlich ist auch der *Duetto* No. 20 a Ilia/Idamante «S'io non moro a questi accenti» gestaltet, während das *Quartetto* No. 21 Ilia/Elettra/Idamante/Idomeneo «Andrò ramingo e solo» in Takt und Tempo durchläuft (a a1).

Die am stärksten von der französischen Oper beeinflußten Vokalteile stellen die Chöre dar. Meist sind sie dreiteilig (a b a); der Chor eröffnet, ein oder mehrere Solisten singen den Mittelteil, der Chorsatz wird wiederholt. Zu Überschneidungen zwischen Chor und Solostimmen (pezzo concertante) kommt es nicht. Hier seien der *Coro* No. 5 «Pietà, Numi», in dem zwei getrennt aufgestellte Chöre Raumtiefe suggerieren, und der *Coro* No. 24 Coro/Gran Sacerdote «Oh voto tremendo» herausgehoben. Bei letzterem handelt es sich um eine höchst beeindruckende Ombra-Szene in c-Moll, deren Unheimlichkeit noch durch ein langsames Allabreve (Adagio) unterstrichen wird. Die Oper schließt nicht mit einem Chor, sondern mit einem ausgedehnten mehrsätzigen Ballett – auch hierin französischen Vorbildern folgend.

Man wird H. Abert[3, II, S. 821] wohl zustimmen müssen, wenn er dem ›Idomeneo‹ abspricht, MOZARTS Beitrag zur GLUCKschen Opernreform zu sein. Das war auch vom Komponisten keineswegs beabsichtigt. Doch könnte man das Werk unter Berücksichtigung des großen Altersunterschieds zwischen den beiden Komponisten als unbekümmert-geniales Seitenstück dazu ansehen, das mehr italienisch/deutsch geprägt ist.

Wenn auch andere Autoren das Deutsche Singspiel detaillierter behandelt haben,[89, 101, 13, 151] so gebührt doch H. Abert der Verdienst, anhand seiner Betrachtung der ›Entführung aus dem Serail‹ von W. A. MOZART der erste gewesen zu sein, der eine Übersicht über die Entwicklung der neuen Gattung gab.[3, II, S. 910 ff.] Angesichts dieses Schrifttums sollen hier lediglich die für die Formengeschichte der Oper relevanten Punkte herausgegriffen werden.

Es ist nicht daran zu zweifeln, daß das norddeutsche Singspiel in erster Linie von aus England stammenden Produktionen von Johann Christoph PEPUSCH (1667–1752; ›The Beggar's Opera‹, Text: J. Gay, London 1728) und Charles COFFEY (?–ca. 1746; ›The devil to pay or the wives metamorphos'd‹, Text: nach Jevon, London 1728) angeregt wurde. Diese Stücke konnten aber wiederum auf zwei einheimische Traditionen aufbauen: seit Shakespeare auf das mit musikalischen Einlagen wirkungsvoll ausgestattete Schauspiel und seit PURCELL auf die semi-opera, in der Schauspiel und Oper miteinander verflochten sind.[54]

Die deutsche Version von COFFEYS Werk ›Der Teufel ist los, oder Die verwandelten Weiber‹ (Text: Chr. F. Weiße, Musik: J. C. STANDFUSS, ?–ca. 1759, Leipzig 1752) lag mehr auf der Linie des Schauspiels mit Musikeinlagen, die hauptsächlich aus Liedern bestanden. Dabei sollte es auch in den nächsten Jahren bleiben, denn die dem Singspiel verpflichteten Theatertruppen von Schönemann und Koch beschäftigten in erster Linie Schauspieler und nicht Sänger.[26] Erst als Weiße 1759 und 1760 in Paris den opéra comique kennengelernt und in Johann Adam HILLER (1728–1804) einen kongenialen Komponisten gefunden hatte, erweiterte sich der musikalische Formenschatz des Singspiels. Der gesprochene Dialog blieb aber erhalten, was darauf schließen läßt, daß die Vertreter der neuen Gattung im recitativo semplice den Schwachpunkt der Oper sahen. HILLERS Vorsatz, eine eigenständige deutsche Oper zu schaffen, erfüllte sich nicht; dazu waren seine Möglichkeiten zu begrenzt. Doch gab er mit seiner Idee den Anstoß für zahlreiche Versuche ähnlicher Art.

Das deutsche Singspiel litt aber auch an der dürftigen Qualität seiner Stoffe. Waren die Handlungen in der Frühzeit noch komisch und burlesk, so wandte sich ihre Haltung mit dem Vordringen der französischen Gattungen ins Bürgerliche und Rührselige. Erst durch die Werke J. M. GRÉTRYS kamen Märchen- und Zauberstoffe in das deutsche Singspiel, wodurch man deskriptive Techniken in der Musik förderte und das alte Bühnenmaschinenwesen reaktiviert wurde.[84]

HILLER nahm von allem etwas: aus opera seria und opera buffa die Arie in Dacapo- und Rondoform und die Ensembles; aus dem opéra comique den vaudeville, den rondeau, die kurzen Chorsätze und die tempête; aus der Schauspielmusik das Lied und die (gleichfalls strophische) Romanze. Seine Ouvertüren folgen meistens der italienischen Form.[134]

Erst mit der Döbbelinschen Theatertruppe (ab 1769 in Berlin) gehörten Sänger zum festen Personalbestand. Ihre Verpflichtung trug den steigenden musikalischen Anforderungen Rechnung, wie sie etwa die Werke des von MOZART geschätzten Georg BENDA (1722–1795) aufweisen. BENDA fügte dem Formenvorrat in seinem ›Walder‹ (Text: F. W. Gotter, Gotha 1776) das Akkompagnato-Rezitativ hinzu, führte im ›Dorfjahrmarkt‹ (Text: F. W. Gotter, Gotha 1775) das variierte Strophenlied nach französischem Vorbild ein (I. Akt, 5. Szene) und erwies sich als Meister weitgespannter Ensembles (ebenda, I. Akt, 8. Szene). Auch Berührungsängste, die Koloratur betreffend, welche bis dahin allenfalls in persiflierender Absicht gebraucht wurde, verschwanden (›Walder‹, Lied der Sophie „Selbst die glücklichste der Ehen").

BENDA, der zudem den Orchestersatz des Singspiels aus einer eher dünnblütigen Anfangsphase auf Opernniveau anhob, pflegte noch eine weitere Gattung: das Melodram.[57] Im Französischen (melodrame) für das Volks- und Rührstück stehend, bezeichnet es im Deutschen eine Gattung, bei der der Text auch während der erklingenden Musik rezitiert wird. Das Melodram berührt die Operngeschichte vor dem 20. Jahrhundert nur am Rande. Doch Christian Gottlob NEEFE (1748–1798), mit Johann ANDRÉ (1741–1799) zu den Zeitgenossen und Nachfolgern BENDAS zu rechnen, hat die Melodram-Technik in das Singspiel eingeführt (›Adelheid von Veltheim‹, Text: F. W. Großmann, Frankfurt am Main 1781). In NEEFES ›Amors Guckkasten‹ (Text: J. B. Michaelis, Königsberg 1772) gibt es bereits das Kettenfinale.

Für Wien war das frühe deutsche Singspiel uninteressant. Die Gattung erschien vom literarischen wie vom musikalischen Anspruch her zu schwach, um sich mit den etablierten Formen Schauspiel und Oper messen zu können. In der Stegreifkomödie besaß man zudem eine bodenständige Gattung, die traditionell reich mit Musik ausgestattet war. Anders verhielt es sich mit dem opéra comique, der seit der Hinwendung des Wiener Hofes zu französischer Kunst und Kultur auf die einheimische Produktion anregend wirkte. Den entscheidenden Anstoß bildete jedoch das Verdikt Josephs II. zur Schaffung eines *Nationalsingspiels*. Es bildete den Auslöser für eine ganze Gruppe von Werken, die von Komponisten wie Carl DITTERS V. DITTERSDORF (1739–1799), Ignaz UMLAUFF (1746–1796), Ferdinand KAUER (1751–1831), Johann Baptist SCHENK (1753–1836), Peter WINTER (1754–1825), Paul WRANITZKY (1756–1808), Adalbert GYROWETZ (1763–1850), Franz Xaver SÜSSMAYER (1766–1803) und Joseph WEIGL (1766–1846) geschaffen wurde. Diese Werkgruppe unterscheidet sich grundlegend von der deutschen Singspielproduktion, wie gleich an dem ersten Werk der Gruppe, ›Die Bergknappen‹ (Text: P. Weidmann, Wien 1778) von Ignaz UMLAUFF zu erkennen ist. Bis auf den gesprochenen Dialog und drei Lieder enthält das Singspiel ausschließlich Sätze aus der Formenwelt der Oper: So die großangelegte Arie No. 5 des Walcher „Man muß nicht stets mit meiner Güte spielen" mit sonatensatzartigem Tonartenschema, die Arie No. 8 der Sophie „Himmel, hör jetzt meine Bitte" (sie ist so stark italienisch geprägt, daß man vermuten kann, es handelt sich um eine Opernpersiflage), die zweiteilige Arie No. 13 der Delda „Verspottet nicht das Traumgesicht" und der äußerst dramatische recitativo accompagnato No. 17 (Fritz, Chor der Bergleute) „Die Erde bebt", in dem ein Bergsturz dargestellt wird. Auch die klar geformten Ensembles passen hier ins Bild. Die Einbeziehung des Chores (Chor und Arie No. 7 Fritz/Bergleute „Auf, Brüder, singt!", Rundgesang No. 20 Soli/Chor „Aller Schmerz ist nun verschwunden" etc.) und die zweiteilige Ouvertüre (Maestoso–Allegro assai) mit punktierten Rhythmen am Anfang lassen französische Einflüsse erkennen.

Würde in den ›Bergknappen‹ der (nicht allzu umfangreiche) gesprochene Dialog in recitativi semplici eingekleidet, so hätte man, formal gesehen, eine ganz normale Oper vor sich; allenfalls der Stoff wäre ungewöhnlich für die Gattung. Dies läßt den Schluß zu: Das deutsche Singspiel ging vom Schauspiel aus und gab den musikalischen Einlagen immer mehr Raum, bis sie in ihrer Ausdehnung und dramatischen Bedeutung über den gesprochenen Dialog dominierten. Das Wiener Singspiel ging von der Oper aus und ersetzte den recitativo semplice durch den gesprochenen Dialog. Beide Singspielrichtungen entwickelten mit Ausnahme des vom Orchester begleiteten Lieds keine eigenen musikalischen Formen, sondern entlehnten sie von anderen Gattungen. Unter diesen Gesichtspunkten stellt ›Die Entführung aus dem Serail‹ (Text: Stephanie d. J. nach Chr. Fr. Bretzner, Wien 1782) von W. A. MOZART ein sich ganz den formalen Vorgaben der Wiener Singspiel-Richtung öffnendes Gebilde dar: Es besteht aus drei Akten, denen eine Ouvertüre in italienischer Form vorausgeht. Die Akte enthalten ein (!) Lied, hingegen aber zwölf Arien, darunter die berühmte Koloratur-Arie der Konstanze „Martern aller Arten". Ferner gibt es drei Duette, je ein Terzett und ein Quartett und zum Schluß einen vaudeville. Eine Romanze und ein Chor runden den Formenkanon ab.

Die besondere Leistung MOZARTS hätte darin bestanden, seine musikalische Sprache auf das Genre abzustimmen, einen dem Singspiel gemäßen „Tonfall" zu finden, der sich auch von der Musiksprache der opera buffa abhebt. Denn gerade das Fehlen einer eigenständigen Musik war es, was MOZART gegenüber seinem Vater an UMLAUFFS ›Bergknappen‹ bemängelte.[107] Diese Forderung wird gleich in der Arie No. 1 des Belmonte „Hier soll ich dich denn sehen" bestens erfüllt; Melodiebildung und Orchestersatz sind schlicht gehalten, die Form (a b a c) übersichtlich, wenngleich mit dem Strophenschema nicht übereinstimmend, was durch die Textaussage bedingt ist. Beinahe noch überzeugender ist die Romanze No. 18 des Pedrillo „Im Mohrenland gefangen war"; hier ist der Singspielton in Vollendung getroffen. Das gleiche gilt auch für den *Vaudeville* No. 21 „Nie werd' ich deine Huld verkennen". Gleichmäßig wechseln liedhaftes couplet und chorischer Refrain miteinander ab, bis sich schließlich die Empörung des Osmin („Verbrennen sollte man die Hunde") Luft macht. Die Reaktion der anderen Protagonisten („Nichts ist so häßlich als die Rache") führt ins Pathos der Oper. Dieser Vorgang eines singspielmäßigen Anfangs, der dann dem Ton der opera seria oder buffa weichen muß, ist für MOZARTS ›Entführung‹ geradezu typisch: Auch er hatte mit der neuen Gattung zu ringen. Das Ergebnis sollte sich erst in der ›Zauberflöte‹ mit letzter Deutlichkeit abzeichnen: die deutsche Oper.

Doch vorerst waren noch die italienischen Vorbilder lebendig: Die Arie No. 3 des Osmin „Solche hergelauf'ne Laffen" ist eine Buffo-Arie reinsten Wassers; die umfängliche Form (a b a1 b1 c d) geht allerdings weit über die Normen hinaus. Die Arie No. 4 des Belmonte „O, wie ängstlich", der ein recitativo accompagnato vorausgeht, gehört dem Typus mezzo carattere an. Die Arie No. 6 der Constanze „Ach ich liebte" stellt die erste Textstrophe im Adagio vor; im darauffolgenden Allegro-Teil entwickelt sie sich zu einer hochvirtuosen aria di bravura, wobei die brillantesten Abschnitte merkwürdig mit dem vorgegebenen Text („Kummer ruht in meinem Schoß") kontrastieren. Besonderheiten bilden in ihr die Hereinnahme thematischen Materials aus dem Adagio-Teil in den Allegro-Teil bei Notation in doppelten Werten sowie die breite Ausspinnung des b-Teils (a b a1 b1 b2). Die den II. Akt eröffnende Arie No. 8 der Blonde „Durch Zärtlichkeit und Schmeicheln" ist mit ihrer knappen Rondoform und der schlichten Melodik hingegen sehr gut auf den Singspielton ausgerichtet; die Geschichte dieser Gattung zeigt generell, daß der Tonfall bei den Nebenfiguren, die meist aus dem Domestikenmilieu stammen, besser getroffen wird als bei hochgestellten Hauptpersonen.

Die Arie No. 10 der Konstanze „Traurigkeit ward mir zum Lose" wird von einem längeren accompagnato eröffnet („Welcher Wechsel herrscht in meiner Seele"). Dieses und die vierteilige Anlage der Arie (a b a1 b1) mit sonatenartigem Tonartenschema sowie die dazwischengestellten Ausdrucksfermaten und das für die Überleitung nach a1 vorgezogene Wort „Traurigkeit" deuten auf Neapel hin. Die darauffolgende Arie No. 11 der Konstanze „Martern aller Arten" zeigt allein schon durch ihre Postierung (zwei Arien der gleichen Person in Folge), daß es sich hier um ein Zugeständnis an die Virtuosität der zur Verfügung stehenden Sängerin handelt. Mit der Einführung der vier Soloinstrumente im Orchester knüpfte MOZART an die Arie No. 11 der Ilia in seinem ›Idomeneo‹ an.

Die scheinbar simple Faktur der zweiteiligen Arie No. 12 der Blonde „Welche Wonne, welche Lust" täuscht; ab der Wiederkehr des a-Teils (a1) vertauschte MOZART die Reihenfolge der Satzbausteine: Hier ist eines der markanten Beispiele in MOZARTS Bühnenwerken, wo die Stimmungslage der Person, in diesem Fall das „Außer-sich-Sein" vor Freude, sich in der Formgebung niederschlägt. Ähnlich verhält es sich mit der nachfolgenden Arie No. 13 des Pedrillo, nur daß hier die Furchtsamkeit des Helden, der zuerst mutig mit einer Kampf-Arie in D-Dur beginnt, den Grund für die Vertauschung von Satzbausteinen bildet. Die Arie No. 15 des Belmonte ́„Wenn der Freude Tränen fließen" ist fünfteilig: Im Adagio (4/4) werden die Strophen I und II zweimal vorgetragen, in einem anschließenden Allegretto, das im 3/4-Takt steht, die dritte Strophe. Die Arie No. 17 des Belmonte „Ich baue ganz auf deine Stärke" verharrt hingegen in dem angeschlagenen ruhigen Tempo (Andante); zweimal wird das zugrundeliegende Strophenpaar vorgetragen, wobei bei den Wiederholungen einfallsreich Abänderungen vorgenommen werden, auch in Form von Koloraturen. Die Arie No. 19 des Osmin „Ha! wie will ich triumphieren" folgt der Rondoform.

Unter den Ensembles ist das Lied und Duett No. 2 Osmin/Belmonte hervorzuheben: Die Nummer beginnt wie ein Strophenlied, wobei Belmonte durch kurze gesprochene Einwürfe den Ablauf stört, was den eitlen Osmin hörbar ergrimmt. Die dritte Strophe mündet in das Duett, das in Form eines Kettenensembles (mit Takt- und Tempowechsel) gestaltet ist. Ähnlich sind auch die Ensembles Duett No. 9 Osmin/Blonde „Ich gehe, doch rathe ich dir", das Quartett No. 16 Constanze/Blonde/Belmonte/Pedrillo „Ach, Belmonte" und das Rezitativ und Duett No. 20 Constanze/Belmonte „Welch ein Geschick" geformt; MOZART erreicht damit eine wesentlich bessere Abstimmung der Musik auf die Handlung und die Textaussage im Detail, als dies vor ihm der Fall war. Dagegen wirkt der beschließende vaudeville an seinem Anfang etwas formelhaft; um so deutlicher tritt der schon erwähnte Einbruch des Osmin hervor. Wirkungsvoll beschließt der angehängte Janitscharenchor.

Bevor nun hier auf die weiteren Opern MOZARTS eingegangen wird, sei kurz die Entwicklung des deutschen Singspiels weiterverfolgt. Kein Geringerer als J. W. Goethe hat sich schon ab 1766 für die neue Gattung interessiert und eine ganze Reihe von libretti verfaßt, die jedoch nicht das Glück hatten, von einem der führenden Musiker seiner Zeit vertont zu werden.[85,121] Goethe ging es dabei nicht nur um eine Aufwertung des Genres (tatsächlich sind seine libretti der Produktion seiner Zeit überlegen), sondern auch um die Schaffung einer eigenständigen deutschen Oper, für die er fest umrissene ästhetische Vorstellungen entwickelt hatte. Im Mittelpunkt seiner Bemühungen ist hier das Singspiel ›Scherz, List und Rache‹ zu sehen, bei dessen musikalischer Umsetzung durch seinen Jugendfreund Philipp Christoph KAYSER (1755–1823) Goethe ständig beratend mitwirkte. Das dabei entstandene Ergebnis schätzte er selbst hoch ein und gab MOZARTS ›Entführung‹ die Schuld für das mangelnde Interesse seiner Zeitgenossen an seinem Werk. Tatsächlich hat ›Scherz, List und Rache‹, obwohl von Herder und Wieland anläßlich von Vorführungen auf dem Flügel mit Lob bedacht, zu Lebzeiten des Dichters und Komponisten keine Aufführung erfahren; dies ist um so bedauerlicher, weil dieses Werk geeignet gewesen wäre, in vielerlei Hinsicht Maßstäbe zu setzen, vor allem für die mitteldeutsche Singspielproduktion.[123]

Die Oper in vier Akten ›Scherz, List und Rache‹, in den Jahren 1785–1787 gedichtet und komponiert, besteht aus 33 Nummern mit dazwischengestellten Rezitativen, die in der Mehrzahl accompagnati sind. Auffällig ist das Fehlen des gesprochenen Dialogs, und da es sich hier um den letzten vollständigen libretto Goethes handelt (danach kommt nur noch das Fragment ›Der Zauberflöte Zweiter Teil‹), kann hier eine Entwicklung des Dichters gesehen werden, die noch durch die erkennbare Tendenz zur Durchkomposition in den beiden letzten Akten bestätigt wird; auch für Goethe scheint das Nebeneinander von gesprochenem und gesungenem Wort ein ästhetisches Problem dargestellt zu haben. So gesehen ist also ›Scherz, List und Rache‹ formal kein Singspiel. Doch der Inhalt, die Textgestaltung und der Tonfall von KAYSERS Musik schaffen die Verbindung zu diesem Genre.

Die Handlung trägt Merkmale der Commedia dell'arte: Scapin und Scapine, kluge und gerissene Vertreter des Domestikenstandes, bringen einen geizigen Dottore um sein Vermögen. Die geringe Zahl der Mitwirkenden und das schlank gesetzte Orchester haben eine an der Opernliteratur des 19. Jahrhunderts orientierte Musikbetrachtung dazu gebracht, hier mangelnde Vollstimmigkeit zu kritisieren, wohingegen gerade die zarte musikalische Einkleidung des Textes, von KAYSER meisterhaft und einfallsreich vorgenommen, die hohe Qualität der Partitur ausmacht. Jedes Wort der drei Protagonisten ist verständlich, obwohl ein volles Orchester mit zahlreichen farbigen Valeurs, die bereits auf DONIZETTI vorausweisen, aufgeboten ist.

KAYSERS Könnerschaft läßt sich bereits an den Rezitativen ablesen. Sie sind melodisch abwechslungsreich gestaltet (französische Vorbilder erscheinen denkbar) und tasten einen weiten harmonischen Rahmen ab. Sowohl in den Rezitativen wie in geschlossenen Nummern läßt sich an der Musik erkennen, daß Goethe ein Zusammenwirken mit der Gestik der Protagonisten vorschwebte – eine Art „Theater total".

Unter den geschlossenen Nummern dominieren leicht die Solosätze (Arien, Kavatinen, Introduzionen). Sie sind unterschiedlich geformt: Die *Introduzione* No. 1 der Scapine „Will niemand kaufen von meinen Waren" ist dreiteilig (a b a) mit in Takt und Tempo abgesetztem b-Teil, geht nahtlos in einen recitativo accompagnato italienischer Faktur über, an dessen Ende der a-Teil von No. 1 wiederholt wird. Die Arie No. 3 des Scapin hat eine strophische Anlage, wobei textbedingt in jeder Strophe der musikalische Satz zwischen Adagio Allabreve und Più lento 3/8 wechselt. Die den II. Akt eröffnende *Introduzione* No. 5 des Dottore „Süßer Anblick! Seelenfreude!" ist ein kettenartiges Gebilde, dem die Wiederholung des ersten Satzteils am Schluß Rundung verleiht. Die Arie No. 9 der Scapine „Gern in stillen Melancholien" beginnt als hochvirtuose Arie mit konzertierendem Instrumentalquintett und Orchester; doch jede weitere Strophe wird mit neuem musikalischem Material vertont, bis die Arie schließlich in einen *ballo* mündet, den die Scapine gleichfalls auszuführen hat. Eine Arie des Dottore (No. 18 „Wau wau"), in der er den Hund Zerberus vorzustellen versucht, die *Aria pantomimica* No. 19 der Scapine „In eurem finstern Hause" sowie die großangelegte No. 19, *Recitativo ed aria* der Sacpine „Bin ich allein" mit obligatem Englischhorn, zeigen zusammen mit den virtuosen und mit zahlreichen Stimmungsbildern ausgestatteten Ensembles, worum es Goethe und KAYSER ging: größtmögliches dramatisches Tempo und permanenten Wechsel der Effekte und Stimmungslagen unter dem Grundgebot der Verständlichkeit des Textes in seiner gesungenen Form. In ›Scherz, List und Rache‹ ist diese Quadratur des Kreises in einem ganz hohen Maße gelungen. Die Ansprüche an die drei Sänger sind allerdings exorbitant: Sie müssen auch brillante Schauspieler, Pantomimen und Tänzer sein.

Die Maßstäbe, die MOZART mit seiner ›Entführung‹ in Wien für das Singspiel setzte, konnten die ihm nacheifernden Komponisten kaum überbieten. Mit ›Doktor und Apotheker‹ (Text: Stephanie d. J., Wien 1786) gelang allerdings Carl Ditters von DITTERSDORF (1739–1799) ein Wurf: Trotz Beibehaltung eines liedhaften Tonfalls und einfacher Satzstrukturen konnte das neue Genre durch großangelegte Ensembles, wie sie in der ›Entführung‹ noch fehlen, bereichert werden. Paul WRANITZKY (1756–1820) hielt sich in seinem Romantischen Singspiel ›Oberon, König der Elfen‹ (Text: J. G. K. L. Gieseke und F. S. Seyler nach Wieland, Wien 1789) zwar an den herkömmlichen Formenkanon, doch gelangen ihm feine Schilderungen der romantischen Naturatmosphäre in seiner Musik. Mit der ›Zauberflöte‹ (Text: E. Schikaneder, Wien 1791) führte MOZART die Gattung Singspiel zu einem Punkt, von dem aus nur ein Weiterschreiten in die Richtung zur großen Oper möglich war; das Singspiel mußte, um weiterleben zu können, seine Ansprüche danach wieder zurücknehmen. Denn das Singspiel war für viele Jahre das Medium der Vorstadttheater und deren Publikum. Hierin ist auch der anfängliche Mißerfolg der ›Zauberflöte‹ zu erlären; das Werk rangierte für das übliche Singspielpublikum zu hoch.

Die ›Zauberflöte‹ wird mit einer Ouvertüre im französischen Stil eröffnet; die doppelten Punktierungen im Adagio und die Fugenexposition am Beginn des Allegro-Teils gemahnen an die Herkunft der comédie féerique. Die Introduktion No. 1 ist als Kettensatz geformt, das Lied No. 2 des Papageno „Der Vogelfänger bin ich ja" strophisch mit kurzen Orchesterzwischenspielen. Der Arie No. 3 des Tamino „Dies Bildnis ist bezaubernd schön" liegen drei Textstrophen zugrunde: Die erste wird in den Takten 1–16 in der Haupttonart Es-Dur vorgetragen (a), die zweite anschließend (b) in der Dominanttonart

B-Dur. In Takt 33 setzt das kurze Vorspiel zur dritten Strophe ein, die gleichfalls in B-Dur steht. Von ihr werden zunächst nur drei Zeilen vertont (c), dann der restliche Text ab Takt 44, wobei MOZART das harmonische Schema und Details der Melodielinie von a wiederverwendet, womit sich in Umrissen die Form a b c a1 abzeichnet. Die Arie No. 4 der Königin der Nacht „O zitt're nicht" hat seria-Charakter und besteht aus drei Teilen:
1. Auftrittsmusik + recitativo accompagnato
2. Largo 3/4, in dem drei Strophen dem musikalischen Schema einer Dacapo-Arie im Umriß folgen (a b a1; Tonarten: g-Moll, B-Dur, g-Moll)
3. Allegro moderato, in dem die IV. Strophe koloraturenreich vertont wird.

Die Auftrittsmusik (1) entspricht der entrée der tragédie lyrique. Das Quintett No. 5 Tamino/Papageno/Damen „Hm, hm, hm, hm" gliedert sich im großen in einen Allegro-Teil (Allabreve) und ein Andante. Von Interesse ist hier der erste Teil; er entsteht durch Aneinanderreihung von acht kleinen Satzeinheiten, die zwar alle in gleichem Takt und Tempo stehen, jedoch keine thematischen Bezüge zueinander aufweisen. In sich sind sie jedoch sehr einheitlich gestaltet.
1. Takt 1–33 Duettino Tamino/Papageno
2. Takt 33–52 Papageno und die Damen
3. Takt 52–80 Quintett zusammen; allgemeine Weisheiten
4. Takt 80–108 Drei Damen an Tamino
5. Takt 109–132 Quintett zusammen; allgemeine Weisheiten
6. Takt 132–183 Papageno und die Damen
7. Takt 183–203 Quintett zusammen; allgemeine Weisheiten
8. Takt 203 ff. Tamino/Papageno; Frage nach dem Weg.

Diese Anordnung erinnert an die kurzen Einzelnummern der neapolitanischen Oper in ihrer Frühzeit; hier sind sie zu einem Konglomerat verschmolzen.

Auch das nachfolgende Terzett No. 6 Pamina/Papageno/Monostatos besteht aus zwei Teilen, die jedoch gleichen Takt und gleiches Tempo aufweisen.

Das Finale No. 8 des ersten Akts ist ein Kettenfinale von zehn Gliedern, die durchwegs kurz sind. Ihre Tonarten bilden einen „Bogen".[99] Eine zentrale Rolle spielt unter ihnen das ausgedehnte Akkompagnato zwischen Tamino und dem Priester, das mit seiner feinen Personencharakteristik und wechselnden Textausdeutung ein Novum in der Operngeschichte darstellte und auf die Gestaltung der Oper im 19. Jahrhundert großen Einfluß genommen hat.

Die Arie No. 10 des Sarastro „O Isis" besteht aus zwei gleichen Teilen, die in sich wieder gegliedert sind: Jeweils zwei Vierzeiler werden vertont, wobei der Chor immer die letzte Zeile wiederholt. Für den Anfang des zweiten Vierzeilers verwendete MOZART neue Materialien, um dann (Takt 41) wieder zur Thematik der Vertonung des ersten Vierzeilers zurückzukehren – ein bei ihm häufig zu beobachtender Vorgang. In der Arie No. 13 des Monostatos „Alles

fühlt der Liebe Freuden" werden vier Textstrophen nach dem Arienschema behandelt:
Strophe I (a) C-Dur
Strophe II (b) G-Dur
ritornello (a1) C-Dur
Die Anordnung wird mit zwei neuen Textstrophen wiederholt.

Ähnlich ist auch die Arie No. 15 des Sarastro „In diesen heiligen Hallen" geformt, während in der Arie No. 17 der Pamina „Ach, ich fühl's" auf das alte Schema in der Erweiterung des b-Teils durch Hereinnahme von a-Elementen nur kurz verwiesen wird. In der Arie No. 19 des Papageno „Ein Mädchen oder Weibchen", eine Arie mit obligatem Soloinstrument (Glockenspiel), sind Arien- und Strophenform erneut verschränkt: Der dreimal sich wiederholende Satz besteht aus zwei vierzeiligen Strophen, die unterschiedlich vertont sind (Andante 2/4, F-Dur – Allegro 6/8, C-Dur nach F-Dur). Auch die Strophen II und III behalten den ersten ritornello; mit den Glockenspiel-Variationen ist auf die variierte Strophe der französischen Oper angespielt. Das Finale No. 21 ist wiederum ein Kettenfinale mit 14 unterschiedlich langen Gliedern und einem ausgewogenen Tonartenschema.[99]

Die formale Stärke der ›Zauberflöte‹ machen mehrere Komponenten aus: zum einen die Kürze und Übersichtlichkeit der einzelnen Bildungen, zum andern die sichere Zuordnung stilistischer Elemente zu den drei Ebenen des Werks Gut – Böse – Naiv. Neu sind, neben dem bahnbrechenden Akkompagnato im ersten Finale, die kurzen Sätze, die zu größeren Einheiten zusammengefaßt werden und die zwischen Dacapo-Arie und Strophenform angesiedelten Formen, die aber bei MOZART auf das Singspiel beschränkt bleiben. Unnachahmlich (dies zeigen die zahlreichen vergeblichen Versuche, die ›Zauberflöte‹ fortzusetzen) ist jedoch MOZARTS Fähigkeit, mit einfachsten Mitteln höchsten Ansprüchen gerecht zu werden – eine Einfachheit, die freilich scheinhaft ist.

Formal ähnlich gestaltet ist ›Der Spiegel von Arkadien‹ (Text: E. Schikaneder, Wien 1794) von MOZARTS Schüler Franz Xaver SÜSSMAYR (1766–1803). Das Werk, das als Fortsetzung der ›Zauberflöte‹ konzipiert war und vom Wiener Publikum höher eingeschätzt wurde als etwa der ›Don Giovanni‹, ist ein schwacher Absenker mit vermehrtem französischem Einfluß in der Formgebung. Wesentlich profunder erwies sich die Schöpfung des Wagenseil-Schülers und Beethoven-Lehrers Johann Baptist SCHENK (1752–1836) ›Der Dorfbarbier‹ (Text: P. u. J. Weidmann, Wien 1796), in dem in Liedern und Arien die Personen gut charakterisiert sind und die durchwegs handelnden Ensembles Spannkraft zeigen. ›Das Donauweibchen‹ (Text: K. F. Hensler, Wien 1798) von Ferdinand KAUER (1751–1831), einem Matador der Wiener Vorstadttheater, überflügelte zeitweilig in der Publikumsgunst selbst die später so überaus erfolgreiche ›Zauberflöte‹. Die Stärke KAUERS lag dabei nicht im Formalen (seine Arien erwiesen sich für das Genre als viel zu umfangreich); durch die Verwendung eines Stoffs à la *comédie féerique* wurde er stilbildend für Wien.

Über das Jahrhundert hinaus reichen die Singspiele des Böhmen Adalbert GYROWETZ (1763–1850); der weitgereiste Musiker, der u. a. auch Unterricht von PAISIELLO in Neapel erhielt, schrieb bürgerliche Rührstücke im musikalischen Gewand der Wiener Klassik, z. B. ›Der Augenarzt‹ (Text: ?, Wien 1811), und hatte schon zu seinen Lebzeiten fast historische Bedeutung.[45] Anders der SALIERI-Schüler Joseph WEIGL (1766–1846), der deutsche, italienische und französische Opern schrieb und mit ›Die Schweizerfamilie‹ (Text: I. Fr. Castelli, Wien 1809) sogar Weltgeltung erzielen konnte. Die „lyrische Oper" hat drei Akte, 19 Nummern und gesprochene Dialoge. Sie enthält keine Arie, hingegen zwei strophisch geformte Lieder. Die Romanze No. 2 des Grafen „Als ich der Alpen höchste Spitze" hat einen durchlaufenden Text, der in der Form a b a1 vertont ist, die Kavatine No. 7 der Emmeline „Wer hörte wohl jemals mich klagen" folgt der Ordnung a b a1 b1. Die Finali No. 8 und No. 14 sind Kettenfinales; aber auch das beeindruckende Quintett No. 12 Gertrude/Jacob/Durmann/Graf/Richard „Seid ihr's?" hat Kettenform. Die zwingendsten Lösungen gelingen WEIGL, der sich ebenfalls einer kunstvollen Einfachheit befleißigte, in den Duetten; sie sprühen vor Lebendigkeit und differenzieren die unterschiedliche Charakteristik der Personen deutlich. Insgesamt sind WEIGLS Nummern kurz und tendieren in einigen Fällen in die Richtung GLUCKS, indem feststehende Begleitfiguren die Einheit der Sätze herstellen helfen. Der Tonfall seiner Musiksprache weist indessen schon deutlich auf die Romantik hin.

Grundsätzlich ist der Singspiel-Komplex mehr dem „Dialog" verpflichtet als die Oper, insbesondere natürlich als die opera seria. Somit nimmt das Publikum überwiegend die Rolle des Beobachters ein. Doch fehlen auch im Singspiel nicht jene Momente, in denen Personen der Handlung sich direkt an das Publikum wenden, wobei das spanische Theater, die commedia dell'arte und das Stegreiftheater gleichermaßen Vorbilder geliefert haben. Häufig findet man eine derartige Haltung im *Auftrittslied*, in dem sich die Person dem Publikum vorstellt (W. A. MOZART, ›Die Zauberflöte‹, No. 2, Arie des Papageno „Der Vogelfänger bin ich ja"). Aber auch in den Dialogen kann das Publikum kurzfristig angesprochen werden. In den Ensembles hingegen, vor allem aber in den mit lebhaftem Spiel erfüllten Finali, verfolgt das Publikum lediglich das Geschehen, ohne einbezogen zu werden. Diese Nummern enthalten die Keime für die Haltung der Oper im 19. und 20. Jahrhundert.

Die lokaltypische Mischung von italienischer Hofoper, neueren französischen Einflüssen und bodenständiger Liedhaftigkeit fassen die letzten drei Buffo-Opern MOZARTS, die alle auf Texte von L. Da Ponte geschrieben sind, auf höchster künstlerischer Ebene zusammen. Im Vordergrund steht die brillante Behandlung des Ensembles; die Arien weisen bis auf wenige Ausnahmen eine wesentlich größere Textfülle auf als die vorher üblichen zwei Textstrophen, womit sich eine Veränderung der überkommenen musikalischen Formen ergibt. Die äußerliche Formgestaltung wird aber auch durch die neuen Anliegen an die Musik beeinflußt: An erster Stelle stehen die Darstellung der Einzelpersönlichkeit und der Handlungsverläufe, dramatischen Überlegungen muß der Wunsch nach Erfüllung hergebrachter Formen weichen. Die große Kunst Da Pontes hat darin bestanden, den Wünschen des hervorragenden Psychologen und Dramatikers MOZART zu entsprechen. Der Einfluß des Komponisten auf die libretti des Dichters ist vielfach belegt.

Nur an den vier Akten und einigen kleinen Details läßt sich erkennen, daß ›Le Nozze di Figaro‹ (Wien 1786) nach französischem Vorbild gearbeitet sind; ansonsten ist diese *Opera buffa*, wie sie ihre Autoren nicht ganz zutreffend bezeichnet haben, weitgehend italienischen Vorbildern verpflichtet. Ihre 28 Nummern verteilen sich auf zehn Arien, drei Kavatinen und eine Kanzone, ferner sechs Duette bzw. Duettini, zwei Terzette, ein Sextett, zwei Chöre und drei Finali. Neben den ausgedehnten flüssigen recitativi semplici enthält die Oper auch neun accompagnati und einen für MOZARTS Spätstil typischen Satz vor der *Cavatina* No. 3 des Figaro, der hier als semiaccompagnato bezeichnet sei; der continuo führt einen dem accompagnato ähnlichen Satz aus («Bravo signor padrone»), der auf französische Vorbilder zurückgeht. Nur in wenigen der Arien zeichnet sich im Umriß die Dacapoform ab: Hierher gehört No. 19 *Recitativo ed aria* der Contessa «E Susanna non vien», in der im ersten Teil der Arie (Andante 2/4) zwei Strophen nach dem Schema a b a1 vertont sind; daran schließt sich allerdings ein rascher Teil mit einer dritten Strophe an. Ferner No. 26 *Recitativo ed aria* des Figaro «Tutto è disposto» (eine ganz «ad spectatores» gerichtete Nummer), mit drei Strophen und codaartigem Schluß; die mittlere Strophe wird beim zweiten Durchlauf eliminiert. Häufig folgen die Arien mehr oder weniger der Rondoform: In No. 3 *Aria* Bartolo «La vendetta» werden zwar die ersten drei Strophen jeweils neu vertont, während die vierte mit dem thematischen Material der ersten Strophe ausgestattet ist (a b c a1). Doch MOZART benützt einen kurzen Begleitbaustein, der für das Räsonieren des Ränkeschmieds steht (erstmals Takt 23), um durch seine mehrfache Wiederholung die Teile miteinander zu verklammern. Die *Aria* No. 6 Cherubino «Non sò più cosa son» beginnt zumindest mit zwei refrains und zwei couplets, fährt allerdings in freier Schlußbildung fort; ähnlich die *Aria* No. 9 «Non più andrai», die gleichfalls wie ein Rondo beginnt und (bedingt durch ihre Position am Aktende) in einer freien Schlußbildung ausläuft. Auch die *Aria* No. 12 der Susanne «Venite inginocchiatevi» ist ein rondoartiges Gebilde. Die anderen Arien sind überwiegend zweiteilig. Einen Sonderfall stellt die *Aria* No. 25 des Basilio «In quegl'anni» dar: Ihr liegt ein romanzenartiger Text von acht Strophen zugrunde, der in drei Abschnitten vertont ist: 1. Andante 4/4

(Strophen 1–4, Musik a b c d), 2. Tempo di Minuetto (Strophen 5–7, Musik e f e1), 3. Allegro 4/4 (Strophe 8, Musik g). Der Satz, der zweifellos auf ein reiches darstellerisches Beiwerk berechnet ist, wird leider häufig weggelassen. Unter den Ensemblesätzen ragen die Finali hervor. Der *Finale* No. 15, der sich von der Zweistimmigkeit bis zur Siebenstimmigkeit steigert, ist ein Spitzensatz der Buffokunst. Acht Teile, in verschiedenen Taktarten und Tempi gehalten, werden zur Kette gereiht; ihr fein ausbalanciertes Tonartenschema (Es-B-G-C-F-B-Es) sichert ebenso einen einheitlichen Charakter wie die abgestufte Wahl der Taktarten. Der *Finale* No. 22 ist kürzer als der zum II. Akt, auch die Innensätze sind knapp konzipiert. Dies und die Hereinnahme von Chor und Ballett lassen an die französische Oper denken. Der letzte *Finale* No. 28 hat wieder ein Tonartenkonzept (D-G-Es-B-G-D), das einen Bogen bildet. Die einzelnen Kettenglieder wirken trotz unterschiedlicher Taktarten und Tempi durch ihre Dauern ebenmäßig.

›Il dissoluto punito ossia il Don Giovanni‹ (Wien/Prag 1787) folgt äußerlich mit der Einteilung in zwei Akte und 24 Nummern ganz den neapolitanischen Vorbildern für ein opera buffa. Doch an den im Ausdruck gegenüber den ›Nozze‹ gesteigerten recitativi semplici und den vermehrten accompagnati, der Ballszene im Finale zum I. Akt und an der Ouvertüre lassen sich französische Einflüsse erkennen. Die Oper enthält elf Arien, ein Rondo, eine Canzonetta, vier Duette, ein Terzett, eine Introduzione, ein Quartett, ein Sextett, einen Chor und zwei Finale. Bei den Arien ist eine weitergehende Verselbständigung der Musik gegenüber der strophischen Anlage des Textes festzustellen, wie etwa in der berühmten *Aria* No. 4 des Leporello «Madamina», wo in ihrem ersten Teil (Allegro 4/4) drei Strophen z. T. wiederholt werden, ihre musikalische Einkleidung jedoch wechselt:
Textstrophe: I   II   III   II   III
Musik: a   b   a1   b1   b2

Ähnlich wird auch mit den restlichen drei Strophen in dem sich anschließenden Andante con moto 3/4 verfahren. Die Reihung rascher Großteil – langsamer Großteil ist ungewöhnlich und erklärt sich aus dem Bestreben, die ars amatoria des Don Giovanni der Donna Elvira möglichst genüßlich von Leporello vortragen zu lassen. Ähnlich verhält es sich auch mit der *Aria* No. 11 des Don Giovanni «Fin ch'han dal vino», wo für die ersten drei Strophen eigene Sätze entwickelt werden, bei der 4. Strophe hingegen auf die Musik der ersten zurückgegriffen wird, wobei sich durch Wiederholungen auf der lang gedehnten letzten Strophe und dazwischen neu eingeführte Gedanken der Charakter eines großangelegten Rondos einstellt. Zwischen Rondo- und Dacapo-Form steht die *Aria* No. 16 des Don Giovanni «Metà di voi qua vadano»; Strophen und Satzteile verhalten sich zueinander in folgender Weise:
Strophen: I   II   III   II   I   IV
Musik: a   b   c   b1   a1   d a (Nachspiel)

Wie schon öfter beobachtet, sind die Opernnummern, die MOZART selbst mit «Rondo» überschrieb, formal zumeist unvollständig. Dies gilt auch für No. 23 *Recitativo e rondo* der Donna Anna «Crudele!». Auf den accompagnato, der aufgrund seiner mehr durchgehenden Satzweise als recitativo obbligato zu werten ist und thematische Bestandteile der Arie vorwegnimmt, wofür es neapolitanische Vorbilder gibt, folgt ein Larghetto 2/4 in der Form a b a, danach aber sofort ein Allegro 4/4, in dem die vierte Arienstrophe breit behandelt ist. Doch in der Oper gibt es auch Rückgriffe auf traditionelle Formgebungen. Hierzu gehört die *Aria* No. 8 der Donna Elvira «A fuggi il traditor», die, auf zwei Textstrophen aufbauend, durch ihren im wesentlichen monomotivischen Satz (Form a b a1) äußerst streng und knapp gestaltet ist, ferner die *Aria* No. 10 der Donna Anna «Or sai chi l'onore», die ebenfalls der Form a b a1 folgt, wobei allerdings der Teil a1 aufgrund des emotionellen Gehalts weiter ausgesponnen wird. Mit der *Aria* No. 12 der Zerlina «Batti, o batti, bel Masetto» ist sogar die traditionelle Arie mit obligatem Instrument (Violoncello) vorhanden. Ihr nahe verwandt ist die *Canzonetta* No. 16 des Don Giovanni «Deh vieni alla finestra«, denn der durchgehende Mandolinenpart ist keineswegs rein untergeordneter Natur; die Begleitung liefern die Streicherpizzikati.

Wie sehr sich MOZARTS Ensemblekunst weiter gesteigert hat, zeigt gleich die die Oper eröffnende *Introduzione* No. 1; aus der Vorstellungsnummer der Protagonisten in der italienischen opera buffa ist eine gewaltige und dramatisch packende Handlungsexposition geworden. Die Ensembles im ›Don Giovanni‹ stehen mehr unter dem dramatischen Aspekt als unter formalen Gesichtspunkten, wie dies früher der Fall war. Trotzdem lassen sich Strukturen erkennen: Der *Quartetto* No. 9 «Non ti fidar» ist dreiteilig angelegt, der *Terzetto* No. 16 «Ah taci, ingiusto core» folgt der Form a b a1. Der *Sestetto* No. 19 «Solo in bujo loco» ist hingegen ein Kettenensemble mit dem Charakter eines Zwischenfinales. Der *Coro* No. 5 «Giovinette, che fate all'amore» ist mit seinen Soli von Zerlina und Masetto ein Stück französische Oper. Die beiden Finali bilden ebenfalls eine Kettenform: No. 13 zum I. Akt («Presto, pria ch'ei venga») hat zwölf Satzteile, die wiederum einer Tonartenstruktur verpflichtet sind. Die auftretenden Ballorchester stellen ein Höchstmaß an „Innenspiel" dar; das Publikum ist nur Zaungast. Der *Finale ultimo* No. 24 «Già la mensa è preparata» ist etwas kürzer gehalten und in den Tonarten noch enger verknüpft. Beide zeigen französische Einflüsse, wie (in No. 13) eine durch die Textstelle «Odi il tuon della vendetta» im Orchester anklingende tempête und in No. 24 in Gestalt des *coro sotterra*.

Von Inhalt und Besetzung her ist die opera buffa ›Così fan tutte‹ (Wien 1790) als hoch artifizielles Spiel zu betrachten. Die in der Literatur häufig als unwahrscheinlich eingeschätzte Handlung (eine Qualifikation, die den von H. Abert und H. F. Redlich geäußerten Verdacht, es handle sich um die Darstellung einer wahren Begebenheit in der Wiener Gesellschaft zur Zeit MOZARTS, eher stützt) hat symbolhaften Charakter. Insofern ist Da Pontes libretto ein Rückfall in die Geisteshaltung vergangener Epochen. Die drei mal zwei Protagonisten und der nur als Kolorit eingesetzte Chor entsprechen den klassischen Vorgaben der commedia dell'arte. Auch MOZARTS Musik spiegelt das Spielerische des Werks wider; Arien und Ensembles sind formal gerundet und ausgewogen, ihre Melodiegestaltung zu einer nicht wieder erreichten Synthese von Einfallsreichtum und Symmetrie gesteigert – die Musik dieser Oper stellt einen Gipfelpunkt des Wiener Klassischen Stils dar. Dies bedeutet nun nicht, daß der Komponist dem dramatischen Moment etwas schuldig geblieben ist; nur begünstigen die Anlage des libretto und der geringe Tiefgang der Handlung die musikalischen Entwicklungen zum Formalen hin.

Die Oper gliedert sich in zwei Akte mit 31 Nummern. Davon entfallen elf auf die Arie, je eine auf Rondo und Kavatine. Die Ensembles sind mit sechs Duetten, sechs Terzetten, einem Quartett, zwei Quintetten, einem Sextett und zwei Finali reich vertreten.

Gegenüber dem recitativo semplice der vorangegangenen Opern erweist sich das in ›Così fan tutte‹ als zwar nicht dramatischer, jedoch als schmiegsamer und in der Baßführung merklich belebter, wodurch sich der Abstand zum recitativo accompagnato weitgehend auf die Besetzung reduziert. Dies ermöglicht MOZART, zwischen den beiden Gattungen zu wechseln, wie etwa in dem Rezitativ-Komplex «Che susurro, che strepito» zwischen den Nummern 12 und 13. An den Arien lassen sich Rückgriffe auf historische Vorgaben feststellen. Die *Aria* No. 5 des Don Alfonso «Vorrei dir» hat zwar nur zwei unwiederholte Textstrophen; durch Wiederaufnahme der Musik des Anfangs ab der 2. Zeile der 2. Strophe entsteht jedoch auf knappstem Raum die musikalische Form a b a1. Daß die mit einem vorgelagerten recitativo accompagnato vorbereitete *Aria* der Dorabella No. 11 «Smanie inplacbabili» (Form a b a1 b1) eine Persiflage der opera seria darstellt, steht angesichts des vorher vom Tisch gefegten Frühstücksgeschirrs außer Frage. Auch die *Aria* No. 14 der Fiordiligi «Come scoglio» ist eine seria-Persiflage; es handelt sich um eine Gleichnis-Arie, bei der nach bekanntem neapolitanischem Muster der Anfang der 1. Strophe in einem eröffnenden langsamen Teil vorgestellt wird, auf den ein Allegro 4/4 folgt. Die 2. Strophe setzt dann auf der Dominante der Haupttonart ein, die Wiederkehr der 1. Strophe wird in einen recitativo accompagnato eingekleidet, womit die Tempounterschiede überbrückt werden. Die *Aria* No. 17 des Ferrando «Un aura amorosa» folgt der kurzen Dacapoform a b a1. Die meisten der restlichen Arien sind der Rondoform angenähert; selbstverständlich mit Ausnahme des von MOZART so bezeichneten *Rondo* No. 25 der Fiordiligi «Per pietà ben mio», der zweiteilig ist: Im Adagio 4/4 werden die Strophen I und II in der Form a b a1 vertont, im anschließenden Allegro moderato die 3. Strophe und anschließend alle drei Strophen wiederholt, wobei es zu einer großartigen Schlußerweiterung kommt. Eine reizvolle Lösung bildet die einstrophige *Cavatina* No. 27 des Ferrando «Tradito, schernito»: Ihr Inhalt enthält einen Vorwurf und eine Liebeserklärung zugleich; dem entspricht MOZART mit einer zweiteiligen Anlage (c-Moll, C-Dur).

Der I. Akt beginnt mit drei Terzetten der Männerstimmen, zwischen die zwei recitativi semplici postiert sind. Diese Monotonie der Besetzungen in Folge ist in der Vergangenheit dem Dichter zum Vorwurf gemacht worden. In Wirklichkeit bilden diese Sätze eine Großeinheit, in der die Handlung exponiert wird. Die Oper des 19. Jahrhunderts hätte sie zu einer Nummer verschmolzen. Das gleiche gilt für die Nummern 8 *Coro* «Bella vita militar» und 9 *Quintetto* Fiordiligi/Dorabella/Ferrando/Guglielmo/Don Alfonso «Tu scrivermi ogni giorno» samt der Wiederholung des Chors aus No. 8. Von Interesse ist die ursprüngliche Bezeichnung des Quintetts mit *Recitativo con stromenti*; tatsächlich beginnen die Einsätze der Vokalpartien mit Tonwiederholungen, die sich erst allmählich zu melodiösen Bildungen entfalten. Die Form ist völlig frei.

Der *Terzettino* No. 10 Fiordiligi/Dorabella/Don Alfonso «Soave sia il vento» ist eine Persiflage der aria marittima aus der opera seria mit Anklängen an Nymphen- und Dryadenchöre. Der *Duetto* No. 21 Ferrando/Guglielmo mit Chor «Secondate aurette» trägt mit seiner knappen Form, der liedhaften Melodik und dem Chorsatz deutlich französische Züge.

Die *Finali* No. 18 «Ah che tutta in un momento» und No. 31 «Fate presto cari amici» sind Kettenfinali, deren Tonartenfolgen mehr von den Terzverwandtschaften bestimmt sind als bei früheren Opern MOZARTS. Beide Finali sind in Text und Musik Meisterstücke des Genres (sogar auf die traditionellen Buffo-Gestalten medico und notario braucht dank der Verstellungskünste der Despina nicht verzichtet zu werden) mit stark wechselnden dramatischen Haltungen und feiner Personenzeichnung. Hinzuweisen wäre auf die Wahl der Ombra-Tonart Es-Dur im *Finale* No. 18 an der Stelle, wo Don Alfonso vorgibt, um das Leben der beiden scheinvergifteten Freier besorgt zu sein («Giacchè a morir»), und auf die Zitate aus vorangegangenen Nummern im Finale anläßlich der Entlarvungsszene im *Finale* No. 31 (Ferrando «A voi s'incina»), die zugleich eine Rekapitulation der Handlung bilden.

Keine andere Oper MOZARTS wendet sich so nachdrücklich an das Publikum wie ›Così fan tutte‹. Beginnend beim Titel der Oper als zu vermittelnde und im Stück zu beweisende Lebenswahrheit fand Da Ponte immer wieder Möglichkeiten, das Publikum einzubeziehen: So in den recitativi semplici von Don Alfonso «Non son cattivo comico», Despina «Che vita maledetta» und Ferrando «In qual fiero momento», aber auch in den Arien No. 11, 17, 19, 26 und 28 sowie in der *Cavatina* No. 27. Diese Abschnitte stellen ein ganz wichtiges Gleichgewicht zu der großen Zahl von Ensembles dar; keine andere Oper MOZARTS hat mehr Ensembles aufzuweisen. Auch aus dieser Sicht ist ›Così fan tutte‹ eine der kunstvollsten Schöpfungen im Bereich der opera buffa.

Die teils ratlosen, teils abfälligen Beurteilungen von MOZARTs letzter Oper ›La Clemenza di Tito‹ (Text: C. Mazzolà nach P. Metastasio, Prag/Wien 1791) gehen meist von drei Überlegungen aus: 1. Es handelt sich um eine Gelegenheitsarbeit, die MOZART übereilt fertigstellen mußte. 2. Gattung und Stoff der Oper waren zur Entstehungszeit veraltet. 3. Der sächsische Hofdichter Mazzolà war für die Umarbeitung des bereits 1734 für CALDARA geschriebenen Libretto nicht ausreichend qualifiziert. Diese Bedenken lassen sich inzwischen leicht zerstreuen: MOZART war einer der raschesten Arbeiter, die die Musikgeschichte kennt, ein Großteil seiner Spitzenwerke ist unter Zeitdruck entstanden. Die opera seria war in Neapel und an den von Italienern bestimmten Opernspielplätzen anderer Länder noch längst nicht tot; der Stoff des gütigen Herrschers paßte angesichts der Vorgänge in Frankreich vorzüglich ins politische Konzept (in der Metternich-Ära wurde diese Oper zu einer der meistgespielten im deutschen Sprachraum). Von MOZARTs Hand stammt schließlich im Titel des Autographs die kurze, aber prägnante Beurteilung von Mazzolàs Arbeit: «ridotta à vera opera».

Aus heutiger Sicht wird man anderen Gedankengängen folgen: MOZART erhielt einen der damals üblichen kurzterminierten Aufträge für eine Festoper. Die Umarbeitung Mazzolàs war ganz nach seinem Sinn, weil sie dem neuesten Geschmack folgte: Die Personen sind entheroisiert, die Haltung des Titelhelden entspricht dem aufgeklärten Absolutismus der josephinischen Epoche, Recht und Unrecht werden nach freimaurerischen Gesichtspunkten dargestellt. Dieser Modernisierung, die sich schon allein an den äußeren Umfängen der Oper ablesen läßt (2 Akte, 26 Nummern, davon nur 11 Arien, jedoch 8 Ensembles), entsprach MOZART mit einem aktualisierten musikalischen Konzept: kurze prägnante Nummern, weitgehender Verzicht auf Prunk und Äußerlichkeiten des Seria-Stils; statt dessen feinabgestufte Personencharakteristik, Klarheit und edle Schlichtheit in der Musik. Diese Innovationen waren es, die bekanntlich die Kaiserin Marie-Louise überfordert und zu ihrem unqualifizierten Urteil verleitet haben; immerhin hat sie die stilistische Distanz zur italienischen Produktion erkannt.

MOZARTs Konzept läßt sich an den Arien gut ablesen: Sie sind überwiegend zwei- bis vierteilig (a a1, a a1 b b1, a b a1), mit kantabler Stimmführung und homophonem Begleitsatz versehen, Koloraturen selten. Größere Anlagen finden sich in der Arie No. 9 des Sesto «Parto ma tu, ben mio», der drei Strophen zugrunde liegen. Sie werden in drei Abschnitten vorgetragen: Adagio $^{3}/_{4}$ I × 2, Allegro $^{4}/_{4}$ II, I, II, Allegro assai $^{4}/_{4}$ II, III. Die zu erwartenden Koloraturen fallen größtenteils der obligaten Klarinette zu, die MOZART ebensosehr liebte wie seine neapolitanischen Zeitgenossen. Das Rondo No. 19 des Sesto «Deh per questo istante solo» ist gleichfalls dreiteilig; eine Anlehnung an die Rondoform erfolgt aber erst in den beiden raschen Teilen. Seria-Tonfall und Größe erreichen die Arie No. 20 des Tito «Se all'impero amaci Dei!» und

No. 23 (Rondo) der Vitellia «Non più di fiori». Die Tito-Arie ist ein differenzierter Absenker der Dacapo-Arie: Im Allegro 4/4 wird die 1. Strophe einmal in B-Dur und einmal in F-Dur vorgetragen (a b), die 2. Strophe im Andante 3/4 (c). Das nachfolgende Allegro 4/4 hat erneut die 1. Strophe zum Inhalt, die stark erweitert mit zahlreichen Koloraturen vorgetragen wird (a1). Das Rondo der Vitellia ist zweiteilig (Larghetto 3/8, Allegro 4/4), der langsame Teil enthält die Strophen I, II, I, denen mit der Form a b a1 entsprochen wird. Im raschen Teil wird eine 3. Strophe eingeführt und zusammen mit den anderen beiden Strophen wiederholt. Dabei treten rondoartige Züge auf. Als obligates Instrument fungiert ein Bassetthorn.

Die drei *Recitativi accompagnati* No. 11 Sesto «Oh Dei! che smania», No. 22 Vitellia «Ecco il punto» und No. 25 Tito «Ma che giorno» zeigen durchwegs dramatische Haltung und sind nach Gluckschen Mustern gebildet: Die Orchestereinwürfe sind stets vom gleichen thematischen Material bestimmt, der Sängerbegleitsatz italienisch/deutsch vermischt und mit zahlreichen dynamischen Bezeichnungen versehen.

Die drei *Duetti* No. 1 Vitellia/Sesto «Come ti piace», No. 3 Sesto/Annio «Deh prendi un dolce amplesso» und No. 7 Servilia/Annio «Ah perdona il primo affetto» sind am stärksten von MOZARTS Modernisierungskonzept erfaßt; einfacher Aufbau (No. 1 à la opera buffa Andante/Allegro), schlichte liedhafte Melodik und Parallelführung der Vokalpartien in Terzen und Sexten. Der Tonfall ist mit dem der Freimaurerkantaten KV 471 und 623 identisch. Wesentlich dramatischer ist der *Terzetto* No. 10 Vitellia/Annio/Publio «Vengo! Aspettate» gehalten. Die auf einem thematischen Baustein beruhende Orchesterbegleitung ist mehr CHERUBINI verpflichtet als GLUCK. Das Finale No. 12 «Deh conservate» ist ein Quintett, in dem der Chor zusätzlich mitwirkt. Es ist äußerst knapp dimensioniert und durchkomponiert; der Fernchor unterstreicht mit seinen Aufschreien wirkungsvoll die Intention des im Hintergrund brennenden Roms. Auch das letzte Finale No. 26 «Tu, è ver, mi assolvi Augusto» ist durchkomponiert; Wiederholungen kürzerer Abschnitte schaffen jedoch eine leichte Untergliederung. Das Neben- und Übereinander von Solo- und Choreinsätzen erinnert an die Satztechniken der französischen Oper.

4. PARIS

Wie in Italien gab es auch in Frankreich im 17. Jahrhundert verschiedene Operntypen und -bezeichnungen (s. oben S. 90 f.). Doch während sich (ausgehend von Neapel) in Italien eine zunehmende Verdichtung bis hin zu den beiden Typen opera seria und opera buffa vollzog, die bis zum Ende des 18. Jahrhunderts verbindlich waren, breitete sich das Spektrum in Frankreich immer weiter aus: Fortschreitende Differenzierungen ließen eine große Zahl von Unterarten entstehen, für die charakteristische Bezeichnungen entwickelt wurden. Der Grund lag in der größeren Wertschätzung von Handlung, Dichtung und Ballett beim französischen Publikum als dies in Italien je der Fall war. Gesprochener Dialog und Tanz mußten in das musikalische Bühnenwerk sinnvoll integriert werden.

Zur Erinnerung: LULLY komponierte gesungene und getanzte Einlagen *(divertissements)* für das ernste Sprechtheater. Zusammen mit Molière entwickelte er die *comédie-ballet*, ein gesungenes und getanztes Lustspiel mit gesprochenen Dialogen (auch zwischen Schauspielern und Sängern) und Rezitativen. Ihre musikalischen Formen waren ouverture, airs, meist kleinbesetzte Ensembles, Chöre und Tanzsätze. Die wichtigste Entwicklung LULLYS bildete allerdings die *tragédie lyrique*, das anspruchsvolle musikalische Gegenstück zum gesprochenen Drama. In der tragédie lyrique gab es von Anfang an keine gesprochenen Dialoge. Ihre Gliederung erfolgte durch Szenen und nicht durch Nummern. Als *opéra-ballet* wurde jener Typus der tragédie lyrique bezeichnet, in dem die getanzten divertissements stärker vertreten waren als das gesungene Drama. War der ernste Stoff nicht der Mythologie oder der Historie entnommen, so wurde die Bezeichnung *drame lyrique* verwendet.

Eine weitere von LULLY entwickelte Disziplin stellte die *pastoral* dar, ein musikalisches Schäferspiel nach dem Geschmack der Zeit, das später in den *opéra-pastoral* aufging; sie enthielt gleichfalls gesprochene Dialoge und die bekannten musikalischen Satzformen. Waren in der Handlung Helden aus der Mythologie vertreten (z. B. Longos: Daphnis et Chloë), so wurde das Stück als *pastoral-héroïque* bezeichnet.

Alle hier aufgezählten Operntypen gelangten in der Académie Royale de Musique im Palais Royal zur Aufführung; eine Institution, die LULLY 1672 gründete; sie wurde im 18. Jahrhundert schlicht Opéra genannt. In der Ära Napoleons kam aber der alte Name leicht verändert (Académie Impériale de Musique) wieder zu Ehren.

Um 1640 begann sich während der Pariser Frühjahrs- und Sommermessen der Théatre de la Foire zu etablieren (der Théatre Italienne folgte 20 Jahre später nach). Gespielt wurden von italienischen (später auch von französischen) Schauspielern Stegreifstücke, in die Lieder und am Schluß ein Rundgesang eingelegt waren. Diese Lieder, vor allem aber der Rundgesang hießen *vaudeville* und das Schauspiel *comédie en vaudeville*. Für die Lieder wurden bekannte Straßenmelodien verwendet, die neue Texte erhielten. Handelte es sich hingegen bei den Melodien um Neukompositionen, so hieß die Aufführungsform, die bald auf vorgegebene Dichtungen zurückgreifen konnte, *comédie d'ariettes* oder *comédie mêlée d'ariettes*. Daraus entwickelte sich der *opéra comique*, ein Operntypus mit ähnlichen musikalischen Satzformen wie die *tragédie lyrique*, jedoch mit gesprochenen Dialogen. Der Brauch, bekannte Straßenmelodien einzuflechten, blieb aber erhalten; Stücke dieser Art wurden als *opéra comique en vaudeville* noch bis etwa 1750 bezeichnet. In die Spätzeit der *comédie en musique*, wie die ganzen Unterarten der komischen Oper bezeichnet wurden, führen die *comédie lyrique* mit rührseligem bürgerlichem Inhalt und die *comédie féerique*, die Zauberoper. Beide Operntypen haben für die Entwicklung der deutschen Oper nach MOZART große Bedeutung erlangt.

Dieser großen Vielfalt von Operntypen standen erstaunlich wenig Opern-Satzformen gegenüber. Die Grundlage bildete der *récitatif ordinaire*: eine syllabische, arios gehaltene Umsetzung der Dichtung in der Vokalstimme über einer Begleitung mit mäßig bewegten Bässen. Die Begleitung wurde vom continuo (Violoncello + Cembalo) ausgeführt, später von einem Streichorchester. Gegenüber dem italienischen recitativo ist die sorgfältigere Beachtung der Metrik der Sprachdichtung und – vor allem – das langsamere Vortragstempo hervorzuheben. Dies ist eine der Ursachen, warum die anderen Sätze der französischen Oper kürzer sind als die der italienischen. Daß sich der récitatif in seiner üblichen Form nicht für die Darstellung rascher, humoristisch getönter Wortwechsel eignete, begünstigte den gesprochenen Dialog in der comédie en musique. Hinzuweisen ist ferner darauf, daß trotz der dichteren Satzfaktur der récitatif frei vorgetragen wurde. Abschnitte, in denen die Sänger dem im Takt spielenden Orchester zu folgen haben, sind mit *récitatif mesuré* bezeichnet; sie entsprechen dem recitativo obbligato. Daraus resultiert, daß auch der vom Orchester begleitete *récitatif accompagné* frei im Vortrag war.

Allen Rezitativarten ist die vom Orchester ausgeführte *entrée* gemeinsam, die im 18. Jahrhundert mit prélude bezeichnet wurde. Die zweitwichtigste Form stellt die air dar. Es handelt sich zumeist um kurze Sätze auf ein oder zwei Textstrophen, die entweder durchkomponiert sind oder (unter zunehmendem Einfluß der italienischen Oper) durch Wiederholung von Teilen eine Formung erfahren, die im Laufe des 18. Jahrhunderts bis zum fünfteiligen Dacapo reicht. Auch in den airs, die selten als solche bezeichnet sind, ist der Vokalsatz syllabisch behandelt, Koloraturen bilden die Ausnahme.

Bei den Ensembles stehen die kleinen Besetzungen (duo, trio) im Vordergrund. Auch sie sind in der Regel durchkomponiert oder folgen einfachen Formen wie a a b und a b a. Sie können durch Hinzutreten des Chors größere Dimensionen annehmen (pezzo concertante). Wie überhaupt der Chor in der französischen Oper eine viel größere Rolle spielt als in der italienischen, wofür zwei Gründe maßgeblich sind: Die tragische französische Dichtung folgte den antiken Modellen; der am Königshof gepflegten tragédie lyrique standen reichere Mittel zur Verfügung als der opera seria in Italien. Nur in Wien konnte sich die durch den Kaiserhof finanzierte Oper ständig einen Chor leisten, der dann auch entsprechend häufig eingesetzt wurde.

Die französische Oper kennzeichnen ferner die zahlreichen Tanzsätze. Sie sind für den Vokalteil der Oper insofern von Bedeutung, als viele von ihnen Mischbesetzungen aufweisen, wo zu Tänzen gesungen oder zu Vokalsätzen getanzt wurde. Dies führte zu Typenverschränkungen wie *air en menuet, air en gavotte, chœur avec danse* etc.[8]

Es wurde schon oben angeführt, daß sich die Akte der tragédie lyrique nicht in Nummern, sondern in Szenen gliedern. Die Szene bildet den Rahmen für den Gestaltungswillen von Dichter und Komponist. Ihre ausbalancierte Ausfüllung mit Dialog, récitatif, air, Ensemble, Chorsatz und Tanz bildet das eigentliche Formprogramm der französischen Oper.

Marc Antoine CHARPENTIER (1636–1704) war Schüler von Carissimi in Rom und wurde durch ihn mit dem mehrchörigen Stil vertraut gemacht. Ab 1672 arbeitete er mit Molière in Paris zusammen, wo er im gleichen Jahr ›Le Mariage forcé‹ herausbrachte – Beginn einer langen Mitarbeit an der Comédie française.[72] Weitere Verpflichtungen führten ihn in den Dienst der Prinzessin Maria v. Lothringen, als Kirchenmusiker an St. Louis und als Lehrer an das Collège Louis-Le-Grand. Ab 1698 wirkte er an der Sainte Chapelle. Während CHARPENTIER in der Kirchenmusik, die den Hauptteil seines Schaffens ausmacht, ideenreich die Anregungen Carissimis weiterentwickelte, setzte er in seinen Bühnenwerken die LULLYsche Tradition fort.[73] Trotzdem haben seine Werke, bedingt durch seine mehr kirchenmusikalisch ausgerichtete Ausbildung, eine eigene Note; er schrieb auch Opern auf biblische Stoffe. Die tragédie lyrique ›Médée‹ (Text: P. Corneille, Paris 1693) ist CHARPENTIERS weltliches Spitzenwerk. Sie wird von einem umfangreichen Prolog eröffnet, der der Verherrlichung des Königs dient. Der I. Akt besteht aus einem fortlaufenden Wechsel kürzerer Sätze, die durch récitatifs verbunden sind, in denen die Vokalpartien über bewegten Bässen abwechslungsreich gestaltet sind; der continuo bildet den Begleitsatz. Hervorzuheben ist die air des Jason «Que me peut demander la gloire»; sie wird vom Streichorchester *con sordino* begleitet und folgt der Form a b a c. Der Chor der Korinther «Disparoissez, inquiettes allarmes», hinter der Bühne zu singen, hat die Form a b a. Das Finale des Akts bestreiten der Chor der Korinther und der Chor der

Argonauten gemeinsam über einem reichbesetzten Orchester mit Pauken und Trompeten. In der folgenden entr'acte singen ein Korinther und ein Argonaut eine chanson auf ein Sarabandenmodell.

CHARPENTIERS *airs* sind zumeist kurz und durchkomponiert; als Grundlage dienen eine oder zwei Textstrophen. Eine Ausnahme findet sich in der 3. Szene des III. Akts (Médée «Quel prix de mon amour»); es handelt sich um eine große Satzanlage mit Taktwechseln, die in Umrissen der Dacapoform folgt: $^{3}/_{2}$ a a1, $^{3}/_{4}$ b, $^{3}/_{2}$ c a2. Die meisten der récitatifs werden von kurzen Orchestersätzen eingeleitet und abgeschlossen, wobei Übergänge zu nachfolgenden Teilen hergestellt werden. Hinzuweisen ist schließlich auf den duo von Médée/Oronte «Qui l'auroit cru» im III. Akt/1. Szene; er ist mit «Ensemble» überschrieben.

Marin MARAIS (1656–1728), in der Musikgeschichte überwiegend als Gambist und Komponist von Gambenwerken bekannt, war Schüler von LULLY und schrieb vier Opern, die von den Zeitgenossen hochgeschätzt wurden. Im Jahr 1693 trat er erstmals mit der tragédie lyrique ›Alcide‹ als Opernkomponist hervor, bei der ihm LULLY behilflich war. Berühmt wurde MARAIS jedoch mit der 1706 in Paris aufgeführten tragédie lyrique ›Alcyone‹, in der er eine tempête vorstellte, für deren möglichst naturnahe Gestaltung er vorher eine Reise ans Meer unternommen hatte.[88, S. 126] In Stil und Form hielt er sich ansonsten eng an LULLY.[10]

André CAMPRA gilt als der bedeutendste Opernkomponist zwischen LULLY und RAMEAU. Er war Priester, wirkte als Kirchenmusiker in Südfrankreich und leitete ab 1694 die Sängerschule an Notre Dame. Sein Hervortreten mit dem opéra-ballet ›L'Europe galante‹ (Text: A. Houdar de Lamotte, Paris 1697) brachte ihm einen großen Erfolg, den er durch eine lange Zusammenarbeit mit dem Dichter A. Danchet festigte. CAMPRA, der möglicherweise italienische Vorfahren hatte, löste sich als erster vom LULLYschen Schematismus. Er komponierte 1699 die erste Ouvertüre in italienischer Form, verfeinerte die melodische Gestaltung der Gesangspartien und schuf die Dacapo-Air mit Koloraturen; in den Rezitativen fand er einen Ausgleich zwischen französischem und italienischem Geschmack. Die Begleitung in den Vokalsätzen bereicherte er durch Imitationen mit den Vokalpartien und stellte die Harmonik in den Dienst der Handlung; Chromatik und ausgefallene Tonarten gehören zu den Spezifika seiner Partituren. Die deskriptive Richtung MARAIS' setzte sich bei ihm fort: In der tragédie lyrique ›Tancrède‹ (Text: R. Ballard, Paris 1702), die als sein bestes Werk gilt, schilderte er in der 4. Szene des I. Akts ein Erdbeben, in der tragédie lyrique ›Idoménée‹ (Text: A. Danchet, Paris 1712) einen Schiffsuntergang (II. Akt, 1. Szene), der noch auf den jungen MOZART nachwirkte.[100]

Henri DESMARETS (1661–1741) begann unter LULLY als Musikpage am Hofe des Sonnenkönigs, schrieb Kirchenmusik und Schulopern und trat erstmals 1693 mit der tragédie lyrique ›Didon‹ (Text: Madame de Xaintogne) hervor. Wegen der Entführung einer Tochter aus gutem Hause wurde er zum Tode verurteilt und floh nach Brüssel. Ab 1702 wirkte er als Surintendant der Musik bei Philipp II. von Spanien, ab 1707 in gleicher Eigenschaft bei Leopold v. Lothringen. DESMARETS gilt als Fortsetzer der LULLYschen Richtung, in die er jedoch einen eminent dramatischen Zug einbrachte.[6] Seine Rezitative sind ausdrucksvoller und kräftiger, die melodische Gestaltung in seinen airs inspirierter. Seine größten Stärken liegen in der Gestaltung dramatischer Szenen, vor allem in seinem wichtigsten Werk, der tragédie lyrique ›Iphigénie en Tauride‹ (Text: Duché de Vanzy/A. Danchet, Paris 1704), in der die Erkennungsszene des Orest und die têmpete noch lange in der französischen Oper nachgewirkt haben.[22]

André Cardinal DESTOUCHES (1672–1749) verfolgte zuerst eine militärische Laufbahn, wurde Schüler von CAMPRA und trat erstmals mit der pastoral-héroïque ›Issè‹ (Text: La Motte, Fontainebleau 1697) als Opernkomponist hervor. Die Aufführung verschaffte ihm die Anerkennung des Hofes und damit laufende Aufführungsmöglichkeiten seiner Werke. 1713 wurde er zum Generalinspekteur der königlichen Musik ernannt.

Bei DESTOUCHES sind die italienischen Einflüsse verstärkt: Seine Gesangspartien folgen italienischen Melodiebildungen, er verwendet neben der durchkomponierten *air* die *air* in den Formen a b a, a a b b und das Rondo (a b a c a), in den Rezitativen entwickelte er eine „singende Deklamation", womit sich ein Arioso-Charakter einstellte.[80] Trotzdem erwies sich seine Sprachbehandlung insgesamt besser als die des gebürtigen Italieners LULLY. Aber auch die große Massenszene hat DESTOUCHES beherrscht, wie an seinem Spitzenwerk ›Callirhoé‹ (Text: P. Ch. Roy, Paris 1712) zu erkennen ist. Diese *tragédie lyrique* gilt als Wegbereiterin des Opernstils von J. Ph. RAMEAU.

Jean-Joseph MOURET (1682–1738) studierte in Avignon, wirkte ab 1707 in Paris als Surintendant der Herzogin von Maine, danach als Kapellmeister am Opéra sowie (bis 1737) als Komponist und Musikdirektor an der Comédie Italienne. Zeitweilig leitete er auch den Concert spirituel des Tuileries. Im Jahre 1714 trat er mit der comédie lyrique ›La mariage de Ragonde et de Colin ou La veillée de village‹ (Text: Nericault/Destouches, Sceaux) erstmals mit einer Oper an die Öffentlichkeit; sein opéra-ballet ›Les Festes de Thalie‹ (Text: La Font, Paris 1720) gilt als erste comédie lyrique der Operngeschichte.[143] Obwohl in seiner Formgestaltung traditionsverhaftet, war er ein leidenschaftlicher Dramatiker. In seinen comédies brachte er als erster Dialektpartien auf die Bühne. Bedeutendes leistete er ferner in der Gattung divertissement[11] und im ballet héroïque mit antiken mythologischen Stoffen.

Jean Philipp RAMEAU (1683–1764) entstammte einer burgundischen Adelsfamilie, erhielt seine Ausbildung in Italien und wirkte nach Organistenpositionen in Avignon und Clermont-Ferrand ab 1706 nur drei Jahre in Paris, um weiter in französischen Provinzstädten Kirchenmusikerstellen zu bekleiden; erst ab 1722 ließ er sich für immer in der französischen Hauptstadt nieder. Obwohl er erst um 1733 mit der Bühne in Berührung kam (vorher hatte er bereits in den Bereichen Kirchenmusik, Kammermusik, Musik für Tasteninstrumente und Musiktheorie Bedeutendes geleistet), bilden seine Opern das Schwergewicht seines Schaffens.[103] Ein auf einen Text von Voltaire komponierter ›Samson‹ ist leider nicht erhalten,[82] die nächste Oper, die tragédie lyrique ›Hippolyte et Aricie‹ (Text: S. J. Pellegrin, Paris 1733), stellt bereits einen Höhepunkt der französischen Operngeschichte dar.[68]

CAMPRA hat RAMEAU ermutigt, den italienischen Einflüssen, denen sich die französische Oper seit der Wiedererrichtung des Théatre Italienne im Jahre 1706 ausgesetzt sah, nachzugeben. Noch verwendete er den eng an die Sprache gebundenen récitatif ordinaire LULLYS und verfeinerte ihn sogar mit vermehrten Taktwechseln. Doch steigerte er durch größere Intervalle und eine weiter ausgreifende Harmonik den Ausdruck in dieser Satzart in einem so hohen Maße, daß der Unterschied zur air vollkommen eingeebnet wurde. Den récitatif accompagné setzte er an dramatischen Höhepunkten ein und glich ihn italienischen Modellen an. Die airs sind bei RAMEAU formal nur wenig weiterentwickelt; entweder sind sie kurz und durchkomponiert oder folgen der zweiteiligen Lied- und der Rondoform. Ihre Orchesterbegleitung ist hingegen von größtem Einfallsreichtum. Zahlreiche Instrumentierungen sind Eigenentwicklungen ohne Vorbild. Die air mit obligatem Soloinstrument blieb bei RAMEAU erhalten.

Die Ensembles sind in der Regel schlicht gestaltet, mit einem mäßigen Wechsel zwischen den Singstimmen und noch vereinzelt vom continuo begleitet. Duos und trios können aber durch die Mitwirkung des Chors sich zu großen Sätzen ausweiten, wie überhaupt der Chor von RAMEAU meisterhaft eingesetzt wird, wobei sich die zu erwartende Polyphonie in Grenzen hält; meist haben die Chorsätze statuarischen Charakter. Für die Operngeschichte ist es ferner von Bedeutung, daß mit dem ›Zoroastre‹ (Text: L. de Cahusac, Paris 1749) der Prolog endgültig wegfiel.

Die tragédie lyrique en cinq actes et un prologue ›Hippolyte et Aricie‹ ist eine große und reichbesetzte Oper; im Orchester tauchen neben den üblichen Instrumenten Piccoloflöten und Musetten auf. Nach einer französischen Ouvertüre, die in einen Nymphenchor und damit in einen Prolog überleitet, der im Pastoralmilieu spielt, bildet die *Air* der Aricie «Temple sacré» in der Form a b a die 1. Szene des I. Akts. Die 2. Szene setzt mit einem récitatif ordinaire von Aricie/Hippolyte «Princesse, quels apprets me frappant» ein, den häufige Taktwechsel und ein überaus reicher Continuosatz kennzeichnen. Ein *Arioso* der Aricie «Hippolyte amoureux» mit Koloraturen in der Form a b a1 schließt sich an, hierauf, nach einem kurzen récitatif, der *Duo* Aricie/Hippolyte «Tu règnes sur nos cœurs» mit Continuobegleitung. Die 3. Szene bilden

Tänze und Chorsätze der Priesterinnen, in denen die Oberpriesterin Soloabschnitte zugewiesen bekommt. In der 4. Szene singen Phédre und Hippolyte einen récitatif accompagné «Je vous entends», der in einem so hohen Maße italienisch gestaltet ist, daß er aus dem Kontext herausfällt. Die 5. Szene eröffnet ein pompöser *Prélude* mit Pauken und Trompeten für den nachfolgenden Chor der Priesterinnen «Dieux vengeurs», der sich durch die überlagerten Soli der Oberpriesterin zum pezzo concertante entwickelt.

Die Beschreibung dieser fünf Szenen reicht bereits aus, um RAMEAUS Formenwelt in ihren Grundzügen darzustellen. Wie schon oben angeführt, bestand das Formprogramm der französischen Oper im wesentlichen in der gelungenen Ausfüllung der Szenen unter dem Aspekt des permanenten Wechsels beim Bühnenpersonal und in den Orchesterfarben. Alles war erlaubt – nur Langeweile durfte nicht aufkommen. Ein zu starkes Vorpreschen der Musik war verpönt; in der französischen Oper behielt sie bis ins 20. Jahrhundert kolorierende Züge. Hier seien noch einige herausragende Sätze aus RAMEAUS genialem Erstling vorgestellt. Den II. Akt, der «l'Entrée des Enfers» zum Schauplatz hat, eröffnet eine geradezu höllische Fuge, in der die Einsätze im Abstand von drei Takten erfolgen, in der 3. Szene erweitert sich die *Air* des Pluton «Qu' à servir mon couroux» in den Chor der Höllengeister, der Chor «Pluton commande» hat die Form a a b b, der *Arioso* des Thésée «Puisque Pluton est inflexible» wird von einer monomotivischen Violinbegleitung bestimmt, im III. Akt/1. Szene handelt es sich bei der *Air* der Phédre «Cruelle mère des amours» um eine Dalsegno-Arie, bei der der prélude entfällt, der den Akt beschließende *Arioso* des Thésée «Mais de couroux l'onde s'agite» mit der Überschrift «Frémissement des Flots» hat eine Streicherbegleitung nach Art der italienischen aria marittima. Die *Air* des Hippolyte «Ah! faut-il, en un jour» am Beginn des IV. Akts hat Rondo-Einschlag, der schwungvolle Jägerchor «Faisons partout voler nos traits» (3. Szene) ist Teil eines abwechslungsreich gestalteten Komplexes von Chor-, Solo- und Tanzsätzen, die ineinander verzahnt sind und durch Wiederholung einzelner Abschnitte eine formale Rundung erhalten. Im Chorsatz «Quel bruit», überschrieben mit «Bruit de mer», führen die Streicher Zweiunddreißigstel-Repetitionen und die Holzbläser Dreiklangszerlegungen aus; auch in RAMEAUS Oper darf die tempête nicht fehlen. Die einzige wirkliche Koloratur-Arie («Ariette du Rossignol») wird im V. Akt/8. Szene von einer Schäferin gesungen. Die aparte Begleitung der fünfteiligen Dacapo-Arie, in der der Gesang der Nachtigall treffend nachgeahmt ist, bilden eine Flöte und zwei Violinen ohne Continuo. Die Oper beschließt festlich ein Chorsatz.

Die Bühnenwerke RAMEAUS erstrecken sich bis zur Jahrhundertmitte und bilden den Höhepunkt der tragédie lyrique. Es ist daher angebracht, hier ihre dramatische Qualität zu überdenken. Der LULLYsche Grundriß ist noch vorhanden. Doch zahlreiche Details haben ihn unmerklich modifiziert: Die préludes sind gestrafft, die Balletteinlagen seltener, der Repräsentationscharakter ist zugunsten des Handlungsverlaufs deutlich zurückgenommen. Der récitatif ordinaire hat an Ausdruck gewonnen, schlägt leicht in den récitatif accompagné oder in unbezeichnete Sätze mit ariosem Charakter um. Auch die airs sind im Ausdruck vertieft, ihre knappen Abmessungen behalten sie jedoch; größere Sätze lassen sich unschwer als italienische Importe ausmachen. Selbst in ihnen herrscht eine deutliche Zurückhaltung gegenüber der Sängervirtuosität um ihrer selbst willen. Koloraturen sind häufig unmittelbar dramatisch oder koloristisch bedingt. Der Chor ist reich bedacht und wirkt auch in den Ensembles mit, ja er kann zum Dialogpartner (mit kurzen Einwürfen) werden. Schilderungen von Naturerscheinungen bilden ein zusätzliches Spannungselement.

Aus all dem ergibt sich, daß die tragédie lyrique RAMEAUS insgesamt an dramatischer Schlagkraft gewonnen hat, obwohl in ihr die Musik in Dichte und Ausdruck der LULLYS weit überlegen ist. Doch damit ist der Idealzustand der Oper nicht erreicht. Die knappen Formate der einzelnen Satzeinheiten verhindern anspruchsvollere Formbildungen oder Entwicklungen im Satz in Form thematischer und motivischer Arbeit. Die Angleichung der Ausdruckshaltung und der Satzdichte von récitatif und air ergibt zwar eine Nivellierung in Richtung durchkomponierte Oper, die aber gleichzeitig einen Kontrastverlust bedeutet, wobei zu bedenken ist, daß die musikalischen Mittel RAMEAUS weniger Vielfalt aufweisen als etwa die R. WAGNERS. Aus dieser Sicht wirkt die große Differenz zwischen recitativo semplice und vom Orchester begleiteter Nummer in der italienischen Oper geradezu erfrischend.

Die Problematik, in die RAMEAU durch sein hohes Musikertum und seine konsequente Haltung geriet, haben seine Zeitgenossen gespürt, aber nicht richtig zu deuten vermocht. Denn im Streit der «Ramistes» mit den «Lullistes» warfen letztere RAMEAU Verabsolutierung der Musik und Italianismus vor, was aus heutiger Sicht kaum nachvollziehbar erscheint. Anders die Kollegen und Nachfolger; sie nahmen zusehends Elemente der italienischen Oper auf, während umgekehrt (s. oben S. 114) die Italiener bei den Franzosen Anleihen machten. Unter dem Aspekt italienischen Einflusses ist die ganze französische Oper der 2. Jahrhunderthälfte zu sehen. Erst CHERUBINI sollte es gelingen, in einem hochentwickelten Personalstil die Frage nach der Herkunft einzelner Sätze oder Satzelemente gegenstandslos werden zu lassen.

Chr. W. GLUCK wurde schon im Abschnitt über die Wiener Oper erwähnt. Anfang der 70er Jahre schloß er Bekanntschaft mit dem französischen Diplomaten Marquis Le Blanc du Roullet. Dieser arbeitete Racines fünfaktige Tragödie ›Iphigenie en Aulide‹ für GLUCK in einen dreiaktigen libretto um. Die Pariser Aufführung des Werks im Jahre 1774 war äußerst erfolgreich, so daß GLUCK im gleichen Jahr die von P. L. Moline umgearbeitete ›Orphée et Euridice‹ folgen lassen konnte. Mit der 1776 herausgebrachten ›Alceste‹ (Neubearbeitung Du Roullet) machte sich GLUCK Feinde bei der italienischen Partei, angeführt von J. F. Marmontel und J. F. de la Harpe. Die 1777 herausgebrachte ›Armide‹ (Text: Ph. Quinault) löst schließlich den großen Streit zwischen Gluckisten und Piccinnisten aus. Mit ›Iphigénie en Tauride‹ (Text: Du Roullet/ N. F. Guillard) siegte GLUCK schließlich über alle Widersacher.

GLUCK hatte in Wien anläßlich seiner Bearbeitungen (s. oben S. 148 f.) die kurzen und einfachen Formen der französischen Oper schätzen gelernt. Auch die Szenenbildung durch Zusammensetzen von einzelnen Sätzen konnte er dabei üben. Hinzu kam eine zeitbedingte Tendenz, die sich in GLUCKS Vorwort zu seiner ›Alceste‹ widerspiegelt, indem er als seine Maximen «la semplicità, la verità e la naturalezza» anführte. Nach ihnen arbeitete Du Roullet die ›Iphigénie‹ um. Nebenhandlungen und -figuren fielen, der Chor wurde zur Hauptfigur, Rezitative, Soloabschnitte und Chorsätze wurden zu Szenenblöcken zusammengeschmiedet. Wenn auch GLUCK seine ›Armide‹ am höchsten einschätzte, so ist doch die ›Iphigénie en Tauride‹ sein bedeutendstes Werk.

Diese tragédie en quatre actes hat folgenden Grundriß:
 I. Akt 6 Szenen
 II. Akt 6 Szenen
 III. Akt 7 Szenen
 IV. Akt 7 Szenen

Die Szenen gehen zum Teil ineinander über; sie setzen sich aus récitatifs, ariosen Sätzen, airs, Ensembles, Chören und Ballettsätzen zusammen. Alle récitatifs sind vom Streichorchester begleitet und tendieren zum récitatif mesuré, womit sich der Abstand zu den ariosen Abschnitten zur Nuance verringert. Unter ihnen ragen der récitatif Ministre/Oreste/Pylade «Étrangers malheureux!», vor allem der sich anschließende Solo-récitatif des Oreste «Dieux! protecteurs des ces affreux rivages» im II. Akt/3. Szene als dramatische Spitzenleistung hervor. Im II. Akt/5. Szene (Oreste/Iphigénie/Prêtesses «Je vois tout l'horreur») weitet sich der récitatif durch Hinzutreten des Chors zum Ensemble. Die Streichersätze der récitatifs bestimmen zumeist feststehende Begleitfiguren, die von Sinneinheit zu Sinneinheit wechseln. Eine Position zwischen récitatif und air stellt der Gesang des Oreste «Le calme rentre dans mon chœur» im II. Akt/3. Szene dar. Text und Musik enthalten keine Wiederholungen, die Gesangsstimme zeigt kaum Ansätze zur Melodiebildung auf.

Die airs sind überwiegend dreiteilig: I. Akt/1. Szene Iphigénie «O toi, qui prolongeas mes jours» (a b a), II. Akt/1. Szene Pylade «Unnis dès la plus tendre enfance» (a b b1). Größere Formbildungen finden sich in der Air des Pylade «Ah! mon ami» im III. Akt/4. Szene (a a1 b a2 a3), die zusätzlich Einwürfe des Oreste enthält sowie in der Air der Iphigénie «Je t'implore et je tremble» im IV. Akt/1. Szene (a b a1 b1) auf; mit 126 Takten Länge und nur kurzen ritournelles stellt sie den größten und anspruchsvollsten Sologesang in der Oper dar. Eine interessante Anordnung zeigt die *Air* des Thoas «De noirs presentiments» im I. Akt/2. Szene: Bei durchgehendem (strophischen) Text folgt die Musik der Form a b a1 récitatif b1.

Das einzige Ensemble ohne Chor bildet der *Trio* Iphigénie/Pylade/Oreste «Je pourrai du tyran» im III. Akt/2. Szene. Der Satz beginnt in der Musik strophisch (mit Transpositionen) und läuft in einen récitatif aus. Alle anderen Ensembles sind pezzi concertanti. Gleich am Anfang der Oper, die mit einer stürmischen tempête eröffnet wird, ruft Iphigénie die Götter an; der Chor der Prêtesses sekundiert. Im I. Akt/3. Szene wird ein récitatif zwischen Iphigénie und einem Skythen durch zweimaliges Absingen des Skythenchores «Les Dieux apaisent les couroux» eingerahmt, im II. Akt/4. Szene alternieren Oreste und der Eumenidenchor miteinander, bevor sie sich vereinigen («Vengeons et la nature»). Gleichfalls einen pezzo concertante bildet der Satz «O malheureuse Iphigénie» im II. Akt/5. Szene (Iphigénie/Pretesses). Das einzige größere Ensemble entwickelt sich ab dem IV. Akt/4. Szene (Thoas «De des forfaits»); durch Hinzutreten der anderen Protagonisten und des Chores entsteht eine grandiose Finalwirkung.

Diese teilweise traditionellen Formen erfüllte GLUCK mit einer äußerst dramatischen musikalischen Sprache, deren Wiedergabe einen Grad von interpretatorischer Intensität fordert, den die Aufführungen unserer Zeit meist nicht erreichen, wodurch der Charakter von GLUCKS Aussage verfälscht wird. Hinzuweisen ist an der ›Iphigénie‹ schließlich noch auf das reizvolle „skythische" Kolorit der Partitur, das GLUCK mit Piccoloflöten, Triangel, Becken und Tambourin erzeugte.

François André Danican PHILIDOR (1726–1795) entstammte einer alten Musikerfamilie und war Schüler von CAMPRA. Er galt als bester Schachspieler seiner Zeit; eine Eigenschaft, die bis in die jüngste Zeit in dem Schrifttum über ihn mehr Berücksichtigung gefunden hat als seine Leistungen auf musikalischem Gebiet. Nach mehreren kleinen Bühnenwerken, an denen die Zeitgenossen Italianismen rügten, hatte er seinen ersten durchschlagenden Erfolg mit ›Blaise le Savetier‹ (Text: H. J. Sedaine, Paris 1759) auf der Foire St. Laurent. Er entwickelte zusammen mit DUNI und MONSIGNY die Formen des opéra comique, der bei ihm auch *opéra bouffon* bezeichnet wurde. Damit schuf er Vorlagen für GRÉTRY und DEZÈDE. Unter den Zeitgenossen galt er als bester Kompositionstechniker, dem französische und italienische Stilelemente in gleicher Weise zu Gebote standen. Eine einfallsreiche Melodiebildung und eine über RAMEAU hinausgehende Harmonik zeichnen seine Partituren ebenso aus wie feinsinnige Schilderungen von Naturvorgängen. In seinen airs orientierte er sich bereits am Schema des Sonatensatzes. In den größeren Bühnenwerken neigte PHILIDOR zur Bildung übergreifender Formen, seine Ensembles sind von packender Dramatik und großer Originalität. Als Novitäten führte er das unbegleitete Soloquartett (*Tom Jones*, Text: J. Poinsinet, Paris 1765) und die *air déscriptif* (*Le Maréchal ferrant*, Text: L. Quétant, Paris 1761) ein.[132] Als sein Spitzenwerk gilt die tragédie lyrique ›Ernelinde, princesse de Norvège‹ (Text: J. Poinsinet, Paris 1777), die in der Académie Royale zur Aufführung gelangte.[121]

Das fünfaktige Werk, dem keine französische Ouvertüre vorangestellt ist, enthält zahlreiche pezzi concertanti und Ensembles, während die airs zurücktreten. Die récitatifs sind durchwegs von den Streichern begleitet und dramatisch gestaltet; besonders überzeugend der *Récitatif* Sandomir/Ernelinde «Que vois-je, o ciel!» im I. Akt/3. Szene, in dem punktierte Rhythmen die Erregung der Protagonisten widerspiegeln. Nur wenige airs sind einteilig und knapp dimensioniert (I. Akt/1. Szene Rodoald «Donnez ce fer!», Ernelinde «Au milieu des cirs»). Die Partitur bestimmen größere Formen: So die *Air* des Ricimer «Né dans un camp», die zwar traditionell der Anordnung a b a1 folgt, deren a1-Teil jedoch stark erweitert und mit Koloraturen versehen ist, oder die *Air* des Sandomir «Ami cruel, père ingrat» (2 Textstrophen, a b a b), deren Umfang und dramatisches Feuer, hervorgerufen durch Synkopen, jähe Wechsel zwischen Dur und Moll und alterierte Klänge, auf BEETHOVENS ›Fidelio‹ vorausweist. Die größte Anlage weist jedoch die *Air* des Ricimer «Non tu ne jouiras pas» im II. Akt/1. Szene auf: Es handelt sich um eine erweiterte Dacapo-Arie (a a1 b c d a), bei der der Mittelteil neue Gedanken, verbunden mit Taktwechseln, enthält. Neuartig ist die Anlage der *Air* des Rodoald «Vois nos fertiles champs» im III. Akt/7. Szene, in der den Mittelteil ein récitatif bildet und Einsätze von Ernelinde und Ricimer die air zum trio erweitern. Eine großartige Kombination von récitatifs und geschlossenen Formen stellt die 10. Szene des III. Akts dar, die zwischen Ernelinde und Ricimer spielt («Si j'en croyais le courroux qui m'enflamme»). Sie steigert sich dramatisch durch den Wechsel zwischen rezitativischen und ariosen Abschnitten, wobei Takt- und Dynamikwechsel die Spannung aufheizen. Die Szene, die dem berühmten recitativo accompagnato Tamino/Sprecher in MOZARTS ›Zauberflöte‹ kaum nachsteht, führt in die *Cavatine* («Mon ame n'est point criminelle»), auf die eine großdimensionierte *Air* (a b a) der Ernelinde («Oui, je cède au coup qui m'accable») folgt. Hinzuweisen ist noch auf die kleine *Air* der Ernelinde «Ciel! il va partir» am Beginn des III. Akts, die das Spinnlied aus dem ›Fliegenden Holländer‹ von R. WAGNER vorwegnimmt. Unter den pezzi concertanti verdienen zwei Sätze herausgehoben zu werden: Im I. Akt/2. Szene bilden Ernelinde, der Chor der Belagerten und der Chor der Belagerer die Besetzung für eine mächtige doppelchörige Anlage mit einem Feuerwerk von Solo- und Choreinsätzen, die nur noch von der dreichörigen Anlage mit Sandomir, Oberpriester, Soldaten des Ricimer, Soldaten des Rodoald (postiert hinter den Kulissen) und einem Frauenchor auf der Bühne übertroffen wird (V. Akt/3. Szene «O Dieux des combats»).

Die Ensembles hat PHILIDOR entweder durch feststehende Begleitfiguren gegliedert oder den Arienschemata angepaßt. Der *Duo* Ernelinde/Rodoald «Quoi! vous m'abbandonnez mon père» im I. Akt/1. Szene folgt frei der Form a b a1, der *Trio* Ernelinde/Sandomir/Rodoaldo »Si j'ai sçu dès mes jeunes ans» der Form a b a c, wobei die feststehenden Begleitfiguren die Formgebung verdeutlichen. Der *Quatuor* Ernelinde/Sandomir/Rodoaldo/Ricimer «Jurez d'être son epoux» ist hingegen durchkomponiert und kurz; ein schlagkräftiges Ensemble mit nur mäßigem Wechsel der Stimmen. Eine große Rolle spielen schließlich in diesem kriegerischen Stück die Chöre; sie werden zwischen die récitatifs oder die geschlossenen Formen postiert und wirken durch Wiederholung auf die Szenen formbildend ein (Finale zum I. Akt).

Pierre-Alexander MONSIGNY (1729–1816) könnte in mancherlei Hinsicht als der Gegenpol von PHILIDOR angesehen werden. Über seine Ausbildung ist wenig bekannt, er galt bei den Zeitgenossen als rundum ungebildet. Dies läßt sich an seinen Partituren ablesen, die formal uninteressant sind und harmonisch einfallslos; auf ihn soll die permanente Anwendung des verminderten Septakkords zurückgehen. Doch dieser Naturalist besaß einen untrüglichen dramatischen Instinkt, einen feinen Sinn für Melodiebildung sowie Charme und Esprit in der Gestaltung von Ensembles. Sein Feld waren die opéras-comiques und die divertissements, mit denen er sehr erfolgreich war. Seine Zusammenarbeit mit H. J. Sedaine ab 1761 sicherte dem komischen Genre erhöhte Qualität.[50]

Als sein erfolgreichstes Werk gilt der ballet-héroïque ›Aline Reine de Golconde‹ (Text: H. J. Sedaine, Paris 1766) in drei Akten, in dem naturgemäß das Ballett eine große Rolle spielt; die Oper endet mit einer Folge von Tänzen. MONSIGNYS récitatifs sind keineswegs primitiv, der récitatif mesuré mit feststehenden Figuren für die Streichereinwürfe spielt eine große Rolle. Die Solo-Stücke sind zum Teil italienisch gestaltet: So die *Ariette* der Golcondoise «Sur les bords charmants de la Seine» im I. Akt/5. Szene, die eine fünfteilige Dacapo-Arie mit Koloraturen ist, oder die *Air* des St. Phar «Suisje en France» im III. Akt/1. Szene, bei der es sich um eine Dalsegno-Arie handelt. Auch die *Ariette* des Usbek «Lors que le ciel» im III. Akt/5. Szene ist groß angelegt (a b a) und mit Koloraturen versehen; der strophische Text geht allerdings durch. Gerne benützte MONSIGNY kleinere Formen für die Bildung größerer Einheiten. So besteht die 4. Szene des I. Akts aus einem récitatif La Reine/Zelis, das in einen récitatif mesuré übergeht. Daran schließt sich ein durchkomponiertes *Arioso* («Ah, quel moment pur un cœur tendre»), gefolgt von einem neuerlichen Wechselrezitativ, dem ein weiteres *Arioso* («Tu connois ce gacon») angehängt ist. Nach einem weiteren Wechselrezitativ singt La Reine die *Air* «Toi, qu'avec des traits de flame». Ähnlich ist auch die 2. Szene des II. Akts gestaltet. In der Partitur sind schließlich pezzi concertanti (II. Akt/

7. Szene Zelis/Chor «Dans nos climats», II. Akt/4. Szene Usbek/Chor «L'Amour fuit les lambris du rés») enthalten. Das zweite hier genannte Stück hat eine recht ungewöhnliche Form: Es beginnt als ariette (a a1 b) und geht unter Mitwirkung einer bergère in den pezzo concertante über, in dem der a-Teil zweimal abgeändert wiederholt wird (a2 a3). Die beiden Solopartien sind reich an Koloraturen.

Die Chöre sind blockhaft gestaltet, Imitationen und kontrapunktische Stimmführungen fehlen. Nur der Chœur du Peuple im III. Akt/5. Szene «Suivons les loix du Roy» ist mit Sechzehntel-Koloraturen ausgestattet; er folgt der Rondo-Form (a b a c a). Als Vorläufer von R. STRAUSS erweist sich MONSIGNY in dem den II. Akt eröffnenden *Lévér de l'Aurore*; der Sonnenaufgang wird mit feinen Orchestervaleurs unter zunehmendem Vogelgezwitscher dargestellt.

André-Ernest-Modest GRÉTRY (1741–1830) studierte anfangs bei Kirchenmusikern in seinem Geburtsort Liège in Belgien, später bei G.B. CASALI in Rom und nahm schließlich den zu seiner Zeit unerläßlichen Kurzunterricht bei Padre Martini in Bologna. Im Jahre 1766 trat er mit dem opéra comique ›Isabelle et Gertrude‹ (Text: Ch. S. Favart) hervor, übersiedelte danach nach Paris, wo er mit J. F. Marmontel zusammenarbeitete. Der ungemein fruchtbare Komponist betätigte sich auf allen Feldern der Oper; die größten Erfolge erzielte er jedoch mit seinen comédies-lyriques auf rührende empfindsame Handlungsvorwürfe. Aber auch exotische Stoffe (›Zemire et Azor‹, Text: J. F. Marmontel, Paris 1771) und Heldensagen (›Richard Cœur-de-Lion‹, Text: H. J. Sedaine, Paris 1784) verstand er wirkungsvoll auf die Bühne zu bringen. GRÉTRY und seine Librettisten folgten dabei den von Rousseau propagierten Grundsätzen von Einfachheit und Natürlichkeit, was sich in der Musik in der sorgfältigen Beachtung der Deklamation, einer ebenmäßig klassischen Melodiebildung und in dem Verzicht auf Koloraturen niederschlug. In den Formen hielt sich GRÉTRY weitgehend an die Überlieferung; eine spezielle Vorliebe entwickelte er für die zweiteilige air mit unterschiedlichem Takt und Tempo (*Lucinde*, Text: J. F. Marmontel, Laxenburg 1772, *Air* des Blaise «Ah, ma femme»). Ansonsten verwendete er die traditionellen Formen zur Bildung großer Szenenkomplexe, deren musikalische Ausgestaltung ganz auf die Forderungen des Dramas abgestimmt ist. Diese rigorose Unterordnung der einzelnen Satzformen unter ein übergreifendes Gesamtkonzept hat GRÉTRY zum eigentlichen Vater der durchkomponierten Oper gemacht; dies um so mehr, als sich seine Werke in Deutschland länger hielten als in Frankreich. Mit der neunmaligen Wiederkehr einer thematischen Einheit aus der *Air* «Une fièvre brulant» in seinem ›Richard Cœur-de-Lion‹ (ein Kunstgriff, der weithin Beachtung fand) schuf GRÉTRY die Grundlagen für die Leitmotiv-Technik der romantischen Oper.

Jean-François LE SUEUR (1760–1837) wurde in der französischen Provinz zum Kirchenmusiker ausgebildet und wirkte ab 1786 als Kapellmeister an Notre Dame. Da er in seinen Ansichten zu fortschrittlich war, wechselte er ins Lehrfach über, wo seine bedeutendsten Schüler GOUNOD und BERLIOZ waren. Ab 1804 stand er der Kapelle Napoleons vor. Mit dem *opéra comique* ›La Caverne ou Le Repentir‹ (Text: P. Derzy, Paris 1793) hatte er trotz der stürmischen politischen Ereignisse sofort einen durchschlagenden Erfolg. Auch LE SUEUR folgte den Rousseauschen Maximen von Natürlichkeit und Schlichtheit. Für ihn war die Musik in erster Linie dazu da, die Natur nachzuahmen und menschliche Leidenschaften auszudrücken.[96]

Auch in der Formbildung erwies sich der Wegbereiter der musikalischen Romantik als fortschrittlich; so finden sich in seinen Opern nebeneinander Satztypen der tragédie lyrique und dem opéra comique wie airs nach der fünfteiligen Dacapo-Form und strophische *airs*, ausgedehnte *récitatifs mesurées* und gesprochene Dialoge.

Als sein Meisterwerk gilt die tragédie lyrique ›Ossian ou Les Bardes‹ (Text: P. Derzy/J. M. Deschamps, Paris 1804), ein Lieblingswerk von Napoleon.[28] Die genialen Fälschungen von James Macpherson regten LE SUEUR zu einem Werk an, das man nur als musikalischen Zaubergarten bezeichnen kann: Die Hauptperson ist der Chor der Barden, der sich gleich im Verlauf der die Oper eröffnenden *Introduction* mit einem *Chant de la nuit* «Que le rivage» vorstellt, begleitet von einem im Piano spielenden Orchester mit zwei Harfen, die zum ständigen Instrumentarium der Partitur gehören. LE SUEURS récitatifs werden zumeist vom vollen Orchester ausgeführt, die Gesangsabschnitte bleiben nach italienischer Manier unbegleitet (I. Akt/1. Scene *Récitatif* der Hydala). Die Sologesänge folgen nicht mehr herkömmlichen Mustern, sondern sind zu großen Szenen gestaltet: Am Beginn des II. Akts singt Rosmala nach einer Orchestereinleitung den *Récitatif* «Quoi! ceux dont j'ai quitte», der in eine *air* überleitet, die mit dem Titel ›Chant de Selma‹ versehen ist – ein Hinweis auf die Herkunft des Textes aus dem gleichnamigen Abschnitt von Macphersons Dichtung. Die *air* gliedert sich (bei durchgehendem Text) in vier mit unterschiedlichen Tempi bezeichnete Teile, die noch durch zahlreiche Fermaten unterteilt sind; die Anlage endet als récitatif. Noch weiter ist die den IV. Akt eröffnende Szene des Ossian ausgebreitet: Sie beginnt mit einem *Prélude* (Largo, g-Moll), dessen Thematik sich in den Einwürfen des anschließenden *récitatif* «Qui je t'implore en vain» fortsetzt. Es folgt eine *Air chevaleresque* «Hélas! pour moi la vie», die fünf Satzteile enthält: Allegro comodo – Agité – *Récitatif mesurée* – Arioso («Epargne moi») – *Air romantique* «C'est l'amitié qui t'en conjure» (Form a b a1), wobei a1 in einem Duo mit Hydala übergeht (die Titel der Sätze stammen alle von LE SUEUR). Hier sind die alten Formen ganz zugunsten der Textausdeutung gesprengt, die Tempi und die Faktur der Sätze gehen jeder Änderung der Haltung des Textes nach. Die den III. Akt eröffnende *Air* des Rozmor «O toi! le seul bien qui me reste» ist eine Kavatine (Moderato poco andante 2/4) mit einer Kabaletta (Allegro 4/4), die mit ›Le chant des Héros‹ überschrieben ist.

Unter den Ensembles ragt der *Duo* Rosmala/Rozmor «Dieux! c'est vous, ma père» durch seine eminent dramatische Haltung hervor (III. Akt/3. Szene); in ihm ist der Stil der Großen Oper des 19. Jahrhunderts vorweggenommen. Die beiden Ensembles im IV. Akt fallen dagegen ab. Ein besonders beeindruckender Satz ist ferner die *Invocation* von Mornal und Duntalmo vor der Statue des Odin «Oh Dieu que suivent les allarmes» (I. Akt/6. Szene), bei der zusätzlich ein Männerchor ›Le chant du mort du Scandinave‹ mitwirkt. Im III. Akt/8. Szene eröffnet Hydala mit den Worten «Ombres de nos aieux» die ›Prophétie des Bardes‹, die sich in dreichöriger Anlage (Chor der Jungen, Chor der Skandinavier, Chor der Barden) zu einem grandiosen Aktschluß erweitert. Beide Sätze stehen in Es-Dur und damit in der Tradition der Ombra-Szene. Eine weitere Spitzenleistung stellt sich ab ›Le sommeil d'Ossian‹ im IV. Akt ein («Mais quel calme succède»): Nach einem ruhigen von Streichern begleiteten Abschnitt wechselt der Satz in ›Le Rêve d'Ossian‹ über, in dem ein Chor der Schatten («Heureux dans les combats») mitwirkt, währenddessen sich die Bühnendekoration verändert. Es folgt die ›Air fantastique pour la pantomime‹ mit Tänzen von Jungfrauen und Kriegern sowie Chorsätzen durchsetzt, die französische Variante eines Kettenfinales.

Luigi Carlo Zanobi Salvatore Maria CHERUBINI (1760–1842) wurde zuerst von seinem Vater und dessen Kollegen, später von SARTI in Bologna unterrichtet. Mit der opera seria ›Il Quinto Fabio‹ (Text: ?, Alessandra 1780) eröffnete er eine Reihe von Aufführungen in Rom, Livorno und Venedig. 1784 ging er nach London und 1786 nach Paris, wo er zwei Jahre später mit der tragédie lyrique ›Démophoon‹ (Text: J. F. Marmontel) debütierte.[34] Ein Jahr später wurde er Codirektor des Théâtre de Monsieur. Von Napoleon abgelehnt, ging er 1805 nach Wien, wo er die comédie-héroïque ›Lodoiska‹ (Text: C. Fillette-Loraux) zur Aufführung und seine Oper ›Faniska‹ (Text: I. v. Sonnleithner, Wien 1806) zur Uraufführung brachte. Neben GLUCK ist CHERUBINI der Vertreter der französischen Oper des 18. Jahrhunderts, dessen Werke sich ungebrochen bis zum Anfang des 20. Jahrhunderts auf den Bühnen hielten. Vor allem sein Opéra ›Médée‹ (Text: F. B. Hoffman, Paris 1797), der für die französische Oper des 19. Jahrhunderts, und sein Opéra ›Les deux Journées‹ (Text: J. N. Bouilly, Paris 1800), der für die deutsche romantische Oper richtungweisend waren, haben das Überleben seiner Werke gesichert.

Gemäß seiner Herkunft und Ausbildung begann CHERUBINI seine Laufbahn als Opernkomponist italienischer Prägung; selbst in dem für Paris geschriebenen ›Démophoon‹ läßt sich dies nachweisen. Die dreiaktige tragédie lyrique ist auf einen Handlungsvorwurf Metastasios gedichtet, aus dem das alte Schema Rezitativ–Arie trotz der rigorosen Überarbeitung und Einteilung in Szenen noch nachwirkt. In der Oper gibt es selbstverständlich nur noch récitatifs accompagnées, die vom Komponisten sehr dramatisch gestaltet sind und nicht selten vom vollen Orchester ausgeführt werden. Sie sind teils italienisch, teils deutsch gestaltet (mit Begleitakkorden unter den Gesangseinsätzen) und gehen häufig in den récitatif mésurée über. Die Mehrzahl der récitatifs wird bereits von feststehenden Begleitbausteinen bestimmt, die nach mehrmaliger Wiederholung in der nächsten Texteinheit einer neuen Gestalt Platz machen; so, wie dies CHERUBINI an den Opern GLUCKS kennenlernen konnte. Eine bereits in dieser Oper erkennbare Spezialität CHERUBINIS sind die kaum merklichen Übergänge von den récitatifs in die airs oder Ensembles. Gerne schob CHERUBINI noch einen ariosen Abschnitt dazwischen (I. Akt/ 5. Szene Dircé/Osmide «Le ciel m'envoye à ton secours»). Bei den geschlossenen Formen läßt sich als erstes die Neigung zu Sätzen konstatieren, die die französischen Normen an Umfang und Ausführlichkeit übertreffen. So ist die *Air* der Dircé im I. Akt/3. Szene nach dem Schema a b a1 b1 c gebaut (Textstrophen I II I II I), die *Air* der Dircé «Ciel! ouvais-je?» im II. Akt/3. Szene hat zwar die Textstrophenanordnung I II I, ist jedoch in ausführlicher Weise durchkomponiert, wobei im Tonfall eine deutliche Beethoven-Nähe feststellbar ist; die Verzweiflungs-*Air* des Osmide «Ah! mon desespoir» im II. Akt/7. Szene, die zugleich den Aktschluß bildet, ist eine große Nummer italienischen Stils (a a1 b a), in D-Dur stehend mit Allegro vivace bezeichnet und vom vollen Orchester inklusive drei Posaunen ausgeführt.

Auch die Ensembles sind bei CHERUBINI (wenn nicht besonders dramatische Vorgänge dem entgegenstehen) sorgsam geformt. Der großangelegte *Duo* Dircé/Osmide «Va le revoir» im I. Akt/5. Szene ist an der zweiteiligen Arie (Larghetto 2/4 – Allegro 4/4) orientiert, der *Duo* «Cédons au malheur qui m'oprime» der gleichen Protagonisten im II. Akt/4. Szene folgt dem Schema a b a1, wobei den b-Teil ein récitatif bildet. Der *Trio* Ircile/Néade/Démophoon «Vous l'allez voir a temple» folgt wieder der zweiteiligen Arienform. Ganz französisch sind die Schlüsse des II. und des III. Akts, die aus Chor- und Tanzsätzen bestehen. Im I. Akt/8. Szene «Ah! vous rendez la vie» findet sich schließlich eine vierchörige Anlage, zu der noch das Solo eines coryphée (= Chorführer) hinzutritt.

Der ›Démophoon‹ war das einzige Bühnenwerk, das CHERUBINI im Opéra aufführen konnte. Folglich sind alle anderen seiner Opern von der Form her Singspiele mit gesprochenem Dialog, auch wenn ihre Stoffe dem Seria-Kreis entnommen sind. Dies gilt in besonderem Maße für die ›Médée‹, in der das Auseinanderklaffen zwischen Inhalt und gewohnter Form die deutschen Zeitgenossen so störte, daß sich eine Version mit nachkomponierten Rezitativen von Franz LACHNER besser im Repertoire behaupten konnte als die Originalfassung. In diesem Werk, das CHERUBINI diplomatisch als *opéra* bezeichnet, kommt jene Qualität des Komponisten zum Tragen, die ihn weithin berühmt und zum Vorbild für L. v. BEETHOVEN, E. T. A. HOFFMANN, C. v.

WEBER und (über BEETHOVEN) A. SCHÖNBERG machte: als Meister des „obligaten Akkompagnements". Mit dieser Bezeichnung wurde schon zu Lebzeiten CHERUBINIS eine Satzweise charakterisiert, in der auch Begleitstimmen von der einem Satz zugrundeliegenden Thematik bestimmt sind. Diese Neuerung ist allerdings nur zum Teil CHERUBINI zuzuschreiben; sie beruht auf den feststehenden Begleitbausteinen im récitatif GLUCKS und wurde von CHERUBINI lediglich in die geschlossenen Formen übertragen, wobei diese thematischen Einheiten entsprechend der Fortentwicklung des Satzes laufend modifiziert wurden. Damit begann das „Zeitalter der thematischen Prozesse", wobei nicht übersehen werden darf, daß die zweifellos beachtlichen Vorgaben CHERUBINIS erst von BEETHOVEN zu jener Bedeutung emporgehoben worden sind, daß sie die Kompositionstechniken der folgenden 120 Jahre bestimmen konnten. Die schon etwas eher einsetzende Rückbesinnung auf J. S. Bach, (›Das wohltemperierte Klavier‹, ›Die Kunst der Fuge‹), in dessen Satzstil, wenn auch von einem anderen Standpunkt ausgehend, ebenfalls alle Stimmen der kontrapunktischen Formen sich auf eine „Keimzelle" zurückführen lassen, hat den Prozeß zweifellos begünstigt. Die Partitur der ›Médée‹ (Paris 1797; die nachfolgenden Betrachtungen beziehen sich auf den Text der Uraufführung) kennzeichnen also Begleitflächen in récitatifs, airs und Ensembles, die innerhalb bestimmter Abschnitte von fortlaufend wiederholten meist eintaktigen Bausteinen erfüllt sind. Mit jedem Harmoniewechsel ändern sich ihre Einzeltöne und auch die Intervalle, die rhythmische Struktur bleibt in der Regel erhalten. Hin und wieder werden die Bausteine halbiert und mit den Hälften neue Begleitflächen gestaltet. Diese „Verarbeitung" ist interessant und kompositionstechnisch anspruchsvoll; sie hat den Nachteil, daß sie von der Melodiebildung in den Vokalstimmen ablenkt. So zeigen vor allem in den Ensembles von CHERUBINI die Vokalpartien nicht selten Bildungen, die den Eindruck des Unverbindlichen machen – die Tonfolgen wirken auswechselbar.

Die dreiaktige Oper gliedert sich in Szenen, die nach französischem Muster mit Einzelsätzen und gesprochenen Dialogen ausgefüllt sind. Letztere sind gereimt und in ihrer Sprachqualität so bedeutend, daß ihre Wiederbelebung zwingend erscheint. Nach einer Ouvertüre in Form eines Sonatenhauptsatzes wird die 1. Szene des I. Akts mit einem pezzo concertante Dircé/zwei Begleiterinnen, Chor «Quoi lorsque tout s'empresse» eröffnet. In der ritournelle des Anfangs erklingt sieben Takte lang ein Baustein x, den ein punktierter Rhythmus kennzeichnet, in den restlichen Takten eine Einheit y in Form von fallenden Achtelnoten. Daraus und aus einer später im Satz auftauchenden Einheit z ist der ganze Begleitsatz gebildet, über dem sich die Vokalstimmen frei entfalten und, bedingt durch die gebundene Sprache, von sich wiederholenden Modellen mit meist anapästischem Rhythmus geprägt sind. Aus der Reihung der Bausteine (xy xy xy xy x y x y x z x z x x) läßt sich eine strophenartige Anlage des Satzes, dem ein umfangreicher Text zugrunde liegt, erkennen. Ein angehängter Allegroteil bildet den prélude für den folgenden *Récitatif* der Dircé, der in die *Air* «Hymen viens dissiper» mündet. Ihr liegen zwei Textstrophen zugrunde, die in einer großformatigen dreiteiligen Form (a b a1) unter Einbeziehung von Koloraturen vertont werden, wobei a1 zu einer großen Schlußanlage erweitert wird, die zugleich den prélude für den Auftritt Jason/Créon bildet; ein Stilkriterium CHERUBINIS, in dem sich italienisches Formgefühl und Ökonomie der französischen Dramaturgie vereinen. Die 2. Szene bildet ein gesprochener Dialog, die 3. Szene eröffnet ein marschartiger Satz in Form eines pezzo concertante, der von einer Begleiterin als Solistin und dem Chor ausgeführt wird (Form a b a; b mit Begleitbaustein). Nach einem Dialog singt Jason die verhältnismäßig kurze *Air* «Eloigné pour jamais» (a b a1), die in einem récitatif des Créon mündet. Das nachfolgende Sostenuto beginnt mit einem machtvollen Monolog des Créon («Dieux et Déesses»), der in ein Ensemble mit Chor führt; auch dieses folgt der Form a b a1 und ist mit Begleitbausteinen ausgestattet.

In dieser Art sind auch die weiteren Szenen der Oper behandelt. Hervorzuheben sind die *Air* der Médée «Vous voez de nos fils», in der der umfangreiche Text durchgeht, die musikalische Form jedoch frei a b a1 folgt, die *Air* der Néris «Ah nos peines» mit obligatem Fagott. In beiden ist die Melodik des Vokalparts trotz der Begleitbausteine überzeugend gestaltet. Ferner die beiden *Duos* Médée/Jason «Perfides ennemis» (I. Akt/7. Szene) und «Chers enfans» (II. Akt/5. Szene). Der erstere, als „Haßduett" in die Literatur eingegangen, steht in e-Moll (Allegro 4/4), folgt der Form a a1 b a2 b1 und bildet mit seiner düsteren Dramatik einen wirkungsvollen Aktschluß; der andere folgt der Form a b a1 b1, wobei in beiden Sätzen die Formung über die Begleitbausteine erfolgt; die melodische Gestaltung der Gesangspartien kann dafür nicht herangezogen werden. Auffällig ist das Fehlen von trios und quatuors; alle anderen Ensembles sind großdimensioniert und mit Chorsätzen ausgestattet. Hierzu gehört der ›Morceau d'Ensemble‹ «Ah! du moins à Médée» im II. Akt/3. Szene (sehr frei a1 mit dazwischengeschobenen récitatifs), ein äußerst dramatischer Satz mit einem umfangreichen Text, an dem Médée, Créon und der Chor beteiligt sind sowie das ungeheuer wirkungsvolle Finale des II. Akts, in dem im Hintergrund (mit Fernchor) die Trauungszeremonie zwischen Dircé und Jason abläuft, während vorne Médée mit ihrer Dienerin Néris in gesprochenem Dialog die Überreichung des todbringenden Schleiers an die junge Braut vorbereitet. Ein gesungenes Solo der Médée schließt sich an, das in einen pezzo concertante führt; Hochzeitschor und Rachegesang der Médée bilden einen äußerst kontrastreichen Schluß dieses neungliedrigen Kettenfinales, bei dem einzelne Glieder oft nur wenige Takte lang sind.

Im Hinblick auf die durchkomponierte Oper des 19. Jahrhunderts ist der III. Akt der ›Médée‹ höchst aufschlußreich. Er beginnt mit einer *Introduction*, die als tempête ein nächtliches Gewitter darstellt, in dem (bei gehobenem Vorhang) Médée, Néris und die Kinder aufeinandertreffen. Nach einem gesprochenen Dialog folgt die *Air* der Médée «Du trouble affreux», die zweiteilig ist: Adagio/Allabreve und Allegro ⁴/₄. Der langsame Teil beginnt wie ein récitatif und verdichtet sich allmählich zur air, der rasche Teil folgt der Form a b a1. Wieder gibt es einen Dialog zwischen Médée und Néris, darauf einen récitatif, vom vollen Orchester ausgeführt, der, mit zahlreichen Tempowechseln versehen, die Hin- und Hergerissenheit der Zauberin eindrucksvoll widerspiegelt. Der récitatif verdichtet sich zum arioso und weiter zu einer *air* (a b a1), die in einen pezzo concertante übergeht, in dem die Einsätze der Médée und des Chors alternieren. Hinzu kommen die Klagen des Jason um die tote Braut. Ein weiterer récitatif der Médée führt in einen arienartigen Satz, in dem die Zauberin die Eumeniden anruft. Es folgt ein pezzo concertante mit Jason und die Ankündigung des Kindermords durch Néris. Die letzte Auseinandersetzung zwischen Médée und Jason erfolgt in Form eines umfangreichen récitatif, die Oper endet mit einem Ensemble Néris/Jason/Chor vor dem Hintergrund einer tempête im Orchester. Auch hier handelt es sich um ein Kettenfinale (sieben Glieder), bei dem aber die Übergänge von Satz zu Satz so fließend gestaltet sind, daß gleichzeitig der Eindruck einer großen durchkomponierten Anlage entsteht.

In eine freundlichere Welt führt die keineswegs undramatische bürgerliche Rettungsoper ›Les deux Journées‹, unter dem Titel ›Der Wasserträger‹ in Deutschland „eine Zierde des älteren Opernrepertoires"[83] bis in unser Jahrhundert. Der handliche Dreiakter ist in Szenen und (14) Nummern gegliedert, zwischen denen gesprochene Dialoge stehen. Auffällig ist die häufige Verwendung des Melodrams in dieser Oper (in den Nummern 7, 8, 11, 12, 13), die wohl als Versuch CHERUBINIS anzusehen ist, die Kluft zum gesprochenen Dialog zu überbrücken. Die beiden Solonummern *Couplet No. 1* (I. Akt) Antonio «Un pauvre petit Savoyard» und *Couplet No. 2* Mikeli «Guide mes pas» sind strophisch; der erste couplet erweitert sich am Schluß durch die Mitwirkung von Marcelina und Daniel zum *Trio*. Ferner gibt es einen *Duo* Constance/Armand «Me séparer de mon époux» mit vorangehendem récitatif, der aus zwei Monologen (a b), einem sich wiederholenden Duettsatz (c c1) und einer selbständigen Schlußanlage besteht sowie einem *Trio* No. 3 Armand/Constance/Mikeli «O mon libérateur», der strophisch beginnt (a a1 a2 b a3 a4 c a5), später aber durch neu hinzukommende Gedanken aufgelockert wird. Von Bedeutung ist die darin gezeigte Verarbeitung der Begleitbausteine: Anfangs regiert eine eintaktige Gruppe mit punktiertem Rhythmus den Satz, doch eine Überleitungsfloskel zwischen a und a1 gewinnt zunehmend Bedeutung und wird schließlich dem ersten Baustein gegenübergestellt. Der *Finale No. 5* ist ein Kettenfinale mit sechs Gliedern, in das kurze récitatifs eingeschoben sind. Er weist eine Tonartenarchitektur auf (Es-G-C-f-B[g]-g[B]-Es) und vereinigt in sich italienische und französische Stilmittel. Der *Finale* No. 9 hat nur drei Glieder, der *Chœur final* No. 14 ist ein kurzer Satz nach Art eines vaudeville mit nur einem Solo (Mikeli); in ihm wird eine Melodie aus der No. 1 wiederaufgenommen. Von Interesse sind ferner die beiden *Morceaux d'ensemble* No. 7 «Regarde moi» und No. 13 «Que ce silence est effrayant». Das erste Ensemble, dessen Text durchläuft, hat die Form a a1 b c a3, beginnt jedoch als Melodram. Das andere Ensemble beginnt gleichfalls als Melodram, zeigt aber durch zahlreiche Fermaten, kurze rezitativische Einschübe und Tempowechsel eine aufgerissene Satzstruktur, die sich erst nach 76 Takten konsolidiert. Zu den drei Solostimmen treten zwei kunstvoll geführte Chöre hinzu; bis auf eine kurze Wiederholung eines Abschnitts ist die Form frei gehandhabt. Mit diesen beiden Opern ist CHERUBINI den Forderungen des Dramas soweit wie möglich entgegengekommen. Auch die airs in der ›Médée‹ haben dramatische Funktion, in ›Les deux Jounées‹ ist auf sie ganz verzichtet. Hinzu kommt der weitgehende Verzicht auf Textwiederholungen zugunsten einer präexistenten Formvorstellung wie bei den Italienern. Somit ist die Oper CHERUBINIS zu den besonders geglückten Beispielen für die Balance Drama–Musik zu zählen.

Etienne-Nicolas MÉHUL (1763–1817) wurde in der Provinz als Kirchenmusiker ausgebildet, ging 1778 nach Paris, wo er bei J. Fr. EDELMANN studierte und GLUCKS Bühnenwerke kennenlernte. Nach neun unveröffentlichten Opern trat er 1791 erstmals mit ›Alonzo et Cora‹ (Text: N. Valadier) hervor, eine Oper, der der Erfolg infolge ihres schwachen libretto versagt blieb. Doch eine schon 1790 einsetzende Zusammenarbeit mit dem ›Médée‹-Librettisten Hoffman erwies sich als überaus günstig. MÉHUL arbeitete von da an ständig für die Comédie Italienne und galt bald als hervorragender Dramatiker, aber auch als äußerst fortschrittlicher Komponist, wie sich noch heute an seiner kühnen Harmonik und den neuartigen Instrumentationseffekten ablesen läßt. Mit seinem opéra ›Joseph‹ (Text: A. Duval, Paris 1807) errang er jedoch Weltgeltung; das Werk hat noch auf R. WAGNER Einfluß genommen.

Die Oper ist in eine (französische) Ouvertüre und drei Akte gegliedert, die insgesamt 14 Nummern und gesprochene Dialoge in Prosa enthalten. Daneben gibt es auch den récitatif, der in Einzelfällen vom ganzen Orchester begleitet wird. Die Solonummern sind zum Teil strophisch gehalten (No. 2 *Romance* Joseph «A peine au sortir de l'enfance», No. 7 *Romance* Benjamin «Ah! lorsque la mort trop cruelle»). Die *Air* No. 1 Joseph «Vainement Pharaon dans sa reconnaissance» hat zwei Teile (Adagio 3/4 a a1; Allegro 4/4 b c d b1 d1 c1 b2 b3), wobei die ersten beiden Textstrophen im langsamen Teil in den Tonarten von Tonika und Dominante vertont sind. Im Allegro erhalten die restlichen drei Strophen je eine eigene Vertonung (b c d), woraus der Text ab der letzten Zeile der 4. Strophe wiederholt wird. In der Begleitung, die von Bausteinen bestimmt ist, erfolgt eine Art Resumée der vorangegangenen Strophenvertonungen. MÉHUL war sicherlich von dieser Technik CHERUBINIS beeinflußt; doch verwendete er die Bausteine viel sparsamer als sein Vorbild;

zwischendurch gibt es immer wieder Satzteile, die frei von ihnen sind. Das gilt auch für den *Duo* No. 12 Benjamin/Jacob «O toi! le digne appui d'un père», der seine Binnengliederung durch die Wiederholung einzelner Taktgruppen erhält, und den *Trio* No. 8 Benjamin/Joseph/Jacob «Des chants lointains out frappé mon oreille», der zweiteilig ist. Beide Nummern kennzeichnet eine Behandlung der Vokalpartie à la aria a ... Eine durch den Stoffkreis bedingte neu auftauchende Form stellen die beiden *Cantiques* No. 6 und No. 11 dar. Der erste («Dieu d'Israel!») wird von einem Frauen- und einem Männerchor zuerst abwechselnd und dann gemeinsam ausgeführt, kurzfristig durch einen gesprochenen Monolog des Joseph unterbrochen; die Begleitung beschränkt sich auf Stützakkorde der Blechbläser (a a1 a2). Der andere *Cantique* («Aux accents de notre harmonie») ist ein strophisch aufgebauter pezzo concertante, ausgeführt von einem Mädchen, einem Mädchenchor und dem Chor der Söhne Jacobs. Viermal erklingt immer leicht und zum Schluß stark verändert und um den Männerchor erweitert der Chorsatz; dazwischen schieben sich die Soli des Mädchens. Im Begleitorchester wirkt eine Harfe mit.

Entsprechend den Usancen der an dem Opéra Comique gegebenen Werke ist das letzte Finale ausnehmend kurz; es besteht aus einem Chorsatz, der durch einige Einsätze der Protagonisten aufgelockert ist. Hingegen sind die Finali des I. und II. Akts mit je vier Gliedern mittelgroße Kettenfinali, wobei das letztere einen großangelegten récitatif zwischen Benjamin, Joseph und Utabal enthält, den feststehende Orchestereinheiten prägen. Den Schluß bildet ein schwungvolles Allegro, in dem der Chor neben blockhaften Einsätzen auch kontrapunktisch strukturierte Abschnitte ausführt.

Insgesamt ist die Faktur des ›Joseph‹ schlichter als die von ›Les deux Journées‹; aber gerade diese neue Einfachheit hat die Musikfreunde jenseits des Rheins begeistert; nur zwei Jahre später schlossen sich die ersten Nazarener in Wien zusammen.

Bei überschlägiger Betrachtung der französischen Oper des 18. Jahrhunderts wird man an ihr eine im Vergleich zur italienischen Oper stärker dialogische Haltung feststellen können. Dies ist zum einen bedingt durch die andersartige Prägung der französischen Librettistik, zum anderen aber auch durch die kürzere (und weniger mit Koloraturen befrachtete) air. Hingegen haben die récitatifs gegenüber den recitativi häufiger monologischen Charakter, sie werden als Träger für Emotionsdarstellungen stärker herangezogen als ihre italienischen Pendants. Als Ausgleich verfügt jedoch die französische Oper im Gestischen über den Monolog: Der entrée und der ballet zielen – bis auf wenige Ausnahmen – auf den Zuschauer. Französische Libretto-Qualität und die knapperen musikalischen Formen begünstigen die Entwicklung der französischen Oper hin zum „Musikdrama" des 19. Jahrhunderts. Seine Erfüllung vollzog sich freilich – anfangs von französischen Vorbildern ausgehend, aber diese letztlich übertreffend – in Deutschland und Italien.

5. LONDON

Wie schon in II.8 ausgeführt, war der frühe Tod von H. PURCELL ein großes Unglück für die Entwicklung der englischen Oper. Hätte dieser Komponist bis etwa 1720 weitergelebt, so wäre nicht nur die englische, sondern auch die amerikanische Operngeschichte anders verlaufen; Einflüsse auf die deutsche Oper wären zumindest denkbar gewesen. Als HÄNDEL 1710 nach London kam, stieß er auf keinerlei bodenständige Konkurrenz. Die ab 1705 im Queen's Theatre und 1719 in der nach französischem Vorbild gegründeten Royal Academy of Music gepflegte italienische Oper beruhte auf Importen wie etwa Werken von A. SCARLATTI, den BONONCINI, ARIOSTI u. a. Erst mit dem 1733 an die neugegründete Opera of the Nobility berufenen N. PORPORA hatte HÄNDEL einen ernsthaften Rivalen. Die Erfolge von Chr. W. Gluck und J. Chr. BACH berührten ihn nicht mehr, hingegen machte ihm die Popularität der ›Beggar's Opera‹ von Johann Christoph PEPUSCH (1667–1752) zu schaffen, der mit der sich ab 1728 rasch verbreitenden *ballad opera* die Oper höheren künstlerischen Anspruchs in Frage stellte. Dieser Vorgang, dem bis heute eine Art schadenfroher Sympathie entgegengebracht wird, war jedoch für die englische Oper mindestens so folgenschwer wie PURCELLS früher Tod. Denn die Bühnenwerke der Thomas LINLEY I. (1733–1795), Charles DIBDIN (1745–1814), William SHIELD (1748–1829) und Thomas LINLEY II. (1757–1778) sind bis auf wenige Ausnahmen von gesprochenen Dialogen, einfachsten strophischen Formen und Rundgesängen geprägt; für eine Entwicklung war das Genre nicht geeignet. HÄNDEL betrat England als Repräsentant der italienischen Oper. Beginnend mit seiner überaus erfolgreichen opera seria ›Rinaldo‹ (Text: G. Rossi, London 1711) setzte eine umfangreiche italienische Produktion ein, die erst unter dem Druck der Verhältnisse aufgegeben wurde: Seine Übersiedlung nach Covent Garden im Jahre 1732 ließ ihn kurzfristig eine Form entwickeln, die sich am opéra-ballet orientierte (›Terpsichore‹, Text: ?, London 1734; ›Ariodant‹, Text: A. Salvi, London 1735; ›Alcina‹, Text: A. Marchi, London 1735). Danach erfolgte die endgültige Hinwendung zum Oratorium, in das HÄNDEL aber die Formenwelt der neapolitanischen Oper hineintrug. Versuche, an die englische Tradition anzuknüpfen (›Hamann and Mordecai‹, a Masque, Text: A. Pope, London 1719; ›Acis and Galatea‹, Text: J. Gay, London 1720), blieben Einzelfälle.

Das neapolitanische Opernmodell hatte für HÄNDEL zeit seines Lebens Gültigkeit. Daß er es im Verlaufe eines langen und ertragreichen Schaffens immer wieder modifizierte, lag auf der Hand. Doch seine Grundzüge – zahlreiche kurze Sätze, recitativo semplice, Dacapo-Arie, wenige Ensembles und sparsamer Einsatz des Chores – blieben unverändert wirksam. Erst mit dem Oratorium verschoben sich in der Formgebung die Akzente – vor allem zugunsten des Chores. Eine Sonderentwicklung machte der recitativo accompagnato durch: In den frühen Opern noch zurückhaltend eingesetzt, entwickelte er sich zum der Arie ebenbürtigen Ausdrucksträger (›Tamerlano‹, Text: A. Piovane/N. Haym, London 1724, Sterbeszene des Bajazet; ›Orlando‹, Text: G. Braccioli, London 1733, Wahnsinnsszene des Orlando; ›Heracles‹, Text: Th. Broughton, London 1745, Verzweiflungsszene der Deiamira); der *accompagnato* seiner Oratorien verlor allerdings immer mehr den rezitativischen Charakter und entwickelte sich über den recitativo obbligato zum arioso. Lediglich die Stellung vor der Arie wurde beibehalten.

Die heute wohl bekannteste Oper HÄNDELS ›Giulio Cesare‹ (Text: N. Haym, London 1724) ist eine opera seria neapolitanischen Zuschnitts.[33] Auf die drei Akte des Werks sind 42 Nummern verteilt, von denen allein 29 Arien sind; ferner gibt es drei ariosi, vier recitativi accompagnati, drei Duette und drei Chöre. Bei den Arien dominiert die fünfteilige Dacapo-Anlage. Besonderheiten bieten die *Aria* der Cleopatra «Tutto può, donna vezzosa», in der die Oboe ständig mit der Singstimme gekoppelt ist, sowie ihre *Aria* «V'adoro pupille», in der zusätzlich ein Bühnenorchester mitwirkt und zwischen den b-Teil und das Dacapo ein kurzes Rezitativ des Cesare eingefügt ist, sowie die *Aria* des Cesare «Va tacito e nascosto» mit obligatem Horn und «Se infiorito ameno prato» mit obligater Violine. In der *Aria* des Sesto «Svegliatevi nel core» ist der b-Teil in Takt und Tempo abgesetzt. Die Oper hat latente französische Einflüsse: Dies zeigt die Anlage der Ouvertüre, ferner die 7. Szene des I. Akts, wo nach dem stimmungsvollen recitativo accompagnato des Cesare ein recitativo semplice folgt. Die Szenen IV und VII enthalten recitativi accompagnati, die von entrées eröffnet werden. Im ersteren Fall schließt sich eine *Aria* des Cesare an («Aure deh, per pietà»), bei der den Mittelteil ein recitativo accompagnato bildet. Mit der *Aria* des Cesare «Presto omai l'Egizia terra» ist die variierte Strophenform vertreten (a a1 a2); dem Stück liegt eine Textstrophe zugrunde. Die recitativi semplici sind ganz italienisch gehalten; sie weisen zahlreiche Tonrepetitionen auf. Die recitativi accompagnati zeigen deutsches Gepräge; die Einsätze der Singstimmen sind mit gehaltenen Streicherakkorden unterlegt. Zu erwähnen ist ferner der *Duetto* Cleopatra/Cesare «Caro! Bella!» im III. Akt, der der Form der Dalsegno-Arie folgt. Er steht, so wie der den I. Akt beschließende *Duetto* Sesto/Cornelia «Son nata a lagrimar», im Siciliano-Rhythmus.

Thomas Augustin ARNE (1710–1778) war Schüler von F. S. Geminiani und M. Chr. Festing. Mit der Oper ›Rosemond‹ (Text: J. Addinson, London 1733) begann ein Schaffen für die Bühne, das rund 30 Opern und Singspiele umfaßte.[97] In ›The Masque of Alfred‹ (Text: J. Thomson, London 1740) gelang dem auch als Liedkomponisten erfolgreichen ARNE mit dem song ›Rule Britannia‹ ein großer Wurf. Als Opernkomponist zeigte er sich Einflüssen von HÄNDEL und der französischen Oper aufgeschlossen. Dies zeigt sich an dem gelungenen Einakter ›The Judgment of Paris‹, a Masque (Text: W. Congreve, London 1740). Er wird von einer französischen Ouvertüre und zwei Tänzen eröffnet. Der anschließende recitativo semplice des Mercury "From high Olympus" ist ganz italienisch gehalten und mündet in einen recitativo accompagnato des Paris "Oh ravishing delight", der deutsche Faktur zeigt und von feststehenden Orchestereinwürfen geprägt ist. Der Satz geht zuerst in einen arioso, dann in die air "Save me from excess" über, die kurz (a b a1) und koloraturenreich ist. Bei der air des Mercury ("Fear not mortal") handelt es sich hingegen um eine ausgebreitete fünfteilige Dacapo-Arie. Der gleichen Form ist auch die air der Pallas "The glorious voice of war" verpflichtet; ihr Mittelteil ist in Takt und Tempo abgesetzt. Zu einem größeren Komplex sind die air der Venus "Gentle swain! Hither turn thee" und das nachfolgende trio von Venus, Pallas und Juno zusammengefaßt; nachdem Venus die 1. Strophe vorgetragen hat, entwickelt sich eine fünfteilige Dacapo-Anlage, in der die Göttinnen im Wechsel versuchen, die Aufmerksamkeit des Paris auf sich zu ziehen. Der duo Mercury/Paris "Happy I of human race" und die air der Juno mit Chor "Let ambition fire thy mind" sind rondoartig angelegt. Die air des Paris "Distracted I turn" hat zwei Teile, wovon der letztere der Form a b a1 folgt. Das masque schließt mit zwei wirkungsvollen Chören.

William SHIELD (1748–1829) war einer der erfolgreichsten Vertreter der ballad opera, wie sie durch PEPUSCH eingeführt wurde. Nach Lehrjahren und kleineren Anstellungen in der englischen Provinz wurde er Orchestermusiker in London und ab 1778 Hauskomponist des Covent Garden Theatre. Sein äußerst umfangreiches Bühnenschaffen enthält u. a. eine Vertonung von Beaumarchais' ›Mariage de Figaro‹ (London 1784).[70] Ein typisches Beispiel für seinen Stil bildet die comic opera ›The poor Soldier‹ (Text: J. O'Keeffe, London 1783). Das zweiaktige Werk enthält in sieben Szenen gesprochene Dialoge und Solonummern. Den Schluß bildet ein vaudeville, in dem die Melodie abwechselnd auf die Protagonisten verteilt ist und am Ende ein Frauenchor einfällt. Im Vergleich zu anderen Operngattungen fehlen Rezitative, Ensembles und Tänze. Der Orchestersatz ist auf einfachste Mittel beschränkt. Die Solonummern sind mit einer Ausnahme durchwegs strophisch angelegt und mit kleinen Vor-, Zwischen- und Nachspielen ausgestattet. Der song No. 2 des Dermot "Sleep on my Cathleen dear" folgt der Form a b b. Es ist diese Art von musikalischen Bühnenwerken, die über Jahrzehnte hinweg auch das Repertoire der aufkommenden Opernpflege in Nordamerika bestimmt hat und nahtlos in die extravaganza ›The Black Crook‹ (New York 1866) führte, die als Urahnin des Musicals gilt.

Daß comic operas aber auch kunstvoller gestaltet werden konnten, zeigt

›No song no supper‹ (Text: Prince Hoar, London 1790) des Mozart-Zeitgenossen und -Schülers Stephen STORACE (1762–1796), ein in London gebürtiger Halbitaliener.[53] Er studierte kurzfristig in Neapel und begann seine umfangreiche Opernproduktion in Wien (1785) mit der opera buffa ›Gli sposi malcontenti‹ (Text: S. Brunati). In London trat STORACE dem Drury Lane Theatre bei, das ihn später als Hauskomponisten verpflichtete.[54]

Das zweiaktige Werk enthält 15 Nummern, zwischen denen Dialoge gesprochen werden. Der Tonfall der Musik ist stark der Wiener Klassik verpflichtet, die einzelnen Sätze haben mittelgroße Vor- und Nachspiele und sind farbig instrumentiert. Die Melodik ist meist liedhaft. Eine Spezialität von STORACE sind die gelungenen Naturschilderungen. Die zehn airs der Oper sind zwar zumeist strophisch angelegt, aber kunstvoll ausgestaltet (*air* No. 2 der Dorothy "Go George, I can't endure you", *air* No. 9 des William "From aloft the sailor looks around"). Doch gibt es auch andere Lösungen: Die zwei Textstrophen der *air* No. 1 des Frederick "The ling'ring pangs" sind in der Form a b vertont, wobei ab dem Wort "ocean" in der 2. Strophe die Violinen marittima-Figuren ausführen; die vier Textstrophen der *air* No. 5 der Margeretta "With lowly suit" sind in der Form a b a b vertont. Die zwei Textstrophen der *air* No. 11 des Frederick "Pretty maid, your fortune's here" werden zwar wiederholt (I, II, I, II), jedoch einer Durchkomposition unterzogen. Die *air* No. 14 der Margeretta "Across the downs" ist zwar auch strophisch gehalten, doch sind zwischen die einzelnen Strophen gesprochene Dialoge eingeschoben. Jedes der drei Ensembles folgt einer anderen Form: Das *trio* No. 6 Margaretta/Dorothy/Nelly "Knocking at this time of day" ist strophisch mit einem leichten Rondo-Einschlag, das ganz auf das bäuerliche Ehepaar Dorothy/Crop zugeschnittene *duo* No. 7 "I think I'll venture to surmise" (Allegretto 6/8) ist ein durchkomponiertes Sätzchen, das *duo* No. 12 Louisa/Frederick "Thus ev'ry hope obtaining" folgt dem Schema der zweiteiligen Arie (Andante 4/4, Allegro 2/4), wobei der zweite Teil traditionell die Form a b a1 aufweist. Die beiden Finale sind kurz und schlagkräftig, im letzten wechseln sich die Soli mit Choreinsätzen ab.

Die Entwicklung der englischen Oper zeigt eine deutliche Tendenz in Richtung „Dialog". Die italienische Oper mit ihrer Monologhaltung wurde frühzeitig bekämpft, als unecht und unenglisch empfunden und an ihre Stelle das Singspiel gesetzt. Daß es in seinen gesprochenen Dialogen auch das Publikum hin und wieder adressierte, entsprach der Tradition des englischen Schauspiels. Hand in Hand damit ging allerdings eine Simplifizierung des Genres, die der Grund dafür ist, daß es restlos der Vergessenheit anheimgefallen ist.

LITERATUR

a) Nachschlagewerke

Biographie universelle des musiciens et Bibliographie générale de la musique par F.-J. Fétis, Paris 1873.
Die Musik in Geschichte und Gegenwart. Allgemeine Enzyklopädie der Musik, hrsg. von Fr. Blume, Kassel 1949 ff.
Dizionario enciclopedico universale della musica e dei musicisti, hrsg. von A. Basso, Turin 1983 ff.
Enzyclopädie der gesamten musikalischen Wissenschaften oder Universal-Lexicon der Tonkunst (G. Schilling), Stuttgart 1835 ff.
Musikalisches Conversations-Lexikon ... begründet von H. Mendel, vollendet von A. Reismann, Leipzig 1870 ff.
Musikalisches Lexikon ... von H. Chr. Koch, Frankfurt a. M. 1802.
Musikalisches Lexikon von J. G. Walther, Leipzig 1732.
Neues Universal-Lexikon der Tonkunst, hrsg. von J. Schladebach, Dresden 1855 ff.
Riemann Musiklexikon, hrsg. von W. Gurlitt und H. H. Eggebrecht, Mainz 1959 f. sowie Ergänzungsbände, hrsg. von C. Dahlhaus, Mainz 1972.
The New Grove Dictionary of American Music, hrsg. von S. Feder, London/New York 1986.
The New Grove Dictionary of Music and Musicians, hrsg. von St. Sadie, London 1980.

b) Einzeldarstellungen

(1) Abert, H.: Paisiellos Buffokunst. In: AfMw I (1919).
(2) Abert, H.: J. Chr. Bachs italienische Opern und ihr Einfluß auf Mozart. In: ZfMw I/6 (1919), S. 313 f.
(3) Abert, H.: W. A. Mozart, 2 Bände, Leipzig 1923.
(4) Abert, H.: Die Stuttgarter Oper unter Jomelli. In: Neue Musikzeitung XLVI (1925).
(5) Angermüller, R.: A. Salieri. Sein Leben und seine weltlichen Werke unter besonderer Berücksichtigung seiner „großen" Opern, München 1971.
(6) Antoine, M.: Henry Desmaret, Paris 1865.
(7) Antonicek, T.: Die Damira-Oper der beiden Ziani. In: Analecta No. 14 (1974), S. 176 ff.
(8) Antony, J. R.: French Baroque Music from Beaujoyeulx to Rameau, London ²1978.
(9) Arditi, E.: Ferdinando Bertoni. In: Musica d'oggi IX (1927).

(10) Barthélemy, L.: Les divertissements de J.J. Mouret pour les comédies de Dancourt. In: RBM VII (1953).
(11) Barthélemy, L.: Les opéras de Marin Marais. In RBM VII (1953).
(12) Beck, H.: Die venezianische Musikerschule im 16. Jahrhundert. In: Schriftenreihe der norddeutschen Universitätsgesellschaft 37, Wilhelmshaven 1968.
(13) Beer, O.: Mozart und das Wiener Singspiel, Diss. Wien 1921.
(14) Bekker, P.: Musikgeschichte als Geschichte der musikalischen Formwandlungen. In: MK XVIII (1925/26).
(15) Bellucci la Salandra, M.: Saggio cronologico delle opere teatrali di G. Latilla. In: Japigia V (1935), S. 310.
(16) Biblioteca Bononensis. Collana dir. da G. Vecchi dell'Università degli Studi di Bologna, Sez. IV, No. 5, Bologna o. J.
(17) Bie, O.: Die Oper, Berlin 1913, S. 19.
(18) Bloch, H.: T. Traetta's Reform of Italian Opera. In: Collectanea historia III (1965), S. 5 f.
(19) Boilisle. A. M.: Les débuts de l'opéra français à Paris. In: Mémoirs de la Société de l'histoire de Paris II (1876), S. 172 ff.
(20) Bontempi, G. A.: Il Paride, Dresden 1672 (?), Vorrede.
(21) Braun, W.: Vom Rempter zum Gänsemarkt. Aus der Frühgeschichte der alten Hamburger Oper (1676–1708). In: Saarbrücker Studien zur Musikwissenschaft, Neue Folge, Bd. I, Saarbrücken 1987.
(22) Brenet, M.: Desmarets, un compositeur oublié du 17e siècle. In: Le menestrei 1883, S. 39 f.
(23) Brenn, F.: Das Wesensgefüge der Musik. In: KG Basel, Kassel 1951, S. 77 f.
(24) Briganti, F.: G. A. Angelini-Bontempi (1624–1705), musicista, letterato, architetto Perugia-Dresda, Florenz 1956.
(25) Bukofzer, M.: Music in the Baroque Era, New York 1947, S. 133 ff.
(26) Calmus, G.: Die ersten deutschen Singspiele von Standfuß und Hiller. In: Publikationen der Internationalen Musik-Gesellschaft, Beihefte II, Serie VI, Leipzig 1908, S. 1 ff.
(27) Celani, E.: I cantori della cappella pontificia nei secoli VXI–XVIII. In: RMI, XIV (1907), S. 83, 752.
(28) Charlton, D.: Ossian. Le Sueur and Opera. In: SMA XI (1977), S. 37 ff.
(29) Cherbuliez, A.-E.: G. B. Pergolesi, Leben und Werk, Zürich/Stuttgart 1954.
(30) Coradini, F.: A. M. Abbatini e L. Abbatini: Notizie biografiche, Arezzo 1922.
(31) Croll, G.: A. Steffani (1654–1728). Studien zur Biographie, Bibliographie der Opern und Turnierspiele. Diss. Münster 1960.
(32) Dahlhaus, C.: Vom Musikdrama zur Literaturoper, München 1981, S. 7 f.
(33) Dean, W.: Handel's Giulio Cesare. In: The Musical Times CIV (1963), S. 402.
(34) Dean, W.: Opera under the French Revolution. In: PRMA CIV (1967/68).
(35) Dechant, H.: E. T. A. Hoffmanns Oper «Aurora». In: Regensburger Beiträge zur Musikwissenschaft, hrsg. von H. Beck, Regensburg 1975.
(36) Dechant, H.: Musikland Österreich. In: Die Welt des Barock, hrsg. von R. Feuchtmüller, Wien 1986, S. 162 ff.
(37) Dechant, H.: Das Taktgewicht in der Musik von 1750–1950 (in Vorbereitung).
(38) Della Corte, A.: L'opera comica italiana nel '700. Bari 1923 I, S. 141 ff., II S. 216 ff.

(39) Dent, E.J.: Ensembles and Finales in 18th Century Italian Opera. In: SIMG XI (1909/10), SIMG XII (1910/11).
(40) Dent, E.J.: Notes on Leonardo Vinci. In: The Musical Antiquary IV (1912/13), S. 193 f.
(41) Dent, E.J.: Foundations of the English Opera, Cambridge 1928.
(42) Dent, E.J.: A. Scarlatti. His Life and Works. Neuausgabe von F. Walker, London ²1960, S. 134.
(43) Dimitri/Themelis: Zwei neue Funde aus Laureotike und aus Pelion. In: Die Musikforschung 42, Jg. 1989, Heft 4, S. 307 ff.
(44) Döhring, S.: Die Arienformen in Mozarts Opern. In: Mozart-Jb. 1968/70, Salzburg 1970, S. 66 ff.
(45) Doernberg, E.: A. Gyrowetz. In: M & L XLIV 1963, S. 21 f.
(46) Donath, O.: F. L. Gassmann als Opernkomponist. In: StMw XIV (1927), S. 34 ff.
(47) Doni, G.B.: Compendio dell'Trattato de'Generi e de'Modi della Musica, Rom 1635.
(48) Doni, G.B.: Lyra Barbarini, Bd. II, Florenz 1763.
(49) Downes, E.: The Neapolitan Tradition in Opera. In: KB New York 1961, S. 277 ff.
(50) Druilhe, P.: Monsigny, Paris 1955.
(51) Einstein, A.: Die Aria di Ruggiero. In: SIMG XIII (1910/11); Ancora sull'aria di Ruggiero. In: RMI XLI (1937).
(52) Engel, G.: Der Begriff der Form in der Kunst und in der Tonkunst insbesondere. In: VfMw II (1886).
(53) Fiske, R.: The Operas of Stephen Storace. In: PRMA LXXXVI (1959/60), S. 29 ff.
(54) Fiske, R.: English Theatre Music in the Eighteenth Century, London 1973.
(55) Florimo, F.: La Scuola musicale di Napoli e di suoi conservatori, II, Neapel ²1969, S. 262 ff.
(56) Fuchs, M.: Die Entwicklung des Finales in der opera buffa vor Mozart. Diss. Wien 1932.
(57) Garett, E.V.: G. Benda, the Pioneer of the Melodrama. Studies in Eighteenth-century Music: a tribute to Carl Geiringer, London 1970, S. 236 ff.
(58) Geiringer, K.: J. Haydn. Der schöpferische Werdegang eines Meisters der Klassik, Mainz 1959, S. 267 ff.
(59) Geiringer, K.: Die Orlando-Opern von P. A. Guglielmi. In FS K. G. Fellerer, Köln 1973, S. 141 f.
(60) Gerber, R.: Der Operntypus J. Hasses und seine technischen Grundlagen = Berliner Beiträge zur Musikwissenschaft II, Berlin 1925.
(61) Gerber, R.: Chr. W. Gluck, Potsdam 1950, S. 51 ff.
(62) Gianturco, C.: Evidence for a Late Roman School of Opera. In: M & L LVI (1975), S. 4 ff.
(63) Glorer, J.: Aria and Closed Form in the Operas of Fr. Cavalli. In: The Consort XXXII (1976), S. 167 ff.
(64) Gluck, Chr. W.: Sämtliche Werke ... Abt. I, Bd. I, Orfeo ed Euridice (Wiener Fassung von 1762 ...), hrsg. von A. A. Abert u. L. Finscher, Kassel 1963.
(65) Goldoni, C.: Commedie, Bd. IX, Venedig 1761, S. 5 ff.

(66) Goldschmidt, H.: Studien zur Geschichte der italienischen Oper im 17. Jahrhundert I/II, Leipzig 1901. (a)
Goldschmidt, H.: Fr. Provenzale als Dramatiker. In: SIMG VII (1905/6), S. 609 ff. (b)
(67) Goldschmidt, H.: Einführung zu T. Traetta, Ausgewählte Werke. In: DTiB, Bd. 25, Leipzig 1913, S. LIX.
(68) Graf, G.: J. Ph. Rameau in seiner Oper Hyppolyte et Aricie, Wädenswil 1927.
(69) Haerdtl, H.: Die Funktion des Chors in der Oper. Diss. Wien 1950.
(70) Hauger, W.: W. Shield. In: M & L XXXI (1950), S. 337 f.
(71) Hiltl, N.: Die Oper am Hofe Kaiser Leopolds I. mit besonderer Berücksichtigung der Tätigkeit von Minato und Draghi. Diss. Wien 1974.
(72) Hitchcock, H. W.: M.-A. Charpentier and the Comédie française. In: JAMS XXIV (1971), S. 255 f.
(73) Hitchcock, H. W.: M.-A. Charpentier. In: Oxford Studies of Composers 23, Oxford/New York 1990.
(74) Hoboken, A. v.: J. Haydn. Thematisch-bibliographisches Werkverzeichnis, Bd. II, Mainz 1971, S. 348.
(75) Hucke, H.: Die neapolitanische Tradition in der Oper des 18. Jahrhunderts. In: KB New York 1961, S. 253 ff.
(76) Hueber, K.: Die Wiener Opern G. B. Bononcinis. Diss. Wien 1955.
(77) Hunt, J. L.: G. Paisiello. His Life as an Opera Composer, New York 1975.
(78) Jenkins, N.: The vocal Music of G. B. Sammartini. In: Chigiana XXIV (1977), S. 277 f.
(79) Kennedy, Ph. H.: The first French Opera. The literary Standpoint. In: RMFC VIII (1968).
(80) Kimbell, D.: The «Amadis» Operas by Destouches and Handel. In: M & L XLIX (1968), S. 329 ff.
(81) Kindermann, H.: Theatergeschichte Europas, Bd. III, Salzburg 1959. S. 17.
(82) Kirsch, E.: Rameau and Rousseau. In: M & L XXII (1941).
(83) Kleinmichel, R.: Vorwort zum Klavierauszug von L. Cherubinis „Der Wasserträger", Leipzig o. J., S. II.
(84) Koch, Chr., jun.: The Dramatic Ensemble Finale in The Opéra Comique of the Eighteenth Century. In: AMI XXXIX (1967).
(85) Koch, H. A.: J. W. Goethes Singspiele, Stuttgart 1974, S. 285 f.
(86) Kretzschmar, H.: Zwei Opern N. Logroscinos. In: JbP 1908.
(87) Kretzschmar, H.: Mozart in der Geschichte der Oper. Gesammelte Aufsätze über Musik II, Leipzig 1911, S. 275 ff.
(88) Kretzschmar, H.: Geschichte der Oper, Leipzig 1919, S. 159.
(89) Krott, S.: Die Singspiele Schuberts, Wien 1921.
(90) Kurth, E.: Die Jugendopern Glucks bis Orfeo. In: StMw I (1913), S. 193 f.
(91) Lawrence, W. A.: Notes on Collection of Masque Music. In: M & L (1922), S. 49 f.
(92) Lawrence, W. J.: T. Giordani. An Italian Composer in Ireland. In: The Musical Antiquary II (1910/11), S. 99 f.
(93) Leibniz, G. W.: «Musica est exercitium arithmeticae occultum nescientis se numerare animi» (Brief an Goldbach vom 17. April 1712).

(94) Leo, G.: L. Leo, musicista nel secolo XVIII e le sue opere musicali, Neapel 1905.
(95) Leopold, S.: St. Landi. Beiträge zur Biographie. Untersuchungen zur weltlichen und geistlichen Vokalmusik, Hamburg 1976.
(96) Le Sueur, J. F.: Exposé d'une musique, Paris 1787.
(97) Lord, P.: The English-Italian Opera Companies 1732/33. In: M & L XLV (1964), S. 239 ff.
(98) Lorenz, A. O.: Scarlattis Jugendoper. Ein Beitrag zur Geschichte der italienischen Oper, 2 Bde., Augsburg 1927.
(99) Lorenz, A.: Das Finale in Mozarts Meiseropern. In: Die Musik XIX/9, S. 621 ff.
(100) Lowe, R. W.: M. A. Campra et l'opéra de collège, Paris 1966.
(101) Lüthge, A.: Die deutsche Spieloper, Brunswick 1924.
(102) Magagnato, L.: Teatri italiani del Cinquecento, Venedig 1954.
(103) Masson, P.-M.: L'opéra de Rameau, Paris ²1972.
(104) Merker–Stammler: Reallexikon der deutschen Literaturgeschichte, Bd. II, Berlin 1927, Art. „Monolog".
(105) Mersmann, H.: Zur Geschichte des Formbegriffs. In: JbP XXXVII (1930), S. 32 f.
(106) Moser, H. J.: Art. Ensemble. In: MGG, Bd. III, Kassel 1954, Sp. 1430.
(107) Mozart, W. A.: Briefe und Aufzeichnungen, hrsg. von der Internationalen Stiftung Mozarteum, gesammelt und erläutert von W. A. Bauer und O. E. Deutsch, Kassel 1963, Bd. III, S. 164 f. (Brief an Leopold vom 6. Oktober 1781).
(108) Newman, J. E. W.: J. B. de Lully and his Tragédies lyriques, Ann Arbor 1979.
(109) Ortner, R.: L. A. Predieri und sein Wiener Opernschaffen, Wien 1971.
(110) Osthoff, W.: Monteverdi-Funde. In: AfM XIV (1957).
(111) Osthoff, W.: Das dramatische Spätwerk Cl. Monteverdis. In: Münchner Veröffentlichungen zur Musikgeschichte, hrsg. von Thr. Georgiades, Bd. 3, Tutzing 1960.
(112) Osthoff, W.: Mozarts Kavatinen und ihre Tradition. In: FS Helmuth Osthoff, Tutzing 1969, S. 139 ff.
(113) Palisca, C. V.: Mei Girolamo. Letters on ancient and modern music to Vincenzo Galilei and Giovanni Bardi. Study with annoted text, Rom 1960, S. 15 ff.
(114) Palisca, C. V.: «The Camerata Fiorentina»: a Reappraisal, studi musicali I (1972), S. 203 ff.
(115) Pasquetti, G.: L'Oratorio in Italia, Florenz 1906, S. 387 f.
(116) Peri, J.: Le Musiche sopra L'Euridice; A Lettori. Hrsg. von E. M. Duffloq, Rom 1934, S. 2.
(117) Petrobelli, B.: Fr. Manelli, documenti e osservazioni. In: Chigiana XXIV (1967), S. 43 ff.
(118) Prod'homme, J. G.: Un musicien napolitain à la cour de Louis XVI: Les dernières années de G. Sacchini. In: Le menestrel LXXXVII (1925), S. 505.
(119) Prota-Giurleo, U.: N. Logroscino, «il dio dell'opera buffa», Neapel 1927.
(120) Prota-Giurleo, U.: Breve Storia del Teatro di Corte e della Musica a Napoli nei secoli XVII–XVIII. In: Il Teatro di Corte del Palazzo Reale di Napoli, Neapel 1952, S. 176 f.
(121) Quittard, H.: Ernelinde de Philidor. In: Le Revue musicale VII (1906), S. 469.

(122) Rau, C. A.: Loreto Vittori; Beiträge zur historisch-kritischen Würdigung seines Lebens, Wirkens und Schaffens, München 1916.
(123) Refardt, E.: Der Goethe-Kayser, Zürich 1950.
(124) Reiner, S.: Collaboration in «Chi soffre, speri». In: MR XXII (1961), S. 265 ff.
(125) Reiner, S.: «Vi sono molt'altre mezz'Arie ...» Studies in Music History: Essays for O. Strunk, Princeton 1968, S. 241 f.
(126) Riemann, H.: Handbuch der Musikgeschichte II/2, Leipzig 1912, S. 478.
(127) Riemann-Musiklexikon, Sachteil, Mainz 1967, S. 611.
(128) Robinson, F. M.: The Aria in the Opera Seria 1725–1780. In: PRMA LXXXIII (1961).
(129) Robinson, F. M.: Porpora's Operas for London 1733–36. In: Soundings II (1971/72), S. 57.
(130) Robinson, F. M.: Naples and the napolitan Opera, Oxford 1972, S. 191.
(131) Rolland, R.: Histoire de l'opéra en Europe avant Lully et Scarlatti, Paris 1895.
(132) Rushton, J. G.: Philidor and the tragédie lyrique. In: MT CXVII (1976), S. 734.
(133) Schering, A.: Geschichte des Oratoriums. Leipzig 1911, S. 169.
(134) Schiedermayr, L.: Die deutsche Oper, Leipzig ²1940, S. 99 ff.
(135) Scholz, H.: J. S. Kusser. Sein Leben und seine Werke, Leipzig 1911.
(136) Sietz, H.: H. Purcell, Zeit, Leben und Werk. Leipzig 1955, S. 104 f.
(137) Silbert, D.: Fr. Caccini, called La Cecchina. In: MQ XXXII (1946), S. 50 ff.
(138) Smith, J.: C. Pallavicino. In: PRMA XCVI (1970), S. 57 ff.
(139) Stollbrock, L.: Leben und Wirken des k. k. Hofkapellmeisters und Hofkompositors J. G. Reutter jun. In: VMw VIII (1892), S. 161 f.
(140) Thiersot, J.: Les premiers opéras de Gluck. In: Gluck-Jb. I (1913), S. 9.
(141) Van der Meer, J. H.: J. J. Fux als Opernkomponist, 3 Bde. In: Utrechste bijdragen tot de muziekwetenschap II, Bilthoven 1962.
(142) Vetter, W.: Gluck und seine italienischen Zeitgenossen. In: ZfMw VII (1925), S. 609 ff.
(143) Viollier, R.: J.-J. Mouret, le musicien des graces, Paris ²1976.
(144) Volkmann, H.: D. Terradellas. In: ZIMG XIII (1911/12), S. 306 f.
(145) Walker, F.: «Tre giorni son che Nina». In: MT XC (1949), S. 432 f.
(146) Weidemann, C.: Leben und Wirken des J. Ph. Förtsch, Kassel 1955.
(147) Wellesz, E.: G. Bonno (1710–1788): Sein Leben und seine dramatischen Werke. In: SIMG XI (1909/10), S. 395 f.
(148) Wellesz, E.: Studien zur Geschichte der Wiener Oper I; Cavalli und der Stil der venetianischen Oper von 1640–1660. In: StMw I (1913), S. 30.
(149) Wellesz, E.: Die Opern und Oratorien in Wien von 1669–1708. In: StMw VI (1919), S. 35 f.
(150) Wenk, A.: Beiträge zur Kenntnis des Opernschaffens von J. Chr. Bach. Diss. Frankfurt a. M. 1932.
(151) Werseler, K.: Untersuchungen zur Darstellung des Singspiels auf der deutschen Bühne des 18. Jahrhunderts. Diss. Köln 1955.
(152) White, E. M.: The Rise of the English Opera, London 1951.
(153) Wolff, H. Chr.: Die Venezianische Oper in der zweiten Hälfte des 17. Jahrhunderts, Berlin 1937, S. 131 f.
(154) Wolff, H. Chr.: Die Barockoper in Hamburg (1678–1738), Wolfenbüttel 1957.

(155) Wolff, H. Chr.: Vivaldi und der Stil der italienischen Oper. In: AMI XL (1968), S. 179 ff.
(156) Worsthorne, S.: Venetian Opera in the Seventeenth Century, Oxford ²1968, S. 31 f.
(157) Zehm, K.: Die Opern R. Keisers, München 1975.

REGISTER

Abbattini, A. M. 41. 204
Abert, H. 161. 173. 203
Académie de Poésie et de Musique 68
Académie Imperiale de Musique 178
Académie Royale de Musique 178. 188
a cappella 47
Accademia degli Alterati 25
Accademia degl'Invaghiti 34
Accademia dei Gelati 32
Accademia della Crusca 25
Acide 157
Aci, Galatea e Polifemi 66
Acis and Galatea 199
Adam und Eva 79
Addinson, J. 200
Adelheid von Veltheim 162
Adriano in Siria 118
Ad-spectatores-Haltung 19. 38. 55. 78. 155. 171
Ad-spectatores-Monolog 13
aer 16
Affekt 64. 97. 98. 101. 107. 110. 114. 131. 154
Agrippina (Händel) 66
Agrippina (Porpora) 104
air 16. 68. 70f. 72. 123. 149. 178. 180. 182. 188. 189. 191. 193. 194. 201
air chevaleresque 191
air de cour 16. 68
air déscriptif 188
air en gavotte 180
air en musique 150
Aischylos 27. 28
Ajax and Ulysses 89
Akkompagnato-Rezitativ s. recitativo accompagnato bzw. récitatif accompagné
Akt 7. 35. 58 f. 59. 70. 81. 83. 84. 90. 91. 96. 100. 102. 103. 104. 106. 107. 109. 116. 118. 120 f. 122. 138. 143. 147. 150. 152. 154. 157. 159. 162. 164. 166. 170. 171. 176. 180 f. 183 ff. 186. 189 ff. 196. 200
Alarico 87
Albinoni, T. 129
Alceste (Gluck) 154. 185 f.
Alceste (Guglielmi) 134
Alcide 181
Alcide al bivio 146
Alcyone 181
Alessandro Magno in Sidone 141
Alexandriner 11
Aline Reine de Golconde 189
Alkman 28
Alonzo e Cora 197
A Midsummer Nights Dream 92
Aminta 29
Amors Guckkasten 162
Amor und Psiche 155
Amor vuol sofferenza 107
André, J. 162
Andromaca 104
Andromeda 80
Aufossi, P. 118 ff. 125
Angermüller, R. 203
Ansbach 80. 81. 85
Anseaume, L. 110. 148 f.
antemasque 88
Antike 3. 151
Antiope 79
Antistrophe 28
Antonicek, T. 203
Antonio e Pompejano 49
Antony, J. R. 203
Apolloni, A. 49
Archidamia 146
Arditi, E. 203
aria a cinque 50

aria a due 17f. 48. 53. 56. 59. 63. 81. 82. 83. 84. 100. 134. 136. 140. 160
aria alla Siciliana 84
aria a quattro 104
aria a sette 65
aria a tre 59. 63. 100. 106. 108. 112. 160
aria brillante 97. 105. 119. 125. 137
aria con instrumento 78
aria contadinesca 99 f.
aria con tutti gl'instrumenti 48
aria della Romanesca 16
aria di bravura 81. 84. 97. 99. 101. 113. 164
aria di fedele 17
aria di Firenze 17
aria di Gazella 17
aria di mezzo carattere 99. 160. 164
aria di Ruggiero 16. 205
aria di Siciliano 17
aria di Zeffiro 17
aria marittima 99. 175. 184. 202
aria pantomimica 167
aria parlante 97. 99
aria patetica 97. 99
Arie mit obligatem(n) Instrument(en) 49. 82. 92. 109. 137. 144. 159f. 164. 167. 169. 173. 176. 195. 200
Arienfinale 100
arietta, ariette 42. 59. 61. 83. 150. 189
Ariodant 199
arioso 42. 47. 52. 77. 138. 152. 182. 183f. 189. 191. 196. 200
Ariovisto ovvero l'Amore fra l'Armi 101
Aristophanes 20
Aristoteles 27. 28
Armida 135
Armindo 117
Arne, T. A. 200 f.
Artaserse (J. Chr. Bach) 135
Artaserse (Gluck) 133
Artaserse (Orlandini) 128
Astarto 102
Auftritt 7. 34 f. 96. 149
Auftrittslied 100. 108. 170
Auletta, P. 107 f.
Aureli, A. 48. 63. 141
Aurora 32

Ausarbeitung 3
Avignon 182
Axur, re d'Ormus 158
ayre 88
azione sacra 105
azione teatrale 147. 157
azione teatrale per musica 151
Azzari, A. 37

Baccho, Vincitor dell'India 145
Bacchylides 28
Bach, J. Chr. 127. 135. 199. 203. 208
Bach, J. S. 52. 83. 194
Badia, C. A. 143. 145
Badini, Fr. 157
Bahjazet und Tamerlan 80
Baïf, J. A. 20. 67
ballad 89
ballad opera 199. 201
Ballard, R. 16. 181
ballet comique 67
ballet de cour 66. 88
Ballet de la Royne Circé 67
ballet-héroïque 189
ballet mesuré 67
Ballett (ballet, balletto) 5. 12. 34. 38. 67f. 69. 70. 76. 78. 80. 86. 118. 122. 131. 141. 143. 148. 151. 158. 160. 172. 178. 185. 186. 189. 198
Balletteinlage 12
Ballettoper 35
ballo 38. 167
Barbarini, Fam. 38
Barcelona 107
Bardi, G. 25 f. 207
Barkarolen-Rhythmus 54
Barock 8 f.
Barthélemy, M. 204
Basso 106 f. 114. 163
Bastien und Bastienne 136
Bayreuth 85
Beaujoyeulx, B. de 67. 203
Beaumarchais, P.-A.-C. de 158. 201
Becchi, A. de 17
Beck, H. 204
Becker, P. 204

Beethoven, L. v. 19. 169. 188. 193 f.
Belleau 67
Bellerofonte 113
Bellucci La Salandra, M. 204
Benda, G. 162. 204. 205
Beregani, N. 52. 53
Berg, A. X. 5
Berlin 109. 118. 161
Berlioz, H. 191
Bernabei, E. 87
Bernard 117
Bernini, G. L. 38
Bernini, L. 62
Bertali, A. 74 f.
Bertati, G. 117. 124
Bertoni, F. G. 132. 203
Besetzungsart 6
Bibel 10. 79. 105. 180
Bie, O. 108
Bildwechsel 12
Blaise le Savatier 187
Blankvers 11
Bloch, H. 204
Blow, J. 89
Boccherini, G. G. 158
Boilisle, A. M. 204
Bologna 9. 32. 109. 114. 123. 135. 145. 146
Bonno, G. 146 f. 208
Bononcini, A. M. 144 f. 199
Bononcini, G. B. 96. 141. 144 f. 199. 206
Bononcini, G. M. 144
Bontempi, G. A. 86. 204
Borghese, A. 132
Bottegari, C. 17
Bouilly, J. N. 192
Boulevard-Theater 10
bourrée 70
Braccioli, G. 199
Brahms, J. 14
branle de village 82
Braun, W. 204
Braunschweig 82. 109
Bravour-Arie (s. auch aria di bravura) 35
Brenn, F. 204
Brescia, C. v. 16
Bressand, C. 82

Bretzner, Chr. Fr. 163
Broughton, Th. 200
Brüssel 182
Brunati, S. 202
Bühnenbild 7. 55. 151
Bühnenbildnerei 7. 72
Bühnenmusik 14. 103
Buffo-Arie 164
Bukolik 88
burletta per musica 157
Burnacini, G. 75. 76
Busenello, G. F. 47. 55
Bussani, G. F. 49
Buxtehude, D. 79

cabaletta 135. 192
Caccini, Fr. 38. 208
Caccini, G. 25. 26 f. 30. 38. 68
Cadmus et Hermione 69. 70 ff.
Cahusac, L. de 183
Caio Marzio Coriolano 143
Caldara, A. 128. 141. 143 f. 146
Calderón de la Barca 41
Callirhoe 182
Calmus, G. 204
Calzabigi, R. de 132. 134. 147. 151. 158
Cambert, R. 68 ff.
Camerata dei Bardi 25
Camerata fiorentina 8. 17. 20 ff. 30 ff. 207
Campanile 104
Campeggi, R. 32
Campra, A. 158. 181. 187. 207
Candace 133
Candi, P. 102
Canicà, D. 108
cantique 198
canzona 42. 108. 171
canzonetta 53. 172. 173
Capace, S. 153
Cappella Ducale (Venedig) 52
Cappella Reale (Neapel) 62. 101. 102. 107. 119
capriccio 12
Capua, R. di 128
Carcajus, S. 126
Carissimi, G. 86. 188

Carlo il Calvo 105
Carpani, G. 123
Castelli, I. Fr. 170
Casti, G. B. de 12. 123. 158
Castiglione, B. 16
Castoreo, G. 53
Catone in Utica 135
Cavalieri, E. de 25 f. 37
Cavalieri, M. de 26
Cavalli, F. 9. 32. 42. 46 ff. 49. 52. 55. 57. 68. 71. 74. 205. 208
cavata 38. 100. 137
cavatina 59. 101. 108. 114. 118. 119. 120. 121. 138. 139. 144. 156. 157. 160. 166. 170. 171. 174. 175. 183. 192. 207
cavatina con coro 160
Cecrops 80
Cefalo e Procri 82
Celani, E. 204
Celle 79
Cesti, P. M. A. 49 f. 53. 55. 58. 60. 75. 86. 142. 152
chaconne 70. 91
chanson 20. 181
Charlton, D. 204
Charpentier, M. A. 180. 206
Cherbuliez, A.-E. 204
Cherubini, L. Z. 134. 177. 185. 192 ff. 197. 206
Chi soffre, speri 40. 208
chœur avec danse 182
Chor (coro, chœur) 11. 15. 18. 20. 28 f. 34. 37. 39. 40. 50. 56. 62. 70. 71. 72. 73. 77. 82. 84. 85. 88. 90. 92. 97. 100. 103. 104. 107. 109. 115. 118. 121. 122. 132. 136. 139. 142. 144. 147 f. 151. 154. 155. 157. 158. 160. 163. 165. 168. 171. 172. 173 f. 177. 180. 181. 183. 185. 186. 188. 190. 192. 193. 195. 197. 200. 205. 206
Choral 39
Chorlyrik 28 f.
Chorus 18. 20
Cicognini, G. A. 48. 49
Cigna-Santi, V. A. 126. 136
Cimarosa, D. 124 f. 127

Cirillo 58
Claudius 82
Clotilda 145
coda 101. 130
Coffey, Ch. 161
Colonna, G. B. 145
Coltellini, M. 132. 136. 147. 154. 155. 157
comédie à ariettes 110
comédie d'ariettes 179
comédie-ballet 69 f. 73. 178
comédie en musique 179 f.
comédie en vaudeville 179
comédie féerique 179
Comédie Française 180. 206
comédie-héroïque 192
Comédie Italienne 182. 197
comédie lyrique 179. 182. 190
comédie melée d'ariettes 179
comic opera 201
commedia 40. 102. 106
Commedia dell'arte 166. 170. 174
Commedia musicale 101. 106
commedia musicale in lingua napolitana 96. 104
Congreve, W. 201
Conservatorio dei Mendicanti 52
Conti, Fr. B. 141. 143. 145
Contini, D. 62
Continuo 43. 64. 82. 171. 179. 180
Continuo-Arie 47. 50. 62. 77. 80. 130. 143. 144
Cook, Captain, H. 89
Coradi, G. C. 54
Coradini, F. 204
Corelli, A. 129. 141
Corneille, P. 69. 180
Corsi, J. 25. 28
Così fan tutte 19. 173
Costanza e Fortezza 142. 152
couplet 142. 196
Cousser s. Kusser
Covent Garden Theatre 201
Croll, G. 204
Cupeda, D. 141. 145
Cupid and Death 89

Dacapo-Air 181. 191
Dacapo-Arie 17. 34. 43. 49. 53. 54. 58.
   61. 62. 66. 68. 82. 83f. 87. 98. 102.
   104. 105f. 108. 111. 113. 114. 117. 119.
   121. 123. 125. 129. 130. 133. 135.
   136. 139. 142f. 145. 148. 150. 152.
   155. 157. 159. 162. 168. 171. 172f.
   174. 177. 184. 188. 189. 200. 201
Dafne (Bontempi) 86
Dafne (Caldara) 143
Dafne (Peri) 26. 28. 30
Dafne (Schütz) 86
Dahlhaus, C. 204
Dall'Angelo, G. 54
Dal male il bene 42
Danchet, A. 158. 181
Dancourt, L. H. 149. 204
Dante Alighieri 26
Da Ponte, L. 124. 158. 170
Das Donauweibchen 169
D'Avenant, Sir W. 89
Dean, W. 204
Debora e Sisara 121
Deklamation 26
Dekoration 67
Delacroix, E. 72
De la Harpe, J. 186
Delio o la Sera sposa del Sole 46
Della Corte, A. 204
Demetrio (Hasse) 146
Demetrio (Pallavicino) 54
Demofoonte 134
Démophoon 192f.
Dent, E. J. 108. 204f.
Der Augenarzt 170
Der Dorfbarbier 169
Der Dorfjahrmarkt 162
Der Fliegende Holländer 188
Der geliebte Adonis 82
Der Hochmüthige/gestürtzte/und wieder erhabene Croesus 82. 115
Der Spiegel von Arkadien 169
Der Teufel ist los oder Die verwandelten Weiber 161
Der thoreichte Schäfer 75
Der Wasserträger s. *Les deux Journées*

Der Zauberflöte Zweiter Teil 166
Derzy, P. 191
Deschamps, J. M. 191
Desmarets, H. 181. 203. 204
Destouches, A. C. 182. 206
Devisen-Arie 53. 54. 62. 82. 130. 141. 143
Dezède, A. N. 187
Dialog 7. 11. 13f. 70. 78. 80. 84. 88. 92.
   126. 149. 150. 157. 161. 163. 170.
   178f. 191. 194. 201
Dibdin, Ch. 199
Dido and Aeneas 90
Didon 182
Didone abbandonata 102
Die Bergknappen 163
Die Braut von Messina 11
Die Entführung aus dem Serail 161. 163
Die Fledermaus 77
Die Meistersinger von Nürnberg 19
Die Räuber 13
Die Schweizerfamilie 170
Die Zauberflöte 81. 120f. 167. 170. 188
Dimitri/Themelis 205
Diobono, P. 67
Dissonanz 34
Dittersdorf, C. Ditters v. 147. 162. 167
Doebbelinsche Theatergruppe 173
Döhring, S. 205
Doernberg, E. 205
Doktor und Apotheker 167
dolce stile nuovo 105
Dolfin, P. 49
Donath, O. 205
Don Chisciotte in Sierra Morena 145
Don Gil von den grünen Hosen 13
Doni, G. B. 17. 205
Donizetti, G. 166
Don Trastullo 114
Dorat, Cl. J. 67
Doriclea 48
double 68. 70. 79. 149. 152
Downes, E. O. D. 95. 205
Draghi, A. 53. 76. 145. 206
dramatodia 9. 32
dramma 40
dramma eroico 157

dramma giocoso 120. 155. 157
dramma musicale 39
dramma per musica 138. 143. 154. 157
dramma sacro 96. 101
Dresden 53. 79. 86. 104. 109. 117. 125. 129. 146
Druilhe, P. 205
Drury Lane Theatre 202
Dryden, J. 91
Du Bellay 67
Dublin 127
Du Congé Dubreuil, A. 120
Duett (s. auch duetto und duo) 11. 14. 18. 26. 29. 56. 59. 76. 81. 83. 90. 91. 101. 103. 104. 107. 129. 136. 138. 144. 147. 151. 156. 163. 164. 170. 172
duettino 124. 171
duetto 18. 32. 41. 43. 48. 50. 62. 65. 108. 112. 115. 126. 127. 130. 134. 140. 144. 152. 154. 160. 177
Duffloq 30. 207
Duni, E. R. 103. 110. 187
duo 71. 92. 150. 180. 181. 183. 189. 192. 193. 195. 196. 198. 201. 202
Durante, Don A. 102. 113. 121
Durante, Fr. 95. 102. 103. 110. 114. 117. 123
Durchführung 4
durchkomponierte Oper 154
Dur-Moll-System 58
Du Rollet, Marquis Le Blanc 186
Du Tillot, G. 110. 117. 138
Duval, A. 197

Edelmann, J. Fr. 197
Egeria 146
Egisto 74
Einfall 3
Einstein, A. 205
Eisenstadt 157
elégie 68
Engel, G. 205
Engelberta 129
Ensemble 11. 18. 35. 42. 48. 51. 54. 56. 59. 62. 65. 66. 72. 75. 76. 81. 84. 85. 92. 100. 102. 106. 108. 111. 113. 115.
116. 118. 120. 122. 124. 125. 129. 133. 135. 140. 142. 144. 148. 150. 154. 162. 165. 170. 173. 176. 180. 183. 185. 186. 192. 193. 194. 197. 200. 201. 202. 206. 207
entr'acte 70. 181
entrée 68. 70. 72. 158. 168. 179. 184. 198. 200. 205
entry 88
Epodos 28
Ercole Amante 47
Erindo oder Die unsträfliche Liebe 48
Ernelinde princesse de Norvège 188. 207
Eszterhaz 157
Eumelio 37
Euridice 26
Euripides 29
Europa riconosciuta 133
Eximeneo, A. 111
extravaganza 201

Faenza 134
Fago, L. 127
Fago, N. 102. 104. 106. 114. 123
Faniska 192
Farinelli 104. 109
Farnace 117
Faust 13
Faustini, G. 47
Favart, C. S. 149. 200
Favola in Musica 9. 34
favola pastorale 27
Favoritchor 71
Febi armonici 58. 60
Federico, A. 110
Federico, G. 96
Fegejo, P. (Pseudonym f. C. Goldoni) 119
Fenaroli, F. 103. 126
Feo, Fr. 95. 104. 111. 114. 117. 123
Ferdinand III. 74
Fermo 127
Ferrabosco II., A. 88
Ferrara 52. 133
Ferrari, B. 45. 75
festa teatrale 75. 76. 142. 157
Festing, M. Chr. 200

Festoper (s. auch festa teatrale) 176
Fetonte 114 f.
Feuchtmüller, R. 204
Fidelio 19. 96. 188
Filarmindo 32
Fillete-Loraux, C. 192
Finale 17. 18. 31. 42. 78. 100. 108. 111.
　118. 120. 123. 126. 132. 133. 136.
　140. 155. 157. 168. 173. 177. 180. 189.
　195. 196. 198. 205. 206
Finale in Barform 100
finale ultimo 18. 59. 100. 173
Fischietti, D. 117
Fiske, R. 205
Florenz 9. 25 ff. 30 f. 38. 42. 49. 62. 65.
　108. 121. 128. 129. 134. 135
Florimo, F. 205
Förtsch, J. G. 79 f. 208
Foppa, G. 126
Form 3
Formtyp 3
Fra Donato 122
Fra i due litiganti il terzo gode 135
Franck, J. W. 80. 83. 85
Frankfurt am Main 162
Frescobaldi, G. 86
frottola 16. 20
Frugoni, I. 117
Fuchs, M. 205
Fuge 20
Fux, J. J. 141. 143. 147. 152. 158. 208

Gabrieli, G. 74. 86
Galilei, V. 16. 25. 27. 207
Gallieno 54
Galuppi, B. 131 f.
Gamerra, G. 134. 138
Garett, E. V. 205
Gasparini, F. 129. 138
Gassmann, F. L. 147. 155 f. 157. 205
Gattung 3
Gay, J. 161. 199
Gazzaniga, G. 124
Gedächtnisleistung 4
Gedankenmonolog 13
Gegenarie 81

Geiringer, K. 205
Geminiani, F. S. 200
Generalbaß 8
Gerber, R. 98. 152. 205
Gesangskunst 8
Gesangsvirtuosentum 20
Gesellschaftskomödie 85
Gestalt 3
Giacobbi, G. 9. 32. 36
Gianturco, C. 205
Gibbons, Chr. 89
Gieseke, J. G. K. L. 167
Giordani, G. 127
Giordani, T. 127. 206
Giovannini, P. 135
Giulietta e Romeo 126
Giulio Cesare 200. 204
Giulio Sabino 135
Giuvo, N. 104
Gizzi, D. 104
Gl'Amanti generosi 102
Gleichnis-Arie 99. 174
Gli Amori di Apollo e di Dafne 47
Gli equivoci del sembiante 62
Gli sposi malcontenti 202
Glorer, J. 205
Gluck, Chr. W. X. 105. 117. 120. 122.
　128. 132. 133. 148 ff. 155. 157. 170.
　177. 185 f. 192. 194. 197. 199. 205.
　206. 208
Goethe, J. W. v. 13. 165. 206. 208
Goldoni, C. 117. 132 ff. 155. 157.
　205
Goldschmidt, H. 61. 206
Gotha 162
Gotter, F. W. 162
Gounod, Ch. 191
Graf, G. 206
grand ballet 67
Grandi, T. 134
Grand Style 72
Graz 129
Greco, G. 104. 106
Grètry, J. M. 161. 187. 190
Grillo 107
Grillparzer, Fr. 13

218 Register

Grimani, Cardinal V. 66
Großform 98. 118
Großmann, F. W. 162
Guarini, G. B. 27
Guglielmi, P. 103. 121. 125. 126. 134. 205
Guillard, N. F. 122. 186
Gyrowetz, A. 162. 170. 205

Händel, G. Fr. IX. 52. 66. 83. 84. 89. 91. 145. 199 f. 204. 206
Haerdtl, H. 206
Hamann and Mordechai 199
Hamburg 66. 79 f. 82. 109. 204. 208
Handlung 10. 80
Handlungsträger 10
Hannover 48. 79. 87
Harmonik 58. 64. 79. 91. 108. 113. 122. 130. 156. 181. 183. 197
Harsdörffer, G. Ph. 85
Hasse, J. J. 79. 103. 109. 146. 151. 155. 205
Hauger, W. 206
Haydn, Fr. J. 104. 146. 156. 205. 206
Haym, N. 200
Hensler, K. F. 170
Henze, H. W. IX
Heracles 200
Herder, J. G. 165
Hiller, J. A. 162. 204
Hiltl, N. 206
Hippolyte et Arizie 183. 206
Hitchcock, H. W. 206
Hoar, P. 202
Hoboken, A. v. 206
Hochbarock 64. 83
Hochklassik 122
Hoffman, F. B. 192. 197
Hoffmann, E. T. A. 193
Houdar de la Motte, A. 181
Hucke, H. 95. 111. 206
Hueber, K. 206
Hunt, J. L. 206
Hyppolyte et Aricie 183 f. 206

Idee 3
Idomenée 181

Idomeneo, re di Creta 158
Ifigenia 118
Ifigenia in Tauride (De Majo) 123
Ifigenia in Tauride (Galuppi) 132
Ifigenia in Tauride (Traetta) 147
Il Ballo delle ingrate 74
Il barbiere di Siviglia (Paisiello) 123
Il barbiere di Siviglia (Rossini) 18. 76
Il Buovo d'Antona 118
Il Candaule 53
Il Cavaliere errante 117
Il Ciro 47
Il Ciro riconosciuto (Capua) 128
Il Ciro riconosciuto (Piccinni) 120
Il Constantino 132
Il Convitato di Pietra 123
Il dissoluto punito ossia il Don Giovanni X. 14. 123. 169. 172 f.
Il finto cieco 124
Il frate'nnamorato 110
Il Gedeone 105 f.
Il Giasone 48. 74
Il Giustino 52
Il Governatore 108
Il Gran Tamerlano 135
Il matrimonio secreto 125
Il Maurizio 103
Il Mercato di Malmantile 117
Il mondo della luna 157
Il Narciso 85
Il Nerone 58
Il Paride 86. 204
Il Pirro e Demetrio 60
Il Pomo d'Oro 49 f. 75. 142. 152
Il Prigioniero superbo 110
Il Quinto Fabio 192
Il Rapimento di Cefalo 27
Il regno della luna 134
Il re pastore (Gluck) 148
Il re pastore (Bonno) 147
Il re pastore (Keiser) 83
Il re Teodoro in Venezia 123
Il schiavo da sua moglie 60
Il Teseo 86
Il trionfo del Carnevale 77
Il trionfo di Clelia 146

Il Vologeso 134
imitatio 20
Inferno-Szene 31
Innsbruck 49. 53
Instrumentation 34
Intermedium 21. 25. 26. 29. 32. 35. 143
intermezzo 29. 96. 101. 110. 114. 122. 129
Interpretation 7
introduzione 18. 59. 100. 124. 144. 156. 157. 166. 172. 173. 191. 195
Ipermestra 146
Iphigénie en Aulide 185
Iphigénie en Tauride (Gluck) 186
Iphigénie en Tauride (Desmarets) 182
Iphigénie en Tauride (Piccinni) 120
Ippolita in Arizia 117
Isabelle et Gertrude 190
Issè 182
I Tindaridi 117 f.

Jägerchor 32. 40
Jenkins, N. 206
Jodelle, E., Sieur de Lymodin 67
Johnson, R. 88 f.
Jomelli, N. 102. 103. 113. 114 f. 121. 134. 146. 203
Jones, I. 88
Jonson, B. 89
Joseph 197

Kadenz 115. 119. 137
Kärntnerthor-Theater 155
Kampf-Arie 52
Kanon 20
Kanzone s. canzona
Kanzonette 20. 26. 56
Kastrat X. 40. 59. 86. 97. 101. 104. 109
Kauer, F. 162. 169
Kaunitz-Rietberg, W. A. v. 141
Kavatine s. cavatina
Kayser, Ph. Chr. 165. 208
Keiser, R. 82 f. 209
Kennedy, Ph. H. 206
Kerll, J. K. 86 f.
Kettenfinale 100. 116. 118. 121. 123.
125 f. 132. 133. 150. 157. 162. 170. 172. 173. 175. 192. 196
Kimbell, D. 206
Kindermann, H. 206
King Arthur or The British Worthy 91
Kirchenmusik 28. 107. 114. 117. 124. 127. 132. 142. 146. 180. 181. 182 f. 191. 196
Kirchenstil 106
Kirchentonarten 58. 80
Kirsch, E. 206
Kleinmichel, R. 206
Knittelvers 13
Koch, H. A. 206
Koch, Chr., jun. 206
König Ottokars Glück und Ende 13
Königsberg 162
Königsmarck, M. A. v. 80
Koloratur 30. 38. 40. 47. 50. 51. 52. 53. 55. 59. 61. 64. 77. 79. 82. 85. 90. 98. 101. 102. 103. 105. 106. 109. 111. 112. 116. 119. 122. 125. 129. 130. 133. 136. 140. 143. 144. 147. 148. 150. 152. 155. 159. 162. 176. 179. 184. 185. 188. 190. 195. 198
Koloratur-Arie 76. 120. 163. 184
Kommos 29
Komödie 29. 95
Komposition, musikalische 7
Konfliktmonolog 13
Kontrapunkt 26. 79. 89. 90. 107. 117. 134. 142. 154. 183. 194
Konversationsdialog 14
Konzert-Arie 14
Konzert-Oper 14
Kopenhagen 134
Kostüm 55
Kostümkunst 7
Kretzschmar, H. 108. 206
Krieger, J. 80
Krieger, J. Ph. 79. 80
Krott, S. 206
Kuhnau, J. 82
Kulisse 9. 47
Kurth, E. 206
Kusser, J. S. 81 f. 83. 85. 208

La bella pescatrice 121
La buona figliuola 119
La Caduta de'Decemviri 63. 65
La Catena d'Adone 37. 101
La Caverne ou le Repentir 191
La Cecchina ossia la buona figliuola 120 f.
La Clemenza di Tito 176
La commedia in commedia 128
La Contessina 155 f.
La Cythére assiégée 149
La Danza 148
L'Adelaide 49
La fausse esclave 148
La fede nell'inconstanza ossia Gli amici rivali 129
La fida ninfa 129 f.
La finta gardiniera 111
La finta pazza 46
La finta semplice 136
La Font 182
La Galatea 40. 53
La Gerusalemme liberata 54. 86
La Griselda 62. 64. 65
La grotta di Trifonio 158
La Guerreria Spartana 53
La Liberazione di Ruggiero dall'isola d'Alcina 38
L'Allessandro nelle Indie 119
Lalli, D. 106. 129. 133
La mariage de Figaro 201
La mariage de Ragonde et de Colin ou La veillée de village 182
La Mariage forcé (Charpentier) 180
La Mariage forcé (Lully) 69. 70
La mascherata delle accettati 27
lamento 48. 49. 53. 61. 103
Lamento d'Arianna 43
L'Amor contadino 133
L'Amore contrastato ossi la molinarella 124
L'Amore tirrannico ossia Zenobia 104
La Motte 182
L'Amour médicin 68
Lampugnani, G. B. 133
Landi, St. 38. 40. 45. 207
L'anima del filosofo 157

La nemica amante 112
L'Annibale in Capua 53
Lannier II., N. 89
La Partenope 146
La Pastorella nobile 121
La Pazienza di Socrate con due moglie 76
La Pescatrice 134
La Principessa fedele 62. 65
L'arbre enchantée 149
L'Archetiello 127
L'Arianna 26. 27
La rencontre imprévue 149
L'Aretusa 37
L'Argene 143
L'Argia 49
L'Arpa festante 86
La saetta del Tornante 87
La Semiramide riconosciuta 104
La serva padrona 96. 110
La Stellidaura vendicata 60
La stravaganza del conte 124 f.
L'Astuto in imbroglio 127
La Tancia 43
La Teodora Augusta 65
Latilla, G. 111. 128. 132. 204
L'Aurora ingannata 9. 32 f.
La vedova accorta 132
La vedova di bel genio 123
La veilée de village 182
La vera costanza 157
La villanella ingentilita 121
La Virtù festeggiata 145
Lawes, H. 89
Lawrence, A. 206
Lawrence, W. J. 206
Le Bœuf/Framery 122
Le Cadi dupée 149
Le cecato fauzo 106
Le Cinesi 148
Le donne letterate 158
Le diable à quatre 149
Le gelosie villane 134
Legrenzi, G. 52. 53. 55. 98. 129. 143
Leibniz, G. W. 206
Leipzig 161
L'Eliogabalo 48

Le Maréchal ferrant 188
Le Monnier, P.R. 149
Le Musiche sopra L'Euridice 27. 30f. 207
Le Nozze contrastate 123
Le Nozze di Figaro 19. 146. 155. 170f.
Le Nozze di Teti e Peleo 9
Leo, F. 102. 117
Leo, G. 207
Leo, L. 95. 102. 106. 117. 207
Leopold I. 49. 75. 77. 206
Leopold, S. 207
Le paintre amoureuse de son modéle 110
Le Paradis d'amour 67
Le pescatrici 157
L'Eraclea 65
Leroy, A. 16
L'errore amoroso 114
Le Sage/d'Ornival 148
Les Contes d'Hoffmann 72
Les deux Journées 192. 196f. 206
Les Festes de Thalie 182
Le Sueur, J.-Fr. 190f. 204. 207
L'Eucleo festeggiato nel ritorno d'Alessandro Magno dall'India 145
L'Europe galante 181
libretto 7. 10f. 38. 40. 49. 53. 77. 95f. 155. 171. 175. 197
licenza 45
Lied 11. 59. 72. 100. 166. 167. 169. 179
Liège 190
Li marite a forza 110
L'incognita perseguita 118
L'infedeltà abattuta 106
L'infedeltà delusa 157
L'inganno d'Amore 75
L'isola disabitata 157
Lissabon 112
Livorno 192
L'ivrogne corigée 149
Lodi 133
Lodoiska 192
Löhner, J. 85
Logroscino, N. 103. 108. 206
L'Olandese in Italia 134

L'Olimpiade (Gassmann) 155
L'Olimpiade (Jomelli) 114
L'Olimpiade (Leo) 107
L'Olimpiade (Pergolesi)110
Lo Mbroglio de li nomme 103
London 66. 88 ff. 95. 104. 109. 110. 113. 121. 122. 125. 127. 132. 133. 135. 145. 156. 157. 161. 192. 199 ff. 208
L'Opera d'Amore 102
L'Orazio 108
Lord, P. 207
Lorenz, A. 207
L'Orfeo 9. 34. 56
L'Orontea 49
Lo Socchianello mbroglione 121
Lo Speziale (Fischietti) 117
Lo Speziale (Haydn) 157
Lotti, A. 131
Lo vecchio Avaro 107
Lovers make Man 89
Lowe, R. W. 207
Lucca 26
Lucchini, A. M. 117
Lucinde 190
Lucio Silla 138f.
Lüthge, A. 207
Lully, J. B. 69f. 79. 82. 90. 178. 207. 208
lyrische Oper 170

Macchiavelli 45
Maccioni, G. B. 86
Machault, G. de 4
Macpherson, J. 191
Madame Ciana 132
Madrid 41
Madrigal 20. 25. 56
Madrigalstil 11. 91
Märchen 10
Maffei, Sc. 129
Magagnato, L. 207
Mahler, G. 112
Mailand 95. 110. 112. 121. 125. 126. 129. 132. 158
main dance 88
Majo, Fr. de 102. 123
Majo, G. Fr. de 102. 107. 123

Malvezzi, Chr. 26
Manelli, Fr. 45. 46. 207
Mannheim 123
Manno, G. 118. 122. 124
Mantua 9. 26. 34. 129
Marais, M. 181. 204
Marazzoli, M. 40. 43
Marchi, A. 129
Marco Attilio Regolo 62
Marco Polo 87
Mario fuggitivo 96
Marlowe, Chr. 79
Marmontel, J. F. 119. 186. 190. 192
Marsch 118. 122. 160. 195
Marsollier, P. J. 130
Martinelli Romano, G. 121
Martini, Padre 132. 134. 155. 190
mascerade 67
mascherata 27. 77
masque 75. 199. 206
Masson, P. M. 207
Mattheson, J. 66
Mazzocchi, D. 37. 86. 101
Mazzocchi, V. 40. 43
Medea 135
Médée (Charpentier) 180
Médée (Cherubini) 192 f.
Medonte 134
Mehmet 133
Mehrchörigkeit 39. 41
Méhul, E.-N. 197
Mei, G. 25. 27 f. 207
Melani, J. 4. 43
Melisma 61
Melodram 9. 29. 162. 196. 205
menuet 70. 71. 82
Mercotellis, A. 103
Mersmann, H. 207
Mesomedes 28
Messalina 54
Meßordinarium 5 f.
Metastasio, P. 58. 96. 102. 104. 107. 109. 114. 118. 122. 128. 132. 135. 146. 148. 151. 176. 192
Michaelis, J. B. 162
Migliavacca, G. A. 112. 135. 157

Milan, Don L. 20
Millilotti, P. 123
Mimik 27
Minato, Conte N. 46. 104
Mingotti 134
Mitridate (Scarlatti) 62
Mitridate (Terradellas) 113
Mitridate, Re di Ponto (Mozart) 136. 137
Modena 123
Molina, T. de 13
Moline, P. L. 149. 185
Moniglia, G. A. 42. 86
Monodie 20. 26. 27
Monolog 7. 11. 13 ff. 29. 34. 35. 64. 84. 198. 207
Monsigny, P.-A. 187. 189. 205
Monteverdi, Cl. IX. 9. 17. 26. 34 f. 43. 46. 53. 54. 60. 74. 86. 90. 207
Montezuma 126
Morselli, A. 53. 62. 72
Moser, H. J. 207
Motette 4. 19
Mouret, J.-J. 182. 204. 208
Mozart, L. 117
Mozart, W. A. X. 14. 19. 42. 78. 81. 118. 119. 120. 123 f. 132. 136. 146. 147. 154. 156. 158 f. 162. 163. 170 f. 188. 202. 203. 204. 205. 206. 207
München 86 f. 122. 128. 158
Multimedia-Charakter 8
Mummerei 88
Musical 9
Musiche 9
Musikdrama 27. 198
Musiktheater 9
Myslivecek, J. 135
Mythologie, antike 67. 79. 84. 88. 96. 178

Nationalsingspiel 162
Neapel 17. 53. 58 ff. 95 ff. 132. 142. 145. 146. 170. 176. 178. 202. 205. 206. 207. 208
Nebenhandlung 10
Neefe, Chr. G. 162
Neri, F. 132. 145
Nericault 182

Nerone 110
Newman, J. E. W. 207
Nina ossia La Pazza per amore 123
Niobe, Regina di Tebe 87
Nono, L. IX
Noris, M. 52. 54. 62. 102
No song, no supper 202
Notre Dame 181. 191

Oberon, König der Elfen 167
obligates Akkompagnement 193 f.
Odoacre 52
Oedipe à Colone 122
Offenbach, J. 72
Offendere per amare ossia La Telesilla 141
O'Keeffe, J. 201
Olimpia vendicata 63. 64
Ombra-Szene 134. 139. 192
Oñate, Graf 58
Opéra 178. 182
opéra 192. 193. 107
opéra-ballet 178. 181. 182. 199
opéra bouffon 187
opera buffa X. 6. 9. 40. 42. 59. 95. 107. 108. 110. 113. 114. 117. 118. 119. 121. 123 f. 127. 132. 133. 135. 155. 158. 162. 163. 170. 172. 173. 175. 177. 202. 204. 205
Opéra Comique 198
opéra comique 31. 110. 127. 150. 162. 179. 187. 189 f. 206
opéra comique en vaudeville 179
opéra-pastoral 178
opera seria X. 14. 17. 58. 69. 76. 96. 106. 108. 110. 114. 117. 123. 129. 132. 141. 148. 158. 170. 175. 179. 192. 199. 208
operetta 74
Operette 9
Oper, romantische 8
Opitz, M. 86
Oratorium 37. 77. 102. 106. 113. 199. 207. 208
Orchestergraben 14
Orefice, A. 103
Orfeo ed Euridice (Gluck) 151. 205. 206

Orfeo e Euridice (Bertoni) 132
Orionte 46
Orlandi, L. 87
Orlandini, G. M. 128
Orlando 137. 205
Oronte 86
Orontes 79
Orphée et Euridice 185
Ortner, R. 207
Ospedale degli Incurabili 54
Ossian ou les Bardes 191. 204
Osthoff, W. 138. 207
ostinato 85
Ostinato-Arie 48. 49. 53. 62
Ostinato-Baß 56. 91
Otello X
Othello 13
ottavarime 17
Ottone in villa 129
Ouverture (overtura) X. 12. 69. 83. 90. 104 f. 109. 115. 124. 136. 138. 144. 149. 163. 167. 172. 178. 181. 194. 197. 200

Padua 39. 54. 118. 122. 132. 133. 135
Paisiello, G. 103. 120. 124 f. 128. 134. 170. 203. 206
Palais Royal 178
Palestrina, G. P. 79. 102
Palisca, C. V. 207
Pallavicino, C. 54. 79. 86. 208
Pallavicino, D. 65
Palma, C. de 107
Palomba, A. 114. 123. 124
Panicelli, A. 132
Pantomimik 88
Parabase 28
Pariati, P. 113. 128. 133. 143. 145
Paride ed Elena 154
Paris 25. 27 f. 46. 48. 67 ff. 108. 110. 118 f. 122 f. 126. 151. 158. 161. 178 ff. 207
parlando 42. 59. 108. 120. 123
Parma 41. 46. 110. 117 f. 123. 129. 132. 135. 147
Partenope 146

Particell 34
Partitur 7. 21
Pasquetti, G. 207
Pasquini, G. B. 129. 146
passacaglia 41
pastoral(e) 68. 69. 85. 178
pastoral-héroïque 178. 182
Pastoral-Oper 40. 62. 82. 129
Patrò Calienno de la Costa 104
Pavia 135
Pederzuoli, G. B. 77
Pellegrin, S. J. 183
Pepusch, J. Chr. 161. 199. 201
Peranda, G. M. 86
Perez, D. 102. 112
Pergolesi, G. B. 43. 96. 103. 110 f. 128. 204
Peri, J. 9. 17. 25. 26. 30. 32. 36. 207
Perrault, Ch. 69
Perrin, P. 68
Perti, G. A. 146
Peruccio, A. 60
Perugino 108
Pescetti, G. 135. 157
Petrarca 27
Petrobelli, B. 207
Petrosellini, N. 118
Petrosellini, P. 123
Petrucci 16
pezzo concertante 19. 100. 107. 115. 152. 180. 184. 187. 188. 194 f. 198. 208
Philidor, F. A. D. 187. 207
Phoebus 80
Piave, Abb. 143
Piccinni, N. 103. 118. 119. 134
Pignataro, D. 121
Pindar 28
Pivene, A. 62. 135. 137
Piramo e Tisbe 146
Pisa 127
Piscopo, A. 106
Pisendel, J. G. 109
Pisistrato 106
Pitoni, G. O. 104
Platon 20. 25. 28

Pleiade 67
Plutarch 28
Poinsinet, J. 188
Polyphonie 20. 27
Pomone 68. 69
Pompeo in Armenia 134
Porpora, N. 102. 104 f. 107. 109. 124. 128. 146. 156. 199. 208
Porro, G. G. 86
Porsile, G. 143. 145
Porus 82
Prag 117. 129. 142. 172. 176
Predieri, L. A. 146. 207
prélude 68. 180. 184. 191. 195
presentation 88
Preßburg 82
Prima Donna 59. 97
Prima la musica – poi la parola 12
Primo Uomo 59. 97
Priuli, G. 74
Prod'homme, J. G. 207
Prolog 30. 31. 34. 40. 45. 50. 54. 70. 80. 81. 96. 180. 183
Prosa 11
Prota 111. 114. 117
Prota-Giurleo, V. 207
Protagonist 31
Provenzale, F. 60. 101. 106. 206
Psiche cercando Amore 76
Psyche 89
Ptolemaios 27. 28
Publikum 14. 170
Puccini, G. 68
Purcell, H. 90 f. 161. 199. 208

Quantz, J. J. 142
Quartett (quartetto) 14. 44. 62. 65. 104. 106. 124. 125. 130. 135. 148. 157. 160. 163. 165. 172. 173. 195
quatuor 149. 189
Querelle des Bouffons 110
Quétant, L. 122
Quinault, Ph. 69. 70. 79. 119. 185
Quintett (quintetto) 19. 40. 108. 121. 126. 168. 170. 175. 177
Quitard, H. 207

Rache-Arie 77. 114. 131. 137. 139. 195
Racine, J. B. 136. 185
Rameau, J. Ph. 181. 182 f. 187. 203. 206. 207
Rappresentazione di Anima e di Corpo 26. 37
Rau, C. A. 208
récitatif 68. 70. 71. 72. 179. 180. 182. 183. 186. 189. 194. 198
récitatif accompagnée 149. 179. 183. 185. 191. 192 f.
récitatif mesuré 179. 189. 191. 193
récitatif ordinaire 149. 179. 183. 185
recitativo accompagnato 58. 87. 91. 97. 101. 102. 104. 105. 106. 110. 112. 113. 115. 117. 120. 122. 124. 125. 127. 129. 133. 135. 147. 148. 151. 154. 155. 159. 164. 166. 168. 171. 172. 174. 176. 188. 200
recitativo obbligato 97. 152. 158. 173. 179. 200
recitativo semplice 41. 58. 62 f. 80. 83. 97. 99. 102. 104. 108. 109. 112. 115. 120. 122. 129. 130. 132. 136. 142. 143. 147. 148. 151. 154. 156. 157. 159. 161. 163. 166 f. 171. 172. 174. 175. 185. 199
recitativo stromentato 58. 63. 138
Redlich, H. F. 173
Refardt, E. 208
Regensburg 75
Regieanweisung 8. 83
Regisseur 8
Reiner, S. 208
Rempter 82. 204
Renaissance 8
Reutter, G. d. J. 146. 155. 208
Rezitativ 10. 14. 20. 26. 29. 35. 39. 41. 43. 47. 49. 52. 54. 56. 60. 62. 64. 68. 76. 81. 83. 85. 89. 90. 96. 101. 105. 201
Ricercar 20
Richard Cœur-de-Lion 190
Ricimero, re de'Goti (Jommelli) 114
Ricimero, re di Goti (Majo) 123
Riemann, H. X. 4. 95. 208
Rinaldo 82
Ritornell, ritornello 30. 32. 43. 47. 50. 52. 54. 56. 64. 79. 91. 98. 104. 108. 111. 119. 121. 130. 134. 137. 140. 143. 147. 152. 169
ritournelle 69. 71. 149. 186. 194
Robinson, M. F. 208
Roccaforte, G. 121
Roland 119
Rolland, R. 208
Rolli, P. A. 133
Rom 18. 27. 37 ff. 62. 66. 86. 95. 104. 108. 112. 113. 117. 119. 121. 122. 124. 126. 128 f. 133. 135. 143. 145. 146. 180. 190. 192
Romanze 162. 164. 170. 197
rondeau 70. 71. 162
Rondo-Arie 110. 123. 135. 140. 152. 155. 159. 162. 165. 171. 174. 176. 182. 183. 184
Rondo-Finale 100. 117. 124
Ronsard, P. de 67
Rore, C. de 20. 25
Rosemond 200
Rospigliosi, G. 38. 40
Rossane 133
Rossi, G. 117. 199
Rossi, L. 68
Rossi, M. A. 40
Rossini, G. 65. 76
Rousseau, J. J. 190. 206
Rovetta, G. 46
Rovettino-Volpe, G. 52
Roy, P. C. 182
Royal Academy of Music 199
Rubens, P. P. 72
Ruccellai 27
Rührstück 120. 162. 170
Rushton, J. G. 208

Sacchini, A. 103. 117. 122. 124. 128. 207
sacra rappresentazione 37. 39
Sacrati, F. P. 46
Saddumene, B. 106. 111
Sänger 8
Sage 10. 96
Sala, N. 127
Salamanca 16

Salieri, A. 12. 125. 133. 141. 157 f. 170. 203
Salinas, Fr. 16
Salò 54
Salustia 110
Salvi, A. 103
Salzburg 117. 143. 158
Sammartini, G. B. 133. 206
Samson 183
Sances, G. 75
Sankt Petersburg 95. 123. 125
San Marco 46. 48. 132. 141
Sant'Alessio 38. 39. 40
Sant'Elena 77 f.
Sarri, D. 101. 106. 128
Sarti, G. 134 f.
Sartorio, A. 48 f.
Scarlatti, A. 6. 17. 60. 62 ff. 75. 84. 95. 98. 101. 106. 107. 108. 111. 128. 143. 147. 199. 205. 207. 208
Scaron, P. 69
Sceaux 182
scena ultima 103
scène dernière 70
Schachtner, A. 136
Schauspiel 11. 161
Schauspielkunst 7
Schelle, J. 82
Schenk, J. B. 169
Schering, A. 161. 208
Scherz, List und Rache 165 ff.
scherzo dramatico 76
scherzo musicale in modo di scenica rappresentazione 77
Schiedermayr, L. 208
Schikaneder, E. 167. 169
Schiller, Fr. 11. 13. 96
Schlummer-Arie 52. 107
Schmelzer, J. H. 75 f. 79
Schönberg, A. 194
Scholz, H. 208
Schubert, Fr. 206
Schuloper 90. 92. 181
Scipione della Palma 26
Seconda Donna 97
Secondo Uomo 97

Sedaine, H. J. 149. 187. 189. 190
Seelewig 85
semi-opera 90. 161
sepolcro 75. 77 f. 97. 105 f.
Septett 18
Sequenz 56
serenata 66. 76. 102. 147
Sernicola, C. 121
Servio Tullio 87
Settle, E. 89
Seyler, F. S. 167
Shadwell, H. 89
Shakespeare, W. 13. 89. 92
Shield, W. 199. 201. 205
Shirley, J. 89
siciliano 53. 54. 59. 120. 200
Sietz, H. 208
Silbert, D. 208
Silvani, F. 110. 134
Silvano, F. 102
sinfonia 20. 31. 35. 39. 59. 62. 68
sinfonia avanti 77
Singspiel 5. 8. 80. 136. 156. 158. 161 ff. 193. 200. 202. 204. 206. 208
Siroe re di Persia 109
Situationskomik 102. 111. 125
Smith, J. 208
Sofonisba 134
Soldatenchor 40
Solimano 112
Solomadrigal 26. 35
Solone 87
Sonatensatz 4. 137. 139. 145. 194
song 88. 90. 92. 200. 201
Sonnleithner, I. v. 192
Sorrentino, G. C. 47
Soubrette 42. 54
Spätrenaissance 50. 62
Speranza, G. 103
Spieloper, deutsche 207
Sprachdeklamation 109
Sprachgefälle 25. 91. 136
Sprachmetrik 36. 85
Sprachrhythmus 21
Standfuß, J. C. 161. 204
Stampiglia, S. 63. 65. 96. 146

Register

Starzer, J. 147
Steffani, A. 87. 204
Stegreiftheater 76. 162. 170
Stephanie d. J. 163. 167
Stil 4. 209
stile espressivo 26
stile madrigalesco 26
stile rappresentativo 30
stile recitativo 27. 30
Stimmungsmonolog 13
Stollbrock, L. 208
Storace, St. 202. 205
Strauß, J. (Sohn) 77
Strauss, R. X. 12. 190
stretta 100. 101. 121
strofa 120
Strophe 7. 11. 17. 28. 30. 31. 34. 36. 39. 40. 47. 49 f. 51. 56. 68. 83. 92. 98. 114. 115. 119. 120. 124. 125. 137. 139 f. 142. 149. 159. 165. 167. 168. 171. 172. 174. 176. 194 f. 197. 199. 201
Strophen-Arie 36. 50. 51. 52. 53. 77. 79. 80 f. 82. 85. 98. 169. 200
Strophenlied 5. 100. 165
Strozzi, P. 25. 27
Struktur 3. 20
Strungk, D. 79
Strungk, N. A. 79
Stuttgart 81. 114 f. 122. 203
Süßmayer, Fr. X. 162. 169
Szene 7. 70. 76. 96. 116. 117. 120. 121. 123. 130. 139. 142. 147. 151. 152. 154. 155. 162. 180. 183. 186. 194. 201

Taktgewicht 32
Taktgruppe 4
Taktmetrik 32
Tamerlano 200
Tancrède 181
Tannhäuser oder Der Sängerkrieg auf der Wartburg 12. 72
Tanz 5. 7. 25. 27. 67. 74. 88. 92. 132. 151. 178. 180. 184. 193. 201. 202
Tanzkunst 7
Tarare 158
Tarchi, A. 127

Tate, N. 90
Teatro della Pergola 128
Teatro della Scala 133
Teatro delle Quattro Fontane 38
Teatro Novissimo 46
Teatro Regio Ducale 132
Teatro S. Bartolomeo 58
Teatro S. Cassiano 45
Teatro S. Moise 155
tedio del recitativo 37. 86
Telemacco ossia L'Isola di Circe 154
Temistocle 141. 145
tempête 158. 162. 173. 181. 184. 189. 195
Tempo 37. 53. 99. 108. 111. 116. 119. 120. 125. 132. 135. 137. 139. 152. 157. 159. 190. 191. 200
Terradellas, D. 103. 114. 208
Terzago, V. 87
Terzett 14. 18. 31. 59. 62. 70. 100. 112. 117. 138. 144. 156. 163. 168. 172. 175
terzettino 175
terzetto 18. 32. 42. 52. 77. 106. 108. 116. 119. 130. 140. 160. 171. 173. 177
Textausdeutung 20
Textgestaltung 11
Textmanipulation 12
Textpriorität 32
Textrhythmus 26
Teyber, E. 147
Théâtre de la Foire 179
Théâtre de la Monsieur 192
Théâtre français 69
Théâtre français près de la Court 148
Théâtre Italienne 179. 183
The Beggars Opera 161. 199
The black crook 201
The Cruelty of the Spaniards in Peru 89
The devil to pay or The wifes metamorphos'd 161
The Empress of Morocco 89
The Fairy Queen 92
The History of Sir Francis Drake 89
Theile, J. 79
The Judgment of Paris 201
The Masque of Alfred 200

The poor Soldier 201
The Queen's Theatre 199
The Siege of Rhodes 89
The Tempest 89
Thiersot, J. 208
Thomson, J. 200
Tiberio Imperatore d'Oriente 65
Tigrane 134
Tito Manlio (Guglielmi) 121
Tito Manlio (Manna) 117
toccata 20. 34
Tom Jones 188
Tonarten 25. 27
Tonartenlehre 26
Tonartensystem 28
tonus currens 39. 47
Torello, J. 38
Torgau 86
Traetta, T. 118. 121. 147 f. 151. 204. 206
tragedia 27
tragédie lyrique 69. 70. 72. 158. 178 ff. 207. 208
tragicommedia pastorale 39
Tragödie, antike 8. 11. 28 f. 67
Traiano 101
Trient 28
Trinchera, P. 122
trio 18. 62. 72. 150. 180. 183. 187. 188. 193. 195. 196. 198. 201. 202
Tritto, G. 123
Trompeten-Arie 53. 106. 112
Tullio, F. A. 107
Turin 107. 132. 135

Umlauff, J. 162
unisono 48. 137
Unterwelt-Szene 43. 148
Urbino 62

Van der Meer, J. H. 208
Venedig 25. 42. 45 f. 58. 60. 62. 66. 71. 74. 87. 90. 98. 104. 110 ff. 114. 117 f. 120. 122 f. 128. 129 ff. 135. 141. 146. 155. 208
Vetter, W. 208
Vicenza 129. 132. 133

Vinci, L. 103. 106. 110. 111. 205
Viollier, R. 208
Vitali, F. 37. 52
Vitali, T. 146
Vittori, L. 40. 208
Vitturi, B. 157
Vivaldi, A. 129 f. 209
Volkmann, H. 208
Voltaire 183
Volterra 49
Von dem Orfeo und der Euridice 86
Vorrede 80

Wagenseil, Chr. 169
Wagner, R. 12. 19. 28. 72. 84. 185. 188. 197
Walder 162
Walker, F. 208
Weber, C. M. v. 193 f.
Weidemann, J. P. 163. 169. 208
Weigl, J. 162. 170
Weihnachts-Oratorium 83
Weiße, Chr. Fr. 161
Wellesz, E. 35. 208
Wenk, A. 208
Werseler, K. 208
White, E. M. 208
Wieland, Chr. M. 165. 167
Wien 49. 74 ff. 79. 86. 104. 109. 110. 112. 114. 117. 125. 129. 136. 141 ff. 180. 192. 202. 204. 206. 208
Wiener Hofoper 74 f. 78. 141 f.
Willaert, A. de 20
Winckelmann, J. J. 28
Winter, P. 162
Wolfenbüttel 79. 82
Wolff, H. Chr. 208. 209
Worsthorne, S. 209
Wranitzky, P. 162. 167

Xaintogne, Mme. de 182

Zachow, J. 78
Zarlino, G. 25
Zauberoper 53
Zehm, K. 209
Zemire et Azor 190

Zeno, A. 58. 65. 76. 85. 96. 104. 110.
  113. 129. 132. 134. 141. 145. 146. 155
Zenobia 129
Ziani, M. A. 141. 203
Ziani, P. A. 53 f. 55. 60. 203
Zimmermann, B. A. IX

Zingarelli, N. A. 126 f.
Zini, S. 121
Zoppio, M. 32
Zoroastre 183
Zwischenaktmusik 12
Zwischenfinale 18